U0598374

FINANCE COURSE

章迪诚 陈 英◎主编

金融学教程

ZHEJIANG UNIVERSITY PRESS
浙江大学出版社

前　言

金融是现代经济的核心。经过改革开放以来数十年的发展，中国的金融体系日益完善，金融在国民经济中的地位越来越重要，金融学也成为现代经济学最热门的学科之一。而随着我国金融业的迅猛发展，新的金融业态不断涌现，新的金融机构不断产生，新的金融工具不断创新，虽说现今金融学教材的版本已经很多，但是编写一本能够适应当前中国金融业发展现状的金融学教材仍然显得十分必要。

2015 年 10 月 21 日，教育部、国家发改委、财政部联合颁发《关于引导部分地方普通本科高校向应用型转变的指导意见》(以下简称《指导意见》)，要求各地各高校要从适应和引领经济发展新常态、服务创新驱动发展的大局出发，切实增强对转型发展工作重要性、紧迫性的认识，摆在当前工作的重要位置，以改革创新的精神，推动部分普通本科高校转型发展。

本教材是根据《指导意见》的要求，针对应用型本科院校的人才培养目标而编写的金融学专业主干课教材，也可作为经济类、管理类专业和高职、高专相关专业的金融学教材。在知识点的设计上，注重学术、技术和职业技能三者的结合，有助于学生社会适应能力和工作能力的提高；在教学内容的安排上，注重学科基础、应用能力和基本素质三者的结合，使学生既具备必要的学科基础，又具有较强的适应实际工作的能力；在教材结构设计上，注重有利于教师将学科性教育和应用性教育两种教学理念结合起来，构建应用性教育的教学模式和方法。由于编写者有意突出了教材的实用性和通俗性，所以，本教材也可作为广大金融工作者、企业管理者的培训教材或业务参考书。

与现有的金融学教材比较，本教材力求突出以下特点。

一是体系完整、内容全面。基于宽口径、广覆盖、打基础的编写指导思想，本教材内容涵盖了金融基础、微观金融、宏观金融和国际金融四大部分，并对当今方兴未艾的互联网金融也做了相应关照。从知识点来讲，可以说做到了系统、全面、基本无遗漏。

二是结构合理、严谨准确。作为教材，前提条件是准确，即主要内容必须是成熟的理论。因此，本教材重点对金融学界已有共识的权威性理论和方法加以编纂，努力做到概念准确，表述清楚。当然，本教材同时也对当前金融界发生的重大变化和未来可能的发展趋势给予足够的关注。

三是体例新颖、简洁明快。一部教材是否具有生命力，关键在于编写者是否处处为读者考虑。正是基于这样的考虑，本教材的编写充分体现了读者友好的诉求：每章开始设有本章要点，结尾有本章小结，便于学生准确把握所学章节的重点、难点；每章结束时，还开出了针对该章内容的课后练习题；案例均为近期国内外的典型案例，更具时代感、贴近感，着重培养学生观察、分析和解决实际金融问题的能力。

四是内容前沿、与时俱进。本教材尽可能做到金融学理论与金融实务有机结合，努力把当代中国金融领域的最新理论成果、最新改革动态全面地介绍给读者。例如 2013 年以来我国货币政策工具的创新，新增加的短期流动性调节、常备借贷便利、中期借贷便利等。又如 2017 年 7 月召开的全国金融工作会议关于加强金融监管的主要精神等。这些在本书中都有体现。这一特点还可以从每章编排的延伸阅读材料中得到体现。

五是深入浅出、通俗易懂。在写作风格上，本教材尽可能使用轻松、通俗的语言深入浅出地介绍金融学的基本原理，基本上没有列举或推导复杂的数学模型，尽量用学生可以看到、感受到的事例来阐明枯燥晦涩的理论，使教材具有较强的可读性，同时又不失教材所应有的严肃性，让学生能够轻轻松松学到金融学知识。

本教材的编写，先由章迪诚、陈英提出全书框架，章、节、目的标题设计，基本格式、体例和写作要求，交编写者分别起草初稿，各章节的初稿提供者如下：

第一章：章迪诚
第二章：陈　英
第三章：陈　英、汤碧杰
第四章：董自光、郑素利
第五章：陈　英、毛旸昊
第六章：章迪诚、严由亮
第七章：陆春宝
第八章：陈述云、项凯标
第九章：章迪诚、陈述云
第十章：章迪诚
第十一章：陈　英、徐　玲

第十二章:章迪诚

初稿完成以后,由章迪诚、陈英对全书进行统稿和最后定稿。在此过程中,出于基本概念、定义、内容表述前后照应的要求和其他方面的考虑,统稿时在较大范围对初稿内容进行了增删和顺序上的较大调整,绝大部分章节进行了重新编写。其间或有定稿不如初稿,甚至将初稿内容改错之处,恐怕在所难免。在此特作说明,有不妥之处,谨向初稿提供者表示歉意。

本教材的编写过程,参阅了大量金融学著作和教材,在此谨向相关作者表示衷心感谢。

由于编者的水平有限,本教材难免存在很多不足甚至错漏,诚望读者不吝赐教,提出宝贵的修改意见。

章迪诚 陈 英

2018 年 4 月于杭州浙江树人大学

目　录

第一篇　金融基础

第二篇 微观金融

第三篇　宏观金融

第一篇　金融基础

第一章　金融与金融学

本章要点

◎金融的基本概念

◎金融活动的过程

◎金融体系

◎金融学及其研究对象

金融是现代经济的核心，是当今社会经济中最具魅力和变幻无穷的热门行业之一。种类纷繁的金融资产为人们提供了众多的投资与融资工具；发达的金融市场既为金融投机者提供了无穷的发财致富机遇，也为资金需求者提供了“取之不尽，用之不竭”的金融资源；而金融泡沫、金融风险和金融危机也使无数的人美梦破灭，甚至倾家荡产。金融学已成为现代经济学最热门的学科。作为金融学专业的入门教材，希望本书能够将您带入神秘的金融学殿堂。

第一节　金融与金融体系

在现代市场经济条件下，金融业在经济发展中扮演着至关重要的角色，任何一个国家或地区的经济发展都离不开金融的支持。这是实践发展的必然，也是历史经验的总结。

一、金融的基本概念

资金从盈余单位（资金最终供给者）向赤字单位（资金最终需求者）有偿调动（或让渡），叫做资金的融通，简称“金融”（finance），或称为资金余缺调剂的信贷活动。一般地说，金融是指货币资金的融通，即与货币、信用与银行直接相关的经济活动的总称。融通的主要对象是货币和货币资金；融通的方式是有借有还的信用方式；而组织这种融通的机构则为银行及其他金融机构。具体地讲，货币的发行与回笼，货币资金的借贷，国内外资金的汇兑与结算，金银、外汇的买卖，有价证券的发行与转让，贴现市场，同业拆借市场的活动、保险、信托、租赁等，都是金融活动。资金的融通通常都要借助于金融工具，金融工具交易的场所就称之为金融市场(financial market)。

金融的本质是价值流通，是对现有资源进行重新整合之后，实现价值和利润的等效流通。金融的核心是跨时间、跨空间的价值交换，所有涉及价值或者收入在不同时间、不同空间之间进行配置的交易都是金融交易。金融学要研究的问题，就是跨时间、跨空间的价值交换为什么会出现、如何发生、怎样发展。

在现代经济中，金融不仅仅是货币资金的融通，它是一个纵横交叉、多维度、多层次，由多种要素组合而又相互制约、相互作用的立体系统。它包括：货币的流通及其管理；货币资金的筹集；财政、银行的资金分配和企业内部的资金分配；资金的直接融通和间接融通，纵向融通与横向融通，国内融通与国际融通；资金的配置和调度，信贷资金结构的调整与管理，资金周转速度及资金运用效率的管理等。所以，从这个意义上说，凡是有关货币资金的筹集、分配、融通、运用及其管理的各种活动，都是金融活动，存在于整个社会的经济活动之中。

从以上角度出发，人们常常把货币资金的融通称为狭义的金融；把货币资金的筹集、分配、融通、运用及其管理称为广义的金融。在本教材中，我们把广义的金融作为研究问题的出发点，来观察货币银行与其他各种金融活动的紧密联系及其相互影响。以狭义的金融作为问题研究的立足点，主要探索货币、信用、银行的活动及其规律性，从而突出金融是现代经济的核心这一主题思想。

二、金融的构成要素

作为国民经济的重要组成部分，金融是由多个要素构成的。

(一)金融对象

金融的对象是货币(资金)。货币是金融最基本的范畴，离开了货币，就没有货币资金的融通。货币的出现，使原始的物物直接交换过渡到以货币为媒介的商品交换。所以说货币是与商品经济相联系的经济范畴，是在长期商品生产与交换过程中产生与发展的。只要是商品经济社会，必然存在货币。由货币制度所规范的货币流通具有垫支性、周转性和增值性。

（二）金融方式

金融方式是信用。在债权人与债务人之间进行的债权债务的买卖，就是信用交易。没有这种信用关系，就没有现代商品经济的货币资金融通甚至货币流通。同时信用关系的存在是以时间的间隔为前提的，即一方提供一定的价值符号、价值物，另一方必须在约定时期内归还价值符号和价值物并加付一定的利息。所以若无授受信用在时间上的适当配合，信用活动就难以正常进行。另外，信用交易需要借助一定的信用工具（即金融工具）建立和转移信用关系。金融市场上交易的对象，一般是信用关系的书面证明、债权债务的契约文书等（即金融工具）。

（三）金融中介

货币供需双方的交易，既需要通过一定的交易工具为媒介物，也需要通过专门机构来沟通，这种专门的机构就是金融中介。现代金融活动中的金融中介主要是银行和非银行金融机构。金融机构既是货币信用业务的经营者，也是货币信用活动的组织者，在国民经济中充当资金融通的媒介，是资金分配和调节的中心。

（四）金融场所

金融活动的场所是金融市场，有直接金融市场，还有间接金融市场；按照交易对象来划分，则包括货币市场、资本市场、外汇市场、保险市场、黄金市场、金融衍生品市场等等。

（五）制度和调控机制

金融活动一般是以信用工具（金融工具）为载体，并通过金融工具的交易，在金融市场中发挥作用来实现货币资金使用权的转移，为保证金融市场的健康有序运行，金融制度和调控机制在其中发挥重要的监督和调控作用。

各金融要素之间的关系是：金融活动以货币资金的使用权为交易对象，以信用工具为载体，通过金融中介的作用，发生信用工具的交易行为，在金融市场中实现货币资金使用权的转移，金融制度和调控机制在这一过程中发挥着监督和调控的作用。

三、金融活动的过程

金融活动包括融资活动和投资活动。当资本从盈余单位流向赤字单位时，对赤字单位而言，金融活动是一种融资活动，其目的是为了获得所需资本，利息则是其使用资金的成本；而对盈余单位而言，金融活动则是一种投资活动，目的是为了获得资本的增值部分——利息，这是其放弃资本使用权的补偿。在金融市场上,资金盈余单位提供的资金通过两种途径转移给资金赤字单位的:直接融资和间接融资。在直接融资市场上,资金赤字单位可以通过发行股票、债券、票据等直接金融工具,通过证券经纪人和交易商出售给资金盈余单位,实现资金从盈余单位向短缺单位的流动,当然也可以由资金盈余单位直接贷款给资金赤字单位。在间接融资市场上,资金盈余单位向资金赤字单位转移借贷资金,是通过金融中介组织进行的,商业银行、保险公司、储贷协会、信托公司等是主要的金融中介组织,资金盈余单位通过储蓄存款、购买保险单或信托存款等方式向金融中介组织提供资金,再由这些金融中介组织向资金赤字单位以发放贷款的方式转移资金。间接金融市场通过金融中介以存贷款的方式转移资金。资金融通过程见图 1.1。

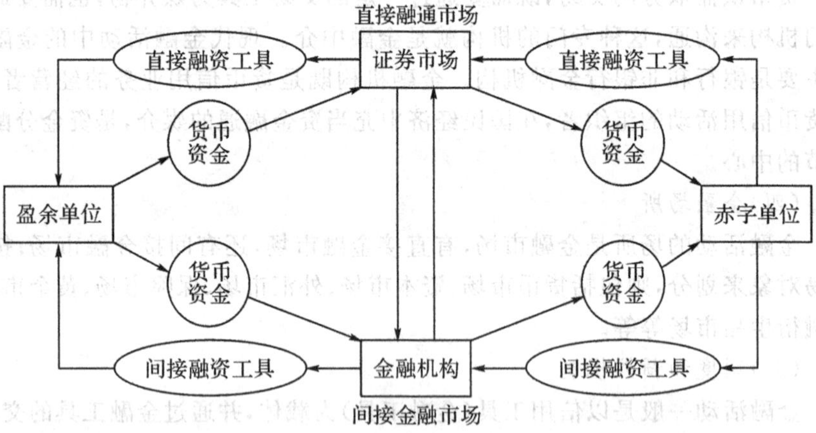

图 1.1　资金融通过程

四、金融体系

金融体系(financial system)是金融运行的基础和前提。因此,在讨论金融运行之前,必须了解金融体系的结构和功能。一般而言,金融体系是金融机构、金融市场和金融规制的总和。据此,金融体系有三大构成要素。一是金融机构,发挥着订立金融合约、交易金融资产的作用。二是金融市场,为了融通资金而交易(买卖)金融资产的场所。三是金融规制,即为了规范金融交易行为、促进金融市场有序运行和有效履行功能而制定的法律、法规和制度,主要包括金融法律体系、良好的会计标准、公司治理和金融制度。我国的金融体系结构见表 1.1。

表 1.1 我国金融体系

<table>
<tr><td rowspan="37">金融体系</td><td rowspan="21">金融机构</td><td>中央银行</td><td colspan="3">中国人民银行</td></tr>
<tr><td>金融监管机构</td><td colspan="3">国务院金融稳定发展委员会、中国银行保险监督管理委员会、中国证券监督管理委员会</td></tr>
<tr><td colspan="4">国家外汇管理局</td></tr>
<tr><td colspan="4">国有重点金融机构监事会</td></tr>
<tr><td>政策性金融机构</td><td colspan="3">国家开发银行、中国进出口银行、中国农业发展银行</td></tr>
<tr><td rowspan="16">商业性金融机构</td><td rowspan="10">银行业金融机构</td><td rowspan="8">商业银行</td><td>国有控股商业银行</td></tr>
<tr><td>股份制商业银行</td></tr>
<tr><td>城市商业银行</td></tr>
<tr><td>农村商业银行</td></tr>
<tr><td>住房储蓄银行</td></tr>
<tr><td>外资银行</td></tr>
<tr><td>中外合资银行</td></tr>
<tr><td>民营银行</td></tr>
<tr><td rowspan="2">信用合作机构</td><td>城市信用社</td></tr>
<tr><td>农村信用社</td></tr>
<tr><td rowspan="6">非银行业金融机构</td><td rowspan="4">资管机构</td><td>金融资产管理公司</td></tr>
<tr><td>信托投资公司</td></tr>
<tr><td>财务公司</td></tr>
<tr><td>租赁公司等</td></tr>
<tr><td>证券机构</td><td>证券公司、证券交易所、证券登记结算公司、证券投资咨询公司、基金管理公司等</td></tr>
<tr><td>保险机构</td><td>国有保险公司、股份制保险公司、在华从事保险业务的外资保险分公司、中外合资保险公司等</td></tr>
<tr><td rowspan="6">金融市场</td><td colspan="4">货币市场</td></tr>
<tr><td colspan="4">资本市场</td></tr>
<tr><td colspan="4">外汇市场</td></tr>
<tr><td colspan="4">保险市场</td></tr>
<tr><td colspan="4">黄金市场</td></tr>
<tr><td colspan="4">金融衍生品市场</td></tr>
<tr><td rowspan="10">金融规制</td><td rowspan="3">金融法律、法规</td><td>银行法</td><td colspan="2">中国人民银行法、商业银行法等</td></tr>
<tr><td colspan="3">货币法</td></tr>
<tr><td colspan="3">证券法等</td></tr>
<tr><td rowspan="6">金融制度</td><td rowspan="4">金融机构制度</td><td colspan="2">中央银行制度</td></tr>
<tr><td colspan="2">商业银行制度</td></tr>
<tr><td colspan="2">非银行金融机构制度</td></tr>
<tr><td colspan="2">政策性金融制度</td></tr>
<tr><td colspan="3">金融市场制度</td></tr>
<tr><td colspan="3">金融监管制度</td></tr>
<tr><td colspan="4">会计标准</td></tr>
</table>

（一）金融机构（financial institution）

按我国金融机构的地位和功能划分，主要金融机构包括中央银行、金融监管机构、国家外汇管理局、国有重点金融机构监事会、政策性金融机构、商业性金融机构六大类。

1. 中央银行。中国人民银行是我国的中央银行，于 1948 年 12 月 1 日成立。在国务院领导下，制定和执行货币政策，防范和化解金融风险，维护金融稳定，提供金融服务，加强外汇管理，支持地方经济发展。中国人民银行是政府的银行、银行的银行、发行的银行，不办理具体存贷款业务。

2. 金融监管机构。我国金融监管机构主要有：中国银行业监督管理委员会，简称中国银监会，2003 年 4 月成立，主要承担由中国人民银行划转出来的银行业的监管职能等，统一监督管理银行业金融机构及信托投资公司等其他金融机构；中国证券监督管理委员会，简称中国证监会，1992 年 10 月成立，依法对证券、期货业实施监督管理；中国保险监督管理委员会，简称中国保监会，1998 年 11 月设立，负责全国商业保险市场的监督管理。按照我国现有法律和有关制度规定，中国人民银行保留部分金融监管职能。2017 年 7 月 14 日至 15 日召开的全国金融工作会议，决定设立国务院金融稳定发展委员会，以强化人民银行宏观审慎管理和系统性风险防范职责。解决“一行三会”（中国人民银行、银监会、证监会、保监会）分别监管存在的监管留有空白、监管标准不统一等问题，强化监管责任，完善协调机制，形成全国一盘棋的金融风险防控局面（2018 年 4 月 8 日，根据第十三届全国人民代表大会第一次会议批准，银监会保监会正式合并成立中国银行保险监督委员会）。

3. 国家外汇管理局。成立于 1979 年 3 月 13 日，当时由中国人民银行代管；1993 年 4 月，根据八届人大一次会议批准的国务院机构改革方案和《国务院关于部委管理的国家局设置及有关问题的通知》，国家外汇管理局为中国人民银行管理的国家局，是依法进行外汇管理的行政机构。

4. 国有重点金融机构监事会。监事会由国务院派出，对国务院负责，代表国家对国有重点金融机构的资产质量及国有资产的保值增值状况实施监督；监事会与国有重点金融机构是监督与被监督的关系，监事会不参与、不干预国有重点金融机构的经营决策和经营管理活动；监事会以财务监督为核心，根据有关法律、行政法规和财政部的有关规定，对国有重点金融机构的财务活动及主要责任人的经营管理行为进行监督，确保国有资产及其权益不受侵犯。

5. 政策性金融机构。政策性金融机构由政府发起并出资成立，为贯彻和配合政府特定的经济政策和意图而进行融资和信用活动的机构。我国的政策性金融机构包括三家政策性银行：国家开发银行、中国进出口银行和中国农业发展银行。政策性银行不以营利为目的，其业务的开展受国家经济政策的约束并接受中国人民银行的业务指导。

6. 商业性金融机构。我国的商业性金融机构包括银行业金融机构、证券机构和保险机构三大类。

(1)银行业金融机构

银行业金融机构又包括商业银行、信用合作机构和非银行金融机构。

①商业银行

商业银行是指以吸收存款、发放贷款和从事中间业务为主的营利性机构。我国的商业银行主要包括：国有控股商业银行，主要有中国工商银行、中国农业银行、中国银行、中国建设银行；股份制商业银行，主要有交通银行、中信银行、中国光大银行、华夏银行、中国民生银行、广东发展银行、平安银行、招商银行、兴业银行、上海浦东发展银行、恒丰银行等；另外还有城市商业银行、农村合作银行以及住房储蓄银行、外资银行、中外合资银行和民营银行。

②信用合作机构

信用合作机构包括城市信用社及农村信用社。

(2)非银行金融机构

①资管机构，主要包括金融资产管理公司、信托投资公司、财务公司、租赁公司等。

延伸阅读

中国首家民营银行：深圳前海微众银行

2013 年 7 月 5 日，国务院下发《关于金融支持经济结构调整和转型升级的指导意见》（简称“金十条”），鼓励民间资本投资入股金融机构和参与金融机构重组改造。允许发展成熟、经营稳健的村镇银行在最低股比要求内，调整主发起行与其他股东持股比例。尝试由民间资本发起设立自担风险的民营银行、金融租赁公司和消费金融公司等金融机构。

为落实“金十条”精神，2014 年 3 月，银监会正式启动民营银行试点工作，首批试点的五家民营银行分别是：

1. 以腾讯、百业源、立业为主发起人，在广东省深圳市设立的深圳前海微众银行；

2. 以正泰、华峰为主发起人，在浙江省温州市设立的温州民商银行；

3. 以华北、麦购为主发起人，在天津市设立的天津金城银行；

4. 以美邦服饰、上海均瑶作为主发起人的上海华瑞银行；

5. 以浙江蚂蚁、上海复星、万向三农、宁波市金润共同发起设立的浙江网商银行。

根据银监会公布的民营银行定位，浙江蚂蚁发起的银行定位“小存小贷”；腾讯定位“大存小贷”；天津定位“公存公贷”；其他两家则体现特定区域，服务当地的小微企业、金融消费者。之后腾讯发起的微众银行将“大存小贷”模式改为“个存小贷”，即“个存”的存款将不再设定下限，与蚂蚁的“小存小贷”仍会设置存款下限的情况相区别，将办成以重点服务个人消费者和小微企业为特色的银行。

2014 年 12 月 16 日下午，全国第一家民营银行“深圳前海微众银行股份有限公司”依法核准，在前海注册窗口依法领取商事主体营业执照，正式成立。

深圳前海微众银行股份有限公司是国内第一家由民间资本发起设立并自担风险的民营银行，微众银行的主要发起人包括腾讯网域公司、百业源投资公司和立业集团等知名民营企业，注册地为深圳前海。微众银行注册资本 30 亿元人民币(实缴 30 亿元人民币)，由腾讯、百业源、立业为主发起人；其中，腾讯认购该行总股本 30% 的股份，为最大股东。微众银行的经营范围包括吸收公众存款，主要是个人及小微企业存款；主要针对个人及小微企业发放短期、中期和长期贷款；办理国内外结算以及票据、债券、外汇、银行卡等业务。

据悉，微众银行将以普惠金融为目标，致力于服务工薪阶层、自由职业者、进城务工人员等普通大众，以及符合国家政策导向的小微企业和创业企业。主要经营模式是针对目标客户群的需求，通过充分发挥股东优势，提供差异化、有特色、优质便捷的存款、理财投资、贷款、支付结算等服务，全力打造“个存小贷”特色品牌。微众银行具有自身特色的科技平台，可将各类信息科技和生物科技充分运用到产品、服务和经营管理的各方面，从而显著提升客户体验、降低业务成本。微众银行还将在建立数据和先进分析方面增强核心竞争力，在深刻了解和满足客户需求基础上构建更全面的风险管理机制。

微众银行的率先成立，在我国金融改革路程中具有里程碑的意义。

资料来源：编者根据 2014 年 12 月 12 日中国新闻网相关报道编写。

②证券机构

证券机构是指为证券市场参与者（如融资者、投资者）提供中介服务的机构，包括证券公司、证券交易所、证券登记结算公司、证券投资咨询公司、基金管理公司等。这里所说的证券主要是指经政府有关部门批准发行和流通的股票、债券、投资基金、存托凭证等有价凭证，通过证券这种载体形式进行直接融资可以达到投资和融资的有机结合，也可以有效节约融资费用。

③保险机构

保险机构是指专门经营保险业务的机构，包括国有保险公司、股份制保险公司和在华从事保险业务的外资保险分公司及中外合资保险公司。[①]

（二）金融市场

金融市场（financial market）也有广义和狭义的区分。

广义的金融市场是指以货币资金的借贷和金融产品的买卖为代表的金融资产交易关系的总和。狭义的金融市场则是指用来从事货币资金的借贷和证券、外汇、期货等金融商品买卖、交易的场所。

金融市场有金融市场主体、金融市场客体、金融市场中介和金融市场价格 4 个基本构成要素，其中金融市场主体和金融市场客体是构成金融市场最基本的要素，是金融市场形成的基础。

金融市场主体主要有家庭、企业、政府、金融机构和中央银行 5 大类。家庭是金融市场上主要的资金提供者。企业是金融市场运行的基础，既是重要的资金需求者，又是重要的资金供给者，还是金融衍生品市场上重要的套期保值主体。政府通常是资金需求者，但有时也会成为暂时的资金供给者。金融

① 以上分类方法参照中国人民银行网站发表的莫鹏《我国金融机构的体系划分》（2013 年 12 月 30 日）的划分类方法。还有一种分类方法是国民经济核算体系（SNA）从经济统计的角度对金融机构进行的分类，将金融机构分为存款类金融机构、非存款类金融机构、政策性金融机构、监管类金融机构、中央银行五大类。其中，又将存款类金融机构分为七大体系：一是中国工商银行、中国农业银行、中国人民建设银行和中国银行四大国有控股的股份制商业银行；二是包括交通银行、深圳发展银行、中信实业银行、中国光大银行、华夏银行、中国投资银行、招商银行、广东发展银行、兴业银行、上海浦东发展银行、海南发展银行、中国民生银行在内的 12 家股份制商业银行；三是各省（区、市）所属的地方性城市商业银行；四是包括农村商业银行、农村合作银行和村镇银行三种形式的农村银行；五是中国邮政储蓄银行；六是包括外资独资银行、中外合资银行、外国银行在中国境内的分行和外国银行驻华代表机构四种类型的外资商业银行；七是民营银行，如深圳前海微众银行、温州民商银行、天津金城银行、上海华瑞银行和浙江网商银行等。将非存款类金融机构分为：保险公司类，我国有代表性的大型保险集团有：中国人寿保险（集团）公司、中国人民保险（集团）公司、中国平安保险（集团）股份有限公司等；信托投资公司类；融资租赁公司类；财务公司；证券公司；基金公司。本教材第四章金融机构是按照这样来划分的。

机构的作用是向社会吸收闲散资金，又向需要资金的部门提供资金，因此在金融市场上扮演着资金需求者和资金供给者的双重身份。中央银行在金融市场中处于非常特殊的地位，既是金融市场中重要的交易主体，又是金融市场的监管机构之一，还是保证金融市场正常运行的调控者和正常市场秩序的维护者。

金融市场客体就是金融市场上的交易对象或交易标的物，站在金融机构的角度来讲，则就是通常所说的金融工具。按照交易期限的不同，分为短期金融工具（又称货币市场工具）和长期金融工具（又称资本市场工具）；按照性质不同，分为债券凭证和使用权凭证；按照与实际交易活动的关系划分，则有原生金融工具和衍生金融工具的区分。

金融市场有不同的分类方式。按照交易的标的物来划分，有货币市场、资本市场、外汇市场、衍生品市场、保险市场和黄金市场等各种市场；按照交易中介来划分，有直接金融市场和间接金融市场的区别；按照交易程序来划分，有发行市场和流通市场的不同；按照有无固定场所来划分，则有有形市场和无形市场的区分；按照本原和从属关系来划分，又有传统金融市场和金融衍生品市场的不同；按照地域范围来划分，还有国内金融市场和国际金融市场的差别。

（三）金融规制

金融规制（financial regulation）是为了规范金融交易行为、促进金融市场有序运行和有效履行功能而制定的法律、法规和制度，主要包括金融法律体系、良好的会计标准、公司治理和金融制度。

1. 金融法律体系

金融法律体系是一国调整不同领域的金融关系的法律法规所组成的有机统一的整体。我国金融法律体系主要由以下几个法律部分组成。

(1)银行法

银行法是调整银行和非银行金融机构的主要组织和业务行为的法律规范的总称。目前，我国银行法方面的立法有：《中华人民共和国中国人民银行法》《中华人民共和国商业银行法》和《中华人民共和国外资金融机构管理条例》。

(2)货币法

货币法是关于货币的种类、地位、发行、流通及其管理的法律规范的总称。货币法从不同的角度可以有不同的分类：从静态角度，根据货币的种类及其流通范围和效力不同，可以分为通货法、外汇管理法和金银管理法。从动态角度，根据货币运动的层次和顺序，可以分为货币发行法和货币流通法。

(3)证券法

证券法是调整证券发行和流通中发生的资金融通关系的法律规范的

总称。

证券法从不同的角度亦有不同的分类：从静态上，按证券的种类，可以分为债券法和股票法。从动态上，即从证券融资的运作过程，可以分为证券发行法和证券交易法。目前全国已经立法(《中华人民共和国证券法(修订)》)。

(4)票据法

票据法是规定票据的种类、形式、内容以及调整票据关系的法律规范的总称。1995 年 5 月，我国已经颁布《中华人民共和国票据法》。

(5)保险法

保险法是调整保险关系的法律规范的总称。保险法通常由保险业法、保险合同法和保险特别法三部分组成。目前我国仅有 1995 年 6 月颁布的《中华人民共和国保险法》，该法于 2015 年 4 月完成第三次修订。

(6)信托法

信托法是调整金融信托关系的法律规范，主要包括信托机构的设立条件、法律地位、信托业务规范、信托合同制度等内容。《中华人民共和国信托法》是 2001 年 1 月颁布的，此外还有《信托公司管理办法》《信托公司治理指引》和《信托公司净资本管理办法》等。

(7)金融租赁法

金融租赁法是调整融资租赁关系的法律规范，主要包括融资租赁公司成立的条件、法律地位、融资租赁合同等内容。我国现已颁布《金融租赁公司管理办法》。

(8)投资基金法

投资基金法是调整投资基金关系的法律规范的总称。投资基金是一种集合投资，涉及的法律关系复杂多样。投资基金法应包括产业投资基金法、证券投资基金法和风险投资基金法。《中华人民共和国证券投资基金法》是 2003 年 10 月颁布的。

(9)金融监管法

目前我国颁布的有《中华人民共和国反洗钱法》和《中华人民共和国银行业监督管理法》。

2. 金融制度

金融制度是一国以法律形式确定的金融体系结构，以及组成该体系的各类金融机构的职责分工和相互关系的总和。

从广义上说，金融制度包括金融中介机构制度、金融市场制度和金融监管制度三个方面，具体内容：一是各类金融机构的地位、作用、职能和相互关系；

二是金融市场的结构和运行机制;三是金融监管制度,包括中央银行或金融监管当局,金融调控、金融管理的制度规定,金融调控、金融监管的组织形式、运作体制等。

第二节 金融学及其学科体系

一、传统金融学的研究领域

传统的金融学主要包括两部分内容:第一部分是货币银行学。内容包括:货币本质、信用形式、银行职能、利息和货币流通等,实际上是以货币和银行为研究对象的经济学,核心是货币问题。这是我国金融学学科体系中最主要的内容,也一直是金融学专用的正统名称。第二部分指的是国际金融。以国际间的货币流通和资金融通为研究对象,内容包括国际收支、国际汇兑、国际信用、国际资本流动、国际货币制度等。

改革开放以后,随着我国社会主义市场经济的确立与发展,金融市场迅速发展,经济金融化趋势日益凸现。以金融投资活动为研究对象的证券投资学,逐渐成为金融学的重要组成部分。与此同时,以新型金融产品、金融工具、金融手段的开发和创造性地解决金融问题为研究对象的金融工程学也呈现方兴未艾的趋势。

1997 年,教育部(当年的国家教委)对我国高等学校学科目录作了调整,将原来的"货币银行学""国际金融"以及"保险学"合并,统称为"金融学"。根据 2015 年教育部《普通高等学校本科专业目录》,金融学为经济学大类的一级学科,下设金融学、金融工程、保险学、投资学 4 个二级学科。目前,金融学科大的专业方向,比较普遍的是按行业分工的方式,设置为货币银行学、国际金融学和证券投资学等。

关于金融学的学科体系,目前国内的意见并不十分统一。黄达教授认为:按通常理解的金融口径,金融学学科体系应大体分为宏观金融分析和微观金融分析两个部分,分别从个体和整体的角度研究金融运行规律。微观金融分析应有两大分支:金融市场分析和金融中介分析。在金融市场与金融中介分析之下是技术层面和管理层面的学科。[①]

陈学彬则将黄达的观点绘制成以下学科体系图(见图 1.2)。

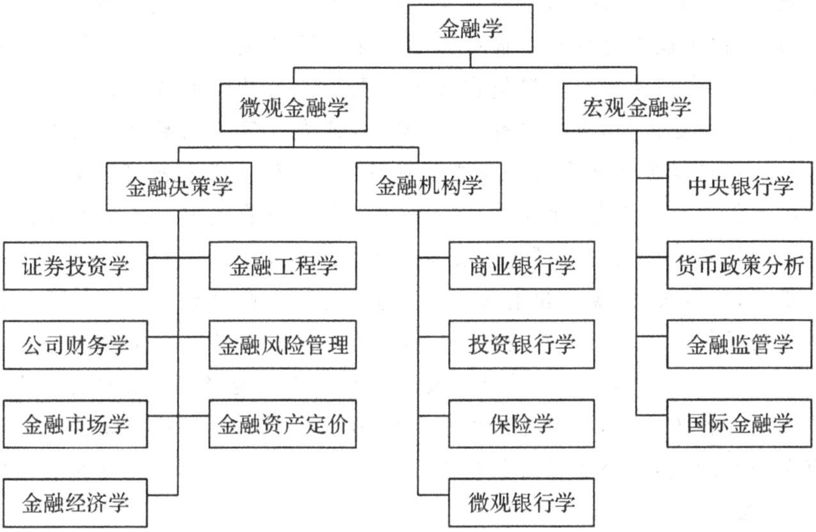

图 1.2　金融学科体系

资料来源:陈学彬.金融学[M].北京:高等教育出版社,2007:前言 3.

延伸阅读

学习金融的 5 个理由

第一,了解金融有助于你管理个人资源。你可以在对金融缺乏了解的情况下有所成就吗?也许可以。但是,如果你完全一无所知,那么,你的命运就掌握在他人手中了。记住这句古训:"愚人同其金钱会迅速分道扬镳。"

在某些情况下,你可以求助于专家。世界上有许许多多的金融从业者和金融服务公司,如银行家、股票经纪人、保险代理人、出售共同基金和其他金融产品与服务的公司。如果你是一位潜在的客户,专家的建议经常是免费的。但是,你如何评价专家对你的建议呢?学习金融学将为你建立起进行评价的概念框架。

① 黄达.金融、金融学及其学科建设[J].当代经济科学,2001(7).

第二，对金融的基础性了解对于商业世界来说是特别重要的。即使你并不期望在金融领域有所钻研，你还是必须对金融专业人士所使用的概念、技术和专业术语有充分的理解，以便与他们进行交流，并认识他们能力的局限性。

第三，你可能对金融行业很有兴趣。在金融领域有多种潜在价值的从业机会，并又存在很多途径可以使你成为金融专业人员。大多数金融从业人员在金融服务行业工作，包括银行业、保险业、证券业等。也有很多人以金融管理人员的身份服务于非金融企业或政府部门，家庭、企业和政府机构经常征询金融顾问的建议。而且，金融方面的背景会为一般管理方面的职业提供良好的基础。许多大公司的首席执行官是从金融干起的。

第四，作为公民，要做出有根据的公共选择，应该对金融系统的运作情况有基本的了解。对于任何市场经济社会，金融体系都是一个重要的基础性行业。实际上，许多人认为，一些状况良好的金融机构是经济增长和发展不可或缺的因素。作为公民，有时必须做出可能影响金融体系运行的政治选择。例如有两个候选人，一个主张废除政府存款保险，另一个要加强对股票交易的控制，你投谁的票呢？

第五，仅从学术上说，金融也是一个十分有意思的研究领域。它可以加深一个人对现实世界运行状况的认识。对金融进行科学研究已经有很长的历史，于1776年出版的亚当・斯密的《国富论》，被认为是经济科学的开端。今天的金融理论家是专门研究“金融经济学”的经济学家。实际上，在1990年和1997年，诺贝尔经济学奖就授予了在金融领域做出杰出贡献的学者。

资料来源：兹维・博迪，罗伯特・莫顿. 金融学[M]. 北京：中国人民大学出版社，2000(4).

二、金融和金融理论研究的迅速发展，极大丰富了金融学知识体系

20世纪90年代以来，随着经济全球化进程加速、互联网技术快速发展、金融产品和金融工具不断创新、金融机构服务领域不断拓展，“金融”这一范畴的内涵和外延在现代经济中已大大扩展了，经济业态金融化、金融市场国际化、金融产品虚拟化、金融机构混业化已经成为大趋势，金融已经成为现代经济的核心和枢纽。

1. 金融业的覆盖领域日益广泛。传统金融通常被理解为货币或货币资金余缺的融通、调剂活动的总体。也就是将经济生活中所有货币资产借贷、买卖等活动以及在信用基础上组织起来的货币流通这两个不可分割部分的集

合，金融的实质是货币与信用。随着金融的创新与发展，现代金融突破了传统的货币信用领域。随着各类金融机构的大量设立、金融工具的不断涌现、金融产品不断创新，金融业完成了从单纯为生产与流通服务的传统金融产业，向为社会提供各种金融产品、各种金融服务的独立的现代金融产业的转化，使得金融涵盖了货币、信用、票据、证券、保险、信息咨询、家庭理财等多个领域，产业地位迅速上升。

2. 经济日益金融化。一是社会资产日益金融化。金融化一般以金融资产总量/国民生产总值的比率即金融相关率来衡量的。20 世纪二三十年代，发达国家的金融相关率大体在 0.7～0.8。到 20 世纪 90 年代初，最高曾达 3.26～3.62，韩国曾高达 4.36，中国最高曾达 2.34。随着我国改革开放的高速发展，经济金融化迅猛提高，发展速度比发达国家快得多，发展进程短得多。二是经济关系日益金融关系化。社会上的经济关系越来越表现为债权与债务关系、股权与股利关系和风险与保险关系等金融关系。以美国为例，20 世纪 80 年代中期，美国人口的 1/4 直接持有股票与债券，3/4 的人口直接或间接持有股票与债券，包括医疗保险基金、社会保障保险基金和各种投资基金。

3. 金融倾斜发生“逆转”。在人类金融发展史上，一般是间接金融发展在前，直接金融发展在后；短期金融业务在前，长期金融业务在后。在相当长的历史时期内，金融比例大幅度向间接金融倾斜，社会融资体制以间接金融为主，间接金融所占比重大大超过直接金融，即使是直接金融比较发达的国家也是如此。人们将间接金融与直接金融间的这种不平行发展和不均衡发展称之为金融倾斜。但是自 20 世纪 80 年代后期以来，由于非银行金融的迅猛发展，融资非中介化、证券化发展，最终导致原有金融倾斜发生“逆转”，即直接金融的发展速度大大地高于间接金融，直接金融所占的比例日益加大，迅速赶上乃至接近或超过间接金融所占比例。

4. 金融机构的混业经营越来越普遍。全球金融业出现了以银行中介融资居主导地位的银行体制逐渐向以直接融资居主导地位的资本市场体制转变，专业银行制度逐渐向全能银行制度转变，两种金融体制和两种银行制度逐渐趋同融合的趋势，银行、非银行金融机构、政府、工商企业及个人等，均成为了金融市场上地位平等的交易主体。

5. 金融在经济中的作用越来越重要。现代经济已经从商品经济到市场经济再发展到了金融经济。在传统的商品经济条件下，经济活动以商品市场为中心，以“实物流”为主导，以商品价格为传导机制，围绕商品的生产、分配、交换、消费四个环节，引导稀缺资源实现有效配置。在现代金融经济中，“资金流”已经取代“实物流”居于主导地位，资源配置越来越金融化，经济发展过程中的金融密集程度日益提高，金融的稳定、发展与安全，直接决定着一国经济的稳定、增长。社会、经济与金融相互渗透融合，密不可分，已经成为一个整体，因此人们把现代市场经济称为金融经济。

除了金融实践的飞速发展之外，金融理论研究的不断突破也给金融学理论宝库增添了极大营养。研究金融主体投融资决策行为及其规律的金融决策分析，该领域的分支学科包括金融市场学、证券投资学、公司财务学、金融工程学、金融风险管理、金融资产定价等，在近几十年来的研究得到十分迅速的发展，并取得了许多优异的成就，多次获得诺贝尔经济学奖。例如，1990 年获得诺贝尔经济学奖的马科维茨的资产组合理论、夏普的资本资产定价模型、莫迪里安尼—米勒定理（即 M-M 定理）；1997 年获得诺贝尔经济学奖的布莱克—斯科尔斯—莫顿的期权定价公式等。这些理论在推动金融理论研究和金融市场发展方面作出了重要贡献。

延伸阅读

金融在现代经济中的地位和作用

金融是现代经济的核心，在一国经济中居于举足轻重的地位。金融的经济核心地位表现在以下三个方面。

(1)金融是社会再生产的核心。在商品经济条件下，经济运行过程也就是整个社会的商品生产、分配、交换和消费的过程，在这一过程的任何环节，都是以货币和货币资金为中介和载体的。不仅如此，货币资金在生产过程和经济运行中具有第一推动力和持续推动力的作用。而在现代市场经济条件下，流通中的货币都是银行信用货币，都是通过信贷渠道投入流通的，从而金融具有启动生产和经济运行的功能。

(2)金融是宏观经济调控的核心手段。在传统的货币经济中，货币作为交换的媒介只是消极地推动着生产的发展，而在金融经济中，信贷、利率等经济杠杆引导着货币在经济活动中流转，从而使货币充分发挥第一推动力和持续推动力的作用，并引导着生产要素的转移。正因为有了这一变化，以实行货币政策为主要方式的金融调控也就比传统的市场调节显得更有效。利率水平变化能够更准确地反映经济活动的状况，利率杠杆成为调节国民经济活动的主要手段，货币政策调控也因此而成为现代经济中主要的宏观调控方式。

(3)金融是国民经济综合反映的核心。金融是现代经济的神经系统,金融活动是经济活动的集中体现,经济运行的状态、经济发展趋势都首先从金融运行状态上反映出来,金融运行数据是国家监测国民经济运行情况的主要指标和依据。因此,金融运行具有反映、监督功能。

资料来源:战玉锋.金融学理论与实践[M].北京:北京大学出版社,2011:112.

三、中外金融学研究领域的区别

在我国,金融学被定义为“以融通货币和货币资金的经济活动为研究对象的学科”。[①] 隶属于经济学,大多设在经济学科门类下。

而国外对金融(finance)的一般解释为:“金融以其不同中心点和方法论而成为经济学的一个分支。其基本的中心点是资本市场的运行、资本资产的供给和定价。其方法论是使用相近的替代物给金融契约和工具定价。”[②]是以融通货币和货币资金的经济活动为研究对象,具体研究个人、机构、政府如何获取、支出及管理资金以及其他金融资产的学科。

国外的金融学专业大多设在管理(商)学院,研究内容通常包括以下两部分:

第一部分是公司金融(corporate finance)或称公司治理(corporate governance)。国内常译为公司财务或公司理财。其实,公司金融除了公司财务外,还应该包括:一是公司融资,包括股权/债权融资、收购合并等;二是公司治理问题,如公司组织结构、公司各有关人员之间权利和义务关系,即激励与约束机制等问题。公司财务讨论如何评估(实物)投资项目的收益与风险、投资项目的融资、股利政策和破产与重组等课题。公司兼并与收购探讨如何利用公司财务所学到的评估与融资手段进行企业或项目的收购。公司治理探讨公司财务政策对股东权益的影响,也就是如何通过公司财务的运作以追求公司价值的最大化。公司财务主要是探讨公司实物投资与财务运作的决策过程,而公司治理就是探讨这些决策对股东权益的影响,因此,公司财务和公司治理很难清楚地分开。

第二部分是投资(investment)。主要是探讨金融市场和各种金融产品及

① 中国大百科全书(经济学第1卷)[M].北京:中国大百科全书出版社,1988:418-419.

② 新帕尔格雷夫货币金融大辞典(第2卷)[M].北京:经济科学出版社,2000:27.

其衍生产品的定价，如资产均衡定价(CAPM)理论、套利定价(APT)理论、期权定价理论等。在课程方面，投资学领域主要开设如下课程：投资学(探讨金融市场的组织和特性，股票、债券和期权与期货的基本特性和基本定价)、固定收益债券(专门探讨政府债券和公司债券的特性和定价)、国际金融市场(介绍国际金融市场的组织、运作和金融工具的运用以及利率、汇率的定价和特性等等)、期权与期货(专门探讨期权与期货的特性和定价)等。

由此可见，对于金融的理解，国内和国外存在很大差别。国内说的金融，通常指的是货币银行、国际金融等“宏观金融”。这部分内容在国外也有，但不属于金融学范围，而是属于宏观经济学、货币经济学和国际经济学等领域，相关课程大多设在经济系。国外说的金融(finance)一般指的是公司金融、资产定价等国内所说的“微观金融”，相关课程通常设在管理(商)学院。而这部分内容，国内多数的金融专业则涉及较少，但是近年来有的高校已经开始增加了这方面的内容。

四、本书的结构与基本内容

本书作为应用型大学金融学本科专业的主干课《金融学》的教材，内容包括金融基础、微观金融、宏观金融、国际金融等 4 篇共 12 章。

第一篇是金融基础。该篇共有 3 章，依次为金融与金融学、货币与货币制度、信用与利息。第一章金融与金融学，是金融基本概念和金融学基本概念的介绍。金融体系是金融运行的基础和前提。因此，在讨论金融运行之前，必须了解金融体系的基本概貌，让读者建立一个比较全面而概括的知识框架。在此基础上，介绍了我国传统金融学的研究领域、中外金融学研究领域的差异、当代金融学飞速发展对金融学理论与实践的贡献等内容。第二章货币与货币制度，从货币开始，介绍了货币的起源与演进、货币的本质与职能、货币制度及其演变、我国的货币制度。第三章信用与利息，分别介绍了信用与信用的产生、信用体系、现代信用形式、信用工具，利息、利息率的本质与种类、决定和影响利率变化的因素、利率的计算方法等。本篇旨在使读者对货币与信用、金融体系和有关金融的一些基本范畴、基本概念有所了解，从而为后续各篇深入地分析金融运行奠定基础。

第二篇是微观金融。该篇共有 4 章，依次为金融机构、金融市场、微观金融活动中的收益与风险、金融资产的交易与融资决策。第四章金融机构，金融机构是金融体系的基础，金融市场的货币流通、信用关系和金融活动都离不开各种类型的专门从事金融服务的金融机构。本章主要介绍了金融机构的性质、职能、种类与构成，我国现阶段的金融机构体系，商业银行，中央银行和非银行金融机构。第五章金融市场，金融市场是要素市场的重要组成部分，是在经济系统中引导资金流向、沟通资金由盈余单位向赤字单位转移的市场。这一章首先介绍了金融市场的概念、构成要素、分类和功能，然后分别介绍金融市场的两大类型货币市场和资本市场，最后介绍金融衍生工具市场和互联网金融的基本概念。第六章微观金融活动中的收益与风险，从货币的时间价值入手，分别介绍终值、现值与贴现、年金，收益率的衡量方式，金融风险及其度量，风险的控制与管理。第七章金融资产的交易与融资决策，顺次介绍金融资产价值评估，包括市场估价基本原理、债券价值评估、普通股的价值评估，然后是金融资产的交易，包括原生金融资产的发行与交易、证券的信用交易、衍生金融资产的交易，最后是融资决策，包括权益融资、债务融资等。

第三篇是宏观金融。该篇共有 4 章，依次为宏观经济的总量平衡与货币均衡、货币政策。在第八章宏观经济的总量平衡与货币均衡里，重点讨论了国民经济运行的基本规律及其循环机理，国民经济的总供给与总需求平衡，货币与国民经济总量平衡的关系，货币供给与货币需求，货币供求均衡与总供求均衡等问题。第九章货币政策，集中讨论了货币政策工具、货币政策的操作指标、货币政策的中介指标和货币政策的最终目标等方面，最后讨论货币政策对经济的影响机制。第十章金融监管，首先介绍的是金融监管体系，金融监管的目标、原则、手段和相应的金融监管理论，然后是金融监管的框架和内容，包括银行业的监管、证券业的监管、保险业的监管，在本章最后，介绍了国际金融监管的主要模式和我国金融监管体制的主要特点。

第四篇是国际金融。该篇只有 2 章，国际金融一般包括国际收支、国际汇兑、国际信用、国际资本流动、国际货币制度等内容，本篇的两章分别是外汇与汇率、国际金融及其管理。第十一章外汇与汇率，主要介绍外汇、汇率的基本概念，汇率变化和交叉汇率的计算方法，以及汇率制度。第十二章国际金融及其管理，依次介绍国际收支及其均衡、国际货币体系和国际金融机构等内容。

本章小结

1. 金融是指货币资金的融通，即与货币、信用与银行直接相关的经济活动的总称。金融的本质是价值流通，是通过对现有资源进行重新整合以实现价值和利润的等效流通。金融的核心是跨时间、跨空间的价值交换，所有涉及到价值或者收入在不同时间、不同空间之间进行配置的交易都是金融交易。

2. 金融体系是金融机构、金融市场和金融规制的总和，是金融运行的基础和前提。金融体系的三大构成要素是金融机构、金融市场和金融规制。

3. 随着经济全球化进程加速、互联网技术快速发展、金融产品和金融工具不断创新、金融机构服务领域不断拓展，“金融”这一范畴的内涵和外延在现代经济中大大扩展，经济业态金融化、金融市场国际化、金融产品虚拟化、金融机构混业化已经成为大趋势，金融已经成为现代经济的核心和枢纽。

4. 对于金融的理解国内外有所不同，国内说的金融，通常指的是货币银行、国际金融等“宏观金融”。国外说的金融一般指的是公司金融、资产定价等国内所说的“微观金融”。

课后练习

一、名词解释

金融　金融体系　金融机构　金融市场　微观金融

宏观金融

二、多项选择题

1. 金融的构成要素包括（　）。

A. 金融对象　B. 金融主体　C. 金融客体　D. 金融方式

E. 金融中介　F. 金融场所　G. 金融制度　H. 金融监管

2. 我国金融法律体系主要由（　）法律部分组成。

A. 银行法　B. 股票法　C. 证券法　D. 票据法

E. 保险法　F. 信托法　G. 金融租赁法　H. 投资基金法

I. 公司法　J. 投资法　K. 货币法　M. 商业银行法

N. 金融监管法

3. 以下金融机构中属于商业性金融机构的有（　）。

A. 中国人民银行　B. 中国进出口银行　C. 中国建设银行

D. 中国工商银行　E. 农村合作银行　F. 国家开发银行

三、简答题

1. 简述金融体系的构成要素。

2. 简述金融活动的过程。

3. 简述金融学的学科体系。

第二章　货币与货币制度

本章要点

◎货币的起源与本质

◎货币形式及其演进

◎货币的职能

◎货币制度的演进

◎我国的货币制度

货币是现代市场经济中的一个重要元素，无论是个人的日常生活、企业的经营活动和政府机构的收支运作，还是国与国之间的经济交往，货币都是不可或缺的。货币的运行状况，不断地影响着市场上物价的高低、投资的冷热、供需的平衡等等。西方经济学家保罗·A.萨缪尔森曾经说过："在1万个人中只有一个人懂得货币问题，而我们每天都要碰到它。"①的确，不懂得货币，就无从了解经济。本章将从货币的产生与发展、货币的本质与职能和货币制度等方面讨论货币的基本问题。

第一节　货　币

一、货币的产生

货币(currency)自问世以来，迄今已有几千年的历史了。根据史料记载，货币的产生与交换密切相关。最早的货币是实物货币。考古发现，早在古波斯、古印度和古罗马等地，用牛、羊作为货币的情况就已经出现了。世界上最

① [美]保罗·A.萨缪尔森.经济学(上)[M].北京:商务印书馆,1986:378.

早的铸币是在中国产生的。早在公元前 11 世纪,中国就开始依照贝壳的形状铸造出世界上最早的铸币——铜贝。铜贝的出现,是为了弥补贝币在流通中的不足,所以贝币在铜贝出现以前就已经广泛流通了。这也是许多与货币相关的汉字中带有贝字的原因,如财、贫、贱、责、货、贮、购、贵等等。而最早在西方出现的钱币,则是生活在小亚细亚的吕底亚人于公元前七八世纪铸造的。

(一)古代中国的货币起源学说

在中国古代,关于货币起源主要存在两种观点。

1. 先王制币说

这种观点认为,货币是由古代的圣王先贤为了解决百姓之间物品交换困难而创造的。单穆公在周景王年间(公元前 545 年—前 520 年)说:"古者天灾降戾,于是乎量资币,权轻重,以振(赈)救民。"意思是说古代天灾降临的时候,先王下令,造出货币来赈救百姓、解决物品交换的困难。先王制币说在先秦时代十分盛行,之后大多数思想家都沿袭了这一观点。比如唐代的杨于陵(753—830 年)认为:"王者制钱,以权百货,贸迁有无,通变不倦,使物无甚贵甚贱,其术其他,在上而已。"(《新唐书·食货志》)

2. 商品交换说

这是司马迁的观点。司马迁认为,货币是货物相互交换的一种手段,是为了满足商品交换的需要而产生的,"农工商交易之路通,而龟贝金钱刀布之币兴焉。所从来久远,自高辛氏之前尚矣,靡(不)得而记云。"(《史记·平准书》)意思是说,伴随农、工、商三业的商品交换及流通,货币与货币流通随之兴盛。

(二)西方经济理论中关于货币起源的学说

在马克思之前,西方主要存在以下几种货币起源学说。

1. 创造发明说

该观点认为,货币是由国家或先哲如古罗马法学家 J. 鲍鲁斯(2—3 世纪)创造的。

2. 方便交换说

该观点认为,货币是解决生活中直接物物交换困难的方法。如亚当·斯密(英国经济学家,1723—1790 年)认为,货币是随着商品交换的发展逐渐从诸货物中分离出来的,是为了解决相对价值太多而出现的不易记忆,直接的物物交换不便而产生的。

3. 保存财富说

该观点运用货币和财富的关系来解释货币产生的必要性,认为货币是为了保存财富而产生的。如 J. 西斯蒙第(法国经济学家,1773—1842)认为,货币本身不是财富，但随着财富不断增加，人们为便于储存、交换和计算所拥有财富的数量，便产生了对货币的需求，货币因此成为一种保存财富的工具。

（三）马克思的货币起源说

在批判和继承古典政治经济学有关货币理论的基础上，马克思用历史与逻辑方法，以劳动价值理论来解释货币的起源和本质。

马克思认为，在社会生产刚出现的原始社会，人们组成若干共同体，在每个共同体中的人都是共同劳动和消费。此时，商品和货币都不存在。随着社会生产力不断发展，在社会生产中逐渐出现了社会分工，分工的出现，使交换变得必要；随着社会商品的不断增多，产生了私有制，私有制的出现，使交换变成可能。由于交换，劳动产品变成了商品。商品所以能够交换，是因为它具有价值和使用价值，商品要进行交换，必然采取交换价值的形式。

商品的价值形式即交换价值经历了四个阶段：

第一，简单价值形式阶段。商品的交换价值起初是表现为商品对商品相互表现价值的，如：

2 只羊＝1 把石斧

这里，羊处于相对价值形式的地位，把自己的价值相对地表现在石斧身上，石斧则处于等价形式；是羊的个别等价物，起表现羊的价值的作用。

第二，扩大的价值形式阶段。某一特定商品表现其他商品价值，如：

2 只羊＝1 把石斧
　　　＝1 担米
　　　＝10 斤茶叶
　　　……

这里，羊处于扩大的相对价值形式的地位，使自己的价值表现扩大了，在一系列商品身上表现出来，石斧、米、茶叶等则成为表现羊的价值的特别等价物。

第三，一般价值形式阶段。某一特定的商品固定表现其他商品的价值，如：

$$\left.\begin{array}{l}1\text{ 把石斧}\\ 1\text{ 担米}\\ 10\text{ 斤茶叶}\\ \cdots\cdots\end{array}\right\}=2\text{ 只羊}$$

这里，等式左端的石斧等一系列商品，都通过羊表现自身的价值，“羊”充当所有其他商品的等价物，因而成了“一般等价物”。

第四，货币形式阶段。金银等贵重金属代替商品充当一般等价物，如

1把石斧
1担米 }=2盎司金
10斤茶叶
……

当金银等贵金属代替羊充当一般等价物时，就成了货币形式。货币形式和一般价值形式没有本质不同，区别只在于，一般价值形式中，羊充当一般等价物是不稳定的、带地方性的，金银由于它们自然属性的各种优点，充当一般等价物是稳定的。

马克思认为，货币是价值形式发展的结果。它是在商品交换的漫长发展过程中从商品世界中游离出来的一种特殊商品，是价值形式发展的结果。货币的本质，是稳定地充当一般等价物的特殊商品。它本来也是一种普通商品，只由于商品交换的发展，它成了一般等价物，成为社会财富的一般代表，成了一种特殊商品。货币的产生，是社会关系发展的产物，并非货币本身有什么神秘之处。

二、货币形式的演进

货币自产生以来，有了几千年的历史。在此期间，随着商品间交换与商品经济不断发展，货币的形式也不断地发展变化。

（一）实物货币

实物货币（commodity money）又称为商品货币，它是货币形态发展的最原始形式。在人类历史上，各种商品，如米、布、木材、贝壳、家畜等，都曾在不同时期内扮演过货币的角色。贝币为古代最早的实物货币中的一种，它的币材来自海洋的海贝。这种海贝本来是作为装饰物使用的，但因为有耐用性与坚固性的特点，并且具有较高价值、便于携带，又有天然的单位，所以被选作当时的实物货币。贝币单位为“朋”，每十贝为一朋。在中国，贝币使用了将近千年，从殷商时期开始，直到秦始皇统一了中国以后，贝币才被废除。

实物货币存在不少缺点。如有些实物货币体积太大，不便携带；有的质地不均匀，不易分割；有的质量很不稳定，不易保存等。所以，随着商品交换的进一步发展，实物货币逐渐被金属货币所代替。

延伸阅读

战俘营中的货币

第二次世界大战期间，在纳粹的战俘集中营中流通着一种特殊的商品货币：香烟。当时的红十字会设法向战俘营提供各种人道主义物品，如食物、衣服、香烟等。由于数量有限，这些物品只能根据某种平均主义的原则在战俘之间进行分配，而无法顾及每个战俘的特定偏好。但是人与人之间的偏好显然是有所不同的，有人喜欢巧克力，有人喜欢奶酪，还有人则可能更想得到一包香烟。因此这种分配是缺乏效率的，战俘们有了进行交换的需要。但是，即便在战俘营这样一个狭小的范围内，物物交换也显得非常不方便，因为它要求交易双方恰巧都想要对方的东西。为了使交换能够更加顺利地进行，需要有一种充当交易媒介的商品，即货币。那么，在战俘营中，究竟哪一种物品适合做交易媒介呢？许多战俘营都不约而同地选择香烟来扮演这一角色。战俘们用香烟来进行计价和交易，如一根香肠值 10 根香烟，一件衬衣值 80 根香烟，替别人洗一件衣服则可以换得两根香烟。有了这样一种记账单位和交易媒介之后，战俘之间的交换就方便多了。

资料来源：凌江怀. 金融学概论[M]. 北京：高等教育出版社，2015：1-2.

（二）金属货币

金属货币（metallic currency）是以铜、银、金等贵重金属作为币材的货币。相比于实物货币，金属货币具有价值恒定、易于分割、易于存储等优点，因此更适合充当货币。贵金属黄金作为币材的时间较长，早在 13 世纪中叶，英国就开始铸造金币，但真正把黄金当作流通货币，应该是在资本主义得到较好发展之后。历史上最早是英国于 1816 年实行金本位制，其他欧洲国家和美国也于 19 世纪之后相继推行金本位制。在 1929—1933 年的世界经济危机以后，欧美各国陆续放弃了贵重金属货币作为流通货币的制度，而黄金正式非货币化并从货币流通领域中退出，则是从 1971 年开始的。

中国是世界上最早用金属货币流通的国家。然而在中国历史上，用于流通的铸币绝大多数是以贱金属为材料的，金、银等贵重金属主要充当衡量价值或财富贮藏的工具。

金属作为货币材料主要有两种形式：一是秤量货币，二是铸币。

1. 秤量货币

最开始金属是以条块形式作为货币进行流通的，因其在每次使用时都要秤重并鉴定成色，所以称之为秤量货币。中国历史上使用秤量货币的时间较长，最典型的秤量货币就是白银。白银的使用起始于汉代，其计算单位是两，主要以银锭的形式流通，而银锭又可分为四种：第一种是元宝，别称宝银或马蹄银，每枚元宝约重 50 两；第二种是中锭，别称小元宝；第三种是小锭，每枚约重一二两至三五两；第四种是碎银，重量在 1 两以下。由于在使用白银的过程中，每次都要对白银进行成色和重量的检验，特别不方便。到了清朝中叶之后，为方便商品的交易，在全国各地建立了专门负责鉴定银锭成色及重量的公估局，银锭在经鉴定之后，就可按规定的重量及成色进行流通，不必在交易过程中进行称重及鉴色了。美中不足的是公估局的鉴定结果只在鉴定当地有效，一旦走到外地，银锭仍需改铸为当地流通的宝银再重新鉴定，所以公估局的建立，并不能从根本上改变落后的银两制度。国民政府于 1933 年实行废两改元的政策，这才真正从法律上废止了落后的银两货币制度。

2. 铸币

铸币是将金属铸成一定形状后由国家统一印记来证明重量及成色的货币。铸币弥补了秤量货币在流通过程中的各种不便，方便了商品的交易过程。铸币在出现之初形态各异，如中国历史上就有仿贝币的铜贝、银贝、金贝；有依照刀的形状而造的刀币；有仿造铲子的布币等。随着时间的推移，铸币的形状逐步统一为便于携带且不易磨损的圆形。战国中期的圜钱（亦称环钱）是中国历史上出现最早的圆形铸币。而在全国范围内流通的，则是秦始皇统一中国后下令铸造的秦半两。一直到清末仍在流通的秦半两，外圆内方，故历史上又称秦半两为“孔方兄”。西方的金属铸币都是圆形无孔的样式，铸币的一面通常是统治者头像。清末年间，方孔铸币受到流入我国的外国银元影响而逐渐被圆形的无孔铸币代替。

以金属作为货币材料，货币的价值比较稳定，能够为交换和生产提供一个稳定的货币环境。但因为受到金属开采量和贮藏等方面的制约，金属货币的数量无法与交换商品的种类保持同步增长，导致在生产力发展迅速的时期，货币数量往往供给不足。另外，金属货币的体积和重量也使得大额交易支付时多有不便，这是金属货币在流通使用中的不足。

（三）纸制货币

纸币（paper money）全称纸制货币，纸币貌似含义明确，但实际上人们对纸币的界定和理解是不同的。例如有人将纸币定义为“由国家发行的流通但不可兑现的货币形式”，也有人认为“纸币是不可兑现的信用货币的一种”。一般说来，纸币大致有两种定义。

1. 纸币是指用纸制的货币

这是从货币材料角度下的定义。从这个角度分析，纸币是与金属铸币相对应的，然而这个层面上的纸币范围很广，既包括国家强制发行的纸制的货币符号，又包括商贾发行的纸制兑换券以及银行发行的信用纸币。目前，世界各地流通的钞票都属于纸制货币，如美元现钞、人民币现钞、日元现钞、欧元现钞等等。

2. 纸币是不可兑现的货币形式

这是根据纸币的性质和使用程序进行定义的。纸币最初是国家财政机关发行的，此类货币符号只能通过税收的方式回笼，所以往往会因为缺乏约束而过量发行导致通货膨胀。

当银行体系出现之后，为弥补金属铸币在流通中的不足，商业银行开始发行银行券，银行券的发行最初是通过银行的信用业务进行的，并以随时兑现金属货币作为保证。到后来，银行券的发行被中央银行垄断。金属货币制度崩溃后，使得央行发行的银行券无法再和金属货币进行兑现，因此银行券在兑现性方面和国家发行的纸币之间的差别就不存在了，这被称为银行券的纸币化。所以人们常常把不可兑现成金属货币的银行券叫做纸币。在如今的央行体制下，大多数国家流通的现钞货币基本上全是中央银行发行的。

以上关于纸币定义的区分，只有历史上和理论上的研究价值，并没有重要的实际意义。

（四）存款货币

实物货币、金属铸币及纸制货币都是有形的货币形式。伴随着信用制度的不断发展，无形的货币形式也出现了，比如存款货币等。存款货币（deposit money）是指能发挥货币职能的银行存款，主要包括可签发支票、进行办理转账及结算的活期存款。

如今银行的业务之一就是充当支付的中介，为其客户办理转账结算等业务，该项业务的发展与日益加快的经济、生活节奏和与日俱增的大额交易数量密切相关。人们会先在银行设一个活期存款的账户，然后存一部分金额在账户内，客户可根据存款余额签发支票，凭支票进行转账结算或提取现金。当客户支付时，可根据交易额在存款余额内签发支票，将支票支付给收款人。收款人可将这张支票交给其开户银行，将付款人账户的存款额相应转为收款人账户的存款。这样，通过存款账户间存款的转移来完成支付行为。在这个过程中，发挥货币作用的有可签发支票的存款和银行券，发挥货币作用的存款和银行券叫“存款货币”。在进行支付时，用存款货币取代现金，具有快速、安全、方便的优点，在大额交易中，有时用现金进行交易是很难进行的。因此在发达的商品经济中，转账结算占有重要的位置，绝大部分的交易不是用货币进行的，而是通过存款货币的转移进行的。

（五）电子货币

现在，人们也可以使用带有微型芯片的各种“卡”在现代经济活动中进行支付了，如存入货币的储值卡、借记卡和具有透支功能的信用卡等，微电子技术和电子资金划拨系统为各种支付卡的使用提供了技术支持，由于这种支付模式与现金和支票支付有很大的区别，人们把这种支付模式叫作“电子货币”。

电子货币(electronic money)是指通过电子网络进行支付的数据，持有人的现金或存款为这些电子数据提供实物支持，因此电子货币是信用货币的一种存在形式。

货币发行与流通必然受电子货币普遍使用的影响，电子货币的使用也会使中央银行在进行货币调控时面临更多的问题。从目前来看，各国还没有对电子货币进行单独统计，电子货币作为一种新的交易媒介，还有许多有待我们深入研究和分析的问题。

（六）虚拟货币

虚拟货币(ideal money)是在互联网金融和电子商务迅速发展后随之伴生的网络交易中的一种支付方式。虚拟货币虽然不是真实的货币，但是在虚拟跟现实有链接的情况下，虚拟货币就有了现实存在的价值。

作为一种网络交易的手段，虚拟货币是网络服务商为了方便网络交易，降低交易成本而开发的一种支付方式。可以把这种货币看作传统货币的一种延伸，在一定程度上，将传统货币数字化、符号化，但仍可以是传统货币的对应物。随着科学技术的发展，计算机通信技术的应用及互联网的发展，网络营销逐渐成为人们生活的一部分。互联网为消费者提供了大量的交流和沟通场所，同时也给企业提供了经营场所。

延伸阅读

新中国第一套人民币

我国人民币自1948年发行以来，至今已经发行了五套纸币、四套硬币以及多套普通纪念币（钞）和贵金属纪念币。

目前，我国市场上流通的人民币以第五套为主，第四套人民币仍在继续流通，但在逐步回收，前三套人民币除硬币分币外已停止流通。

新中国的第一套人民币是1948年12月1日开始发行的，面额有1元、5元、10元、20元、50元、100元、200元、500元、1000元、5000元、10000元、50000元，共计12种面额、62种版别。第一套人民币于1955年5月10日全部停止使用。

第一套人民币的图案主要是反映了当时解放区的生产建设情况，在62个版别中，除一些票券上设计了名胜古迹外（如长城、颐和园、正阳门、新华门、钱塘江大桥等），其他大部分票券图案反映了当时工农业生产劳动的场面，如织布、炼钢、耕地、秋收、放牧等，图案中的人物基本都是工人和农民的形象。

资料来源：中国人民银行官网。

目前,虚拟货币大致可以分为以下三类。

第一类是在某一种网络游戏(或虚拟社区)中通用的、可用于交易虚拟物品的游戏币,典型代表有网游、BBS及虚拟社区中的"金币"。在单机游戏时代,主角靠打倒敌人、进赌馆赢钱等方式积累货币,但只能在自己的游戏机里使用,玩家之间没有"市场"。自从互联网建立起门户和社区、实现游戏联网以来,虚拟货币便有了"金融市场",使玩家之间交易游戏币成为可能。

第二类是门户网站或者即时通讯工具服务商发行的专用虚拟货币,用于购买本网站内的服务。使用最广泛的当属腾讯公司的Q币,可用来购买会员资格、QQ秀等增值服务。

第三类是用于交易实物的互联网上的虚拟货币,它建立在更为真实客观的经济平台上,作为媒介勾稽法定真实货币和真实物品的交易。如比特币(BTC)、莱特货币(LTC)等。比特币没有一个集中的发行方,而是由网络节点的计算生成,谁都有可能参与制造比特币,而且可以全世界流通,可以在任意一台接入互联网的电脑上买卖,不管身处何方,任何人都可以挖掘、购买、出售或收取比特币,并且在交易过程中外人无法辨认用户身份信息。2009年,不受央行和任何金融机构控制的比特币诞生。目前,世界上有不少国家允许比特币流通。

虚拟货币成为一种网络交易手段,商务活动日益繁荣。虚拟货币的产生和迅速发展,给理论和实践都带来一系列有待研究和规范的问题。有人说,货币问题是现代性范畴的问题,虚拟货币问题则是后现代性范畴的问题。用现有的货币理论和货币政策经验,难于解决虚拟货币的问题。

第二节　货币的职能

货币职能是货币本质的具体体现。在发达的商品经济条件下,货币具有价值尺度、流通手段、贮藏手段、支付手段和世界货币五种基本职能。

一、价值尺度

价值尺度是货币表现商品价值和衡量商品价值量大小的职能。货币执行价值尺度职能,是把一切商品的价值都表现为一定的货币量。这是因为货币本身也是商品,具有价值。各种商品都是社会劳动的凝结,具有相同的质,所以社会必要劳动时间是商品内在的价值尺度。这种内在的价值虽然可以比较，但自身却无法表现出来。在商品交换过程中，当货币执行价值尺度职能去衡量其他商品的价值，使各种商品价值都表现为一定量的货币时，货币就成了商品价值的外在表现。

二、流通手段

流通手段是在商品流通中，货币充当商品交换媒介的职能。货币的流通手段职能，是在商品交换中发展起来的。在货币出现以前，商品交换采取物与物直接交换的形式。货币产生以后，变成以货币为媒介的商品流通，它使直接商品交换变成两个过程，任何一个商品生产者，首先是卖出商品换回货币（$W-G$），然后再用货币去买回需要的商品（$G-W$）。在这两个过程组成的商品交换中，货币充当了交换活动的媒介物。这种媒介商品交换的职能，就是货币的流通手段职能。

三、贮藏手段

贮藏手段是货币退出流通领域作为独立的价值形态和社会财富的一般代表而被保存的职能。货币贮藏手段职能，是在实践中逐渐完善的。最初表现为朴素的货币贮藏，生产者把多余的产品换成货币，目的是用货币保存自己的剩余产品。随着商品生产的发展，商品生产者为便于随时购买维持生产和生活的商品，货币贮藏主要表现为取得交换价值的贮藏。当商品流通扩展到一切领域后，谁占有了货币，谁就可以购得一切所需的物品，这时的货币贮藏就表现为社会权力的货币贮藏。但任何目的的货币贮藏，都必须是具有价值实体的足值的货币。

四、支付手段

支付手段是货币作为独立的价值形式进行单方面运动时执行的职能。货币的支付手段职能，最初是适应商品生产和商品交换的需要而产生的。由于不同商品的生产周期长短不一，产地距销售地远近各异，为保证再生产过程的连续进行，部分商品生产者产生赊销商品的需要。到约定日期清偿债务时，货币便具有了支付手段的职能。以后随着商品交换和信用经济的发展，货币执行支付手段职能日益普遍，不仅超出了商品流通领域，而且进入了人们日常生活之中，如用于支付地租、租金、工资，缴纳赋税等等。

五、世界货币

世界货币是在世界市场上作为一般等价物的货币。随着国际交往的产生和发展，货币在世界市场上流通，便具有了世界货币的职能。世界货币除具有价值尺度职能外，还执行如下职能：作为购买手段，在国际间用以购买外国商品；作为一般支付手段，用以偿付国际债务、支付利息和其他非生产性支付等，以平衡国际间的收支差额；作为社会财富的代表，用以支付战争赔款、输出货币资本等，从一国转移到另一国。

一般讲，在贵金属货币流通的条件下，充当世界货币的是足值的金和银，而不是具有地域外衣的铸币。因此，它主要是金块、银块的形式。在现代信用货币制度下，主要由那些在国际上可以自由兑换成其他国家货币的硬通货来充当世界货币。但在这种情况下，各国仍必须贮藏一定量的黄金，以作为世界货币的准备金，用来平衡一国的国际收支。

货币最早具有的是价值尺度和流通手段的职能。商品进入流通之前，先由货币表现和衡量其价值，执行价值尺度的职能；在流通过程中，货币作为交换的媒介，执行流通手段的职能。这是货币的两种基本职能。货币作为社会财富的一般代表，退出流通领域作贮藏备用，从而具有贮藏手段的职能。随着商品赊销交易的出现，货币在这里不再执行流通手段职能，而只是到了约定的付款日期才被用于清偿债务，执行支付手段的职能。

只有货币的前四种职能在国内商品流通中得到了充分发展，才会同时在国际贸易中发挥世界货币的职能。货币的五种职能相互联系，共同表现货币作为一般等价物的本质，货币各种职能的排列顺序，体现了商品经济发展的历史和逻辑的统一。

延伸阅读

人民币成为世界第八大外汇交易货币

国际清算银行2013年4月发布的全球外汇市场成交量调查报告显示，人民币首次超过瑞典克朗、港币，进入全球十大交易最频繁货币榜单，成为世界第九大外汇交易货币，日均交易额占全球交易总额的2.2%。国际清算银行认为，人民币在全球外汇交易中的飙升符合中国货币国际化的努力。自2009

年实行跨境贸易人民币结算试点以来，人民币国际化快速发展。

2016 年 4 月，国际清算银行发布的全球外汇市场成交量调查报告进一步显示，全球外汇市场日均交易量为 5.09 万亿美元，较 2013 年 4 月份下降了 5.0%。而人民币外汇交易量为 2020.2 亿美元，较 2013 年增长 69%；全球占比升至 4.0%，市场份额几乎翻了一番，货币排名从第 9 位升至第 8 位。

资料来源：编者根据国际清算银行发布的全球外汇市场成交量调查报告编写。

第三节　货币制度

货币制度(coinage)又称“币制”或“货币本位制”，是一个国家或地区以法律形式确定的货币流通结构、体系和组织形式。一国或地区为了保持其货币流通的正常与稳定，通常要制定和颁布一系列的法律与规定。这些法律和强制性规定把有关货币流通的各个方面、各个要素联系起来，并在实践中不断修正与补充，从而形成一个有机整体，这就是一个国家或地区的货币制度。

货币制度是一国或地区经济制度的重要组成部分，并随着一国或地区的社会经济发展相应地进行调整。因此，随着社会经济的不断进步，货币制度也表现为相应的发展演变过程。

一、货币制度的主要内容

无论是国际货币制度、国家货币制度还是区域性货币制度，根据货币的不同特性，可以分为金属货币制度与不兑现的信用货币制度两大类。从总体上来看，这两类货币制度的内容和构成是大同小异的。货币制度的构成大体包括以下几方面的基本内容。

(一)规定货币材料

用何种材料作为本位货币是一国货币制度的基础，也是建立货币制度的首要问题。确定不同的货币材料就会构成不同的货币本位制度，用金、银或者金银共同作为货币材料就形成金本位制、银本位制或者金银复本位制。从历史上看，币材的选择并非依靠国家权力来决定的，而是受到当时社会经济发展水平的制约。在西方国家一般是先以白银为货币金属，随着金矿的大量开采，逐步过渡到金银复本位制。到 19 世纪末 20 世纪初，主要工业国家普遍实现了单一币材的金本位制，以黄金作为货币制度的基础，铸造和使用金币。到了20世纪30年代，各国逐步转向不兑现的信用货币制度，金属货币逐渐被淡化。20世纪70年代之后，各国货币制度去掉了以贵金属充当币材的规定。从此以后，币材的选择不再是货币制度的最重要的因素。

(二)规定货币单位

货币材料一经确定，就要规定货币单位，包括货币单位名称和货币单位价值两个方面。目前世界上的货币名称有100多种，其中以元、镑、法郎居多。不同的国家用同样的货币名称则在前面加上国家名，如美元、日元，法国法郎、瑞士法郎等。确定货币单位的重点是确定币值。在金属货币流通时代，币值的确定依据是单位货币所含的货币金属的重量与成色；在与黄金挂钩的不兑现货币流通时期，币值的确定是确定本币单位的含金量(如美国的货币单位为美元，1934年至1971年，美元的法定含金量为1美元含纯金0.888671克。)，或本国货币与关键货币(如美元)的固定比价；20世纪70年代，黄金非货币化后，则是如何维持本币与外国货币之间的比价(汇率)，各国货币不再规定含金量。

(三)规定流通中的货币种类

流通中货币的种类包括主币和辅币。主币又称作本位币，是由国家造币厂按照一定的规格铸造的铸币，是一个国家或地区的基本通货和法定的价格标准或计价、结算货币。本位币的最小规格通常是一个货币单位，比如1美元、1元人民币等。在金属货币流通时代，主币就是铸币，是一种足值货币。辅币是专供零星支付之用的本位币以下的小额货币，是用贱金属铸造的不足值的货币，其名义价值高于实际价值，由国家垄断铸造。主币的规格通常是1个、5个、10个货币单位。辅币与主币有固定的兑换比例，例如美元辅币为美分，1美元等于100美分。

中国在金属货币流通时一直未形成规范的辅币制度。当铜钱与银两流通时，铜钱可以解决小额支付问题，但银两与铜钱并无固定的比价：比价因银、铜各自本身价值的高低变化而变化。清末曾铸铜元(圆形无孔)，企图建立辅币制，但未成功；铜元与银元的比价仍然随着银铜各自的贵贱而波动。1935年法币改革后，确定了辅币为“角”“分”。但是在通货膨胀局面下未能起作用。直到1955年新人民币发行后，角票与硬分币的制度才真正建立起来。

(四)规定货币支付偿还能力

关于货币法定偿还能力的规定是现代货币制度的重要内容。实际上，只要国家干预货币问题，就必然有法律对货币支付能力的规定。比如，统治者对自己制造的劣币，对自己发行的纸制货币都有法律作为支撑，不准人们拒用。不过定规的、明确有限法偿与无限法偿区分的制度则是在资本主义货币制度建立过程中形成的。

无限法偿指法律规定的无限制偿付能力，其含义是：法律保护取得这种能力的货币，不论是何种性质的支付及支付数额的大小，即不论是购买商品、支付服务、结清债务、缴纳税款等，支付的对方均不得拒绝接受。取得这种资格的货币在金属铸币流通时是本位铸币，后来是不兑现的中央银行的银行券。活期存款虽然在经济生活中是普遍被接受的，但一般不享有法偿的资格。有限法偿主要是对辅币规定的，其含义是：在一次支付行为中超过一定的金额，收款人有权拒收；但在法定限额内拒收则不受法律保护。

当前经济生活中，有关法定支付能力的规定并非都那么简单。例如，在我国现金与非现金转账各自有自己适用的领域，其中相当部分有极其明确的法律条文规定。

(五)规定货币铸造发行流通程序

货币的铸造包括本位币与辅币的铸造。本位币的面值与金属本身的实际价值是一致的，是足值货币。本位币可以自由铸造、自由熔化，在流通中磨损超过一定磨损公差的本位币不能再次进入流通领域，但可以向指定的单位兑换新币，即超差兑换。本位币的这种自由铸造、自由熔化与超差兑换，能够使铸币价值与铸币所含的金属价值保持一致，保证流通中货币量自发地适应商品流通规模对货币的客观需要量。辅币通常是由贱金属铸造的，其名义价值低于实际价值，因而是不足值货币。辅币不能自由铸造，只准国家铸造，主要是为了防止辅币充斥市场，排挤本位币，造成币值的不稳定。如果允许公民自由铸造辅币，公民就会为获得“额外收益”用贱金属大量铸造不足值的辅币，使辅币充斥市场，影响货币流通的稳定。同时，铸造辅币可以取得一部分收入，称为铸造利差。国家垄断辅币铸造，铸币收入归国家所有，构成重要的财政收入来源。

在信用货币时代，由于货币是依靠国家权力与国家信用强制流通的价值符号，通货的自由铸造权利被取消了，由中央银行垄断发行，对货币的流通年限规定取代了磨损公差的规定，但本位币的无限法偿能力依然存在。

(六)规定货币发行准备制度

货币发行准备制度又称为发行保证制度，是指通过银行发行的信用货币作为价值符号依靠什么来保证其币值稳定的制度。在表征货币形态下，发行银行券与辅币的银行必须建立金属储备制度。凭金属准备发行的银行券，可以通过自由兑换调节流通中的货币量，使之与货币需要量相一致，以有效保持货币流通的稳定。

随着商品流通与货币流通的发展，货币发行的商业信用保证与国家信用保证也随之发展起来。银行通过商业票据贴现向流通中投放信用货币为商业信用保证，由于投放到流通中的信用货币有相应的商品作保证，可保证货币购买力与商品供应量基本平衡，从而使货币流通基本保持稳定，国家信用保证一般是指银行通过买入政府债券向银行中投入信用货币，由于这些投放的货币无金属储备可供兑现，又无相应商品可满足其购买力需求，所以，凭国家信用发行的信用货币不具有稳定货币流通的保证作用。

自 20 世纪 30 年代以来，世界各国在先后放弃金本位货币制度的同时，也不再规定发行保证制度。发行信用货币的中央银行虽然拥有大量的黄金外汇储备，但既不规定信用货币的含金量，一般也不建立黄金外汇与信用货币发行之间的比例关系，因此，并不属于信用货币的发行保证制度。少数国家和地区因为特殊的背景与历史原因，也有用发达国家的国际通用货币（外汇）作为本国或本地区的货币发行保证。例如，我国人民币只规定了经济发行（商业信用）原则，而无发行保证制度；我国香港特别行政区则以外汇（美元）作为港元的发行保证。

延伸阅读

劣币驱逐良币

“劣币驱逐良币”，又称格雷欣法则，是指当一个国家同时流通两种实际价值不同而法定比价不变的货币时，实际价值高的货币（良币）必然要被熔化、收藏或输出而退出流通领域，而实际价值低的货币（劣币）反而充斥市场。

金银复本位曾经被 18—19 世纪的英国、美国、法国长期采用。由于金币和银币之间的兑换比率是政府经由法律定下的，所以会长期稳定不变，但市场上的金银之间的相对价格却会因为供需法则而波动。若当黄金实际价值超过法定兑换率时，人们就会将手中价值较大的金币（良币）熔成金块，再将这些黄金卖掉换成银币（劣币）使用。经过这种程序之后，就可比直接用金币换银币换得更多的银币。有时人们甚至会重复这样的过程许多次，于是市面上的良币就日益被熔化而减少，劣币则会充斥市场并严重扰乱市场秩序。（此处的“良币”并不是指单价高的货币，而是指相对于兑换率而言较有优势的货币。

假设金币兑银币的法定兑换率是1∶10，若1个金币熔化之后能换取超过10个银币，则金币为良币；若10个银币熔化之后能换取超过1个金币，则银币为良币。）在中国，早在公元前2世纪，西汉的贾谊就曾指出“奸钱日繁，正钱日亡”的事实，这里的“奸钱”指的就是劣币，“正钱”指的是良币。

进入了纸币流通的时代，货币的不足值性更加明显，国家也必须有更加有力的手段保障其法偿性。也正是在这时，格雷欣法则开始受到一些学者的质疑。事实上，没有良币出现，或者有强力的政府禁止良币的使用，劣币也不能一直使用下去。

格雷欣法则实现要具备如下条件：劣币和良币同时都为法定货币，两种货币有一定法定比率，两种货币的总和必须超过社会所需的货币量。

资料来源：编者根据百度百科资料整理编写。

二、货币制度的演变

货币制度与其他经济制度一样，自产生之后也经历了一个不断发展与演变的历史过程。在货币发展史上，世界各国曾经先后采用过银本位制、金银复本位制（平行本位、双本位、跛行本位）、金本位制（金币本位、金块本位、金汇兑本位）、不兑现的信用货币本位制等货币制度。

（一）银本位制

银本位制是最早的货币制度之一，指的是以白银作为本位币币材的一种货币制度。其主要内容为：1. 以白银作为本位币币材，银币为无限法偿货币，并有强制流通能力；2. 本位币的名义价值与它所含白银的价值相等；3. 银币可以自由铸造、自由熔化，白银可以自由兑换银币；4. 银行券可以自由兑换银币或等量白银；5. 银币和白银可以自由输出输入。

银本位制从16世纪以后开始盛行，但作为一种独立货币制度存在于一些国家的时间并不长，实行范围也不广。实行过银本位制的国家主要有日本、印度、墨西哥和中国等。中国在清宣统二年（1910年）颁布了《币制则例》，宣布实行银本位制，但实质上是银两与银圆混用状态。在1933年4月，国民政府实行“废两改圆”，颁布了《银本位币铸造条例》，才真正实现了银圆流通。1935年又实行了“法币改革”，废除了银本位制。其他国家早在19世纪末就放弃银本位制，改为金本位制，或金银复本位制，或金块本位制、金汇兑本位制。

银本位制之所以推行时间较短，主要是两个原因：第一是白银的价格不稳定，银贱金贵。自19世纪末以来，黄金需求大幅度提升但供应不足，而白银的需求减少且供应增加，结果使金银比价大幅波动，差距越来越大。以伦敦的金银比价为例：1860 年的比例为 1∶15，1870 年的比例是 1∶15.5，1930 年为 1∶53，1932 年是 1∶73.5。第二是与黄金相比，白银的体积大但是价值小，使计量和运送存在一定的困难，不利于大宗交易。

（二）金银复本位制

金银复本位制指的是以金、银两种金属同时作为币材的货币制度，其主要内容为：金银两种本位币可以自由铸造、自由熔断；金银两种本位币都具有无限法偿能力；两种金属可以自由输入和输出；两种本位币之间可以自由兑换。复本位制在资本主义原始积累时期（15—16 世纪）盛行，这是由当时的经济发展状况所决定的。随着封建社会向资本主义社会过渡，商品生产与商品流通进一步地扩大，导致对白银和黄金的需求进一步扩大。白银的价值较小，这是小额交易所必须的；黄金的价值含量较大，这恰恰满足了大宗交易的需求。这样，由于资本主义市场的扩大，对作为币材的黄金与白银的需求量增加了。在 17 世纪以后，黄金的产量大量增加，最终导致了银本位被金银复本位所取代。

实行金银复本位制必须确定金币与银币之间的比价，按照比价确定方式的不同，金银复本位制又分为三种类型：

1. 平行本位制

在这种本位制度下，金币和银币比价由金银的市场价值决定。例如，英国在 1663 年铸造的金币"基尼"与银币"先令"并用，两种通货按照金银的市场实际价值比价进行流通。

2. 双本位制

在这种本位制度下，金币与银币间的比价由国家法律规定。例如，美国在 1792 年规定：1 金元含金 24.75 格令，1 银元含银 371.25 格令，银元含银重量是金元的 15 倍，所以金币与银币的法定比价为 1∶15。

3. 跛行本位制

这是从复本位制向金本位制过渡时出现的一种特殊的货币制度。18 世纪末至 19 世纪初世界白银产量猛增，银价下跌使实行复本位制的国家硬币充塞，金币减少。为了不影响市场流通秩序，国家规定已发行的银币照旧流通，但停止自由铸造，金币仍准许自由铸造。这时金银两种货币同时流通，但先是金币少、银币多，类似跛行者，一足短、一足长。经一定时期后，金币发行增多，银币减少，又形成"金足长""银足短"的跛行现象。

复本位制是一种不稳定的货币制度。因为货币作为一般等价物具有排他性与独占性的特征，虽然法律认可金银皆为货币金属，但这却与货币独占性、排他性的本质特征是相矛盾的。平行本位制下金币与银币的兑换比例随市场价值波动而变动，使得货币很难发挥价值标准的作用，市场必然会出现紊乱。为了克服这个紊乱，出现了双本位制，国家法律规定金银的比价。但这一规定却与价值规律的自发调节作用相悖，出现“劣币驱逐良币”的现象。

金银复本位制的不稳定性阻碍了资本主义的迅速发展，无法满足发展对相对稳定的货币制度的需求。随着资本主义的进一步发展，英国率先从复本位制过渡到金本位制，之后，欧洲各国相继过渡到金本位制。到了19世纪末，主要的工业国家都实现了金本位制。

（三）金本位制

金本位制作为本位币的货币制度，它在金属货币制度中占有重要的地位，金本位制分为金币本位制、金块本位制和金兑换本位制三种形式，金币本位制是金本位制中最典型的代表。

1. 金币本位制

从19世纪中叶到第一次世界大战之前，主要资本主义国家大多采用金币本位制。它的内容是以黄金作为本位币币材，流通具有无限法偿能力的金铸币，国家对金铸币的样式与含金量由法定规定；金币可以自由铸造、自由熔化，进而保证主币的足值，发挥货币贮藏手段的职能，调节货币量；黄金可以自由输入输出国境，自动取得国际货币职能，调节汇率，促进国际贸易发展；辅币和银行券可按各自面值自由兑换金币；货币准备全是黄金。金币本位制具有一定的调节作用，有利于市场机制发挥作用。后来由于战争、经济危机等多方面因素的影响，金币本位制稳定的基础被削弱，其逐渐向金块本位制与金兑换本位制过渡。

2. 金块本位制

其内容是国内不再流通金币而流通银行券，黄金由国家统一储备；银行券规定有含金量，可以在限额内兑换金块；私人持有的金块可以自由输入输出。金块本位制为西方国家在第一次世界大战后试图恢复金币本位制未成功而采取的变通的金本位制。1925年英国首先推行金块本位制，随后荷兰、法国也相继推行，但是金块本位制存在的时间并不长，在1929年经济危机冲击之下，1931年英国首先放弃了这个制度，之后其他国家也相继放弃金块本位制。

3. 金兑换本位制

金兑换本位制又称为虚金本位制，它虽然也规定金币为本位币，但国内既不铸造也不流通金币；将本国货币与另一采取金币或金块本位制的国家的货币保持固定比价，并在该国存放外汇准备金，通过无限制供应外汇来维持本国货币币值稳定;银行券在国内不能兑换黄金只能兑换外汇,外汇可以在国外兑换黄金。金兑换本位制使本国货币依附于一些经济实力雄厚的外国货币,实质上是一种附庸性质的货币制度。

金块本位制与金兑换本位制都是极不稳定的货币制度,是残缺不全的金本位制。在受到20世纪30年代世界性经济大危机的冲击以后,金本位制最终崩溃了,过渡到不兑现的信用货币制度。

(四)不兑现的信用货币制度

20世纪30年代大危机以后,资本主义国家先后实行了不兑现的信用货币制度,也就是纸币本位制。它的内容是:以纸币为本位币,纸币不规定含金量也不能兑换黄金;国家授权中央银行垄断货币发行,发行的货币通过信用程序进入流通领域;货币的无限法偿能力是由国家法律的强制力赋予的;信用货币由现金与银行存款组成。信用货币取代黄金本位是货币制度演变过程中质的飞越,突破了货币的黄金桎梏,极大节约了社会流通费用,使金本位制下常出现的币材匮乏问题得到了一劳永逸的解决。不兑现的信用货币的流通没有自发调节机制,即货币存储不再发挥蓄水池的功能,所以流通中的信用货币不会自发地与商品流通的客观需要保持一致,所以需要货币管理当局对货币流通加以控制与调节,这种调控对经济发展有特定作用。所以货币政策日益成为国家干预经济、实现国家宏观调控的重要手段。

第四节　我国的货币制度

我国现行的货币制度比较特殊。由于中国实行"一国两制"方针,除中国大陆实行人民币制度外,台湾有一套货币制度,1997年、1999年香港和澳门相继回归祖国后,继续维持原有的货币金融体制,从而形成了"一国四币"的特殊货币制度。

一、中国大陆的货币制度

《中华人民共和国中国人民银行法》规定,我国货币制度实行的是人民币制度(港澳台地区除外),人民币制度是从人民币的发行开始的。

1948年12月,北海银行、西北农民银行与华北银行联合成立中国人民银行,发行人民币。人民币发行后,中国人民银行迅速收兑国民政府的法币、金圆券与银元券,同时收兑各解放区发行的货币。1951年10月,人民币成为中国大陆统一的流通货币,人民币的发行与流通标志着我国人民币制度的正式建立。

我国人民币制度主要包括以下内容。

(一)人民币是中国大陆的唯一法定货币

人民币为中国大陆唯一法定货币,具有无限法偿能力,在中国大陆的一切债权债务关系必须用人民币来计价结算,任何单位与个人都不得拒绝接受。人民币的单位是"元",元是本位币,角、分是辅币,人民币的票券与铸币种类由国务院决定。

(二)人民币制度是一种不兑现的信用货币制度

人民币不与黄金挂钩,不规定单位货币的含金量,不能与黄金进行相互兑换;同时人民币是一种独立的货币,不依附于任何外国货币,不受他国的操纵与控制,从发行到流通,完全由我国独立自主地掌控与管理。

(三)人民币发行实行高度集中统一管理

人民币的发行权集中于中央政府,由中央政府授权中国人民银行统一掌管。中国人民银行是国家唯一的货币发行银行,并集中管理货币发行基金,在全国范围内实行统一的货币管理。中国人民银行根据社会经济发展的需要,在国务院批准的额度内,组织年度的货币发行与货币回笼。

(四)人民币的发行保证

人民币是信用货币,是根据商品生产的发展与流通的扩大对货币的需要而发行的,这种发行有商品物资作为基础,可以稳定币值,这是人民币发行的首要保证;其次,人民币的发行还有大量的信用保证,包括政府债券、商业票据、银行票据;最后,黄金、外汇储备也是人民币发行的一种保证。

(五)人民币实行有管理的货币制度

作为我国社会主义市场经济体制组成部分的货币制度,必须是在国家宏观调控管理下的制度,货币发行、货币流通、外汇价格等都不是自发的而是有管理的。有管理的货币制度形式是在总结经验与逐步认识客观经济规律的基础上有效地引导和组织货币运行。

(六)人民币成为可兑换货币

货币的可兑换性也是货币制度的内容之一。指一国货币可以兑换其他国家货币的可能性。我国人民币采取的可兑换是一种渐进过程。1980 年 4 月我国恢复了在国际货币基金组织的席位,依据《国际货币基金协定》第 14 条款的过渡性安排,保留了一些汇兑限制;1994 年加快改革步伐,我国实行的汇率并轨、银行结售汇、取消外汇计划审批等,实现了人民币经常项目下的有条件的可兑换;1996 年 7 月 1 日起,对外商投资企业实行银行结汇与售汇,取消对经常项目用汇的限制,同时根据实际情况提高了居民个人用汇供汇标准,扩大了供求范围,在 1996 年底实现了人民币经常项目的可兑换。

在此基础上,我国正积极创造条件,逐步放松对资本项目的外汇限制,开放资本市场,从而最终实现人民币的完全自由可兑换。

延伸阅读

人民币单位名称的由来

人民币以“元”作单位,是从我国货币单位名称的发展演变而来的。“元”的出现大致有两种不同的说法。

一种说法认为,货币出现“元”是从唐朝初年开始的。唐朝以前,铜钱都是以重量为单位名称,如“半两”“五铢”等。唐高祖为了整顿币制,废五铢,改为“开元通宝”。“开元”是开辟新纪元的意思,改为两、钱、分、厘的十进制计算。当时的“元”字虽然并不代表货币单位,但从此货币的重量就和货币的名称发生了分离。

到了清光绪二十六年(1900 年),在铸造银元的同时,广东开始制造机制铜圆,由于铜圆样式新颖,其精巧、整齐程度是以前任何钱币无法比的。清朝铜圆分两大类,一类是“光绪元宝”,一类是“大清铜币”,清朝铜圆的发行为今天的货币名称“元”打下了基础。及至清末,随着国际贸易的发展,西方银元传入中国,银元质地、形状的整齐划一,使它广泛流通。由于国内经济的发展,交流的扩大,人们迫切需要更轻便的货币来代替银元、铜圆,银行就印制了一种银元、铜圆的兑换券,这种兑换券的名义价值和实际的银元、铜圆一样,后来,兑换券逐渐演变成了纸币。我国人民币的名称“元”就是这样演变来的。

还有一种说法认为,用“元”作货币单位是从明代万历年间开始的。那时,欧美流行最广的货币“银圆”开始传入中国,最流行的是墨西哥银圆,钱面有鹰的图案,所以又称鹰洋。因材质为银、形状呈圆而得名,一枚就称为一圆。这“圆”字既是货币名称,又是单位名称。为了书写方便,后来人们就用圆字的同音字“元”代替了“圆”。此后,尽管又使用过多种货币,但货币单位“元”却一直沿用下来,人民币的单位名称“元”,也可能是由此演变来的。

至于元以下的辅币单位“角”和“分”,也是习惯继承下来的。“角”本义为兽角。《说文》载:“分,别也;从八从刀,刀以分别物也。”本义为分别、分开,后引申亦指被分开后的部分。就长度而言，一两的1%称分；就地亩而言，一亩的1/10称分。引用到货币单位，1元的1%被称为分。人民币的“分”即产生于此。

资料来源：何京.人民币单位名称的由来[J].金融经济，2008(9).

延伸阅读

人民币符号“¥”是怎样产生的

1935年，国民党政府对币制进行改革，以法律形式强制确定了流通货币，即“法币”。法币开始只同英镑保持一定的比价，后来随着美元在国际市场上的作用越来越大，法币又同美元挂了钩。所以，法币符号就借用了美元符号“$”。

1948年12月1日中国人民银行成立，并发行了新中国第一套人民币，但并没有确定人民币的符号。因而在新中国建立的最初几年，人们书写阿拉伯数字的金额时，还习惯沿用“$”作为封头符号。

1955年3月1日，中国人民银行发行第二套人民币时，正式确定了人民币的符号为“¥”。因为人民币单位是“元”，而“元”的汉语拼音是“YUAN”，因此，人民币符号就采用“元”字汉语拼音的第一个字母“Y”。为了区别“Y”和阿拉伯数字之间的误认和误写，在“Y”字上加上一横而写成“¥”，读音仍为“元”。从此，人们在书写数字金额时用“¥”作封头符号，如人民币100元写作“¥100”。

资料来源：编者根据腾讯网中国印钞造币的材料编写。

二、中国港、澳、台地区的货币制度

（一）香港的货币制度

1997年7月1日，中国政府恢复了对香港行使主权，香港特别行政区成立。中国改为实行一个主权国家两种社会制度下的两种货币、两种货币制度并存的货币制度。在内地仍然实行人民币制度，在香港实行独立的港币制度，在货币发行、流通与管理等方面分别自成体系，人民币和港币分别作为内地和香港的法定货币在两地流通。按照中国目前的外汇管理规定，港币仍然属于外汇，港币在内地以外币对待，同样，人民币在香港也以外币对待。

港币制度包括以下几个方面的基本内容：

1. 根据《中华人民共和国香港特别行政区基本法》，港元为香港的法定货币。港币的发行权属于香港特别行政区政府，中国银行、汇丰银行、渣打银行为港币发行的指定银行，港币的发行须有100%的准备金。

2. 香港货币单位为“元”，简称港元，用符号“HK $”表示。其纸币有10元、50元、100元、500元和1000元等面额，硬币有5分、10分、20分、50分及1元、2元和5元等面额。1元为100分。

3. 港元实行与美元联系的汇率制度，香港特别行政区的外汇基金由香港特别行政区政府管理和支配，主要用于调节港元汇价。

4. 香港特别行政区不实行外汇管制，港币可以自由兑换，外汇、黄金、证券、期货市场完全放开。

(二)澳门的货币制度

1999年12月20日，中国政府恢复了对澳门行使主权，澳门特别行政区成立。按照中国目前的外汇管理规定，澳门货币仍然属于外汇，澳门货币在内地以外币对待。同样，人民币在澳门也以外币对待。

澳元制度包括以下几个方面的基本内容：

1. 根据《中华人民共和国澳门特别行政区基本法》，澳元为澳门的法定货币。澳元的发行权属于澳门特别行政区政府，中国银行、大西洋银行为澳元发行的指定银行。由商业银行代为行使货币发行银行的职能，是澳门货币制度的一大特点。

依照澳门的有关法令，发行澳元必须有100%的等值黄金、外汇资产作为准备金，缴纳给澳门货币暨汇兑监理署(后更名为澳门金融管理局)，作为发行澳元的担保和外汇储备。

2. 澳门的法定货币单位是澳门元，简称澳元，用符号“MOP $”表示。澳门的货币政策由澳门金融管理局管理。纸币面额有5元、10元、50元、100元、500元和1000元6种，硬币有1角、2角、5角、1元、5元和10元6种。各种货币可自由出入境，不受任何限制。

3. 澳元实施与港元挂钩，实质上也就是建立了与美元间接的联系汇率制。

(三)台湾的货币制度

台湾地区最早的货币是“台湾银行券”。台湾银行券自1899年6月29日正式发行开始，到1945年8月为止，共流通了46年的时间。在这期间，由于日本人控制着台湾银行，因此台湾金融受日本金融变动的影响很大。

1945 年 8 月 15 日，日本宣布无条件投降，但直到 1946 年 8 月底这段时期，台湾流通的货币实际上仍然是日本占据台湾时的货币。“台湾银行券”“日本银行券”仍然流通。1946 年 5 月 20 日，旧台湾银行宣告结束，新的台湾银行宣告成立。1946 年 5 月 22 日，台湾银行公告发行小面额的台币，称为新台币。

1949 年 6 月 15 日，台湾省政府公布《台湾省币制改革方案》及《新台币发行办法》，决定实施币制改革。

新台币的发行主要有以下几方面内容：

1. 台湾省政府指定新台币的发行机关为台湾银行；

2. 实行与美元联系的汇率制度；

3. 新台币以黄金、白银、外汇及可以换取外汇的物资作十足准备。

新台币的基本单位为圆(简作元)，新台币发行硬币单位包括:5 角、1 圆、5 圆、10 圆、20 圆、50 圆；而纸钞单位则有:100 圆、200 圆、500 圆、1000 圆与 2000 圆。换算方式为:1 圆＝10 角＝100 分。

台湾币制改革后，之前的新台币改称为“旧台币”。新台币用符号“NT＄”或“NTD”表示。

1961 年 7 月 1 日，依照“中华民国中央银行”在台湾委托台湾银行发行新台币办法，由“中央银行”委托台湾银行发行，纸币上印“台湾银行”字样，成为台湾地区的法定货币。

自 1970 年 12 月 21 日开始，钞券上印“中华民国”字样。另外为解决金门、马祖、大陈岛等战地的特殊需要，也曾经发行限定这些地区流通的新台币金门、马祖、大陈流通券，现在已经取消。

1992 年原“银元及银元兑换券发行办法”公告废止，作为“国币”的银元丧失发行法源。由于“国币”依“中央银行法”规定由“中央银行”发行，于是在 2000 年 7 月 1 日颁布“中央银行发行新台币办法”，停止委托台湾银行发行，将新台币正式订为“中华民国国币”。各法律条文中原以银元为单位的也修改为新台币。自 2002 年 7 月 1 日起，原来委托台湾银行发行的新台币停止流通。目前，台湾流通的硬币有 5 角、1 元、5 元、10 元 4 种，纸币有 50 元、100 元、500 元和 1000 元 4 种。

本章小结

1. 货币是在商品交换的漫长发展过程中从商品世界中游离出来的一种特殊商品，是价值形式发展的结果。货币的本质，是稳定地充当一般等价物的特殊商品。货币的产生，是社会关系发展的产物。

2. 货币自产生以来，货币形式先后经历了实物货币、金属货币、纸质货币阶段，现阶段又出现了存款货币、电子货币和虚拟货币等货币形式。

3. 货币职能是货币本质的具体体现。在发达的商品经济条件下，货币具有价值尺度、流通手段、贮藏手段、支付手段和世界货币五种基本职能。

4. 货币制度包括货币材料、货币单位、货币种类、货币支付偿还的能力、本币和辅币的铸造发行和流通程序、发行准备制度等几个构成要素。

5. 在货币发展史上，世界各国曾经先后采用过银本位制、金银复本位制、金本位制、不兑现的信用货币本位制等货币制度。

6. 我国现行的货币制度是在一个主权国家里允许香港、澳门、台湾和内地同时并行不同的货币和货币制度。

7. 我国的人民币制度为：人民币是中国大陆的唯一法定货币；人民币制度是一种不兑现的信用货币制度；人民币发行实行高度集中统一管理；人民币是信用货币；人民币实行有管理的货币制度；人民币实现经常项目的可兑换。

课后练习

一、名词解释

货币　　实物货币　　存款货币　　货币制度　　金银复本位制　　金兑换本位制

二、多项选择题

1. 货币制度的主要内容是(　　)。

A. 规定货币材料　　B. 规定货币单位　　C. 规定货币种类

D. 规定货币支付能力　　E. 规定货币铸造发行的程序

F. 规定货币发行准备制度　　G. 规定货币数量

2. 货币的职能是(　　)。

A. 价值尺度　　B. 流通手段　　C. 贮藏手段

D. 支付手段　　E. 世界货币　　F. 交易手段

3. 世界货币是指在世界范围内发挥(　　)的货币。

A. 价值尺度　　B. 外汇储备　　C. 支付手段

D. 价值贮藏　　E. 流通手段

4. 金本位制包括(　　)。

A. 双本位制　　B. 金块本位制　　C. 金兑换本位制

D. 跛行本位制　　E. 金币本位制

三、简答题

1. 货币的本质是什么？货币的主要职能包括哪些？

2. 货币的主要形式有哪些？

3. 简述货币制度的定义及其构成要素。

4. 国家货币制度的演进历程是怎么样的？

第三章　信用与利息

本章要点

◎信用的概念及其本质特征

◎主要信用形式及其特点

◎信用工具的概念及主要类型

◎利率的本质和分类

◎影响利率水平的主要因素

◎利率的计算

现代市场经济是信用高度发达的市场经济，即信用经济。信用（credit）是现代市场经济的基础、纽带和灵魂。在一个发达的商品交换社会中，一切经济活动的开展都离不开信用。信用已成为现代市场经济的一个基本构成要素。本章概括介绍信用和利息的概念、特征，信用形式和信用工具的分类，重点阐述利率的决定和利率的计算方法。

第一节　信用与信用体系

一、信用

日常生活中，"信用"一词被频繁使用。在汉语中，信用的最初含义是信任重用，以后引申为信任、履行承诺、恪守承诺等含义，通常指个人的品行，具有相信、信任和信誉的内涵。自古以来，诚信被视作最基本的道德规范和行为准则，给人与人之间的正常交往提供了一个基础。

作为经济学术语，本书所说的信用，特指以偿本付息为前提的借贷行为，是以偿还和支付利息为条件的价值运动的特殊形式，并具有以下特征：

（一）信用体现债权债务关系

信用是借贷行为，在借贷活动中债权人将商品或货币贷出给债务人使用，信用体现债权人与债务人之间债权债务关系的约定，这种约定对双方均具法律约束力。

（二）信用是有条件的借贷行为

信用以偿还本金和支付利息为先决条件。在借贷活动中，债权人作为所贷出的商品或货币的所有者将其使用权让渡给债务人的前提是债务人守信，即能遵守承诺，按期偿还所借得的商品或货币并支付利息。

（三）信用是价值运动的特殊形式

一般商品买卖过程中实现价值运动的一般形式，卖者与买者相互交换商品和货币的所有权和使用权，卖者实现商品的价值形式到货币形态的转变。而信用是以偿还为条件的价值的单方面的转移，用公式表示即 $G-G'$，只是商品或货币的使用权的让渡，没有改变所有权。

（四）信用关系反应一定的生产关系

信用作为一种经济活动，体现一定的生产关系，不同社会形态下，反映不同的生产关系。

二、信用的产生与发展

（一）信用的产生

1. 社会分工和私有制是信用产生的基础

信用是在社会分工和私有制的基础上产生。由于社会分工，个人无法生产自己所需要的一切商品，于是使交换变得必要；而私有制的产生，出现了收入与支出的不平衡和贫富不均，从而使交换变成可能，造成非所有权的价值转移。因而私有制条件下的社会分工和大量剩余产品形成，是私有财产和私有权的借贷关系赖以存在的前提条件。

2. 货币发挥支付手段职能是信用发展的前提

最早的信用是实物信用。这种信用受到很大的限制，难以获得广泛的发展。当货币在信用关系中发挥支付手段职能，实现价值的单方面转移时，信用关系超越了实物借贷的局限性，信用开始广泛地发展起来。

商品流通中，当商品生产者出售商品时，其购买者可能由于自己的商品尚未卖出而暂时无钱支付，于是赊销即延期支付的方式随之产生。赊销意味着商品的使用权让渡和商品的价值实现发生了时间上的分离，买卖双方除了商品交换关系外，又形成一种债权债务关系，即信用关系。在赊销到期时，买方支付货款，货币发挥支付手段职能，实现价值的单方面转移，确保信用的兑现，整个过程，实质上采取了信用交易的形式，区别于现金交易和实物交易。由此可见，随着商品经济的深入发展，货币的支付手段职能超越了商品流通的范围，而与货币支付手段职能紧密相联的信用关系不仅表现为商品的赊销赊购，而且日益表现为货币的借贷。这就使信用关系超出了直接的商品流通范围，渗透到社会生活的各个方面。

（二）信用的发展

在商品经济发展初期，经济主体大多以赊销的形式相互提供信用，即商业信用；在商品经济较发达时期，随着现代银行的出现和发展，银行信用逐步取代商业信用成为现代经济活动中最重要的信用形式。信用伴随商品经济的发展而不断发展，现代市场经济发展就是建立在错综复杂的信用关系之上的信用经济。

信用随着商品经济的发展而发展，经历了高利贷信用、资本主义信用和社会主义信用三种形态。

1. 高利贷信用

高利贷信用，简称高利贷，是指以偿还并支付高额利息为条件贷出实物或货币的信用活动。高利贷信用作为最古老的生息资本形式，产生于原始社会末期，在奴隶社会和封建社会广泛发展。

高利贷产生和发展的基础是小生产占主导地位的经济方式，而小生产经济是一种极不稳定的经济。小生产一般以一家一户一人为单位，以自给自足为主要目的，经济基础十分薄弱。为了维持生存和简单再生产，明知债务难偿，也不得不借。因此对于放贷人来说，面临的风险很大，于是就通过高利率进行补偿。

高利贷信用有两个主要特点。一是利息高。高利贷的年利一般在30%～40%，有的甚至高达100%～200%。高利贷不仅侵吞了小生产者的剩余劳动，还吞噬了他们的一部分必要劳动，甚至土地、房屋、牲畜等也经常被高利贷夺走。二是非生产性。农民和小手工业者借债是被生活所迫，多用于生活急需、付租税等，以维持生产和生活；统治者和寄生阶层借债，多用于奢侈性消费，都与社会再生产没有直接联系。

2. 资本主义信用

在资本主义经济运行过程中，资本的私有制与资本主义生产社会化的矛盾始终存在，一方面，某些资本家因为种种原因出现了暂时闲置的货币资本，闲置与资本的本性相悖，必然要为闲置资本寻找出路，通过借贷出去牟取利益；另一方面，某些资本家又因为资本周转出现困难需要临时补充资本，以保证生产正常进行。金融资本家通过信用方式把两者联系起来，形成借贷关系，从而产生了资本主义信用。这里的闲置资本转化成了借贷资本，借贷资本不是职能资本，不是产业资本运动中货币资本职能的独立化形式，而是从产业资本和商业资本等职能资本运动中游离出来的闲置货币资本。资本主义信用则主要指借贷资本的运动。借贷资本是现代资本的运动形态。

资本主义信用对资本主义具有两方面的作用。一方面促进了资本主义经济的发展。信用的发展为职能资本家提供了大量的货币资本，为实现资本转移提供了条件，从而促进了利润率的平均化；信用发展节省了流通费用，缩短了流通时间；信用还促进了资本集中，大资本通过信用机构的支持增强了竞争能力，加速了吞并中小资本的资本集中过程。另一方面，信用的发展使资本主义的生产规模可以不受资本家自有资本的限制而不断扩大，促进了生产的社会化；信用加速资本集中，使资本主义社会的内在矛盾进一步尖锐化；信用还造成对商品的虚假需求，加剧了各生产部门之间发展的不平衡性，从而促进和加剧了资本主义的基本矛盾。

延伸阅读

中国历史上的民间借贷

我国的民间高利贷资本在春秋战国时就已具相当规模。民间高利贷资本多由贵族官吏和地主商人等经营，齐孟尝君贷款给薛邑农民，一次收债就“得息钱十万”(《史记·孟尝君列传》)。汉代这种高利贷资本主叫“子钱家”。汉景帝时，长安子钱家元盐氏“出捐千金贷”与出征吴楚叛乱的列侯封君，一岁中利息十倍，因而“富埒关中”(《贷殖列传》)。

唐宋以后，民间手工业特别是小农经济日益发展。高利贷资本进一步发展。首先是典当业，典当(质库)是以借款人提供质押品为特征的高利贷资本形式。质库的雏形是魏晋南北朝时期寺院中的寺库。《南史·甄法崇传》有寺院经营典当放款的记载。其借贷对象多为工农业小生产者和城市贫民。以后，除寺院、地主商人外，贵族官吏亦多经营典当。严格意义上的质库则到隋唐时期才正式出现。由于唐代商品经济的繁荣，借贷活动较为普遍，质库这种机构开始大量出现于都市之中。唐代的质库多为私营，开设质库的主要是官僚、贵族、富商大贾之流，寺院中也有经营。五代时开始出现官营质库。宋代的商品交易与金融市场更为发达，带动了城市质库业的进一步发展。

明清时期，随着商品货币经济的发展，典当除在城镇发展外，还深入农村，并有大规模资本聚集，成为高利贷资本的重要形式。明万历年间，浙江的乌镇就有典当九处。清嘉庆年间，陕西渭南县贺士英，其父在该县设有质库二处，由他经营后，"岁岁增设，积至三十处，散布于渭南、临渔、蓝田、成宁、长安数百里之间"（路德：《柽华馆文集》卷五）。

古代对高利贷主要有两种态度：一是认为它是将本求利，无可厚非；二是规定高利贷的最高利率，但并不主张取缔高利贷。

在半殖民地半封建的旧中国城乡，高利贷广泛存在。如华北盛行"驴打滚"，浙江一带有"印子钱"，广东则有"九扣十三归"。20 世纪二三十年代的红色苏区，中国共产党的农村政策是"分田废债"，对高利贷采取一律废除的方针。抗日战争时期，中国共产党的债务政策改为"二五减租、分半给息"，即佃农交租以产量的 25%为度，借债利息以每月 1.5%为度。

新中国建立前后的土地改革中，中国共产党的债务政策逐步明确为废除劳动人民所欠地主、富农和高利贷者的债务，而不是一切债务。土地改革后，中央政府提出借贷自由、利息由双方议定，政府不加干涉的政策。同时通过在农村大力发展信用合作组织、在城市解决就业和劳动保护问题，迫使高利贷活动丧失基础。

1978 年改革开放以来，相当多的地区，特别是农村地区，民间借贷日益活跃。这些民间借贷是否属于高利贷，则需要具体考察其利率是否大大超出法定利率水平。然而究竟高到何种程度才算高利贷，一般没有定论。国家曾有规定，高出银行同期贷款利率 4 倍，就被视为高利贷，其超额利息甚至全部本金都将予以没收，但实际上民间借贷利率高出这个规定的情况并不鲜见。

资料来源：姜旭朝、胡金炎. 货币经济学[M]. 北京：经济科学出版社，2008：64-66.

3. 社会主义信用

社会主义信用是指社会主义经济中借贷资金的运动形式。社会主义信用体现的是社会主义生产关系，但就信用的基本特征来说，社会主义信用仍然是一种借贷关系，是以偿还为条件的价值运动形式。因此，其运动形式与资本主义信用的借贷资本运动形式是完全相同的。

三、信用的构成要素

在信用经济活动中，信用包含信用主体、信用关系、信用条件、信用标的和信用载体五大要素。

（一）信用主体

即经济活动中的赤字部门和盈余部门，具体包括居民、企业、金融机构和政府。居民主要指有货币收入的自然人。单个居民某一时期既可能收大于支形成结余可以借出资金，也可能收不抵支而需要借入资金。所有居民总体上会是一个盈余部门。企业既是资金的主要供给者，也是主要的需求者。单个企业某一时期既可能有盈余也可能有赤字。所有企业作为整体来看总体上会是一个赤字部门。金融机构主要功能是充当信用中介或信用媒介。一方面从社会各个部门吸收和聚集资金，另一方面通过贷款、投资等活用将筹集的资金运用出去。

（二）信用关系

即信用主体之间通过直接或间接的方式，进行商品或货币的借贷活动而形成债权债务关系。债权人提供信用，称为授信。债务人接受信用，称为受信，到期遵守承诺还本付息叫守信。

（三）信用条件

主要指借贷期限和利息，另外也包括利息的计算方式和支付的次数、本金的偿还方式等。期限是信用关系产生到终结的时间。利息是债务人获得商品或货币的使用权所支付给债券人的费用。

（四）信用标的

即信用关系的对象。商业信用的信用标的主要是实物形态，银行信用的信用标的则是货币形态。

（五）信用载体

即信用工具，是载明债权债务关系的合法凭证。因此，信用关系应该以正式的书面凭证即信用工具为依据。此外，信用工具还可以在市场上转让，有较大的流通范围，有利于扩大信用规模，促进信用经济的发展。

四、现代信用形式

信用形式（credit form）就是信用关系表现出来的具体形式。随着商品经济的发展，信用形式也趋于多样化。由于借贷当事人不同，借贷的目的和用途等不同，信用的具体形式也不相同。

信用形式多种多样，也有多种划分标准，如按期限分为短期信用和长期信用；按有无中介分为直接信用和间接信用，参见表 3.1。以下主要介绍以信用主体为划分标准的商业信用、银行信用、国家信用、消费信用、民间信用和国际信用。

表 3.1　现代信用形式一览表

按有无中介划分	直接信用	
	间接信用	
按信用期限划分	短期信用	
	长期信用	
按债权人与债务人所在地域划分	国内信用	
	国际信用	
按信用主体划分	商业信用	赊销
		分期付款
	银行信用	
	国家信用	政府信用
		财政信用
		公共信用
	消费信用	赊销
		分期付款
		消费贷款
	民间信用	
	国际信用	国际商业银行贷款
		出口信贷
		政府信贷
		补偿贸易
		国家租赁
		国家金融组织贷款

（一）商业信用

商业信用（commercial credit）是指工商企业之间相互提供的，与商品交易直接联系的信用。包括以赊销、分期付款、委托代销、预付定金、分期预付定金等形式提供的信用形式。

商业信用的特点：一是商业信用的主体债权人和债务人均是工商企业。商业信用是一个企业以商品形态提供给另一个企业的信用，借贷双方都是企业，企业与个人之间进行的赊销和预付不是商业信用。二是商业信用的标的是处在社会再生产过程中一定阶段上作为产业资本一部分的商品资本或货币资本。除预付资金方式外,典型的商业信用是赊销。当一个企业把商品赊销给另一个企业,买卖行为完成的同时,商品的所有权发生转移,由卖者转移到买者手中,而商品的货款并未支付,于是形成了卖者买者的债权债务关系,尽管最终以货币资金支付结束,但这时商业信用仍处于产业或商业资金循环周转过程之中,未脱离再生产过程。三是商业信用与产业资本的变动一致,即商业信用的规模及活跃程度随着生产与商品流通规模及活跃程度的扩大或缩小而扩张或收缩。如在经济繁荣时期,生产扩大,商品增加,商业信用的需求和供应都随之增加,经济危机时则随之减少。

商业信用的优点是方便工商企业之间的商品交易,未到期的商业信用凭证也可去银行办理贴现。并且商业信用是直接信用,借贷双方具有直接利害关系,有利于增强企业的责任感,提高经济效益。但是商业信用的局限性也十分明显,主要表现在三个方面:一是规模受限,受商业企业之间商品买卖量的限制。二是方向受限,只能与企业自身直接的供应商或企业客户建立商业信用关系。三是期限受限,受企业生产周期的限制。

(二)银行信用

银行信用(bank credit)是银行金融机构以货币形式与政府、企业或个人结成的信用关系。一方面,银行以吸收社会存款等负债业务形成大量资金;另一方面,银行通过发放贷款、接受贴现等资产业务将吸收的资金投放给资金需求者。

银行信用的特点:一是银行信用属于间接信用。银行信用的主体是银行,银行利用自己的中介职能,一方面把社会闲散资金集聚起来;另一方面又以贷款方式把资金贷放出去,从而调剂资金的余缺。二是银行信用的标的是单一形态的货币资本,而不是商业资本,从而在规模、范围、期限和使用方向上都大大优于商业信用。银行信用突破了其他经济实体只有先获得货币资本或商品资本才能提供信用的限制,它不仅可以根据其资金来源安排资金运用,还可以创造货币供应量,直接创造资金来源以满足需要。三是银行信用来源于产业资本,但又脱离于产业资本的运动周期。银行信用的盛衰与经济周期的变化不一致。在经济危机时期,商品过剩,价格下跌,商品难以出售或按低价出售,人们为了清偿债务,不得不大量借入货币,这时,人们对银行信用的需求大量增加;在经济繁荣时期,人们对银行信用的需求不会立即增加,因为企业在停工以后重新开业时,一般先利用自有资金,在自有资金用完以后,才会增加对银行信用的需求,只有到了繁荣的后期,银行信用的增长才与产业资本的增长保持一致。因此,银行信用无论在规模上、方向上、期限上以及信用能力上,都大大优于商业信用,是在现代经济中占主导地位的基本信用形式。

延伸阅读

信用管理与联想的二次腾飞

联想集团在发展的关键阶段，及时建立了“3＋1”的企业信用管理模式。通过企业信用管理，联想培养了一批合作良好、非常重视在联想的信誉状况的客户；公司内部形成一套运行良好、适合联想业务特点的信用管理机制，应收账款周转率和坏账率等信用管理指标呈现良性，提升了公司的竞争力。

联想的信用管理机制是全员参与的信用管理体系，不同的岗位各司其职，共同来管理联想的信用。用联想创始人柳传志的话来说，联想的赊销和信用管理对联想的二次腾飞厥功至伟。可见，拥有一个科学的信用管理制度对在买方市场中竞争的企业具有多么大的作用。

所谓“3＋1”企业信用管理模式，是以客户为中心，根据企业信用交易的前期、中期、后期的不同特点设计出相应的管理模块，由独立的信用管理机构（人员）全面管理企业信用赊销的各个环节。

加入WTO以后，市场竞争进一步加剧，大多数商品已从卖方市场转为买方市场，越来越多的企业采用信用方式进行销售，赊销已成为很多行业的惯例，这表明我国正在进入信用经济时代，加强和改善信用风险管理已成为我国企业面临的最重要课题之一。2002年，外经贸部研究院的专家针对我国企业信用管理的现状，率先提出“3＋1”企业信用管理模式，时任外经贸部研究院信用管理部主任的韩家平是“3＋1”模式的主要创始人。

使用“3＋1”企业信用管理模式的步骤如下：

1. 建立前期信用管理阶段的资信调查和评估机制，在交易前调查和评估客户的信用状况，需要收集的资料包括：业务部门掌管的信用获取方基础信息、原始文件、法律文件，也包括信用获取方每一次交易的情况、付款情况、DSO分析、坏账情况等等；

2. 建立中期信用管理阶段的债权保障机制，企业采用的债权保障技术包括：抵押（包括质押和物权抵押）、担保（包括法人担保和自然人担保）、信用保险、出口信贷、信用证、承兑汇票和其他保障手段。

3. 建立后期信用管理的应收账款管理和追收机制，包括三个阶段的工作：在应收账款发生后，通过一系列管理措施监控账款，保障账款按时回收，当货物销售出去后，应该对销售的货物和客户实时监控，保证货物和销售的安全，在账款过期后，要根据程序不断施加压力，争取早日回收账款。

4. 在企业内部应建立一个独立的信用管理机构（人员），全面管理企业信用赊销的各个环节。

资料来源：百度文库. 杨曦等. 商业信用案例.

（三）国家信用

国家信用（national credit）是国家或政府作为主体所形成的信用，是一种由信用分配转化为财政分配的特殊信用形式。具体包括政府信用、财政信用、公共信用。

国家信用的特点：一是国家信用的主体是政府，政府作为债务人。二是国家信用的安全性较强，风险小，收益稳定，交易性、流动性较强。三是国家信用是带有一定程度的强制性信用，尤其在政权不够稳定的情况下越发凸显这种强制性，因此国家信用常常可以动员到银行信用难以筹集的资金。四是国家信用的利息负担由纳税人承担，这与其他信用形式利息由借款人支付不太相同。

国家信用的基本形式有国家公债、国库券、专项债券、向银行透支或借款和向国外借款。

（四）消费信用

消费信用（consumer credit）是消费者个人从工商企业、银行及其他金融机构以商品形态或货币形态获得的用于消费的信用。具体形式有消费者以赊购或分期付款形式从工商企业购买商品，以及消费者从银行获得消费信贷或消费信用卡。

消费信用的特点：一是消费信用主体多元化，消费信用的提供者不仅有工商企业和银行，还有信用卡公司、人寿保险公司、典当行等。二是消费信用的标的不仅限于货币形式，同时还有商品形式。三是消费信用具有一定的信用条件，即要求借款人要以未来的收入或实物资产作担保，按期偿还本金和付息。四是消费信用一般都有特定用途，只限于消费者个人生活消费，包括住房贷款、汽车贷款和助学贷款等。

现代消费信用的形式按交易主体可以划分为两大类。一是企业提供的消费信用。它是由商家直接以赊销、分期付款的方式对消费者提供的信用。二是银行等金融机构提供的消费信用。它是由银行和其他金融机构以货币形式直接贷款给个人用以购买耐用消费品、住房以及支付旅游等费用的消费信用，即消费信贷；或者对个人提供信用卡，持卡者可以在接受信用卡的商店购买商品并定期与银行结账。目前我国的消费信用主要还是以银行提供的消费信贷为主。

从市场经济的发展实践来看，消费信用的主要作用是通过融通消费资金、增加消费者购买刺激社会总需求、解决有效消费需求不足等问题，改善国民经济供求关系，促进经济持续发展。但是消费信用的过度发展，会掩盖消费品供求之间的矛盾，造成一时的虚假需求，在市场形成供不应求的假象，给生产传递错误信息。同时，过度发展消费信用会导致信用膨胀，给经济带来破坏性的后果。主要表现为消费超前、高消费和虚假需求，造成经济的波动和通货膨胀。在延期付款的诱惑下，对未来收入预算过大，使消费者债务负担过重，增加了社会不稳定因素。

（五）民间信用

民间信用(folk credit)也称"民间借贷""个人信用"。在西方国家指国家信用之外的一切信用。在我国，是商业信用、银行信用、国家信用以外的个人与个人、企业与个人、企业与企业之间的借贷活动，主要指居民个人之间以货币或实物形态所提供的直接信用。

民间信用一般具有以下几个特点：一是利率偏高，一般高于银行利率，利率水平取决于产业利润率及供求状况。二是风险较大。不仅表现为大多没有书面契约，容易出现赖账，而且由于居民个人的偿债能力有限，容易遭受意外风险，影响偿债。三是灵活方便。借款一般在很熟悉的人之间发生，提供信用的手续简便，期限也很灵活。四是借款用途广泛。从家庭为解决温饱、婚丧嫁娶或应付天灾人祸等生活费用和临时短缺需要，到私营企业为解决生产经营的资金不足，主要用于购买生产资料、运输工具、扩大再生产。

民间信用在一定程度上弥补了正规借贷的不足，对正规借贷的发展也具有一定的促进作用。但民间信用毕竟是一种自发的、盲目的、分散的信用活动，是一种较为落后的信用形式，因此，在充分发挥民间信用积极作用的同时，也应防止其消极的一面。

民间信用的具体形式包括私人之间直接的货币借贷，私人之间通过中介人进行的间接的货币借贷，通过一定的组织程序的货币"合会""标会"等进行的货币借贷，以实物作为抵押的典当形式的货币借贷。

（六）国际信用

国际信用(international credit)是指一切跨国的借贷关系和借贷活动，是在国际经济交往中，不同国家的政府部门、银行、企业、团体之间相互提供的信用。国际信用表示的是国际间的借贷关系，债权人与债务人是不同国家的法人，直接表现资本在国际间的流动。

国际信贷的方式有出口信贷、国际银行信贷、国际项目贷款、政府贷款、国际金融机构贷款、国际资本市场业务等货币形态的信贷和补偿贸易、国际租赁等商品资本形态的信贷。

延伸阅读

现代信用体系的建立模式

从国际上看,建立现代信用体系一般有三种模式:

第一种是以欧洲为代表的政府主导模式,即以政府为首,建立相关法律制度体系和组织机构体系,引导经济主体和社会成员诚实守信。这种模式的效率较高,但对政府管理决策水平和服务水平的要求同样较高,是一种自上而下的信用体系建立模式。

第二种是以日本为代表的会员主导模式,即以作为受益者的会员单位为主导,在相关政府部门的指导下和社会舆论的配合下推进社会信用体系的建设。这种模式具有一定的历史继承性,即它的形成和一个国家的历史文化背景有密切关系,不存在典型的优点和缺点。

第三种是以美国为代表的市场主导模式,即完全依靠市场化的运行机制自发形成符合实际情况的信用体系架构,政府在这一过程中起到辅助和引导的作用。显然,这种模式与美国的自由民主环境及历史发展进程相适应,其成本相对较低,但比较局限于市场经济高度发达的国家和地区,是一种自下而上的信用体系建立模式。

对于中国而言,上述三种模式都不能直接照搬,这是由中国的国情所决定的,我们必须结合自己的实际情况,积极稳妥地探索一条适合于自身的信用体系重建之路。

资料来源:编者根据中国市场学会信用工作委员会的材料编写。

第二节 信用工具

一、信用工具的特点和分类

信用工具(credit instruments)也叫金融工具或融资工具,是证明或载明债权债务关系或所有者权益的合法书面凭证。信用工具作为一种债权债务的法律契约,对债权人和债务人享有的权利和对应的义务均有法律约束作用。借助于信用工具,实现借贷资金从债权人到债务人的价值的单方面转移。由于金融市场正是以这些信用工具作为重要交易对象,所以通常又把这些信用工具叫做金融产品或者金融工具。

准确地说,信用工具是指证明债权债务关系的合法书面凭证。金融工具除了包括最初产生的证明债权债务关系合法书面凭证以外,还包括后来形成的反映所有权关系的合法书面凭证。但是,通常做法是不加区分,把信用工具等同于金融工具,本书也采取这种做法。

(一)信用工具的特点

随着信用经济的发展,信用工具种类繁多,从整体上看,它们都具备以下特征:

1. 偿还性

是指信用工具的发行人或债务人按照不同偿还期的要求按期归还全部本金和支付利息的特性。各种信用工具一般都载明到期偿还的义务和期限。不同信用工具可以有不同的偿还期限,满足不同时间长短的借贷需求。活期存款随时支取,偿还期为零;股票和永久性债券的偿还期则为无限。

2. 流动性

是指信用工具实现快速变现而不受损失的能力,包含变现所花的时间和成本。变现时间越短,损失越小,则流动性越强。不同信用工具的流动性有差异,大致而言,流动性与偿还期负相关,如活期存款流动性高于定期存款;与债务人资信等级正相关,如政府发行的国债流动性强于企业发行的债券。

3. 安全性

是指信用工具的本金安全收回的保障程度或避免本金遭受损失的程度。任何信用工具都存在一定的风险,主要包括违约风险、市场风险、购买力风险和流动性风险。违约风险也称信用风险,是债务人不履约按期还本付息的风险。市场风险是市场利率波动带来信用工具价格下跌的风险。购买力风险是信用工具本息的购买力水平受通胀等因素影响而下降的风险。流动性风险是信用工具不能以接近市场价值的价格迅速转让造成流动性下降的风险。

4. 收益性

是指信用工具能定期或不定期地给持有者带来收益的能力。收益水平用收益率表示,即净收益与本金的比率。

以上四个特征中,偿还性是最基本的特征,是信用工具的本质要求。流动性与安全性相一致，与收益性成反比。如短期国债，流动性较强，安全性也较高，但收益率较低。

（二）信用工具的种类

信用工具种类繁多，有多种分类标准。按偿还期限可分为一年以内的短期信用工具和一年以上的长期信用工具；按发行者性质分为工商企业、政府或个人发行的直接信用工具和金融机构发行的间接信用工具；按付款方式分为见票即付的即期信用工具和一定期限后付款的远期信用工具；按借贷资金的运用目的划分为用于消费的消费信用工具和用于生产经营的投资信用工具。信用工具的种类参见表 3.2。

表 3.2 信用工具

<table>
<tr><td rowspan="15">短期信用工具</td><td rowspan="10">票据</td><td rowspan="2">汇票</td><td>银行汇票</td></tr>
<tr><td>商业汇票</td></tr>
<tr><td rowspan="2">本票</td><td>银行本票</td></tr>
<tr><td>商业本票</td></tr>
<tr><td rowspan="6">支票</td><td>记名支票</td></tr>
<tr><td>保付支票</td></tr>
<tr><td>划线支票</td></tr>
<tr><td>旅行支票</td></tr>
<tr><td>现金支票</td></tr>
<tr><td>定额支票</td></tr>
<tr><td colspan="3">可转让大额定期存单</td></tr>
<tr><td colspan="3">信用证</td></tr>
<tr><td colspan="3">信用卡</td></tr>
<tr><td colspan="3">国库券</td></tr>
<tr><td colspan="3">回购协议</td></tr>
<tr><td rowspan="5">长期信用工具</td><td rowspan="2">股票</td><td colspan="2">优先股</td></tr>
<tr><td colspan="2">普通股</td></tr>
<tr><td rowspan="3">债券</td><td colspan="2">政府债券</td></tr>
<tr><td colspan="2">金融债券</td></tr>
<tr><td colspan="2">公司债券</td></tr>
</table>

二、短期信用工具

短期信用工具(short term credit facility)指偿还期在一年以内(含一年)的信用工具,在金融市场上又称货币市场工具,主要有票据中的汇票、本票、支票,可转让大额定期存单、信用证、信用卡、国库券和回购协议等。

(一)票据

票据(bill)有广义和狭义之分。广义的票据包含各种有价证券和商业凭证,股票、国库券、发票、提单和汇票等。狭义的票据仅指汇票、本票和支票。

1996 年开始实行、2004 年修订的《中华人民共和国票据法》将票据定义为:出票人约定自己或委托付款人在见票时或指定日期向收款人或持票人无条件支付一定金额,并可流通转让的有价证券。

票据又有商业票据和银行票据的区分。商业票据(commercial bill)是指由于商品交易行为而产生的一种债权债务关系凭证。它是由出票人签发、约定自己或要求他人无条件支付的、具有一定金额并可以流通转让的有价证券,如汇票、本票和支票。银行票据(bank bill)指由银行签发或由银行承担付款义务的票据,包括银行本票、银行汇票和银行签发的支票等。

1. 汇票

汇票(draft)是指由出票人签发的,委托付款人在见票时或者在指定日期无条件支付确定的金额给收款人或持票人的一种票据。汇票分为银行汇票和商业汇票两类。

银行汇票是银行应汇款人的请求,在汇款人按规定履行手续并交足保证金后,签发给汇款人自带或寄给收款人的一种票据。由于银行汇票中出票人和付款人都是银行,而且基本上是见票即付,所以银行汇票在我国的票据使用中占相当比重。

商业汇票是由企事业单位签发,委托付款人在付款日期无条件支付确定金额给收款人或持票人的一种票据。

按照商业汇票付款日的不同,又可分为即期汇票和远期汇票。远期汇票必须经过承兑才具有法律效力。

2. 本票

本票(promissory note)是出票人签发的,承诺自己在见票时无条件支付确定的金额给收款人或持票人的一种票据。按出票人不同,本票也分为银行本票和商业本票,前者的出票人为银行等金融机构,后者的出票人为非金融机构的企事业单位。

3. 支票

支票(bank check)是出票人签发,委托办理支票存款业务的银行在见票时无条件支付一定金额给收款人或持票人的票据。支票实质上是一种特殊的汇票,它与汇票相比,具有两个特点:一是付款人为银行;二是见票即付,即不存在远期支票。按我国现行规定,支票分为记名支票、保付支票、划线支票、旅行支票、现金支票、定额支票几种。我国支票的提示付款期限为自出票日起10日内,超过提示付款期限而提示付款的,开户行不予受理,付款人不予付款。

4. 背书

背书(endorse)是指持票人在票据背面签上自己的名字。未到期的票据经背书后,均可以转让给他人或向银行贴现。出票人和背书人都承担票据偿付责任。而票据是否能贴现或转让流通则取决于出票人、背书人和付款人的信誉。

(二)大额可转让定期存单

大额可转让定期存单(Negotiable Certificate of Deposits,简写为 CDs 或 NCDs),是由银行发给存款人的一种固定面额、固定期限、可以转让的大额存款凭证。大额可转让定期存单的发行、转让所形成的市场,就称为大额可转让定期存单市场。

与普通定期存款比较,大额可转让定期存单具有以下特点:一是不记名,可以流通和转让。二是存单上金额固定且面额较大。三是兼顾了活期存款流动性和定期存款收益性的特点,其存款利率既有固定的,也有浮动的,并且一般来说比同期限的定期存款利率低。四是存款单的到期日不能少于 14 天,一般都在一年以下,3~6 个月的居多。五是存单未到期不能提前支取,但可以转让,可以在二级市场流通转让。因为具有这些特点,大额可转让定期存单对于那些有闲置资金想贷出,又担心有临时需要的企业或个人具有很大的吸引力,成为货币市场重要交易对象之一。

大额可转让定期存单有多种存在形式。根据利率不同,大额可转让定期存单可分为固定利率存单和浮动利率存单。根据发行人不同,大额可转让定期存单可以分为国内存单、欧洲存单、外国存单和储蓄机构存单。

大额可转让定期存单的发行通常有两种形式:一是批发式发行,即发行银行把拟发行的总额、利率、发行日期、到期日及存单面额等预先公告,供投资者选购;二是零售式发行,即发行银行根据投资者的要求,随时在柜台出售存单,利率、存单面额及期限等由双方约定。我国目前采用后一种发行方式,由发行银行在其分支机构的柜台上直接面向投资者出售。此外，在我国只有银行才可以发行大额可转让定期存单，非银行金融机构不得发行。

(三)信用证

信用证(letter of credit, LC)是贸易中使用最多的一种结算方式。具体指开证银行根据开证申请人(买方或进口商)的要求和指示，对受益人(卖方或出口商)在一定期限内交来符合信用证条款规定的汇票和单据进行承兑和付款的一种保证书。实际上，是以银行信用为进口商提供担保，银行保证其支付能力的一种信用凭证，实现商业信用和银行信用的有效结合的结算方式。按用途不同，可分为商业信用证和旅行信用证。前者用在国内或国际贸易中，后者又称货币信用证，是银行开给客户据以支取现款的一种凭证，是银行专门为旅行者出国旅行时支付款项而开出的。

(四)信用卡

信用卡(credit card)是在消费信用基础上产生的一种短期信用工具，由银行(或发卡公司)对消费者个人发行的一种短期消费信贷凭证。根据发卡人不同可分为银行信用卡、店用信用卡和旅行信用卡。持卡人凭信用卡购买商品或劳务时不必现金支付，只需在购货发票上签字，由信用卡消费受理单位将发票寄送发卡银行，发卡银行扣除一定手续费后支付货款给该销售单位的账户，最后由发卡人和持卡人每月结算一次。

(五)国库券

国库券(government bond)是中央政府出于调节国库收支平衡而发行的一种短期政府债券。中央政府作为债务人，以中央政府财政收入作为还本付息资金来源，风险很小，是西方国家货币市场上最主要的金融工具之一。主要用于弥补政府预算赤字，解决政府季节性资金需要和帮助中央银行调节银行流动资产。

(六)回购协议

回购协议(repurchase agreement)是指交易者在货币市场上出售证券获得融资的同时，双方约定证券出售方在约定时间按约定价格重新购回该笔证券的协议。回购协议的期限通常仅为一个营业日，但也有长达一个月之久的。回购协议实际上是一种以证券作为担保品的短期抵押贷款。持有政府债券的商业银行和证券交易商构成回购协议的出售方或资金需求方，一些实力雄厚的非银金融机构、地方政府、外国政府、存款机构、外国机构等构成回购协议的购买者或资金供给者。

三、长期信用工具

长期信用工具(long term credit facility)是偿还期限在1年以上的债权债务关系或所有权益凭证,在金融市场上又称资本市场工具,主要包括股票和债券两种工具。

(一)股票

股票(stocks)是股份公司发行的、证明股东权利的所有权凭证。从本质上看,股票只不过是一种出资凭证,代表着股东对公司的所有权。凭借股票,股东可以获得一系列相关权益,如参加股东大会、选举董事会、参与股份公司的生产经营决策以及参加股份公司分红等。

根据不同标准,股票可以分为以下种类:

1. 按照股东权利,可以分为普通股和优先股

普通股(common stock)是股息随公司利润的大小而增减的股票。普通股构成公司资本的基础,是股票的基本形式。现在我国上海和深圳证券交易所进行交易的股票都是普通股。普通股股东享有公司决策参与权、利润分配权、剩余资产分配权等。

优先股(preferred stock)是在利润分红及剩余财产分配的权利方面优先于普通股的股票。一般来说,优先股股东对公司的经营没有参与权,也没有选举及被选举权,但是有稳定的分红。优先股股东不能退股,只能通过优先股的赎回条款被公司赎回。

2. 按有无面值,股票可分为有票面额股和无票面额股

有票面额股(par value stock)是指在股票票面上注明股票数量和金额的股票。无票面额股(no par value stock)则是票面上未载明股数与金额,仅标明它占股本总额若干比例的股票。

3. 按是否记名,股票可分为记名股和无记名股

记名股(registered share)是股东姓名载于股票票面并且记入专门设置的股东名簿的股票。记名股派发股息时,由公司书面通知股东。转移股份所有权时,须照章办理过户手续。无记名股(non-named share)指的是股东姓名不载入票面的股票。派息时不专门通知,一经事项接受,其所有权转移即生效,无须办理过户。

(二)债券

债券(bonds)是政府、金融机构、工商企业等金融市场主体为筹集资金而向投资者发行的、承诺按照一定的期限和利率水平支付利息并按照约定的期

限偿还本金的债券、债务凭证。

根据发行主体划分为政府债券、金融债券和企业(公司)债券。政府债券是政府为筹集资金而发行的债券,主要包括国债、地方政府债券等;金融债券是由银行和非银行金融机构发行的债券;企业(公司)债券是股份公司或企业发行的债券。

根据偿还期限的长短,可分为短期债券、中期债券和长期债券。短期债券偿还期限在1年以内,中期债券偿还期限是1年以上、10年以内,长期债券偿还期在10年以上。

根据有无抵押担保,可分为信用债券和担保债券。信用债券没有抵押担保品或第三方担保,凭发行人的信用发行;担保债券则由发行人提供抵押担保品或第三方担保。

根据发行方式的不同,债券可分为公募债券和私募债券。公募债券是公开向公众发行的债券,发行对象是非特定的广义投资者;私募债券是发行人仅向特定关系的少数投资者发行的债券。

根据债券是否记名可将债券分为记名债券和无记名债券。记名债券是在券面和发行人的债权人名册上记载债权人姓名的债券,无记名债券券面不载明债权人姓名。

根据付息方式分类,可分为附息债券、贴现债券和一次还本付息债券。附息债券是在券面上附有各期息票的中长期债券;贴现债券是按低于债券面值的价格发行而到期按债券面值兑付本金,不另付利息的债券;一次还本付息债券,是指在债务期间不支付利息,只有在债券到期后按规定的利率一次性向持有者支付利息并还本的债券。

各类债券根据其要素组合不同,又可细分为不同的种类。

1. 政府债券

政府债券(government bill)的发行主体是政府。它是指政府财政部门或其他代理机构为筹集资金,以政府名义发行的债券,主要包括国库券和公债两大类。中央政府发行的称中央政府债券(国家公债),地方政府发行的称地方政府债券(地方公债)。

2. 公司债券

公司债券(debenture)是指公司依照法定程序发行的,约定在一定期限内还本付息的有价证券。公司债券是公司债的表现形式,基于公司债券的发行,在债券持有人和发行人之间形成了以还本付息为内容的债权债务关系。因此,公司债券是公司向债券持有人出具的债务凭证。

3. 金融债券

金融债券(financial bond)是银行等金融机构作为筹资主体为筹措资金而向个人发行的一种有价证券,是表明债权债务关系的一种凭证。债券按法定发行手续,承诺按约定利率定期支付利息并到期偿还本金。它属于银行等金融机构的主动负债。

金融债券能够较有效地解决银行等金融机构的资金来源不足和期限不匹配的矛盾。一般来说,银行等金融机构的资金有三个来源,即吸收存款、向其他机构借款和发行债券。存款资金的特点之一,是在经济发生动荡时,易发生储户争相挤兑现象,从而造成资金来源不稳定;向其他商业银行或中央银行借款所得的资金主要是短期资金,而金融机构往往需要进行一些期限较长的投融资,这样就出现了资金来源和资金运用在期限上的矛盾,发行金融债券比较有效地解决了这个矛盾。债券在到期之前一般不能提前兑换,只能在市场上转让,从而保证了所筹集资金的稳定性。同时,金融机构发行债券时可以灵活规定期限,比如为了一些长期项目投资,可以发行期限较长的债券。因此,发行金融债券可以使金融机构筹措到稳定且期限灵活的资金,从而有利于优化资产结构,扩大长期投资业务。

第三节 利息与利率

一、利息及其本质

信用活动中,借款人除了借款本金有借有还,另外必须支付一定的代价,即利息(interest)。利息是资金出借者让渡资金使用权给借款人而要求借款人除本金之外支付的补偿。这里的补偿包括:对机会成本的补偿和对风险的补偿。其中,机会成本是指由于出借方将资金的使用权让渡给借款者而失去的其他投资机会的潜在收入;风险则是指将资金使用权让渡给借款者后出借方将来收益的不确定性。

利率是一定时期内利息额同本金的比率,是衡量利息高低的指标,用公式表示为:

$$利率=\frac{利息额}{本金}\times 100\%$$

计算利率的前提是借贷时间。根据借贷时间的长短,分为年利率、月利率和日利率，分别简称为年息、月息和日息。年利率以年为时间单位计算利息，一般以本金的百分之几(%)来表示，如年息3.12%；月利率以月为时间单位计算利息，一般以本金的千分之几(‰)表示，如月息4.5‰；日利率，习惯叫拆息，以日为时间单位计算利息，一般以本金的万分之几(‱)表示。西方国家通常用年利率，而我国则习惯于用月利率。年利率、月利率和日利率可以互相换算，换算方法为：

$$年利率=月利率\times12=日利率\times360$$

在新闻媒体的财经报道中，经常可以看到某国央行将基准利率上调或下调了多少个基点，基点是表示利率变化的单位，1个基点等于百分之零点零一即0.01%，如基准利率上调0.25%，即提高了25个基点。另外，民间传统上对于年利率、月利率、日利率，均用"厘"作为单位，如月息2厘指的是月利率2‰。

关于利息的本质，学界尚存争议。马克思的利息理论认为利息的性质决定于利息的来源，利息实质是利润的一部分，是剩余价值的转化形式。货币本身并不能创造货币，不会自行增值，只有当职能资本家用货币购买到生产资料和劳动力，才能在生产过程中通过雇佣工人的劳动创造出剩余价值。而货币资本家凭借对资本的所有权，与职能资本家共同瓜分剩余价值。因此，资本所有权与资本使用权的分离是利息产生的内在前提。再生产过程的特点所导致资金盈余和资金短缺者的共同存在，是利息产生的外在条件。当货币被资本家占有，用来充当剥削雇佣工人的剩余价值的手段时，它就成为资本。货币执行资本的职能，获得一种追加的使用价值，即生产平均利润的能力。所有资本家受追求剩余价值的利益驱使，令利润又转化为平均利润。平均利润分割成利息和企业主收入，分别归不同的资本家占有。因此，利息在本质上与利润一样，是剩余价值的转化形式，反映了借贷资本家和职能资本家共同剥削工人的关系。

西方经济学者从不同的角度，对利息的本质有不同的看法。如西尼耳认为利息来源于节欲，是资本家为积累资本而牺牲现在享受的报酬；庞巴维克认为利息是货币在时间上的价值，人们对"现在货币"的评价要高于等量的"未来货币"，利息是对价值时差的补偿；费雪和马歇尔认为利息是使用资本的报酬，利息率是资本的价格由资本供求决定；凯恩斯认为利息是人们在特定时期内放弃货币流动性的报酬，利息率取决于存量货币的供给和人们对流动性偏好导致的持币需求。

二、利息的作用

1. 影响企业行为

利息作为企业的资金占用成本已直接影响企业经济效益水平的高低。企业为降低成本、增进效益，就要千方百计减少资金占用量，同时在筹资过程中对各种资金筹集方式进行成本比较。全社会的企业若将利息支出的节约作为一种普遍的行为模式，那么，经济成长的效率也肯定会提高。

2. 影响居民资产选择行为

在居民实际收入水平不断提高、储蓄比率日益加大的条件下，就会有资产选择行为的产生，金融工具的增多为居民的资产选择行为提供了客观基础，而利息收入则是居民资产选择行为的主要诱因。居民重视利息收入并自发地产生资产选择行为，无论对宏观经济调控还是对微观基础的重新构造都产生了不容忽视的影响。从中国目前的情况看，高储蓄率已成为中国经济的一大特征，这为经济高速增长提供了坚实的资金基础，而居民在利息收入诱因下做出的种种资产选择行为又为实现各项宏观调控作出了贡献。

3. 影响政府行为

由于利息收入与全社会的赤字部门和盈余部门的经济利益息息相关，因此，政府也能将其作为重要的经济杠杆对经济运行实施调节。例如：中央银行若采取降低利率的措施，货币就会更多地流向资本市场，而当提高利率时，货币就会从资本市场流出。如果政府用信用手段筹集资金，可以用高于银行同期存款利率来发行国债，将民间的货币资金吸收到政府手中，用于各项财政支出。

三、利率的种类

利息率简称利率(interest rate)，是利息对本金的比率，可以将其视作借贷资本的价格，用公式表示即为：

$$利率=(利息/本金)\times 100\%$$

从不同的标准可以对利率做出不同的分类，主要的分类方法如下：

1. 依据利率是否按市场规律自由变动的标准来划分为市场利率、官定利率与公定利率。市场利率是在借贷资金市场上，由资金供求变化形成的竞争性利率。官定利率又称为法定利率，是由一国中央银行或金融管理局按照货币政策要求制定的要求强制实施的利率。公定利率是由金融行业自律组织，如银行业行业协会等规定的要求会员金融机构实行的利率。

2. 按在整个利率体系中的作用可分为基准利率和非基准利率。基准利率是带动和影响其他利率的利率，也叫中心利率。是指在多种利率并存的条件下起决定作用的利率，即这种利率发生变动，其他利率也会相应变动。

3. 以信用行为的期限长短为标准，可以分为短期利率和长期利率。短期利率是指融资期限在一年以内的各种金融资产的利率。长期利率是指融资期限在一年以上的各种金融资产的利率。

4. 根据利率在借贷期内是否调整，可分为固定利率和浮动利率。固定利率是指借贷期限内不作调整的利率。固定利率具有简便易行、计算成本收益比较方便的特点。但在高通货膨胀情况下，由于其不能规避通货膨胀的风险，对中长期的债权人会带来较大损失，通常适用于短期借贷。浮动利率是一种在借贷期内随资金供求状况和物价变化而定期调整的利率。由借贷双方在规定的时间依照某种市场利率进行调整，一般调整期为半年。浮动利率能降低债权人的风险，但因其手续繁杂、计算依据多样而增加了费用开支，故多适用于中长期借贷及国际金融市场。

5. 依借贷过程中是否考虑通货膨胀的因素，分为名义利率和实际利率。名义利率是指不考虑物价上涨对利息收入影响时的利率。实际利率是指剔除通货膨胀因素下的利率，即货币购买力不变条件下的利息率。二者关系如下：

名义利率＝实际利率＋通胀率

6. 根据利率是否带有优惠性质，可分为一般利率与优惠利率。优惠利率是指银行等金融机构发放贷款时对某些客户所收取的比一般贷款利率低的利率。发达国家的商业银行对往来密切、资信等级高的优质客户发放短期贷款时一般采用优惠利率，而对其他一般客户的贷款利率则以优惠利率为基准逐步上升。一国出于经济政策需要，往往对需要重点扶持的特定贷款项目实行优惠利率。

延伸阅读

存款保险

最近几年，中国居民的储蓄率均在50%左右，位居世界第一，因此防范金融风险，保护储户利益变得尤为重要。经过21年的酝酿，存款保险制度终于破题。2014年11月30日，《存款保险条例(草案)》公开向社会征求意见，我国拟建立存款保险制度，覆盖我国所有存款类金融机构，实行最高50万元的有限赔付，以低费率起步，将保费建立存款保险基金。

由于利率改革的速度加快，人们对金融行业的风险越来越关注。为了避免少数银行可能出现的经营失误或市场不确定因素的干扰，对存款安全性的威胁是客观存在的。存款保险制度就是给金融改革系上了“安全带”，使金融风险降到最低的程度。对于稳定社会和提升存款人信心极为重要。存款保险制度的建立将改变人们观念：“投资有风险，存款最保险”已经不再完全正确。人们将认识到：存款和投资都会有风险，需要谨慎和细心。

资料来源：佚名.2014你我身边那些金融事[N].燕赵晚报.2014-12-31.

四、决定和影响利率变化的因素

现代经济中，利率作为资金的价格，不仅受到经济社会中许多因素的制约，而且，利率的变动对整个经济会产生重大的影响，因此，现代经济学家在研究利率的决定问题时，特别重视各种变量的关系以及整个经济的平衡问题，利率决定理论也经历了古典利率理论、凯恩斯利率理论、可贷资金利率理论、IS-LM利率分析以及当代动态的利率模型的演变与发展过程。

凯恩斯认为储蓄和投资是两个相互依赖的变量，而不是两个独立的变量。在他的理论中，货币供应量由中央银行控制，是没有利率弹性的外生变量。此时货币需求就取决于人们心理上的“流动性偏好”。

之后产生的可贷资金利率理论是新古典学派的利率理论，是为修正凯恩斯的“流动性偏好”利率理论而提出的。在某种程度上，可贷资金利率理论实际上可看成古典利率理论和凯恩斯理论的一种综合。

英国著名经济学家希克斯等人则认为以上理论没有考虑收入的因素，因而无法确定利率水平，于1937年提出了一般均衡理论基础上的IS-LM模型。从而建立了一种在储蓄和投资、货币供应和货币需求这四个因素的相互作用之下的利率与收入同时决定的理论。根据此模型，利率的决定取决于储蓄供给、投资需要、货币供给、货币需求四个因素，导致储蓄投资、货币供求变动的因素都将影响到利率水平。这种理论的特点是一般均衡分析。该理论在比较严密的理论框架下，把古典理论的商品市场均衡和凯恩斯理论的货币市场均衡有机地统一在一起。

马克思的利率决定理论是从利息的来源和本质的角度，考虑了制度因素在利率决定中的作用的利率理论，其理论核心是利率是由平均利润率决定的。马克思认为在资本主义制度下，利息是利润的一部分，是剩余价值的一种转换形式。

影响利率水平的因素很多，从现代经济学的角度出发，决定和影响利率变化的主要因素有：

1. 资金供求状况是决定利率水平的直接因素

市场利率主要取决于货币资金的供求状况，当市场资金供不应求时，市场利率会呈现上升的压力；当市场资金供过于求时，市场利率会呈现下降的压力。其他影响利率变化的非货币因素最终通过影响货币资金的供求而影响利率。

2. 平均利润率是决定利率总水平的基础性因素

利息来源于利润，利率总水平介于零与平均利润率之间。当利率高于平均利润率时，资金借贷者将无利可图；当利率低于或等于零时，资金贷出者将无利可图。

3. 物价水平影响名义利率

物价水平上升后，名义利率就会因考虑通货膨胀的补偿而随之上升；反之，物价水平下降后，名义利率就会因通货膨胀的下降而随之减少。

4. 汇率水平影响国内市场利率水平

通常，本币贬值，会刺激出口增加和外资流入，进而增加国内资金市场上的资金供给，利率会产生下降的压力；反之，本币升值，会刺激进口增加和资本外流，从而减少国内市场上的资金供给，利率便会产生上升的压力。

5. 国际利率水平影响本币利率水平

对一国来说，若国际利率水平高于本币利率水平，会刺激资本外流，增加套汇、逃汇活动，导致基础货币回笼，货币供给量减少，本币利率呈上升压力；反之，若国际利率水平低于本币利率水平，会刺激资本流入，导致基础货币投放增加，货币供给量增加，本币利率呈下降压力。

6. 国家经济政策影响利率水平

利率是国家调控宏观经济的一种工具，国家以调整优惠利率的方式实现产业结构调整达到扶优限劣的目的；以提息、降息的方式来治理通货膨胀或通货紧缩；以规定的利率高限的方式实施对利率、物价及其他经济活动的管理。

7. 利率管制决定利率变动范围

利率管制的基本特征是由政府有关部门(如中央银行)直接制定利率或规定利率变动的上下限。

此外，银行的贷款利率还受到其资金成本、借贷期限、借贷风险等因素的影响。

五、利息的计算

利息的计算有单利(simple interest)、复利(compound interest)和连续复利(continuous compounding)三种基本方法。

(一)单利的计算

单利法是不论时间长短,利息只是按照借贷的本金、利率和期限一次性的计算。

单利法计算公式为：

$$I_n = P \cdot r \cdot n$$

$$S_n = P(1 + r \cdot n)$$

式中,S_n 表示 n 期的本利之和;I_n 表示 n 期的利息之和;P 表示本金;r 表示利率;n 表示借贷时间。

(二)复利的计算

复利法是指按一定期限(如一年或一季)将一期所生利息加入本金后再计算下期利息。

$$S_n = P(1+r)^n$$

$$I_n = S - P = P[(1+r)^n - 1]$$

式中,S_n 表示 n 期的本利之和;I_n 表示 n 期的利息之和;P 表示本金;r 表示利率;n 表示借贷时间。

【例 3.1】一笔为期 3 年,年利率为 5%的 100 万元的贷款。分别以单利法和复利法求利息总额和本利和。

【解析】

单利法:$S_3 = 100$ 万元$\times(1+5\%\times3)=115$ 万元

$I_3 = 100$ 万元$\times5\%\times3=15$ 万元

复利法:$S_3 = 100$ 万元$\times(1+5\%)^3=115.76$ 万元

$I_3 = 100$ 万元$\times(1+5\%)^3-100=15.76$ 万元

(三)连续复利的计算

复利法是指每年计息次数超过一次的利息。

$$FV_n = P\left(1+\frac{r}{m}\right)^{nm}$$

式中,FV_n 表示 n 期的本利之和;P 表示本金;r 表示利率;n 表示借贷时间;m 表示每年计息的次数。

【例 3.2】若本金为 p,年利率为 r,每年的计息次数为 m,则 n 年后投资的到期值计算公式为(　　)。

A. $FV_n=p(1+r)^n$　　B. $FV_n=p(1+\frac{r}{n})^{mn}$

C. $FV_n=p(1+\frac{r}{m})^{mn}$　　D. $FV_n=p(1+\frac{r}{m})^n$

【解析】C。每年计息 m 次表示每个时间段计息利率为 r/m，一共有 mn 个计息时间段，n 年末，该投资的到期值为本息和，等于 $p(1+\frac{r}{m})^{mn}$。

延伸阅读

我国的利率市场化改革历程

利率市场化，是指通过市场机制，在某一时点上由供求关系决定的利率运行机制，它是价值规律作用的结果。改革开放以来，随着我国经济体制从计划经济向市场经济转轨，利率市场化改革也提上了议事日程。改革的总体思路是：采取渐进式的改革方法，先放开货币市场利率和债券市场利率，再逐步推进存、贷款利率的市场化。

一、率先放开银行间同业拆借市场利率

银行间同业拆借市场利率是整个金融市场利率的基础，我国利率市场化改革也是以同业拆借利率为突破口的。

1986 年 1 月 7 日，国务院颁布《中华人民共和国银行管理暂行条例》，明确规定专业银行资金可以相互拆借，资金拆借期限和利率由借贷双方协商议定。

1995 年 11 月 30 日，根据国务院有关金融市场建设的指示精神，人民银行撤销了各商业银行组建的融资中心等同业拆借中介机构。从 1996 年 1 月 1 日起，所有同业拆借业务均通过全国统一的同业拆借市场网络办理，生成了我国银行间拆借市场利率(CHIBOR)。

1996 年 6 月 1 日，中国人民银行《关于取消同业拆借利率上限管理的通知》明确指出，银行间同业拆借市场利率由拆借双方根据市场资金供求自主确定。银行间同业拆借利率正式放开，标志着利率市场化迈出了具有开创意义的一步，为此后的利率市场化改革奠定了基础。

二、放开债券市场利率

首先是国债发行的市场化尝试。1991 年，国债发行开始采用承购包销的

市场化发行方式。1996 年，财政部通过证券交易所市场平台实现了国债的市场化发行，这是国债券发行利率市场化的开端。其次是从 1997 年开始，逐步放开银行间债券回购和现券交易利率。第三是放开银行间市场政策性金融债、国债发行利率。

银行间债券市场利率的市场化，有力地推动了银行间债券市场的发展，为金融机构产品定价提供了重要参照标准，也为货币政策间接调控体系建设奠定了市场基础。

三、稳步推进存、贷款利率市场化

作为实现我国利率改革目标的关键，存、贷款利率的市场化是按照“先外币、后本币，先贷款、后存款，先长期大额、后短期小额”的顺序进行的。

2000 年 9 月 21 日，中国人民银行决定：(1)放开外币贷款利率，各项外币贷款利率及计结息方式由金融机构根据国际市场的利率变动情况以及资金成本、风险差异等因素自行确定；(2)放开大额外币存款利率，300 万元(含 300 万元)以上美元或等额其他外币的大额外币存款利率由金融机构与客户协商确定。随着境内外币存、贷款利率逐步放开，中资商业银行均制定了外币存贷款利率管理办法，建立了外币利率定价机制。

1987 年 1 月，中国人民银行首次进行了贷款利率市场化的尝试，规定：商业银行根据国家的经济政策，以国家规定的流动资金贷款利率为基准上浮贷款利率，浮动幅度最高不超过 20%，以后又逐步扩大利率浮动范围。至 2003 年以后，在推进人民币贷款利率市场化方面迈出了重要的三步：

一是在 2003 年 8 月，中国人民银行在推进农村信用社改革试点时，允许试点地区农村信用社的贷款利率上浮不超过贷款基准利率的 2 倍。

二是在 2004 年 1 月 1 日，中国人民银行决定将商业银行、城市信用社的贷款利率浮动区间上限扩大到贷款基准利率的 1.7 倍，农村信用社贷款利率的浮动区间上限扩大到贷款基准利率的 2 倍，金融机构贷款利率的浮动区间下限保持为贷款基准利率的 0.9 倍不变，同时明确了贷款利率浮动区间不再根据企业所有制性质、规模大小分别制定。

三是在 2004 年 10 月 29 日，中国人民银行决定不再设定金融机构(不含城乡信用社)人民币贷款利率上限。所有金融机构的人民币贷款利率下浮幅度保持不变，下限仍为基准利率的 0.9 倍。至此，我国金融机构人民币贷款利率已经基本过渡到上限放开，实行下限管理的阶段。

在逐步放开利率管制的同时，中国人民银行也努力通过运用货币政策工具引导市场利率发展。包括改革再贴现利率的形成机制，建立再贷款浮息制度，优化金融机构存款准备金利率结构等。

资料来源：赵宏，刘旭，董惠玲. 金融概论[M]. 北京：人民邮电出版社，2015：48-53.

本章小结

1. 信用是指以还本付息为前提的借贷行为，是以偿还和支付利息为条件的价值运动的特殊形式，是现代金融的基石。信用包含信用主体、信用关系、信用条件、信用标的和信用载体五大要素。

2. 社会分工和私有制是信用产生的基础，货币发挥支付手段职能是信用发展的前提。随着商品经济的发展，信用经历了高利贷信用、资本主义信用和社会主义信用三种形态。

3. 按信用主体划分，信用可分为商业信用、银行信用、国家信用、消费信用、民间信用和国际信用六种形式。

4. 信用工具是证明债权债务关系或所有者权益的合法书面凭证，具有偿还性、流动性、安全性和收益性。信用工具按照偿还期限可分为短期信用工具和长期信用工具。短期信用工具又叫货币市场工具，主要有票据中的汇票、本票、支票，可转让大额定期存单、信用证、信用卡、国库券和回购协议等。长期信用工具又叫资本市场工具，主要有股票和债券。

5. 利息是资金出借者让渡资金使用权给借款人而要求借款人除本金之外支付的补偿，包括对机会成本的补偿和对风险的补偿。利率是利息对本金的比率，是借贷资金的价格。决定和影响利率变化的主要因素有：资金供求状况、平均利润率、物价水平、汇率水平、国际利率水平、国家经济政策和利率管制等。

课后练习

一、名词解释

信用　　商业信用　　银行信用　　大额可转让定期存单　　回购协议
利息　　利率

二、多项选择题

1. 信用包含以下要素(　　)。

A. 信用主体　　B. 信用客体　　C. 信用关系

D. 信用标的　　E. 信用载体　　F. 信用条件

2. 现代信用形式主义主要有(　　)。

A. 商业信用　　B. 银行信用　　C. 国家信用

D. 国际信用　　E. 消费信用　　F. 民间信用

3. 以下信用工具是短期信用工具(　　)。

A. 票据　　B. 股票　　C. 信用证

D. 支票　　E. 金银　　F. 借据

4. 在我国,已经基本市场化的利率有(　　)等。

A. 人民币存款利率　　B. 企业债券发行利率

C. 部分金融市场利率　　D. 银行同业拆借市场利率

E. 外币市场存款利率

三、计算题

1. 投资者用 100 万元进行为期 5 年的投资,年利率为 5%,一年计息一次,按单利计算,则 5 年末投资者可得到的本息和为(　　)万元。

A. 110　　B. 120　　C. 125　　D. 135

2. 若某笔贷款的名义利率是 7%,同期的市场通货膨胀率是 3%,则该笔贷款的实际利率是(　　)。

A. 3%　　B. 4%　　C. 5%　　D. 10%

四、简答题

1. 常见的信用形式有哪些?各自有什么具体的信用工具?

2. 信用工具有哪些基本特征?如何选择信用工具?

3. 简述决定和影响利率水平的因素。

第二篇　微观金融

第四章　金融机构

本章要点

◎金融机构

◎西方国家金融机构体系

◎我国的金融机构体系

◎商业银行

◎中央银行

◎其他金融机构

从本章开始，本书进入微观金融部分，即研究金融主体（家庭、企业、政府、金融机构等）的投资融资行为及其金融资产的价格决定等微观层次的金融活动。我们将重点介绍金融机构的基本概念、金融机构的职能和类型、我国的金融机构体系、商业银行及其职能、中央银行及其职能、非银行金融机构等内容。

第一节　金融机构概述

一、金融机构的概念

金融机构（financial institution）的定义，有广义和狭义之分。

狭义的金融机构一般仅指那些在资金融通过程中作为服务金融市场交易的媒介，旨在通过参与或服务金融市场交易而获取收益的金融中介机构，包括直接融资领域中的金融机构和间接融资领域中的金融中介机构。直接融资领域中的金融中介机构，其主要职能是充当投资者和筹资者之间的经纪人，为投资者和筹资者提供中介服务，其典型代表是投资银行、证券公司。间接融资领域中的金融中介机构，其主要职能是作为资金余缺双方进行货币借贷交易的媒介，一方面以债务人的身份从资金盈余者的手中筹集资金；另一方面又以债权人的身份向资金短缺者提供资金，其典型代表是商业银行。

广义的金融机构既包括金融中介机构，也包括在金融市场交易活动中提供各类金融交易服务和金融市场监管机构等。如中央银行、银行业保险业监督管理委员会、证券监督管理委员会等金融监管机构以及国际金融机构等。

（一）金融机构的产生与发展

银行业作为金融机构产生的原形，是一个历史悠久的行业。世界上最早的银行可以追溯到古代的一些文明古国，尤其是古巴比伦、古罗马。那时的寺庙就已经开展保管金银、发放贷款以赚取利息的经营活动，是西方银行业的雏形。银行在中国的起源，可追溯到明代的“钱庄”“钱肆”；清代的“票号”“汇票庄”亦为银行的雏形。但是这些机构远远不是现代意义上的银行。

商品交换的发展，催生了货币，进而形成了代保管和兑换以及借贷等货币经营业务。在资本主义社会以前，未能实现货币统一，铸币缺乏自由度，铸币品质、成色也缺乏统一标准，难以适应市场贸易发展的多样化。为了满足贸易支付的需要，货币兑换成为必须的环节。随着交易的频繁发生，商人需要先把本币兑换成支付所需的外币，于是逐步产生了专门经营货币兑换业务的商人，初期只是简单的经营铸币兑换，以赚取手续费为目的，并不涉及信用业务。随着贸易日益繁荣，铸币兑换业务频繁发生且规模不断壮大，货币兑换与款项划拨（贷款）常常会同时进行，于是在专业货币兑换业务中开始出现了银行最初职能的萌芽。

随着铸币兑换业务的进一步扩大，为了规避长途跋涉携带货币带来的风险，进行异地交易的商人开始把货币委托给铸币兑换的商人代为保管。随着保管业务、铸币汇兑业务发展壮大，进行铸币兑换商人手中的货币日益积聚，一方面增加了管理难度，另一方面又造成了大量货币闲置。铸币兑换商人们利用手中的货币作为贷款的本金，不仅开展货币兑换业务，还进行了货币的存、放、汇、兑业务。于是，早期的银行业雏形就产生了。

虽然在古希腊和古罗马时代就已经出现了委托存款、汇款以及货币兑换等活动，但由于不涉及贷款活动，所以还不能称之为银行业的产生。一般认为，近代银行业起源于中世纪的欧洲，主要出现在当时的世界商业中心意大利威尼斯、热那亚等城市。当时的这里，各类交易频繁发生，由于商人们来自不同的国度，因而在交易市场上充斥着各式各样的货币种类，货币兑换业务十分发达，为了满足贸易支付的需要，一部分商人在从事货币兑换的同时，也开始从事存款业务。1580年威尼斯银行的创办，标志着意大利银行业的开始。

17世纪90年代，英国成立了第一个现代意义上的银行——英格兰银行。英格兰银行专门为工商企业提供服务，不仅为企业提供各类金融服务，而且愿意以低于平均利润率的利率发放贷款给企业。到18世纪后期，欧洲的其他国家也都纷纷效仿英国建立了自己的现代银行。

在西方国家已经纷纷建立了现代银行体系之时，中国仍然还是票号、钱庄等具有高利贷性质的机构占据主导地位。直到19世纪末期，第一家由中国人自己创办的银行——中国通商银行才正式成立，属于股份制银行。1907年，又设立了交通银行。

在旧中国时期，商业银行按其派系和地区可分为“北四行”“南四行”“小四行”和其他商业银行。“四行两局一库”是指旧中国官僚资本直接控制的中央银行、中国银行、交通银行、中国农民银行、中央信托局、邮政储金汇业局、中央合作金库等七大金融机构的合称。新中国成立后，中国银行、交通银行两行整顿改组，其余机构清理解散。

(二)金融机构的性质和作用

在现代市场经济中，金融机构的本质是一种以追逐利润为目的的金融企业。因为它与普通企业相同，经营目的都是为了以最小的成本获取最大的利润；因为它所经营的对象不是普通商品，而是一种特殊的商品——货币资金，所以说它是金融企业。金融机构以货币资金作为经营对象，活动范围属于货币信用领域；而不是像普通企业那样以物质产品或劳务作为经营对象，活动范围属于商品生产或流通领域。金融机构通过金融交易活动获取利润，而不是像普通企业那样直接通过生产和销售活动获取利润。

现代市场经济中的资金融通是通过金融机构来完成的，金融机构通过吸收存款，发行股票、债券和其他证券等方式从资金盈余者那里筹集资金，然后按借款人要求的方式以贷款、购买票据、债券和其他证券的方式把资金转移给借款人。因此，金融机构也被称为金融中介机构。作为介于债权人和债务人之间的发挥融资媒介作用的金融机构，主要在其中发挥了以下作用。

1. 调节借贷数额

金融中介机构先以自身负债的形式(如吸收存款)把各个方面不同数额的闲置资金集中起来，然后再把资金贷给需要资金的单位和个人。这样，金融机构担起了借贷数额的调节工作，借贷数额不再成为融资的障碍。

2. 调节借贷期限

金融机构一方面购入由需求资金单位发售的指定期限的金融工具;另一方面向资金盈余的个人或单位发售各种期限的金融工具。这样,就可以很好地满足借贷双方对借贷期限的要求。在这个过程中,金融机构起了借贷期限差距的调节作用。

3. 减少交易成本

要达成一项直接交易,借贷双方花费大量的时间和费用,包括发现交易对象、发现相对价格、讨价还价、订立契约和执行契约等发生有关的各种费用,从而导致交易成本高昂,资源浪费。如果有金融中介为双方牵线,就会省去借贷双方的许多麻烦,又可以降低一些费用,并且因为金融中介机构是这一方面的专门业务,业务规模大,交易成本能被有效摊低,也能够享受到规模经济的好处。

4. 降低金融风险

在市场环境中,借贷双方始终存在信息不对称问题。由于信息不对称,将会导致两个方面的风险出现:在交易之前发生逆向选择,在交易之后出现道德风险。

金融市场上的逆向选择,是指那些最可能造成不利结果即造成贷款风险的借款者,常常就是那些寻找贷款最积极,而且是最可能得到贷款的人。由于逆向选择而使得贷款可能招致信贷风险,贷款者可能会选择不发放任何贷款,即使在信贷市场上只有很小风险的贷款。交易之后发生的道德风险,是指在交易或合约关系形成以后,由于借款人的行为难以被贷款人察知,借款人有可能做出损害贷款人利益的事情。而金融机构因为建立有完整的评估、甄别、监督和催收系统,能够较好地规避和处理逆向选择与道德风险问题,保证资金的安全性,保护了借贷双方的合法权益。

(三)金融机构的职能

在金融市场中,金融机构主要发挥以下几种职能:

1. 充当信用中介

金融机构最根本的职能是充当信用中介,这一职能也是最能反映其经营的特征。一是积累和聚集闲散的货币资金,二是将货币资金投放到国民经济的有关部门。金融机构借助信用中介这一基本职能,打通了资金短缺企业向资金盈余企业融通资金的渠道。一方面发挥了商业银行进行货币创造的功能;另一方面在未改变社会资本总量的前提下,扩大了社会再生产,提高了全社会生产率。

2. 充当支付中介

支付中介是指金融机构在为其客户开立存款账户吸收存款的基础上，通过直接在存款账户上实现资金转移，为客户提供所需的支付服务，以及为客户办理存款兑付等。在整个市场交易中，金融机构扮演了企业货币保管者、代理支付人以及出纳的角色。金融机构之所以能够成为支付中介，是由于在高度发达的信用金融体系中，各金融机构都具备了较多的分支机构和较高的声誉。金融机构作为金融市场中的支付中介，大大减少了社会交易中采用现金收付的频率，这样，不仅节约了社会流通费用，还加速了结算过程和货币资本的周转，促进了社会扩大再生产。

3. 将货币转化为资本

金融机构作为信用中介，起初仅仅是单纯的进行资金融通业务的办理。随着金融市场的不断发展，银行体系也随之进行职能扩张。该项职能作为支付中介的衍生职能，银行在进行吸收存款时，居民个人收入未消费部分也被作为个人储蓄存入银行系统。通过将非资本货币转化为资本货币，如此一来，银行拥有了更多可放贷资本。从而使得银行进一步扩大了贷款规模，促进了社会再生产的增长。

4. 创造信用工具

信用工具的创造是金融机构的特殊职能，该职能是支付中介职能的衍生。信用工具按其期限长短可分为：长期信用工具（通常是指有价证券，主要有股票和债券）和短期信用工具（主要是指国库券、各种商业票据，包括汇票、本票、支票等）。随着这些信用工具的使用，既减少了流通成本，又促进了经济发展过程中流通手段和支付手段的多元化。这些信用工具的使用，既降低了实物货币在流通中的风险，又突破了空间和时间的束缚，使银行业务从根本上发生了变化。

5. 提供金融服务

金融机构除了履行上述职能外，在金融市场上还发挥了金融服务的职能。由于金融机构接触的企业较多且涉及较广，随着现代计算机技术的广泛应用，银行体系在数据信息收集和处理方面具有较强的及时性，其金融服务职能应运而生。金融机构经营范围拓展到租赁业务、保险业务、基金业务和信托业务等各项金融服务领域。

（四）金融机构的类型

按照不同的划分标准，可以将金融机构划分为不同的类型。除了本书第一章列举的划分方法之外，通常还有以下几种分类方法。

1. 按照交易主体分类

国民经济核算体系(SNA)以交易主体或资金收支为划分标准，从经济统计的角度对金融机构进行了分类。将金融机构分为：中央银行、存款类金融机构、非存款类金融机构（不是通过吸收存款的方式，而是通过在金融市场上筹集资金并利用这些资金获取金融资产的金融中介机构，如投资公司、金融租赁公司以及消费信贷公司等）、金融辅助机构（如证券经纪人、贷款经纪人、债权发行公司、保险经纪公司，以及经营各种套期保值的衍生工具的公司等）、契约性金融机构（保险公司、养老基金、退休基金等）五种类型。

2. 按照管理权限分类

按照金融机构的管理权限，可划分为金融监管机构与接受监管的金融企业。例如，中央银行、中国银行保险监督管理委员会、中国证券监督管理委员会等，是代表国家行使金融监管权力的机构；其他的各级各类银行、证券公司和保险公司等是接受监督和管理的金融企业。

3. 按照业务性质分类

按照业务性质分类，主要是区分金融机构能否接受公众存款，分为存款性金融机构与非存款性金融机构。存款性金融机构主要通过存款形式向公众举债而获得其资金来源，如商业银行、储蓄贷款协会、合作储蓄银行和信用合作社等；非存款性金融机构则不得吸收公众的储蓄存款，如保险公司、信托金融机构、政策性银行以及各类证券公司、财务公司等。

4. 按照机构职能分类

按照机构性质分类，主要是区分金融机构是否担负国家政策性职能，分为政策性金融机构和非政策性金融机构。政策性金融机构是指由政府投资创办、按照政府意图与计划从事金融活动的机构；非政策性金融机构则不承担国家的政策性融资任务。

5. 按照其他标准分类

除了上述分类标准外，还有按照是否属于银行系统分类的，可划分为银行金融机构和非银行金融机构；按照资本所有权性质分类的，又可划分为内资金融机构、外资金融机构和合资金融机构；按照所属国别分类的，还可划分为本国金融机构、外国金融机构和国际金融机构。

二、西方国家的金融机构体系

西方国家的金融机构体系大多数是以中央银行为核心来进行组织管理的，形成了以中央银行为核心、商业银行为主体、各类专业银行和非银行金融机构并存的金融机构体系。

(一)中央银行

中央银行(central bank)在一国金融机构体系中占领核心地位,所以,也被称为“银行的银行”“发行的银行”和“国家的银行”。

由于世界各国的社会制度、经济发展水平以及金融业发展程度不同,西方国家的中央银行制度主要有四种形式:(1)单一的中央银行制度。即在一国范围内单独设立一家中央银行,通过总分行制,集中行使金融管理权,多数西方国家和中国采取这种制度。(2)二元的中央银行制度。即在一国范围内建立中央和地方两级相对独立的中央银行机构,分别行使金融管理权,如美国、德国。(3)跨国中央银行制度。即几个国家共同组成一个货币联盟,各成员国不设本国的中央银行,或虽设立本国的中央银行但由货币联盟设立中央银行领导。如1998年6月欧盟在法兰克福设立的欧洲中央银行,要求成员国的中央银行接受其领导,并逐步摆脱本国政府的干预。(4)准中央银行制度。即一个国家或地区只设类似中央银行的机构,或由政府授权某个或某几个商业银行行使部分中央银行职能。

(二)商业银行

商业银行(commercial bank)是市场经济体制下金融体系的主体。其基础业务是存、贷、汇款业务的办理。因为商业银行作为唯一办理活期存款业务的银行,其活期存款占全部存款的比重较大,所以又被称为“存款银行”。

世界各国都十分注重对商业银行的管理控制,因为在商业银行的运作过程中,通过派生存款可以增加货币供应量。随着银行业内的竞争日益激烈,商业银行的经营业务逐步朝着多元化、创新型发展;另外,商业银行也面临着非银行金融机构带来的竞争威胁,迫使现代商业银行创新金融工具,扩宽运营领域,成为综合性的商业银行。

(三)专业银行

专业银行(professional bank)是指专门经营指定范围的金融业务和提供专门性金融服务的银行。其特点是:具有专门性、政策性(专业银行的设置往往体现了政府支持和鼓励某一地区、部门或领域发展的政策导向)和行政性(专业银行的建立往往有官方背景,有的本身就是国家银行或代理国家银行)的特点。典型的专业银行有开发银行、投资银行、进出口银行、储蓄银行等。

(四)非银行金融机构

非银行金融机构(non-bank financial intermediaries)是在整个金融机构体系中除商业银行和专业银行以外的所有金融机构。非银行金融机构与银行金融机构的根本差异在于：第一，非银行金融机构主要资金来源不是依靠吸收存款，而是通过其他方式吸收资金，并通过某种特殊方式运用资金，并从中获取收益；第二，信用业务形式不同，非银行金融机构业务活动范围的划分取决于国家金融法规的规定。非银行金融机构主要有保险公司、信托公司、证券公司、租赁公司、退休养老基金会等。

美国和英国的金融机构体系如表 4.1 和表 4.2 所示。①

三、我国现阶段的金融机构体系

我国现阶段的金融机构体系，是以中央银行为核心、各商业银行为主体，其他多种金融机构并存的金融体系。表 4.3 为我国现行的金融机构体系。

依照《中华人民共和国中国人民银行法》，中国人民银行已经建成真正的、规范的中央银行。

我国的商业银行已经形成七大体系，一是国有控股的商业银行，中国工商银行、中国农业银行、中国银行、中国建设银行、中国交通银行和中国邮政储蓄银行，均为国有控股的商业银行；二是其他股份制商业银行，包括招商银行、上海浦东发展银行、中信银行、华夏银行、中国光大银行、兴业银行、广发银行、中国民生银行、平安银行、恒丰银行、浙商银行和渤海银行等 12 家；三是城市商业银行；四是农村银行（包括农村商业银行、农村合作银行和村镇银行三种形式）；五是邮政储蓄银行；六是外资商业银行（包括外资独资银行、中外合资银行、外国银行在中国境内的分行和外国银行驻华代表机构四类）；七是民营银行（首批五家民营银行是深圳前海微众银行、温州民商银行、天津金城银行、上海华瑞银行和浙江网商银行）。

我国已建成包括中国农业发展银行、国家开发银行、中国进出口银行在内的政策性银行体系，三大政策性银行作为影响我国政府宏观经济发展、促进社会进步的工具，均直属国务院领导。

我国的其他金融机构主要包括保险公司、证券公司、租赁公司、财务公司、信用合作社、境内外资金融机构等。

① 注：表 4.1、4.2，根据曹龙骐．金融学[M]．北京：高等教育出版社．2013：163，164．资料编写。

表 4.1　美国的金融机构体系

<table>
<tr><td rowspan="24">美国的金融机构</td><td rowspan="23">银行金融机构</td><td rowspan="7">联邦储备体系</td><td rowspan="6">一级</td><td colspan="3">联邦储备委员会——最高决策机构</td></tr>
<tr><td colspan="3">联邦公开市场委员会——公开市场政策的决策机构</td></tr>
<tr><td rowspan="4">联邦咨询委员会</td><td colspan="2">联邦顾问委员会</td></tr>
<tr><td colspan="2">学术交流委员会</td></tr>
<tr><td colspan="2">消费顾问委员会</td></tr>
<tr><td colspan="2">储蓄机构咨询委员会</td></tr>
<tr><td>二级</td><td colspan="3">12 家联邦储备银行和 25 家分行</td></tr>
<tr><td rowspan="3">商业银行</td><td rowspan="2">会员银行</td><td colspan="3">国民银行——在联邦政府货币监理局注册</td></tr>
<tr><td colspan="3">州银行——在州政府注册</td></tr>
<tr><td colspan="4">非会员银行</td></tr>
<tr><td rowspan="13">专业银行</td><td>互助储蓄银行</td><td rowspan="4" colspan="3">存款类金融机构</td></tr>
<tr><td>储蓄贷款协会</td></tr>
<tr><td>信贷协会</td></tr>
<tr><td>货币市场互助基金</td></tr>
<tr><td rowspan="3">农业信贷体系</td><td colspan="2">联邦土地银行和联邦土地银行协会</td><td rowspan="7">联邦政府金融机构</td></tr>
<tr><td colspan="2">联邦中期信贷银行和生产信贷协会</td></tr>
<tr><td colspan="2">合作社银行</td></tr>
<tr><td rowspan="4">住房信贷体系</td><td colspan="2">联邦住房贷款银行委员会及所属银行</td></tr>
<tr><td colspan="2">联邦住宅抵押贷款银行</td></tr>
<tr><td colspan="2">联邦住宅管理局</td></tr>
<tr><td colspan="2">联邦全国抵押贷款协会</td></tr>
<tr><td colspan="4">进出口银行</td></tr>
<tr><td colspan="4">投资银行</td></tr>
<tr><td>非银行金融机构</td><td colspan="5">人寿保险公司　财产与灾害保险公司　退休养老基金会　共同基金会　企业集团财务公司　融资租赁公司</td></tr>
</table>

表 4.2 英国的金融机构体系

<table>
<tr><td rowspan="21">英国的金融机构</td><td colspan="4">中央银行——英格兰银行</td></tr>
<tr><td rowspan="15">银行金融机构</td><td rowspan="6">零售行银行</td><td rowspan="3">清算银行</td><td>伦敦清算银行</td></tr>
<tr><td>苏格兰清算银行</td></tr>
<tr><td>北爱尔兰银行</td></tr>
<tr><td colspan="2">英格兰银行银行部</td></tr>
<tr><td colspan="2">国民划拨银行</td></tr>
<tr><td colspan="2">信托储蓄银行</td></tr>
<tr><td colspan="3">英国商人银行(承兑行)</td></tr>
<tr><td colspan="3">其他英国银行</td></tr>
<tr><td rowspan="3">海外银行</td><td colspan="2">美国银行</td></tr>
<tr><td colspan="2">日本银行</td></tr>
<tr><td colspan="2">其他海外银行</td></tr>
<tr><td colspan="3">国际财团银行</td></tr>
<tr><td colspan="3">贴现行</td></tr>
<tr><td colspan="3">国家储蓄银行</td></tr>
<tr><td colspan="3">金融行</td></tr>
<tr><td rowspan="5">非银行金融机构</td><td colspan="3">房屋互助协会</td></tr>
<tr><td colspan="3">保险公司</td></tr>
<tr><td colspan="3">养老基金机构</td></tr>
<tr><td colspan="3">投资信托公司</td></tr>
<tr><td colspan="3">单位信托公司</td></tr>
</table>

表 4.3 我国现行的金融机构体系

我国现行的金融机构	存款类金融机构	六大国有控股商业银行	中国工商银行
			中国建设银行
			中国农业银行
			中国银行
			中国交通银行
			中国邮政储蓄银行
		股份制商业银行	招商银行
			上海浦东发展银行
			中信银行
			中国光大银行
			华夏银行
			兴业银行
			广发银行
			中国民生银行
			平安银行
			恒丰银行
			浙商银行
			渤海银行
		城市商业银行	北京银行
			南京银行
			……
		农村银行	农村商业银行
			农村合作银行
			村镇银行
		中国邮政储蓄银行	
		外资商业银行	外资独资银行
			中外合资银行
			外国银行在中国境内的分行
			外国银行驻华代表机构
		民营银行	深圳前海微众银行
			上海华瑞银行
			……

续表

<table>
<tr><td rowspan="27">我国现行的金融机构</td><td rowspan="19">非存款类金融机构</td><td rowspan="5">保险公司</td><td>财产保险公司</td><td>太平洋保险公司等</td></tr>
<tr><td>人身保险公司</td><td>中国人寿保险(集团)公司等</td></tr>
<tr><td>再保险公司</td><td>中国财产再保险公司等</td></tr>
<tr><td>保险中介公司</td><td>北京汇丰保险经纪有限公司等</td></tr>
<tr><td>外资及中外合资保险公司</td><td>中意人寿保险公司等</td></tr>
<tr><td rowspan="4">证券公司</td><td colspan="2">中信证券公司</td></tr>
<tr><td colspan="2">广发证券公司</td></tr>
<tr><td colspan="2">国泰君安证券公司</td></tr>
<tr><td colspan="2">……</td></tr>
<tr><td>证券登记结算公司</td><td colspan="2">中国证券登记结算公司</td></tr>
<tr><td>信托投资公司</td><td colspan="2">中国国际信托投资公司等</td></tr>
<tr><td>金融租赁公司</td><td colspan="2">中国租赁有限公司等</td></tr>
<tr><td>财务公司</td><td colspan="2">中国五矿财务公司等</td></tr>
<tr><td rowspan="4">金融资产管理公司</td><td colspan="2">中国华融资产管理公司</td></tr>
<tr><td colspan="2">中国长城资产管理公司</td></tr>
<tr><td colspan="2">中国东方资产管理公司</td></tr>
<tr><td colspan="2">中国信达资产管理公司</td></tr>
<tr><td>基金公司</td><td colspan="2">华夏基金管理有限公司等</td></tr>
<tr><td>小额贷款公司</td><td colspan="2">北京金典小额贷款股份有限公司等</td></tr>
<tr><td rowspan="3">政策性金融机构</td><td colspan="3">中国进出口银行</td></tr>
<tr><td colspan="3">中国农业发展银行</td></tr>
<tr><td colspan="3">国家开发银行</td></tr>
<tr><td rowspan="4">监管类金融机构</td><td colspan="3">中国银行保险监督管理委员会</td></tr>
<tr><td colspan="3">中国证券监督管理委员会</td></tr>
<tr><td colspan="3">国家外汇管理局</td></tr>
<tr><td colspan="3">国有重点金融机构监事会</td></tr>
<tr><td>中央银行</td><td colspan="3">中国人民银行</td></tr>
</table>

我国监管类金融机构主要有中国银行保险监督管理委员会、中国证券监督管理委员会、国家外汇管理局、国有重点金融机构监事会等。

延伸阅读

我国金融体制改革的历程

改革开放以前,我国金融体系是"大一统"的金融体系。中国人民银行处于金融机构体系的核心地位,既执行中央银行职能,统管货币发行,又履行商业银行职能,开展信贷业务活动。在整个金融体系中,仅设置唯一的一家银行——中国人民银行进行全部银行业务的办理,其下设金融机构遍布全国。这种体制直到改革开放以后才开始改变,我国金融体制的改革大致分为三个阶段。

第一阶段(1979—1983年),初步建立多元化的金融机构体系。

首先是恢复和设立各专业银行。1979年2月,恢复中国农业银行,专营农村金融业务;从中国人民银行分设出专营外汇业务的中国银行;同年,从财政部中分设出中国人民建设银行。

其次是增设其他金融机构。1979年10月,成立中国国际信托投资公司;1981年12月,成立中国投资银行;1982年,中国人民保险公司从中国人民银行中独立出来;1983年之后,在各省市相继成立各种形式的信托投资公司;此外,还恢复农村信用社的集体所有制性质,建立城市信用合作社。

第三是设立中央银行。1983年9月,国务院决定,中国人民银行不再经营具体银行业务,专门行使中央银行职能。至此,新中国真正意义上的中央银行制度得以确立,这是我国金融体系的重大改革。至此,以中央银行为领导,国有专业银行为主体,多种金融机构并存的多元化金融体系开始形成并逐步发展起来。

第二阶段(1984—1993年),多样化的金融机构体系初具规模。

1984年1月,专设中国工商银行,主要经营储蓄业务以及工商信贷业务;1986年以后,增设了全国性综合银行,如交通银行、中信实业银行等。此外,还设立了区域性银行,如广东发展银行、招商银行等;同期,批准成立了部分非银行金融机构,如中国人民保险公司、光大金融公司、各类财务公司以及城乡信用合作社等。至此,以中央银行为核心、各商业银行为主体,其他多种金融机构并存的我国金融体系格局基本形成。

第三阶段(1994年以后),不断完善适应社会主义市场经济的现代金融机构体系。

1994年中共十四届三中全会《决定》确立了我国金融体制的改革目标:中国人民银行作为中央银行,在国务院领导下独立执行货币政策,从主要依靠信贷规模管理,转变为运用存款准备金率、中央银行贷款利率和公开市场业务等手段,调控货币供应量,保持币值稳定;监管各类金融机构,维护金融秩序,不再对非金融机构办理业务。银行业与证券业实行分业管理。建立政策性银行,实行政策性业务与商业性业务分离。发展商业性银行,并根据需要有步骤地组建农村合作银行和城市合作银行。规范与发展非银行金融机构。

20多年来,围绕这一改革目标,我国完善的社会主义市场经济体制现代金融机构体系已经建立。

资料来源:编者根据李健.金融学[M].北京:高等教育出版社,2010:296整理。

第二节 商业银行

一、商业银行的概念

商业银行(commercial bank)是以经营(公众)存款、放款(贷款)、办理转账结算为主要业务,以营利为目的的金融企业。

从世界各国商业银行的经营范围来看,商业银行大致可以分为分离型和全能型两种类型。

1. 分离型商业银行

分离型商业银行又称分业型商业银行。商业银行只能以吸收短期存款为主,资产集中于短期自偿性贷款,不得兼营证券业务和信托业务,不能直接参与工商企业的投资。实行分离型商业银行制度,目的主要在于增强银行资金的流动性和安全性。以往的英美国家和受英美传统影响的国家普遍采用这种制度,我国当前实行的也是分离型商业银行制度。

2. 全能型商业银行

全能型商业银行又称为混业型商业银行,它们可以全面经营各种金融业务,包括各种期限和种类的存贷款与汇兑业务、证券业务和信托业务,是综合性的银行。全能型银行以德国、奥地利和瑞士的商业银行为代表。

自20世纪70年代以来,特别是最近十多年来,伴随迅速发展的金融自由化浪潮和金融创新，商业银行受到其他金融机构的严重冲击，利润率不断降低，迫使它们不得不从事各种更为广泛的业务活动。在此形势下，国家金融管理当局也逐步放宽了对商业银行业务分工的限制，商业银行的上述两个传统特征和分工界限已经突破。1986 年，英国颁布《金融服务法案》，宣布银行业可以直接进入证券交易所进行交易，从而确立了英国金融业混业经营的新时代。1998 年 4 月，日本正式启动“大爆炸”式的金融改革，放宽了银行、证券和保险等行业的业务限制，废除了银行不能直接经营证券、保险的禁令，允许各金融机构跨行业经营各种金融业务。1999 年 11 月 12 日，美国总统克林顿签署《金融服务现代化法案》，正式放开银行从事其他金融业务的限制，推动了商业银行与投资银行之间的相互渗透，标志着全能型银行体制开始在美国推行。

二、商业银行的性质与职能

商业银行是一类特殊的金融企业。

首先，商业银行是现代企业。它具有一般现代企业的基本特征，必须有经营所需的自有资本，遵循独立核算、自负盈亏、自主经营、自我约束的原则，必须依法经营、照章纳税，把追求利润最大化作为自己的经营目标。就此而言，商业银行与一般工商企业没有区别。

其次，商业银行是一类特殊的企业。商业银行特殊性的主要表现：一是经营对象的特殊性。一般工商企业经营的是具有一定使用价值的商品，从事商品生产和流通；而商业银行是以金融资产和金融负债为经营对象，经营的是货币和货币资本这一类特殊的商品。二是在社会经济中地位的特殊性。商业银行对社会经济的影响，以及受社会经济的影响都明显高于一般工商企业。商业银行一旦出现问题，对整个社会经济的影响范围广、影响程度深、影响的持续时间长，因而其在社会经济中的地位显得比一般工商企业更为重要。

第三，商业银行是一类特殊的金融企业。它既有别于中央银行，又有别于专业银行和非银行金融机构。中央银行是国家的金融管理当局和金融体系的核心，具有较高的独立性，它不针对客户办理具体的信贷业务，不以营利为目的。专业银行和各种非银行金融机构只限于办理某一方面或几种特定的金融业务，业务范围相对狭窄。而商业银行既经营“零售”业务，又经营“批发”业务，其业务触角遍及社会经济生活的各个角落，覆盖面广、影响范围大。

在经济生活中，商业银行主要发挥以下职能。

1. 信用中介

信用中介是商业银行最基本的职能，也是最能反映其经营活动特征的职能。商业银行通过其负债业务把社会上闲散的资金集中起来，再通过其资产业务投向国民经济各部门使之变为社会资本。商业银行作为货币资本的贷出者和借入者，实现了货币资本的融通，同时又对社会经济活动起到多层面的调节作用。一是把暂时从再生产过程中游离出来的闲置资金转化为可用资金，在不改变社会资本总量的前提下，通过改变资本的使用方向和使用量，扩大了再生产规模，促进了经济增长。二是将社会节余的货币储藏转化为社会资本，扩大了社会资本总量，加速了生产的发展。三是可以把短期货币资本转化为长期货币资本，充分发挥资本的潜力。四是在利润原则支配下，可以将货币资本从低效益部门转向高效益部门，优化了社会资本的配置。

2. 支付中介

支付中介职能是指为客户办理与货币运动有关的技术性服务。商业银行通过存款在账户上的转移，代理客户支付；在存款的基础上，为客户兑付现款等，从而成为工商企业、团体和个人的货币保管者、出纳者和支付代理人，商业银行成为债权债务关系与支付的中心。支付中介职能的发挥，大大减少了现金的使用，节约了社会流通费用，加速了结算过程和货币资本的周转，促进了社会再生产的扩大。

3. 信用创造

一般情况下，工商企业、团体和个人存入商业银行的存款并不是马上就会提现的，总要在商业银行存放一定的时间，商业银行利用储户存款和取现的这个时间差，将吸收的存款留出一部分备付金以后，其余部分就可以放贷出去；在支票流通和转账结算的基础上，贷款又转化为派生存款；在这种存款不提取或不完全提现的情况下，就增加了商业银行的资金来源，最后在整个商业银行体系形成数倍于原始存款的派生存款。这就是商业银行的信用创造职能。但是商业银行创造信用也不是无限的，要受以下因素的制约：一是商业银行的信用创造限度取决于原始存款的规模。二是商业银行的信用创造要受到中央银行法定存款准备金率及现金漏损率的制约，创造能力与其成反比。三是商业银行创造信用的前提条件是存在足够的贷款需求。

在现代信用货币制度下，商业银行通过贷款创造出的派生存款，不需要花费开采、铸造、印刷、运送、保管等一系列费用。因此，通过商业银行的信用创造，既节约了货币流通费用，又提供了经济发展中需要增加的流通手段和支付手段。

4. 金融服务

金融服务是商业银行利用其在国民经济活动中的特殊地位，以及在提供信用中介和支付中介业务过程中获取大量信息的优势，为客户提供其他的服务。随着经济的发展，各个经济单位之间的联系更加复杂，各个金融中介机构之间的竞争也日益激烈，人们的理财意识也相应提高。商业银行根据客户的要求不断拓展自己的金融服务领域，如代理收付、信托、租赁、咨询、经纪人业务及国际业务等，这在商业银行经营中占据着越来越重要的地位。

三、商业银行的业务

商业银行的业务可以分为负债业务、资产业务、中间业务和表外业务四大块。

（一）负债业务

负债业务是商业银行形成资金来源的业务。其全部资金来源包括自有资本和吸收的外来资金两部分。

1. 自有资本

自有资本又称资本金（bank capital），是商业银行为了正常营运而自行投入的资本。商业银行的自有资本分为两大类：一类是核心资本，分别由股本和公开储备两部分构成。另一类是附属资本，主要包括未公开储备、重估储备、普通准备金、混合资本工具和长期附属债务。

2011 年 4 月，中国银监会出台《中国银行业实施新监管标准的指导意见》，明确正常条件下系统重要性银行和非系统重要性银行的资本充足率分别不低于 11.5% 和 10.5%，而二者的核心资本充足率分别不低于 10% 和 8.5%。

2. 吸收存款

吸收存款是商业银行接受客户存入的货币款项，存款人可以随时或按约定时间支取款项的一种信用业务。传统的分类方法将存款分为活期存款、定期存款和储蓄存款三大类。它们约占商业银行资金来源的 70%～80%，为商业银行提供了绝大部分资金来源，并为实现商业银行各职能活动提供了基础。这是商业银行的传统业务，在负债业务中占有最主要的地位。

3. 银行借款

目前我国商业银行向外借款主要包括以下几种方式。

（1）向中央银行借款。向中央银行借款主要有两种形式：一是再贴现，即商业银行把自己办理贴现业务所买入的未到期票据再转卖给中央银行。二是再贷款，指商业银行向中央银行直接借款。再贷款可以是信用贷款也可以是抵押贷款。再贴现和再贷款同时又是中央银行宏观金融调控的重要手段。

(2)银行同业拆借。同业拆借是指金融机构之间的短期资金融通，主要用于支持日常性的资金周转，它是商业银行为解决短期资金余缺，调剂法定准备金头寸而融通资金的主要渠道，一般是通过商业银行在中央银行的存款准备金账户来完成的。

向中央银行借款和同业拆借都属于商业银行的短期借款。其他渠道的短期借款还有结算过程中的短期资金占用、回购协议、大额存单等。

(3)发行金融债券。发行金融债券属于商业银行的长期借款，这是商业银行筹集资金来源的重要途径。金融债券具有不记名、可转让、期限固定、收益较高的特点。有利于商业银行筹集稳定的长期资金，提高负债的稳定性，从而提高银行资金的使用效率和效益。

(二)资产业务

资产业务是商业银行运营资金赚取商业利润的业务，也是商业银行最基本的业务。资产业务主要包括现金、证券投资、贷款和票据贴现。

1. 现金资产

现金资产是商业银行资产中最具有流动性的部分，也是商业银行的非营利性资产，主要包括库存现金、存放在中央银行的超额存款准备金、存放在同业存款和托收中的现金。

现金资产是商业银行为了保持必要的流动性而保留的资产。随着货币市场、证券市场的发展，目前现金已不再是商业银行保持流动性的唯一办法，商业银行只需保留少量现金资产，而较多地采用持有国库券等短期债券或票据等其他办法。

2. 信贷资产

商业银行的信贷资产是商业银行发放的各种贷款，这是商业银行的传统资产业务，也是商业银行取得利润的主要渠道。因此，商业银行每发放一笔贷款，都必须从风险和收益两方面慎重考虑，力求做到风险的最小化和收益的最大化。商业银行的贷款业务种类很多，按贷款期限不同可以分为短期贷款、中期贷款和长期贷款；按贷款保障条件不同可以分为信用贷款、担保贷款和票据贴现；按贷款用途分类可以分为工业贷款、商业贷款、农业贷款、科技贷款和消费贷款，或者流动资金贷款和固定资金贷款；按贷款偿还方式分类可以分为一次性偿还和分期偿还；按贷款质量或风险程度分类可以分为正常贷款、关注贷款、次级贷款、可疑贷款和损失贷款。

3. 证券投资

证券投资是指商业银行以其资金持有各种有价证券的业务活动。商业银行投资于有价证券的目的，一般是为了增加收益和增加资产的流动性。按照我国的《商业银行法》规定，商业银行不得从事境内信托投资和股票业务。因此，目前商业银行的证券投资业务对象主要是政府债券和中央银行、政策性银行发行的金融债券，并且规模都不大。

（三）中间业务

中间业务又称为无风险业务，是指商业银行并不需要运用自己的资金而代理客户承办支付和其他委托事项，并据以收取手续费的业务。最常见的是传统的汇兑、信用证、代收、代客买卖等业务。

近年来我国商业银行的中间业务虽然有所发展，但从总体上看，当前我国的商业银行基本上仍以传统银行业的直接存贷为主，中间业务还比较落后，有些甚至是空白，中间业务收入占全部收入的比重也较小。这一方面反映了我国商业银行中间业务发展的迫切性；另一方面也反映我国商业银行的中间业务有巨大的发展潜力和良好的市场前景。

（四）表外业务

表外业务是指凡未列入商业银行资产负债表内、不影响资产负债总额，但同表内的资产业务或负债业务关系密切的业务。包括：各种担保性业务；回购协议、信贷承诺和票据发行便利等承诺性业务；衍生金融工具交易业务等。商业银行在经办这类业务时，没有垫付任何资金，但在将来随时可能因具备了契约中的某个条款而转变为表内的资产或负债，如互换、期权、期货、远期利率协议、票据发行便利、贷款承诺、备用信用证等业务。20 世纪 80 年代以来，表外业务已成为西方国家银行业发展的重点。从发展规模看，不少西方国家大银行的表外业务量已大大超过其表内业务量；从收益来看，不少银行的表外业务收入远远超过了其表内业务收入。由此可见，大力发展表外业务，应该是我国商业银行的未来方向。

延伸阅读

我国商业银行的储蓄业务

当前我国商业银行主要提供有以下几种储蓄业务。

1. **活期储蓄**

活期储蓄是指无固定存期、可随时存取、存取金额不限的一种比较灵活的储蓄方式。活期储蓄适用于所有客户，资金运用灵活性较高，人民币 1 元起存，港币、美元、日元和欧元等起存金额为不低于1美元的等值外币。储蓄机构发给客户一个存折或借记卡，凭折(卡)随时存取，办理手续简便。全部支取时，按销户当日挂牌公告的活期储蓄利率计息。自2005年9月21日起，个人活期存款按季结息，按结息日挂牌活期利率计息，每季末月的20日为结息日。未到结息日清户时，按清户当日挂牌公告的活期利率计息到清户前一日止。

随着银行卡的不断发展，人们越来越习惯把钱放到自己的借记卡中。借记卡是指先存款后消费(或取现)，具有存取款功能，但没有透支功能的银行卡。放到借记卡中的资金可以享受活期存款利率。不仅如此，各家银行的借记卡通常还具有证券转账、证券买卖等众多理财功能。而且，各银行系统内部还实现了“一卡通”，即可以对借记卡里的活期存款进行同城及异地通存通兑。

此外，大部分银行还开通了活期“一本通”，为客户提供一种综合性、多币种的活期储蓄，既可以存取人民币，也可以存取外币，活期“一本通”账户具有人民币和外币活期储蓄的全部基本功能。客户开立活期“一本通”账户时，必须预留密码。活期“一本通”可在开户行的同城营业网点存款、取款，客户还可指定活期“一本通”作为水电费、通信费等日常费用的缴费账户，还可开通电话银行和网上银行，转账汇款也十分方便。

2. 定活两便储蓄

这种储蓄是一种事先不约定存期，一次性存入，一次性支取的储蓄存款。它的起存金额低，人民币50元即可起存。既有活期之便，又有定期之利，利息按实际存期长短计算，存期越长利率越高。存期低于整存整取最低档次(不满3个月)的，按活期利率计息；存期超过3个月以上不满半年的，按3个月整存整取利率六折计息；存期超过半年不满1年的，按半年整存整取利率六折计息；存期超过1年(含1年)的，一律按1年期整存整取利率六折计息。这种储蓄存款方式比较适合那些有较大额度的结余，但在不久的将来需要随时全额支取使用的客户。

3. 整存整取

整存整取是一种由客户选择存款期限，整笔存入，到期提取本息的一种定期储蓄。它的起存金额低，多存不限，一般来说，人民币50元起存。整存整取的利率较高，因此具有较高的稳定收入，利率大小与期限长短成正比。存期上也有多种选择：人民币的存期分别为3个月、6个月，1年、2年、3年和5年；外币的存期分别为1个月、3个月、6个月、1年、2年。到期凭存单支取本息。储户还可以根据本人意愿在办理定期存款时约定到期自动转存。当客户在需要资金周转而整存整取存款未到期时，可部分提前支取一次，但提前支取部分将按支取当日挂牌活期存款利率计息。

4. 零存整取

零存整取是一种事先约定金额，逐月按约定金额存入，到期支取本息的定期储蓄。它的适应面较广，手续简便，往往可以积零成整，获得较高收益。零存整取起存金额较低，人民币5元即可起存。存期可以选择1年、3年或5年。存款金额由储户自定，每月需以固定金额存入：若中途漏存，应在次月补齐。未补齐者则视同违约，违约后将不再接受客户续存及补存，到期支取时按实存金额和实际存期计息。这种储蓄方式比较适合刚参加工作，需逐步积累每月结余的客户。

5. 个人通知存款

这是一种不约定存期，支取时需提前通知银行，约定支取日期和金额方能支取的存款。个人通知存款不论实际存期多长，按存款人提前通知的期限长短划分为1天通知存款和7天通知存款两个品种。1天通知存款必须提前1天通知约定支取存款，7天通知存款则必须提前7天通知约定支取存款。本金一次存，可一次或分次支取。个人通知存款利率收益较活期存款高，是大额资金管理的好方式，开户及取款起点较高。人民币通知存款开户起存金额5万元，最低支取金额为5万元。个人通知存款适用于拥有大额款项，在短期内需支取该款项或需分期多次支取款项的客户，或短期内不确定取款日期的客户。

6. 个人支票储蓄存款

这种存款是以活期储蓄存款作保证，以支票作支付凭证、办理支现和转账结算，集储蓄与消费于一体的存款。客户凭有效身份证件开户，与银行签订“个人使用支票协议书”后购买支票，凭支票取现或转账。存款期限同活期储蓄，账户余额不得低于所签发支票总额。此种存款方便，支付安全快捷，尤其适合个体工商户。

资料来源：刘伟. 现代金融学[M]. 北京：人民邮电出版社，2015：114-115.

四、我国商业银行的业务范围和经营原则

根据《中华人民共和国商业法》规定，我国商业银行经营下列业务：吸收公众存款、发放贷款、办理国内外结算、票据贴现、发行金融债券、代理发行、兑付、出售买卖政府债券、同业拆借、买卖外汇、外汇的代理买卖、提供信用证及担保服务、代理收付款以及保险业务等。商业银行不得从事除政府债券以外

的其他证券业务和非银行金融业务。

商业银行的经营原则是安全性、流动性和盈利性。

安全性要求商业银行在经营中必须考虑自身经营环境的安全,避免自己资产遭受损失。在商业银行的经营中客观存在着各种可能会使得银行资产遭受损失的风险,所以必须采取相应的防范风险措施。

流动性要求商业银行能够满足必要贷款的支付能力以应对客户随时而来的存取款。流动性包括资产的流动性,即在银行资产不发生损失的情况下具有迅速变现能力;负债的流动性,即银行能够以较低的成本,随时获得所需要的资金。

盈利性要求商业银行以追求最大利润为经营目标,只有保证一定的盈利水平,商业银行才能充实资本金,增强实力,提高竞争力。

延伸阅读

我国商业银行的改革历程

改革开放以来,随着经济体制改革的深入进行,我国的银行体系也不断进行调整和改革。其改革历程大致可分成三个阶段:一是从 1978 年到 1993 年,由“大一统”银行体系转变为专业银行体制。二是从 1994 年到 2003 年,建立中央银行制度,将专业银行转变为国有商业银行,分离专业银行的政策性业务。三是从 2004 年底开始,将国有独资的国有商业银行转变为国家控股的国有商业银行股份制改革。

第一阶段(1978—1993 年)

这一阶段改革的主要内容,是打破银行体系政企不分和信用活动过分集中的旧格局,分离银行的金融管理职能和金融业务职能。将中国人民银行从银行体系中独立出来,专门行使国家金融管理机关的职能。恢复和成立了中国农业银行、中国银行、中国工商银行、中国建设银行四大国家专业银行。这种体制的基本特征是:专业银行是国家的银行,是国家的独资企业,国家拥有单一产权。专业银行作为国有资本人格化代表,必须执行国家信贷计划或规模控制,必须保证国家重点建设资金需要,重点支持支柱产业,发放政策性贷款任务;在国家需要的时候,还必须对社会的稳定和发展负责。专业银行体制上有两重性:一方面它是对高度集权的单一计划经济体制的否定和改革,并在改革旧体制的同时,孕育着新的商业银行体制的要素。正是因为有了专业银行体制，也才有后来从1987年起相继恢复和建立的几家全国性或区域性商业银行，如交通银行、中信实业银行（现为中信银行）、深圳发展银行、招商银行、广东发展银行和福建兴业银行等股份制银行。另一方面，它由于脱胎于大一统的计划金融体制的母体，不可避免地带有旧体制的痕迹，内部约束机制不健全、经营效率低下仍是其致命的弱点。

第二阶段（1994—2003年）

1993年11月召开的中共十四届三中全会明确提出，国有专业银行要逐步向国有商业银行转变。国务院于1994年开始实施这一改革方案。主要内容是：建立中央银行制度，赋予中国人民银行行使中央银行职能，独立执行货币政策，主要运用货币政策对宏观经济实施间接调控；贯彻分业经营、分业监管的基本思想，把中央银行对商业银行和其他金融机构的监管职能逐渐从中国人民银行中剥离出来，分别成立中国银行业监督管理委员会（2003年）、中国证券监督管理委员会（1992年）和中国保险监督管理委员会（1998年）；分离专业银行的政策性业务，成立国家开发银行、中国进出口银行、中国农业发展银行三家政策性银行；国有银行按照现代商业银行经营机制运行，其经营管理具有一定的独立性。

同时，为了让国有银行摆脱历史包袱，轻装上阵，实现中国国有银行的真正商业化经营，1998年，国家用2700亿元特别国债注入四大银行来充实其资本金，又先后成立了信达、华融、长城和东方四家资产管理公司，剥离了四家国有银行的1.4万亿元不良资产。

这次改革在完善国有银行的经营管理上做了大量工作，国有银行经营的外部环境大为改善。然而，改革并没有达到预期效果。2000年，四家国有独资商业银行不良贷款剥离了1.4万亿元后，余额为1.35万亿元。但截至2004年初，按四级分类为1.7万亿元，增加了3500亿元；按五级分类则高达2万亿元，增加了6000多亿元。表明这次改革的成效并不明显。

第三阶段（2004年以后）

2003年10月，中共十六届三中全会召开，全会《决定》明确指出，要“选择有条件的国有商业银行实行股份制改造，加快处置不良资产，充实资本金，创造条件上市”。2004年1月6日，国务院决定，选择中国银行、中国建设银行进行股份制改革试点，并动用450亿美元外汇储备，通过新组建的中央汇金投资有限责任公司注资上述两家银行（各家分别注资225亿美元）。中央汇金投资有限责任公司股东单位为财政部、中国人民银行和国家外汇管理局，将作为中国银行和中国建设银行的大股东，行使出资人的权利，获得投资回报和分红收益。

2005 年 6 月和 9 月，美国银行和新加坡的淡马锡控股分别以 25 亿美元和 14 亿美元购进中国建设银行 9%和 5.1%的股份。中国建设银行在引进战略投资者后不久，同年 10 月 27 日在香港证券交易所公开上市，2007 年 9 月 25 日在上海证券交易所公开上市。

中国银行于 2004 年 8 月 26 日改组为股份有限公司，自此先后引进苏格兰皇家银行、新加坡淡马锡控股、亚洲开发银行、瑞银集团和亚洲开发银行及社保基金等战略投资者，2006 年 6 月 1 日和 2006 年 7 月 5 日分别在香港和上海证券交易所公开上市。

2005 年 4 月，中央汇金投资有限责任公司向中国工商银行注资 150 亿美元，财政部保持了原有的 150 亿美元的股份。于 2005 年 10 月 28 日改制为股份有限公司，2006 年 4 月以 37.8 亿美元的价格增发 241.85 亿股(当时占比 8.89%)引进高盛集团、安联集团和美国运通公司三家境外战略投资者，2006 年 10 月 27 日在香港和上海证券交易所同时公开上市。

中国农业银行由于历史包袱沉重，机构人员规模在四大行中最为庞大，经营效率也低于同业水平，因此其股份制改造最为艰难和漫长。经过多年的努力，最终于 2009 年 1 月 15 日改制为中国农业银行股份有限公司，于 2010 年 7 月 15 日和 7 月 16 日正式在上海和香港两地上市。

资料来源：曹龙骐. 金融学[M]. 北京：高等教育出版社. 2013：207-209. 陈清泰. 重塑企业制度——30 年企业制度变迁[M]. 北京：中国发展出版社. 2008：256-267.

第三节　中央银行

中央银行(central bank)是一国最高的货币金融管理机构，在各国金融体系中居于主导地位。中央银行是指专门从事货币发行、专门办理对一般银行的业务，负责制定和执行货币政策，防范和化解金融风险，维护金融稳定且不以营利为目的的银行。

一、中央银行的产生和发展

中央银行是信用经济发展到一定阶段的产物，其产生主要是基于以下原因：一是银行券统一发行的需要；二是票据清算的需要；三是充当最后贷款人的需要；四是金融监管的需要。

中央银行的发展大体上经历了三个阶段。

第一阶段是从17世纪中叶到1843年，是中央银行的萌芽时期。1668年瑞典的克里斯银行由一家私人资本创建的银行被改组为瑞典国家银行，这是现代中央银行的萌芽，但由于此时的瑞典银行还没有独占发行权，所以还算不上真正意义的中央银行。

第二阶段是从1844年到20世纪30年代，是中央银行逐步发展完善时期。1844年，英国国会通过了《皮尔条例》，赋予英格兰银行独家垄断货币发行权的地位，使之成为第一家真正意义上的中央银行。随着英格兰银行地位的提高，许多商业银行把自己的现金准备的一部分存入英格兰银行，商业银行之间的债权债务通过英格兰银行划拨。1854年，英格兰银行成为英国银行的票据交换中心。1872年，它又开始向资金周转困难的其他商业银行提供资金支持，充当“最后贷款人”的角色，并同时具有了全国性金融管理机构的色彩，至此建立起英国的中央银行体系。

第三阶段是第二次世界大战以后至今，是中央银行的职能不断强化时期。中央银行不仅管理金融机构和金融市场，还参与一国的宏观经济管理，各国纷纷加强了对中央银行的控制，许多国家的中央银行都先后实行了国有化。1945年12月，法国公布法令，将法兰西银行收归国有。1946年，英国政府宣布英格兰银行收归国有，英国财政部将股份全部收购。同时，中央银行不再从事普通商业银行的业务，维持货币金融稳定，成为中央银行的主要职责。中央银行进入了一个新的发展阶段。

二、中央银行的性质和职能

中央银行是政府的职能部门，但它又不同于一般的行政管理机构，除了赋予它特定的金融行政管理职能采取通常的行政管理方式之外，主要的管理职能都是寓管理于营业之中的，即以其所拥有的经济力量，如货币供给量、利率等，对整个金融领域乃至整个经济领域的活动进行管理、控制和调节。因此，中央银行在政府系列中具有一般政府机关所不具有的特殊性，包括地位的特殊性、业务的特殊性和管理的特殊性。

中央银行的职能可以概括为三项：一是发行的银行，是全国唯一的货币发行机构。二是银行的银行，承担了服务于商业银行和整个金融机构体系，履行着维持金融稳定、促进金融业发展的职责。三是政府的银行，一方面为政府提供金融服务，另一方面又代表政府贯彻金融政策，对金融机构和金融市场进行监管。

根据《中华人民共和国中国人民银行法》规定，中国人民银行是中华人民共和国的中央银行。中国人民银行在国务院领导下，制定和执行货币政策，防范和化解金融风险，维护金融稳定。中国人民银行履行下列职责：

(一)发布与履行其职责有关的命令和规章；

(二)依法制定和执行货币政策；

(三)发行人民币，管理人民币流通；

(四)监督管理银行间同业拆借市场和银行间债券市场；

(五)实施外汇管理，监督管理银行间外汇市场；

(六)监督管理黄金市场；

(七)持有、管理、经营国家外汇储备、黄金储备；

(八)经理国库；

(九)维护支付、清算系统的正常运行；

(十)指导、部署金融业反洗钱工作，负责反洗钱的资金监测；

(十一)负责金融业的统计、调查、分析和预测；

(十二)作为国家的中央银行，从事有关的国际金融活动；

(十三)国务院规定的其他职责。

三、中央银行的主要业务

中央银行的业务，是中央银行职能的表现，其性质与商业银行截然不同。它是通过经营活动来履行管理职能的，因而其经营活动的目的不是为了追求利润，而是为了实现对金融活动的调节与控制，从而达到使国民经济稳定、健康发展的目的。

(一)负债业务

中央银行的负债业务是形成资产业务的基础，主要包括货币发行业务、集中存款准备金业务、财政性存款业务。

1. 货币发行业务

中央银行享有垄断货币发行的特权，货币发行是世界各国中央银行的一项重要负债。

中央银行实现货币发行主要有三个渠道：一是中央银行向商业银行或其他金融机构提供贷款；二是中央银行对商业银行或其他金融机构进行商业票据再贴现；三是中央银行收购金银和外汇。

我国的人民币现金发行是由中国人民银行设置的发行基金保管库执行的。发行库在中国人民银行总行设总库，下属分支行设分库和支库，发行库中保管的是已经印刷好但未进入流通的人民币票券，称为发行基金。商业银行及其基层行设立业务库，业务库保存的人民币现金是商业银行日常收付业务的备用金。为了避免业务库现金过多或现金不足带来的浪费和支付困难，通常由上级行和同级中国人民银行为业务库核定库存限额。

当商业银行的基层行、处现金不足以支付时，可以开出支票，到当地中国人民银行在其存款账户余额内提取现金。于是人民币从发行库转移到商业银行基层行、处的业务库，意味着这部分人民币进入了流通领域。当商业银行基层行、处收入的现金超过其业务库库存限额时，超过的部分应主动送交中国人民银行并进入发行库，意味着这部分人民币退出了流通领域。

2. 集中存款准备金业务

集中存款准备金是中央银行制度形成的重要原因之一。存款准备金本来是各商业银行和其他金融机构为了应付客户随时提现，在其所吸收的存款中按照一定的比例留存的现款。由于这一比例的大小直接影响了商业银行的放款能力并进一步影响市场上流通的货币总量，于是中央银行将各商业银行的存款准备金集中起来，通过提高或降低存款准备金比率，就能够调节商业银行的放款能力，以实现对整个国民经济货币供给的调节。目前，存款准备金制度已经发展成为中央银行执行货币政策的一种重要手段之一。

3. 财政性存款业务

中央银行作为政府的银行，一般都由政府赋予代理国库的职责，国家财政的收入与支出都由中央银行代理。由于财政支出一般总要集中到一定的数量再拨付使用，且一般也都是逐渐使用的，因此，收支之间总存在一定的时间差，收大于支的数量形成了一个可观的余额。同时那些依靠国家拨款的行政事业单位的存款，也都由中央银行办理。这样，金库存款、行政事业单位的存款就构成了财政性存款。财政性存款本质上是国家预算资金或与国家预算直接有关的资金，其数额之大，仅次于商业银行交存中央银行的存款准备金。

（二）资产业务

中央银行的资产业务是运用其货币资金的业务，主要包括贷款业务、再贴现业务、证券买卖业务、储备资产业务等。

1. 贷款业务

中央银行的贷款主要是指对商业银行和其他金融机构发放的贷款。其发放贷款的目的，主要是为了解决金融机构短期资金周转的困难。一般这种贷款的利率较为优惠，为了抑制金融机构过多地从中央银行借款，各国的中央银行都对金融机构，特别是商业银行的贷款数量制定了最高限额。中央银行对金融机构发放贷款，要考虑资产的流动性和安全性，注意贷款期限的长短，以保证资金的灵活周转。

此外，中央银行依照法律法规向财政提供贷款与透支。不过，对于中央银行的这一业务，各国的《中央银行法》都有较为严格的规定。我国的人民银行法明确规定，中国人民银行不得对政府财政透支。同时还规定中国人民银行不得向地方政府、各级政府部门提供贷款。

2. 再贴现业务

再贴现业务也叫重贴现业务，是商业银行由于业务上的需要，将其由贴现所取得的票据，请求中央银行予以贴现的一种经济行为。中央银行通过买进商业银行已贴现的票据来调节货币供应量，成为对国民经济宏观调控的一个重要手段。

3. 证券买卖业务

所谓证券买卖，就是中央银行在金融市场上买卖有价证券的行为。中央银行在公开市场上买卖的有价证券主要是国家债券，包括国库券与公债券，其中尤以国库券为主。当然，中央银行偶尔也以其他类型的有价证券作为自己的买卖对象，但这些有价证券仅仅局限于信誉比较高的公司债券、公司股票和商业票据。我国的人民银行法规定，中国人民银行可以在公开市场上买卖国债和其他政府债券。

中央银行买卖有价证券的目的不在于营利，而是为了调剂货币供求，保证国民经济健康发展。一般来说，当需要紧缩银根，减少市场货币供给时，中央银行就卖出证券；反之，当需要放松银根，增加市场货币供给时，中央银行则买进证券。

4. 储备资产业务

各国中央银行为了稳定货币流通、应付国际支付，都要保留一定数量的黄金、白银与外汇储备。从货币发展史来看，黄金、白银与外汇始终是稳定纸币、应付银行券兑现的重要储备，同时也是用于国际支付的国际储备。

（三）中间业务

中央银行的中间业务，主要是指中央银行为商业银行和其他金融机构办理资金的划拨清算和资金转移。中央银行的这一业务，与其集中存款准备金的业务是紧密相连的。由于中央银行集中了金融机构的存款准备金，而金融机构彼此之间由于交换各种支付凭证所产生的应收应付账款，就可以通过其在中央银行的存款账户进行划拨，从而使中央银行成为全国的资金清算中心。各国的中央银行都设立了专门的票据清算机构来进行票据的清算。参加中央银行票据交换的金融机构，一要遵守票据交换的有关规定，二要在中央银行开立有关账户，三要分摊一定的管理费。

延伸阅读

汇金公司

汇金公司全称叫中央汇金投资有限责任公司，是中国目前最大的金融投资公司。2003 年 12 月 16 日注册成立，注册资金 372465 亿元人民币，其性质为国有独资，公司董事会和监事会成员分别由财政部、人民银行和外汇管理局委派。直接控股参股金融机构包括六家商业银行、四家证券公司、两家保险公司和四家其他机构。2007 年 9 月 29 日成立中国投资有限责任公司，汇金公司也成为中投旗下的全资子公司。

汇金公司代表国家对中国银行和中国建设银行等重点金融企业行使出资人的权利和义务，它是国务院维护金融稳定、防范和化解金融风险的一个工具性公司。主要职能是对国有重点金融企业进行股权投资，以出资额为限代表国家依法对国有重点金融企业行使出资人权利和履行出资人义务，实现国有金融资产保值增值。汇金公司不开展其他任何商业性经营活动，不干预其控股的国有重点金融企业的日常经营活动。对于汇金公司的定位，还有另外一种解释。国家外汇管理局认为它的职责是用外汇储备向银行注资，不是财政拨款，而是一种资本金投入。汇金公司作为出资人，将督促银行落实各项改革措施，完善公司治理结构，力争使股权资产获得有竞争力的投资回报和分红收益。

资料来源：编者根据中国汇金投资有限责任公司官网资料编写。

第四节　非银行金融机构

在各国的金融机构体系中，除了中央银行、商业银行和专业银行以外，还有很多其他的非银行金融机构。主要包括投资银行（证券公司）、保险公司、信托投资公司、金融公司、租赁公司、财务公司、信用合作社等。非银行金融机构是随着金融资产多元化、金融业务专业化而产生的。20 世纪 70 年代以来，金融创新活动不断涌现，非银行金融机构起了主要作用，有力地推动了金融业务的多元化、目标化和证券化，银行与非银行金融机构之间的业务也日趋融合。

在传统意义上，商业银行和非银行金融机构的区别主要表现在以下两个方面：

一是扮演的角色不同。传统商业银行的业务主要是吸收存款（主要是活期存款）、发放贷款、提供支付结算，是货币市场的主要参与者；而非银行金融机构一般不能吸收存款，特别是不能吸收个人储蓄，主要提供专门的金融服务方式或指定范围的业务，是资本市场的主要参与者。

二是发挥的功能不同。商业银行在通过吸收存款、发放贷款的过程中，可以通过创造活期存款的方式创造货币、提供信用，因而具有创造货币、创造信用的功能；而非银行金融机构由于不能接受存款，也不能通过创造存款的方式提供信用，非银行金融机构一般只具有信用媒介的功能。

但是到现在，由于金融创新大量涌现，非银行金融机构越来越多地介入银行服务的领域，商业银行和非银行金融机构的上述区别日益模糊，从而非银行金融机构与商业银行的竞争也更为直接。通常的非银行金融机构主要有以下几类。

一、投资银行（证券公司）

投资银行一般没有准确的定义。西方国家把从事证券发行、承销、交易、企业重组、兼并与收购、投资分析、风险投资、项目融资、咨询、金融创新等业务的金融机构称为投资银行；我国则把这类机构称为证券公司。投资银行不经营传统的商业银行业务，也不直接面向居民个人开展业务，我国的证券公司实际就是西方的投资银行，是一种投资银行机构。在我国，商业银行也可以从事投资银行业务，在商业银行下面设有投资银行部或者投资银行，如中国建设银行在香港上市的子公司中国国际金融公司，就是 1995 年成立的我国第一家具有国际模式的投资银行；工商银行和香港最大的私有独立银行“东亚银行”联合收购英国老牌投行 Nat West Securities 在亚太的业务而成立的我国第一家真正意义上的合资投行——工商东亚；2002 年中国银行出巨资在香港上市的中银国际证券公司等。

在金融领域，投资银行业是一个含义十分宽泛的术语。从广义的角度看，它包括了范围宽泛的金融业务；从狭义的角度来看，其业务范围只限于某些资本市场活动，着重是一级市场上的承销业务、并购和融资业务的财务顾问。目前投资银行已从单一证券承销发展成为在资本市场中具有重要影响力的金融中介机构。

在金融活动中，投资银行主要发挥以下作用：

一是媒介资金供需。与商业银行相似，投资银行也是沟通资金盈余者和资金短缺者的桥梁。投资银行和商业银行以不同的方式和侧重点起着重要的资金媒介作用，在国民经济中缺一不可。

二是构造证券市场。证券市场是一国金融市场的基本组成部分之一。证券市场由证券发行者、证券投资者、管理组织者和投资银行四个主体构成，其中，投资银行起了穿针引线、联系不同主体、构建证券市场的重要作用。

三是优化资源配置。投资银行通过其资金媒介作用，一方面使高收益企业通过发行股票和债券等方式直接获得资金，另一方面为社会资金寻找到能够发挥更大效益的渠道，从而促进了资源的合理配置。投资银行为政府发行债券，使政府可以获得足够的资金用于提供公共产品，同时帮助政府买卖政府债券等方式，调节货币供应量，保障经济稳定发展。投资银行通过发行股票或债券，为尚处于新生阶段、经营风险很大的朝阳产业企业筹集资金求得发展，促进了产业升级换代和经济结构优化。

四是促进产业集中。投资银行的兼并和收购业务，使经营管理不善的企业被兼并或收购，经营状况良好的企业得以迅速发展壮大，实现规模经济，促进产业结构优化和生产的社会化。

投资银行业务包括证券公开发行（承销）、证券交易、证券私募、资产证券化、兼并与收购、风险投资、金融创新、基金管理等。

延伸阅读

上海证券交易所

上海证券交易所成立于1990年11月26日，同年12月19日开业，归属中国证监会垂直管理。是中国内地两所证券交易所之一，位于上海浦东新区。按照“法制、监管、自律、规范”的八字方针，上海证券交易所致力于创造透明、开放、安全、高效的市场环境，其主要职能包括：提供证券交易的场所和设施；制定证券交易所的业务规则；接受上市申请，安排证券上市；组织、监督证券交易；对会员、上市公司进行监管；管理和公布市场信息。

经过26年的快速成长，上海证券交易所已发展成为拥有股票、债券、基金、衍生品四大类证券交易品种的、市场结构完整的证券交易所；拥有可支撑上海证券市场高效稳健运行的、世界先进的交易系统及基础通信设施；拥有可确保上海证券市场规范有序运作的、效能显著的自律监管体系。依托这些优势，上海证券市场的规模和投资者群体也在迅速壮大。

上海证券交易所是国际证监会组织、亚洲暨大洋洲交易所联合会、世界交易所联合会的成员。经过多年的持续发展，上海证券市场已成为中国内地首屈一指的市场，上市公司数、上市股票数、市价总值、流通市值、证券成交总额、股票成交金额和国债成交金额等各项指标均居首位。2015年，沪市上市公司家数达1081家，总市值29.52万亿元，全年累计成交金额133.10万亿元，日均成交达5454.89亿元，股市筹资总额达8712.96亿元；债券市场挂牌只数达4538只，托管量3.44万亿元，累计成交122.85万亿元；基金市场上市只数达135只，累计成交10.38万亿元；衍生品市场上证50ETF期权累计权利金成交金额236.66亿元。投资者开户数量已达13586万户。

资料来源：上海证券交易所官网2016年年底资料。

二、保险公司

保险公司是指专门经营各种保险业务的非银行金融机构。保险公司主要是依靠投保人缴纳保费和发行人寿保险单等方式筹集资金，对发生意外灾害和事故的投保人予以经济补偿，是一种以经济补偿为特征的特殊信用融资方式。保险公司的资金运用，除保留一部分以应付赔偿所需之外，其余部分用来投资，主要投向政府债券和收入较稳定的企业债券和股票，有时也用来发放不动产抵押贷款或保单贷款等。

在当代社会经济中，保险公司已经成为非常重要的一类非银行金融机构，它是以收取保险费运用专业化风险管理技术而承担相应的风险补偿责任的金融组织机构。保险公司在承保风险过程中，形成了独特的社会功能和重要的经济功能：1. 提供有形的经济补偿；2. 提供无形的、精神上的安全保障；3. 强化投保人的风险意识。在整个社会经济运作过程中，保险公司为金融市场提供了大量的资金，促进了储蓄向投资的转化过程。

保险公司的作用主要体现在以下几个方面：

1. 在现实的经济运营过程中，保险公司所起到的基本作用是集聚、分散风险，降低个体的经济损失。保险公司将众多个体投保人的风险集中，利用独特的风险管理控制技术将风险进行分散和转移，向在一定范围内出现意外的投保人进行一定经济补偿，这样可以降低个体参与投保人在经济运行中所承担的风险以及减少其他损失。

2. 融通长期闲置资金、加快资本的形成、优化资源配置。这个作用是在基本作用的基础上衍生而来的。

3. 在经济上提供保障、对社会生活起到稳定的作用。从经济的运行来看，保险公司为社会再生产的各个环节（生产、交换、分配、消费）提供了经济保障，充当了社会经济与个人生活的稳定器。

在我国，保险业是金融业的三大支柱之一。中国人民保险公司于 1949 年 10 月 20 日宣告成立。1958 年以后，保险业陷入停顿状态。直到 1980 年，中国人民保险公司才恢复办理国内外保险业务，中国的保险业才得以真正恢复，并进入快速发展阶段。1993 年以后，保险业改革进一步加快，中国人民保险公司完成了财产险、人寿险和再保险业务的分离工作，改组设立了中国人民保险（集团）公司，包括中保财产保险公司、中保人寿保险公司和中保再保险公司 3 家子公司。同时，股份制的保险公司也得以大力发展，如太平洋保险公司与交通银行脱钩，改制为独立的股份制商业保险公司。平安保险公司将 6 家子公司的独立法人地位取消，将其改为直属分公司。太平洋保险公司与平安保险公司还完成了财险与寿险的分账核算工作。根据中国银保监会披露的数据显示，截至 2020 年 6 月底的《保险机构法人名单》可知，目前已经在银保监会注册，并且有相关信息公开的正规保险机构一共有 235 家。其中包括了保险控股公司 14 家、财险公司 87 家、寿险公司 84 家、再保险公司 13 家、健康险公司 7 家、资产管理公司 27 家。以及 3 家的保险合作互助社。

据中国保监会最新发布的数据，截至 2014 年 6 月末，全国共有保险机构 188 家，较年初增加 8 家。其中，保险集团和控股公司 10 家，保险公司 153 家，保险资产管理公司 22 家，其他公司 3 家。

在中国内地的保险公司中，产险公司 69 家，寿险公司 75 家，再保险公司 9 家。保险业职工人数 94.17 万人，较年初增加 3.74 万人；保险代理人员 378.30 万人，较年初增加 53.01 万人。保险税收 848.32 亿元，同比增长 133.78%。其中，营业税及附加税 359.51 亿元，同比增长 67.31%；所得税 488.81 亿元，同比增长 230.28%。

延伸阅读

我国的期货交易所

截至2020年年底中国的期货交易所一共有4个,分别是郑州商品交易所、上海期货交易所、大连商品交易所、中国金融期货交易所。

1.郑州商品交易所(ZCE)。郑州商品交易所成立于1990年10月12日,是我国第一家期货交易所,也是中国中西部地区唯一一家期货交易所,交易的品种有强筋小麦、普通小麦、PTA、一号棉花、白糖、菜籽油、早籼稻、玻璃、菜籽、菜粕、甲醇等16个期货品种,上市合约数量在全国4个期货交易所中居首。2.上海期货交易所(SHFE)。上海期货交易所成立于1990年11月26日,目前上市交易的有黄金、白银、铜、铝、锌、铅、螺纹钢、线材、燃料油、天然橡胶沥青等11个期货品种。3.大连商品交易所(DCE)。大连商品交易所成立于1993年2月28日,是中国东北地区唯一一家期货交易所。上市交易的有玉米、黄大豆1号、黄大豆2号、豆粕、豆油、棕榈油、聚丙烯、聚氯乙烯、塑料、焦炭、焦煤、铁矿石、胶合板、纤维板、鸡蛋等15个期货品种。4.中国金融期货交易所(CFFEX)。中国金融期货交易所于2006年9月8日在上海成立,是中国第四家期货交易所。交易品种有股指期货,国债期货。

资料来源:金投网

三、信托投资公司

信托即信用委托,信托业务是一种以信用为基础的法律行为。在信托关系中,一般涉及投入信用的委托人、受信于人的受托人和受益于人的受益人三方当事人。信托业务是由委托人依照契约或遗嘱的规定,为自己或第三者(即受益人)的利益,将财产上的权利转给受托人(自然人或法人),受托人按规定条件和范围占有、管理、使用信托财产,并处理其收益。

与一般银行信用相比,信托业务有以下特点:

一是财产所有权的转移性。信托合同一旦签订,财产所有权即转移到受托者手里,但受托者行使这种财产所有权受信托目的的限制。

二是资产核算的他主性。信托是受托人按照委托人的意愿和要求,为了受益人的利益而非自己利益去处理和管理财产,是代人理财。如信托投资公司违反信托目的处分信托财产,必须予以赔偿,否则不能请求给付报酬。

三是收益分配的实际性。受托人按经营的实际效果计算信托收益，根据实际盈利水平进行分配，故受益人的利益通常是不固定的。若发生亏损，只要符合信托合同规定，受托人可不必承担损失，但重大过失招致的损失除外。

我国最早的信托公司是1921年在上海成立的“上海通商信托公司”。在此之前，信托业务由银行设立的信托部门办理，且主要集中在上海。新中国成立后至1979年间，中国基本上没有正式独立的信托机构。1979年以后，我国开始恢复信托业务。1979年，中国银行恢复设立信托咨询部；同年10月，中国国际信托投资公司成立。1980年，中国人民银行系统试办信托业务，同时各地政府也纷纷成立了信托公司或信托投资公司。2001年10月1日，中国第一部《中华人民共和国信托法》开始实施。2002年6月，新的《信托投资公司管理办法》开始执行。2002年7月18日，中国人民银行制定的《信托投资公司资金信托管理暂行办法》开始施行，新的信托产品不断涌现，我国信托业走向规范发展的道路。

四、租赁公司

租赁是出租人将财物出租给承租人使用并按规定收取租金的一种信用形式。租赁公司是指专门通过出租设备而发放贷款的金融机构，即主要通过承办各种机电设备、交通运输工具、仪器仪表等大型动产及其附带先进技术的租赁业务和转租赁业务，为承租企业提供资金融通，促进大型成套设备、交通运输工具的输入和输出。租赁公司的业务范围相当广泛，从单机设备到成套设备，从生产资料到工厂产权，从工商设施到办公设备，都可进行操作。其资金的主要来源包括自有资金、银行贷款、同业拆借、发行债券及客户交纳的租金，其资金运用主要是购买客户需要的设备。

租赁公司的业务类型主要有融资租赁、经营租赁和综合租赁三类。

融资租赁又称金融租赁，是指租赁公司根据承租人的要求和选择购入设备，以租赁方式租给企业，从而以“融物”代替“融资”。出租人支付全部设备资金，实际上是对企业（承租人）提供了100%的信贷。在租赁业的通俗解释是“你租我才买，我买你必租”。

经营租赁（又称操作性租赁或服务性租赁），是指设备需经租赁公司多次出租（经营），才收回其价值和购买设备费用的利息及利润。

综合租赁是指租赁与其他贸易方式相结合的一种租赁方式，主要有：①与补偿贸易相结合的租赁；②与来料加工相结合的租赁；③与包销产品相结合的租赁。

我国的金融租赁业起始于20世纪80年代初期。金融租赁公司创建时大都是由银行、其他金融机构以及一些行业主管部门合资设立，如中国租赁有限公司、东方租赁有限公司等。2000年6月30日，我国颁布的《金融租赁公司管理办法》，对于在中国境内设立金融租赁公司没有所有制的限制，没有合资比例的限制，甚至可以独资在中国境内开展外币和本币的金融租赁业务，还可以接受法人或机构委托租赁资金、发放租赁项目流动资金贷款，有价证券投资、金融机构股权投资、经中国人民银行批准发行金融债券、向金融机构借款、外汇借款和同业拆借业务。中国银监会于2007年修订了《金融租赁公司管理办法》，修订后的办法，允许符合资质要求的商业银行可以设立或参股金融租赁公司，这是我国商业银行退出租赁业十余年后的再次进入。

五、其他非银行金融机构

除了上述机构之外，非银行金融机构还有：

1. 财务公司。是指由大型企业集团内部各相关成员单位共同出资组建并为其成员单位在金融方面提供服务的非银行金融机构。

2. 金融资产管理公司。指的是清理银行不良资产的金融中介机构。该类机构一般由政府在银行出现危机时成立的不以营利为目的的金融中介机构。主要任务是审慎收购资产，有效地管理资产，妥善地处置不良资产。

3. 邮政储蓄银行。该机构的主要业务是吸收储蓄存款、办理国际和国内汇兑以及各类代付代收类的中间业务，邮政储蓄为城乡居民以及家庭、个人提供了便利的服务。

4. 信用服务机构。是指专门提供信息咨询和征信服务的机构，主要包括信息咨询公司、投资咨询公司、征信公司、信用评估机构等。

本章小结

1. 金融机构有广义和狭义之分，狭义的金融机构是指那些在资金间接融通过程中作为服务金融市场交易的媒介，旨在从事金融服务业有关的金融中介机构，包括银行、证券公司、保险公司、信托投资公司和基金管理公司等。主要发挥信用中介、支付中介、将货币转化为资本、创造信用工具、提供金融服务等职能。

2. 西方国家的金融机构体系大多数是以中央银行为核心、商业银行为主体、各类专业银行和非银行金融机构并存的金融机构体系。

3. 我国现阶段的金融机构体系，是以中央银行为核心、各商业银行为主体，其他多种金融机构并存的金融体系。

4. 我国的商业银行已经形成七大体系，一是国有控股的商业银行；二是其他股份制商业银行；三是城市商业银行；四是农村银行；五是储蓄银行；六是外资商业银行；七是民营银行，标志着我国初步形成了现代商业银行体系。

5. 我国已建成包括中国农业发展银行、国家开发银行、中国进出口银行在内的政策性银行体系，三大政策性银行作为影响我国政府宏观经济发展、促进社会进步的工具。

6. 我国的其他金融机构主要包括保险公司、证券公司、租赁公司、财务公司、信用合作社、境内外资金融机构等。

7. 我国监管类金融机构主要有中国银行保险监督管理委员会、中国证券监督管理委员会、国家外汇管理局、国有重点金融机构监事会等。

8. 商业银行是一类特殊的金融企业，发挥着信用中介、支付中介、信用创造、金融服务等职能。其业务可以分为负债业务、资产业务、中间业务和表外业务四大块。

9. 中央银行是一国最高的货币金融管理机构，在各国金融体系中居于主导地位。中央银行专门从事货币发行、专门办理对一般银行的业务，负责制定和执行货币政策，防范和化解金融风险，维护金融稳定及执行国家货币政策，是不以营利为目的的银行。

10. 中央银行的职能可以概括为三项。一是发行的银行，是全国唯一的货币发行机构。二是银行的银行，服务于商业银行和整个金融机构体系，履行着维持金融稳定、促进金融业发展的职责。三是政府的银行，一方面为政府提供金融服务，另一方面又代表政府贯彻金融政策，对金融机构和金融市场进行监管。

课后练习

一、名词解释

金融机构　中央银行　商业银行　政策性银行　投资银行　非银行金融机构

二、多项选择题

1. 商业银行的业务可以分为(　　)。

A. 负债业务　　B. 资产业务　　C. 贷款业务

D. 存款业务　E. 中间业务　F. 表外业务

2. 投资银行业务包括（　）。

A. 证券发行　B. 证券交易　C. 证券私募

D. 资产证券化　E. 风险投资　F. 基金管理

3. 商业银行向外借款主要包括（　）几种方式。

A. 向中央银行借款　B. 再贴现　C. 再贷款

D. 银行同业拆借　E. 发行金融债券　F. 发行股票

4. 中央银行的资产业务是运用其货币资金的业务，主要包括（　）。

A. 公开市场业务　B. 贷款业务　C. 再贴现业务

D. 证券买卖业务　E. 储备资产业务　F. 股票发行业务

三、简答题

1. 简述金融机构作为金融市场中介存在的必要性。
2. 存款类金融机构主要有哪些，分别从事哪一类金融业务？
3. 简述商业银行的主要业务。
4. 简述中央银行的主要业务。

第五章　金融市场

本章要点

◎金融市场
◎货币市场的特点与功能
◎资本市场的功能与作用
◎金融衍生品市场的特点

在现代经济系统中，对经济运行起主导作用的有两类市场：商品市场和要素市场。商品市场是对商品和服务进行交易的场所，要素市场是分配土地、提供劳动力和资金等生产要素的市场。金融市场是要素市场的重要组成部分，是经济系统中引导资金流向、实现资金由盈余单位向赤字单位转移的市场。金融市场为政府开辟了筹资的渠道，为中央银行的宏观调控提供了政策基础，为工商企业投融资提供了机会，为居民创造了借贷消费和投资获利的条件，在整个的经济活动中发挥着十分重要的作用。通过本章的学习，读者将了解和掌握金融市场的基本知识，在本章的最后，读者还将接触到金融学的最新发展——互联网金融的相关知识。

第一节　金融市场概述

一、金融市场的概念

一般来说，金融市场(financial market)是以金融资产为交易的对象而形成的供求关系及其机制的总和。它包括三层含义：第一，金融市场是金融资产交易的一个有形场所与无形场所。有形场所如证券交易所，无形场所如外汇交易员通过电信网络进行资金的调拨。第二，金融市场体现了金融资产的供应者与需求者之间形成的供求关系，揭示了资金从集中到传递的过程。第三，金融市场包括金融资产交易过程中形成的各种运行机制，其中最主要的是价格（包括利率、汇率及各种证券的价格）机制，它揭示了金融资产的整个定价过程，说明如何通过定价过程在市场的各类参与者之间合理地分配风险和收益。

赤字单位通过（出卖）股票、债券等方式直接向盈余单位那里融通货币资金，其间不需经过任何金融中介机构，或虽有金融中介机构作为中介人，但金融中介机构仅从事经纪业务，与最终贷款人、最终借款人之间的关系是委托—代理的关系，而无债权债务的关系，这种资金融通的方式称为直接融资。

盈余单位与赤字单位之间无直接契约关系，双方各自以银行等金融中介机构为对立当事人来换取盈余单位的资金，并利用所得的资金去取得（买进）对赤字单位的金融要求权，这种资金融通的方式称为间接融资。

直接融资和间接融资的结合，共同构成金融市场整体，也就是说，统一的金融市场是由资金的直接融通和间接融通两部分构成的。这两种融资形式是相辅相成、相互促进的。

二、金融市场的构成要素

一个完整的金融市场，应该包含金融市场主体、金融市场客体、金融市场中介、金融市场价格四个基本要素。

1. 金融市场主体，亦即金融市场的交易者。包括家庭、工商企业、政府、金融机构和中央银行，它既能向金融市场提供资金，也能从金融市场筹措资金。但作为资金供给者和需求者，各类市场主体的重要性是不一样的。

家庭作为金融市场的交易主体，在金融市场上几乎总是以投资者的身份出现的，他们是金融市场资金的净供给者。一般来说，工商企业是金融市场上资金的净需求者。但有些企业因生产的季节性或购销差异等原因也会出现暂时的资金闲置现象，由此也会成为金融市场上的短期资金供给者。政府在金融市场中扮演着双重角色。一方面，政府是资金的需求者，在大部分情况下，政府在一国的金融市场上居于净借款人的地位；另一方面，政府又是金融市场的调节者，政府通过中央银行参与货币市场上的再贴现活动和证券市场上的证券买卖业务，对金融市场进行干预和调节。金融机构一方面通过吸收存款，运用各种金融工具将居民手中的储蓄和企业暂时闲置的资金集中起来，形成巨额的资金来源；另一方面又通过对企业放贷或从事证券投资等方式将资金运用出去，促进储蓄向投资的转化。金融机构在金融市场的活动中具有交易集中、交易金额巨大等特点，因而对金融市场的运行有着重要的影响。中央银行在金融市场中的地位非常特殊，它既是金融市场中重要的交易主体，又是金融市场的监管机构之一，还是保证金融市场正常运行的调控者和正常市场秩序的维护者。

2. 金融市场客体，也就是金融市场的交易对象或交易的标的物，亦即通常所说的金融工具。金融工具又称信用工具，是一种表示债权、债务关系的凭证，具有法律效力的契约。金融工具通常包括公债、国库券、股票、公司债券、商业票据等直接金融工具，还包括金融机构发行的金融债券、可转让存单、银行本票、银行汇票和银行承兑票据等间接金融工具，是金融市场能够实现投资与融资活动必须依赖的标的。

3. 金融市场中介，是指一些充任资金供求双方的中介人，起着联系、媒介和代客买卖作用的机构。中介服务机构与金融市场主体之间有着重要区别，中介服务机构参与金融市场活动，但并非真正意义上的资金供给者或需求者，而是为了赚取佣金或劳务费，包括各种中介机构、各类经纪人、律师事务所和会计师事务所等。

4. 金融市场价格，货币在金融市场是作为一般商品存在的，货币的价格，对内是利率，对外就是汇率。

三、金融市场的分类

按照市场要素的不同性质、内在区别和联系，对金融市场进行科学而系统的划分，是进行金融市场有效管理的前提。一般地，金融市场可以分为以下几类：

1. 按照地理范围不同，金融市场可分为：国际金融市场，是由经营国际货币业务的金融机构组成，其经营的内容包含资金借贷、外汇买卖、证券买卖和资金交易等。国内金融市场，主要负责办理各种货币、证券及相关业务活动。它又可以划分为城市金融市场与农村金融市场，又或者为全国性、区域性以及地方性的金融市场。

2. 按照融资期限的长短，金融市场可以分为：资本市场（也称长期资金市场），主要提供一年以上的中长期资金，如股票和长期债券的发行与流通的场所。货币市场（也称短期资金市场），是少于一年（含 1 年）的短期资金的融通市场，如同业拆借、票据贴现、短期债券以及可转让存单的买卖。

3. 按照经营场所的区别，金融市场可以分为：有形金融市场，指有固定的场所和操作设施的金融市场。无形金融市场，以营运网络的形式存在的市场，主要通过电子电信手段达到交易的目的。

4. 按照交易对象进入市场的顺序不同,金融市场可以划分为:发行市场,也称为一级市场,这主要是针对证券市场而言的,是新证券发行的市场。流通市场,也称交易市场或二级市场,是已经发行、处在流通中的证券的交易买卖市场。

5. 按照交易对象(标的物)的差别,金融市场可以分为拆借市场、贴现市场、大额定期存单市场、证券市场(包括股票市场和债券市场)、外汇市场、黄金市场和保险市场等。

6. 按照交割方式的不同,金融市场可以分为:金融现货市场,融资活动成交后立即付款交割,最长不超过三天。金融期货市场,融资活动成交后按合约规定在指定日期付款交割。

7. 按照金融资产的性质和基本类型,金融市场可划分为债务证券(或债权)市场、资本证券(或股权)市场、衍生证券(或衍生品)市场。

金融市场的类型及其特点见表5.1。

表5.1 金融市场的类型及其特点

<table>
<tr><th>市场类型</th><th>市场特点及其功能</th><th>市场大分类</th><th>市场细分类</th><th>交易对象(金融工具)</th></tr>
<tr><td rowspan="8">货币市场(短期资金市场)</td><td rowspan="8">是以期限在一年以内(含1年)的金融工具为媒介进行短期资金融通的市场。由于这些短期金融工具具有期限短、流动性强和风险小的特点,在货币供应量层次划分上被置于现金货币和存款货币之后,被称为“准货币”,所以,交易此类金融工具的市场被形象地称为“货币市场”。货币市场的存在有利于企业、政府机构、金融机构以及个人及时调整资金供求,也为中央银行买卖短期证券、调节货币流通量提供了条件</td><td rowspan="2">商业票据市场</td><td>票据承兑市场</td><td rowspan="2">汇票、本票、支票</td></tr>
<tr><td>票据贴现市场</td></tr>
<tr><td rowspan="2">同业拆借市场</td><td>银行同业拆借市场(银行同业间的资金拆借)</td><td rowspan="2">货币</td></tr>
<tr><td>短期拆借市场(银行与非银行金融机构间的资金拆借)</td></tr>
<tr><td>大额可转让定期存单市场</td><td></td><td>银行发行的可转让大额定期存单</td></tr>
<tr><td>短期政府债券市场</td><td></td><td>中央政府债券(国家公债)、地方政府债券(地方公债)、国库券</td></tr>
<tr><td>回购协议市场</td><td></td><td>国债</td></tr>
<tr><td>银行承兑汇票市场</td><td></td><td></td></tr>
</table>

续表

<table>
<tr><th>市场类型</th><th>市场特点及其功能</th><th>市场大分类</th><th colspan="2">市场细分类</th><th>交易对象(金融工具)</th></tr>
<tr><td rowspan="7">资本市场(长期资金市场)</td><td rowspan="7">资本市场包括长期资金借贷市场和证券市场两个部分,但由于证券市场在整个金融市场中的地位越来越重要,通过证券市场筹资的比例不断提高,因此在一般情况下人们将证券市场直接称为资本市场。资本市场的功能包括筹资、定价、资本配置和分散风险等</td><td rowspan="3">证券市场</td><td>证券发行市场</td><td>证券交易所市场</td><td rowspan="7">股票、基金、政府债券、公司债券、金融债券、贴现债券和附息债券等</td></tr>
<tr><td rowspan="2">证券流通市场</td><td>证券交易所市场</td></tr>
<tr><td>场外交易市场</td></tr>
<tr><td rowspan="2">股票市场</td><td colspan="2">股票发行市场</td></tr>
<tr><td colspan="2">股票流通市场</td></tr>
<tr><td rowspan="2">基金市场</td><td colspan="2">投资基金市场</td></tr>
<tr><td colspan="2">对冲基金市场</td></tr>
<tr><td rowspan="5">金融衍生品市场</td><td rowspan="5">专门交易金融衍生品的场所。金融衍生品是指以杠杆或信用交易为特征,以货币、债券、股票等传统金融工具为基础而衍生的金融工具或金融商品。它既指一类特定的交易方式,也指由这种交易方式形成的一系列合约</td><td>金融远期市场</td><td colspan="2"></td><td>远期利率协议、远期外汇合约</td></tr>
<tr><td>金融期货市场</td><td colspan="2"></td><td>利率期货合约、外汇期货合约、股票期货合约</td></tr>
<tr><td>金融期权市场</td><td colspan="2"></td><td>金融期权合约</td></tr>
<tr><td>金融互换市场</td><td colspan="2"></td><td>利率互换合约、货币互换合约</td></tr>
<tr><td>信用衍生品市场</td><td colspan="2"></td><td></td></tr>
<tr><td>外汇市场</td><td>各国中央银行、外汇银行、外汇经纪人和客户进行各种外汇买卖的交易场所</td><td></td><td colspan="2"></td><td>外国货币、外币支付凭证、外币有价证券、特别提款权、欧洲货币单位、其他外汇资产</td></tr>
<tr><td>黄金市场</td><td>以黄金及其衍生品为交易标的物的市场</td><td></td><td colspan="2"></td><td>黄金及其衍生品</td></tr>
</table>

四、金融市场的功能

金融市场对于一国经济的发展具有多方面的功能：

1. 融通资金的“媒介器”。通过金融市场的调节使得资金的供应者与需求者在更大的范围内自主地进行资金融通，使得多渠道的小额货币资金聚集成为大额资金来源。

2. 资金供求的“调节器”。中央银行通过公开市场业务，调节货币的供应量，有利于国家控制信贷规模，并有利于使市场利率由资金供求关系决定，促进利率作用的发挥。

3. 经济发展的“润滑剂”。金融市场有利于促进地区之间的资金合作，有利于形成资金融通方面的竞争优势，提高资金的使用效益。

第二节　货币市场

一、货币市场概述

货币市场(money market)是指融资期限不超过一年(含 1 年)的资金借贷和短期有价证券的交易市场。在该市场上发行的各类货币信用工具，在货币供应量层次中位于现金和银行存款之后，一般被称为“准货币”，所以将交易这类货币信用工具的市场称为货币市场，也称为“短期金融市场”或“短期资金市场”。它一方面要满足资金需求者的短期资金需求，另一方面也为资金剩余者的暂时闲置资金提供能获取营利机会的出路。

货币市场具有以下特点。

1. 短期性。在货币市场上融通资金的工具短则几天，长则几个月，一般都不超过一年，反映了临时性融资的需要。

2. 流动性。在货币市场上融通资金的工具主要如商业票据、商业证券、政府短期债券、国库券、大额可转让订单等，其共同特点是流动性强，在西方国家是个人和机构短期投资的很好工具。

3. 安全性。在货币市场上的交易目的是为了解决短期资金的供求需要，它能在短期内归还，因此这类交易的风险性小，有些工具如短期国库券等，几乎就没有风险。

4. 灵敏性。货币市场的利率高低，头寸松紧，能灵敏地反映短期金融市场的利率变化。

5. 重要性。货币市场是中央银行同商业银行及其他金融机构的资金连接的主渠道，是中央银行利用货币政策工具调节货币流通量的杠杆支点，因而有些西方经济学家把货币市场称为一国的“金融体系的核心机制”。

货币市场根据其结构而言，可以分为同业拆借市场、商业票据市场、大额可转让定期存单市场、证券回购市场、短期政府债券市场等若干个子市场。

二、同业拆借市场

（一）同业拆借市场的概念

同业拆借市场(interbrain lending market)，也称为同业拆放市场，主要是指具有准入资格的金融机构之间为弥补短期资金不足、票据清算差额以及解决临时性资金短缺需要，以货币借贷方式进行短期资金融通的市场。同业拆借市场的交易量大，能敏感地反映资金供求的关系和货币政策意图，影响货币市场利率，因此，它是货币市场体系的重要构成部分。

（二）同业拆借市场的交易原理

同业拆借市场的形成与中央银行存款准备金制度有着密切的联系，它是推动同业拆借市场形成和发展的直接原因。由于清算业务活动和日常的收付数额的变化，总是会出现有些银行存款准备金多余，有些银行存款准备金不足的情况。如果存款准备金账户上的余额大于法定准备金余额，即是拥有了超额准备金，那就意味着银行有了闲置的资金，也就产生了相应的利息收入；如果银行在存款准备金账户上的余额等于或者小于法定准备金余额，在出现了有利的投资机会，而银行又没有办法筹集到所需要的资金时，银行就只能放弃投资的机会，或出售资产、收回贷款等。在这样的情况下，存款准备金多余的银行与存款准备金不足的银行就要在客观上互相调剂。于是，同业拆借市场应运而生。

同业拆借的目的除了满足准备金的需要之外，还包括轧平票据交换的差额，解决临时性、季节性的资金要求等。但是它们的交易过程都是相同的。

同业拆借市场资金借贷程序简单快捷，借贷双方可以通过电话直接联系，或与市场中介人联系，同业拆借市场主要是无形市场，采用电话洽商的方式进行，达成协议后通过各自在中央银行的存款账户自动划账清算或者向资金交易中心提出供求和进行报价，由资金交易中心进行撮合成交，并进行资金交割划账。在同业拆借市场上进行资金借贷或融通，没有单位交易额限制，一般也不需要担保或抵押品，完全是一种协议和信用交易关系，双方都以自己的信用担保，都严格遵守交易协议。

(三)同业拆借市场的参与者

同业拆借市场的参与者主要是商业银行，它既是主要的资金供给者，也是主要的资金需求者。另外还包括商业银行相互之间的存款以及证券交易商和政府拥有的活期存款。这些参与者可以分为三类：资金供给者、资金需求者和市场中介者。

第一类：资金供给者。在同业拆借市场中作为资金供给者的主要是地方中小商业银行、非银行金融机构、境外代理银行及境外银行在境内的分支机构。这些金融机构资产负债规模较小，结构单一，在经营管理上比较审慎，经常保持较多的超额存款准备金。向大型商业银行拆出资金可以充分利用闲置资源，提高资产盈利能力，同时还增加了资产的流动性，实现了流动性与盈利性之间的协调。

第二类：资金需求者。大多数国家在同业拆借市场上的资金需求者通常都是大型商业银行。这主要是因为大型商业银行的资产和负债规模大，所需要的资产流动性及支付准备金也比较多，为提高资金的利用率并能及时弥补流动性不足，大型商业银行势必要依赖同业拆借市场经常临时性地拆入资金。当然，大型商业银行在同业拆借市场中的角色也是不断变化的，有时也是资金供给者，拆出多余资金。

第三类：市场中介者。在直接交易中，交易者要花费大量时间和精力寻找交易对手，信息不对称的存在让参与者在进行资金拆借时小心翼翼，成本较高，效率较低。市场中介机构的诞生在一定意义上解决了这个问题。中介机构运用自身的专业优势促成供求双方的交易，活跃市场，提高交易效率。同业拆借市场中的中介机构大致可以分为两类。一类是专门从事拆借市场及其他货币市场子市场中介业务的专业经纪商；另一类则是非专门从事拆借市场中介业务的兼营机构，多由大的商业银行担当。

(四)同业拆借市场的拆借期限与利率

同业拆借市场的拆借期限通常为1～2天。短至隔夜，长则1～2周，一般不超过1个月，当然也有少数同业拆借交易的期限接近或达到一年。最短期的为隔夜拆借，这些时间很短的拆借，又叫做头寸拆借，因为其拆借资金主要用于弥补借入者头寸资金的不足。其他还有拆借期限比较长的，最长的可以达到一年，但是通常不会超过一年。时间较长的拆借叫做同业借贷，拆借的资金主要用于借入者的日常经营，以获得更多收益，比如银行短期的放贷活动。

拆息率是拆借利息占拆借本金的利率。同业拆借按日计息，拆息率每天甚至每时每刻都不同，它的高低灵敏地反映着货币市场资金的供求情况。

三、商业票据市场

商业票据市场(commercial paper market)是指商业票据承兑、贴现等活动所形成的市场，包括票据承兑市场与票据贴现市场。

商业票据市场的参与者包括发行人、投资人和中介机构三类。发行人主要是金融公司和信誉程度较高的非金融公司。投资人主要有中央银行、商业银行、保险公司、基金组织、投资公司、非金融公司、政府和个人。中介机构是投资银行及专门从事商业票据销售的小经纪商。

(一)票据承兑市场

承兑(acceptance)是指在票据到期前，汇票的付款人接受出票人的付款委托，同意承担支付汇票金额的义务，在汇票上做出承认付款的文字记载并签名的行为。

按照商业汇票承兑人的不同，又可分为商业承兑汇票和银行承兑汇票。由银行等金融机构承兑的汇票称作银行承兑汇票；由非银行机构的企事业单位承兑的汇票称作商业承兑汇票。

商业汇票经过承兑以后，承兑人就成了汇票的主债务人，承担到期无条件支付汇票金额的票据责任。只有承兑后的票据才具有法律效力，才能作为市场上合格的金融工具转让流通。由于商业汇票的转让流通，也就产生了承兑业，以收取手续费为目的，代他人承兑商业汇票，典型的有银行承兑业。银行承兑汇票应以银行信用作担保，信誉较高，易于转让。这种由许多承兑需求和供给形成的关系总和就是票据承兑市场。

票据承兑市场存在和发展具有多方面的作用：对于商业信用中的销货方(即债权人)来说，通过承兑能保证销货款按期如数收回，不影响经营资金的正常周转；对于收货方(即债务人)来说，通过承兑建立必要的商业信誉，消除销货方的后顾之忧，保证所购货物及时到位；对于提供承兑的银行来说，扩大了业务范围，增加了业务收入(手续费和代垫资金的罚息)，巩固了与客户的关系；对于社会来说，通过办理票据承兑可以减少企业之间相互拖欠货款、挤占对方资金的问题，有利于搞活商品生产和商品流通。

(二)票据贴现市场

贴现(discount)是指票据持有人将未到期的票据背书转让给银行，银行按票面金额扣除从贴现日到票据到期日之间的利息，将余款支付给持票人的行为。可以贴现的商业票据主要有商业本票、商业承兑汇票、银行承兑汇票等。

票据贴现市场是由许多贴现需求和供给所形成的关系总和。贴现市场的存在和发展具有积极意义：对于票据持有者来说，通过贴现可以提前将固定的债权转变为流动的现金，满足了短期的、临时的资金需要，便利了资金周转。对于商业银行来说，贴现市场是其资金运用的有利场所，银行办理贴现比直接放款更为有利，因为办理贴现的票据主要是在正当的商品交易基础上产生的商业票据，特别是经过承兑的商业汇票，信誉可靠。票据到期时，银行可准时收回款项。而当银行自身资金周转发生困难时，又可持票据向中央银行申请再贴现。对于中央银行来说，贴现市场为其施行宏观金融调控创造了条件，通过控制再贴现额度和调整再贴现率，影响商业银行的信贷资金规模和市场利率，成为中央银行宏观调控的重要手段。

四、大额可转让定期存单市场

（一）大额可转让定期存单（negotiable certificates of deposit）的市场特征

1. 我国和一些西方国家一样，禁止发行银行在流通市场上购回自己发行未到期的大额存单。因此，大额存单的转让市场通常是由票据经销商组成的。大额存单的转让主要由记名与否来决定，不记名的大额存单采取交付式转让，记名的大额存单采用背书式转让。大额存单的流通转让一般通过柜台交易进行。

2. 大额可转让定期存单的面额固定。在美国，面额最低的为10万美元，而一般的均为100万美元甚至更高；在英国，面额最低的是5万英镑，最常见的是50万英镑和500万英镑。大面额可转让定期存单的期限一般为30天、60天、90天，最短为7天，最长的可达5～7年。根据中国人民银行2015年6月2日发布的相关规定，我国当前发行的大额可转让定期存单的起点金额为，个人投资人认购的大额存单起点金额不低于30万元，机构投资人则不低于1000万元，今后根据情况对起点金额适时调整。存单利率分固定和浮动两种，固定利率存单采用票面年化收益率的形式计息；浮动利率存单以上海银行间同业拆借利率为浮动利率基准计息。发行方式为电子化的方式。既可以在发行人的营业网点、电子银行发行，也可以在全国银行间同业拆借中心以及经央行认可的其他渠道发行。投资人包括个人、非金融企业、机关团体等非金融机构投资人，以及保险公司和社保基金。

3. 对于投资者来说，大额可转让定期存单的风险有两种：一是信用风险，即发行存单的银行在存单到期时无法偿付本息的风险。商业银行用大额可转让定期存单吸收的资金去发放贷款，容易发生期限错配的风险，也容易逃避存贷比的监管，助长商业银行盲目扩大风险信贷资产的势头。信用风险的大小显然与发行银行的信誉有关。二是市场风险。当大额可转让定期存单的持有者急需资金时，存单不能在二级市场立即出售变现或者不能以较为合理的价格出售，将给持有者带来风险。同时由于在二级市场可以转让，大额可转让定期存单可能成为一种投机炒作产品，在二级市场不发达时，将会放大这种风险。

延伸阅读

我国大额可转让定期存单的发展历史

与其他西方国家相比，我国的大额可转让定期存单业务发展比较晚。直到 1986 年，交通银行才首先发行大额存单。1987 年中国银行和工商银行也相继发行大额存单。当时大额存单的利率比同期存款上浮 10%，同时又具有可流通转让的特点，集活期存款流动性和定期存款盈利性的优点于一身，因而面世以后深受欢迎。

但由于当时全国缺乏统一的管理办法，在期限、面额、利率、计息、转让等方面的制度建设曾一度出现混乱。因此，中央银行于 1989 年 5 月下发了《大额可转让定期存单管理办法》，对大额存单市场的管理进行完善和规范。鉴于当时对高息揽存的担心，1990 年 5 月，中央银行又下达通知规定，向企事业单位发行的大额存单，其利率与同期存款利率持平，向个人发行的大额存单利率比同期存款上浮 5%。由此导致大额存单的利率优势尽失，大额可转让定期存单市场开始陷于停滞状态。

1994 年是回购市场迅猛发展的一年，交易量急剧增大，当年参加回购交易的单位有 3000 多家，回购交易总量达 3000 亿元以上。由于管理滞后，回购市场迅速发展的同时出现了许多问题。1995 年 8 月 8 日，中国人民银行、财政部和中国证券监督管理委员会联合下发了规范回购业务的通知，开始整顿回购市场。1996 年，中央银行重新修改了《大额可转让定期存单管理办法》，对大额存单的审批、发行面额、发行期限、发行利率和发行方式进行了明确。然而，由于没有给大额存单提供一个统一的交易市场，同时由于大额存单出现了很多问题，特别是盗开和伪造银行存单进行诈骗等犯罪活动十分猖獗，中央银行于 1997 年暂停审批银行的大额存单发行申请，大额存单业务因而实际上被完全暂停。大额存单再次淡出人们的视野。

2015 年 6 月 2 日，中国人民银行再一次宣布推出大额存单产品，商业银行、政策性银行、农村合作金融机构等均可面向非金融机构投资人发行记账式大额存款凭证，并以市场化的方式确定利率。根据《存款保险条例》，大额存单作为一般性存款，纳入存款保险的保障范围。一度曾停止发行的大额可转让定期存单又开始在各专业银行争相发行。

资料来源：编者根据 2015 年 8 月《国际金融报》相关材料加工整理。

五、证券回购市场

(一)证券回购与回购市场的含义

证券回购(securities repurchase)是指证券买卖双方在成交的同时就约定于未来某一时间以某一价格双方再进行反向交易的行为。证券回购的交易原理是：证券的持有方(融资者、资金需求方)以持有的证券作抵押，获得一定期限内的资金使用权，期满后则需归还借贷的资金，并按约定支付一定的利息；而资金的贷出方(融券方、资金供应方)则暂时放弃相应资金的使用权，从而获得融资方的债券抵押权，并于回购期满时归还对方抵押的证券，收回融出资金并获得一定利息。从表面上看，资金需求方通过债券抵押获得资金，但实际上，资金需求方是从短期金融市场中借入一笔资金。对于资金供应方来说，它虽然获得了一笔短期内有权支配的债券，但是这笔债券到期要按约定数量全部交回。所以，抵押债券的人实际上是借入资金的人，购入债券的人实际上是借出资金的人。抵押方允许在约定日期，按原来买卖的价格再加上若干利息购回该证券。这时，无论该证券的价格是升还是降，都要按照约定的价格购回。在回购交易中，如果贷款或者证券购回的时间为一天，则称为隔夜回购；如果时间大于一天，则称为期限回购。因此，证券回购交易实质上是一种以有价证券作为抵押品拆借资金的信用行为。

证券回购是通过回购协议(repurchase agreement)来规定的。所谓回购协议，指的是在出售证券的同时，和证券购买商签订协议，约定在一定的期限后按原定的价格或约定的价格购回所卖证券，从而获得即时可用资金的一种交易行为。回购协议的实质是一种以证券资产作为抵押品的资金融通。回购市场(buy back market)则是指通过回购协议进行短期资金融通交易的市场。回购市场的交易活动由正回购与逆回购组成，正回购是指资金的借入方卖出证券，获得资金的行为；逆回购是指资金的贷出方买进证券，贷出资金的行为。

（二）回购协议的收益

回购协议的利率取决于标的证券的种类、交易对手的信誉和回购协议的期限等，一般具有以下几个特点：

1. 标的证券的信用风险越小，流动性越好，回购利率越低。因此，以政府债券为标的的回购利率低于其他证券的回购利率。

2. 交易对手的信誉越好，回购利率越低。大银行以回购方式融入资本的成本较低。

3. 回购期限越短，回购利率越低。但有时候期限极短的回购利率，却可能略高于期限较长的回购利率，这是因为期限较长的回购，在商业票据、银行承兑汇票、大额定期存单之间可以相互替代，有竞争性，而短期交易除了同业拆借几乎没有竞争对手。并且期限较长的回购协议还可以套利，即在分别得到资金和证券后，利用再一次换回之间的时间间隔期进行借出或投资，来获得短期的利润。在期限相同的情况下，回购市场利率一般低于商业票据等货币市场工具利率，又略高于政府短期债券利率。

回购协议的收益主要取决于买卖双方协定的利息，其计算公式如下：

$$回购收益=投资金额\times利率\times(天数/360)$$

（三）回购市场的风险

回购市场没有完全独立的市场形态，它和国库券市场、同业拆借市场以及长期债券市场有着十分密切的关系。20 世纪 60 年代后，回购市场迅速发展，成为最大、最具流动性的货币市场之一。回购交易市场没有集中的有形场所，主要以电信方式进行。交易大多在资金供求之间直接进行，少数通过市场专营商进行。

回购市场的主要资金需求者是大银行和政府证券交易商。回购协议市场是银行资金来源之一。银行一方面持有大量政府证券可以作为回购协议的合格抵押品，另一方面利用回购协议所取得的资金不属于存款负债，无需缴纳存款准备金。政府证券交易商也利用了回购协议市场为其持有的政府证券或其他证券筹集资金。回购协议中的资金供给方有很多，例如资金雄厚的非银行金融机构、地方政府、存款机构、外国银行和外国政府等。其中资金力量较丰厚的非银行金融机构和地方政府则占统治的地位。就拿中央银行举例，回购交易可公开进行市场操作，所以，回购市场其实是实行货币政策的重点场所。

尽管回购协议中使用的是高质量的抵押品，但交易双方当事人也面临着信用风险。回购协议交易中的信用风险如下：如市场利率上升，证券价格下降，回购方拒绝购回证券，使持有方被迫持有证券而遭受损失。反之，证券价格上涨，逆回购方可能拒绝回购，造成回购方损失。为了减少信用风险，一是设置保证金。回购协议中的保证金是指证券抵押品的市值高于贷款价值的部分，其大小一般为1%～3%。二是根据协议证券的市值，随时调整变动保证金的数额，也可以重新调整回购协议的价格。

六、短期政府债券市场

短期政府债券，是由财政部发行的以政府信用为保证支付的短期融资工具。短期政府债券有三种基本类型：一是由财政部门直接发行的，一般称为政府债券或国库券；二是由地方政府发行，称为地方政府债券；三是政府所属机关发行而由政府担保的债券。短期政府债券期限较短，风险小，既可以贴现，也可以在市场上出售，国库券的利息收益还可免交所得税。因此，国库券已成为货币市场上最重要的金融工具。发行和流通短期政府债券所形成的市场叫做短期政府债券市场(short term government bond market)。

短期政府债券的发行是以贴现方式进行的，即发行时以低于票面金额发行，到期按面额兑付，投资者的收益是债券的购买价与债券面额之间的差额。

政府发行短期政府债券可以满足多方面的需要。首先，发行短期政府债券可以满足政府短期资金周转的需要；其次，可以规避利率风险，因为短期政府债券期限短，相对于长期债券，利率波动小；最后，为中央银行实施公开市场业务提供了可操作的工具，中央银行进行货币投放或回笼时所使用的重要金融工具就是短期政府债券。

短期政府债券市场中的国库券流通市场，其参与者主要是中央银行、商业银行、地方政府、企业及个人。中央银行买入或卖出国库券的目的是调节市场货币供应量，进行宏观经济管理；商业银行买进或卖出国库券，是为了调节资产的流动性，保持较高的偿付能力并尽可能盈利；其他投资者投资国库券，主要是为了更为安全而有效地使用闲置资金。

第三节　资本市场

一、资本市场概述

资本市场(capital market)是指以期限超过一年的融资工具为媒介进行

长期性资金交易活动的市场。资本市场是筹措长期资金的市场，因而又称为长期资金市场，主要包括债券市场、股票市场和基金市场等。

（一）资本市场的作用及其构成

资本市场主要是向企业和政府提供长期债权和股权融资，促进资本的形成，在开拓长期投资的源流，促进社会扩大再生产方面发挥积极作用。资本市场的存在，方便了企业和政府筹集长期资金，促进社会闲散资金集中并向生产资本转化。通过资本市场竞争，使资金流向、结构、资金要素配置和使用效益更加优化。对于融资者来说，资本市场可以获得较大数量的资本扩大再生产；对于投资者来说，可以在多种投资项目中选择，以达到增值、安全、流动的最佳组合。

从资本市场的构成来看，广义的资本市场包括银行中长期存贷款市场和中长期证券市场两大部分；狭义的资本市场则专指中长期证券市场，包括股票市场和中长期债券市场。中长期银行信贷属于间接融资，中长期证券市场的交易则属于直接融资。中长期证券市场按照融资层次来分，又可以分为证券发行市场和证券流通市场。

资本市场的市场主体主要是个人、企业、金融机构和政府。如果按职能来划分，则分为发行人、投资人、中介机构、自律性组织和证券监管机构五大类。个人既是资金的供给方，又是资金的需求方，在资本市场中的作用比其在货币市场中的作用更为显著。个人在资本市场上的投资额（直接的和间接的）大大超过政府和企业的投资额。个人和家庭在资本市场上的借入额仅次于企业。商业银行在资本市场上发放抵押贷款、进行股票与债券买卖，向企业与消费者发放中期贷款等，是资本市场中的重要角色。投资银行主要承担股票和债券发行的业务，并涉及不动产的抵押贷款、项目融资等各种资本市场活动，也是资本市场中的重要一分子。经纪商和代理商是资本市场中必不可少的“中间人”。近年来，保险公司、信托公司、养老基金等金融机构，也成为机构投资者活跃在资本市场上。

（二）资本市场的工具及其特点

在资本市场上融通资金的工具主要是种类繁多的债券、股票和基金。

债券是筹资者在筹集资金时所发出的一种债权凭证。债券的种类主要有政府债券、公司债券、金融债券、贴现债券和附息债券等。

股票是股份公司签发的，证明股东按其所持有股份享有权利和承担义务的所有权凭证。股票按照股东的权益划分，可划分为优先股股票和普通股股票。按照持有主体划分，可分为国家股、法人股和个人股，国家股是指有权代表国家投资的政府部门或机构以国有资产投入公司形成的股份；法人股是指企业法人以其依法可支配的资产投入公司形成的股份，或具有法人资格的事业单位和社会团体以国家允许用于经营的资产向公司投资形成的股份；个人股是社会个人或本公司内部职工以个人合法收入投入公司形成的股份。

基金的全称叫做证券投资基金，它是集中众多投资人的资金，统一交给专家操作，投资于股票和债券等证券，为众多投资人谋利的一种投资工具。基金按照基金单位是否可以增加或赎回，可以分为开放式基金和封闭式基金；按照组织形式的不同，可以分为契约型基金和公司型基金；按照投资对象的不同，可以分为股票基金、债券基金、混合基金、货币市场基金、期货基金和期权基金等。

与货币市场工具相比较，资本市场工具主要有以下特点：

1. 长期性。在资本市场上的金融工具返还期限较长。债券的返还期从一年到几十年期限不等，股票则是长期的、永久的、不返还的。因此，资本市场工具在安全、流动性方面远不如货币市场工具。

2. 风险性。任何一种金融工具的本金和收益都存在着遭受损失的可能性，但资本市场工具的风险尤其突出。主要表现为两个方面，一是信用风险，债务人不履行合同，不按期偿还本金和支付利息。一是市场风险，由于市场利率发生变化而引起的资本市场工具价格下跌，使资本市场工具持有者的利益受到损失。

3. 价格差异性。资本市场工具是由信用级别极不相同的经济主体发出的，时间长短不一，使用目的不同，发行条件有别等，因此它们不像货币市场工具那样在收益、风险、流动方面较为一致，在不同类型的工具之间，在收益、风险、流动以及纳税方面都有很大差异。

二、股票市场

股票市场(stock market)是发行和买卖股份公司股票的市场。前者叫股票发行市场或一级市场(有的也叫初级市场)，后者叫股票流通市场或二级市场。

(一)股票的一级市场

股票的一级市场是股票的发行市场。在这个市场上，投资者可以认购公司发行的股票。通过一级市场，发行人筹措到了公司所需资金，而投资人则购买了公司的股票成为公司的股东，实现了储蓄转化为资本的过程。新发行的股票包括初次发行与再发行的股票，前面是公司第一次向投资者出售的原始股，后面是在原始股的基础上增加新的份额。

一级市场的整个运作过程由咨询与管理、认购与销售两个阶段组成。

1. 咨询与管理阶段

(1)选择发行方式

根据募集对象不同，股票发行方式有公募和私募的区别。公募是指面向市场上大量的非特定的投资者公开发行股票。私募是只向少数特定的投资者发行股票，其对象主要有个人投资者和机构投资者两类。前者如使用发行公司产品的用户或者本公司的职工，后者如大的金融机构与发行者有密切往来关系的公司。

根据销售人不同，有直接发行和间接发行的区别。直接发行是指不通过发行中介机构，由发行人直接向投资者出售股票。这种发行方式手续简单，发行费用较低，但发行规模一般较小，是私募通常采用的一种发行方式。间接发行则是发行人委托金融中介机构向社会上大量非特定投资者公开销售股票。这种发行方式是公募通常采用的一种发行方式。

根据发行价格不同，又有溢价发行、平价发行和折价发行的区别。溢价发行是指以高于票面价值的发行价格向投资者出售股票；平价发行则是以等同于票面价值的发行价格向投资者出售股票；折价发行的发行价格则低于股票票面价值。其中溢价发行又可分为时价发行和中间价发行，前者即按发行时的市场供求状况决定发行价格，后者则介于时价和平价之间。

(2)选择承销商

公开发行股票一般都是通过证券公司(投资银行)来进行的，证券公司的这一角色称为承销商(underwriter)。许多公司都与某一特定的承销商建立了牢固的关系，承销商为这些公司发行股票并为其提供其他必要的金融服务。但是在某些场合，公司也通过竞争性招标的方式来选择承销商，这种方式有利于降低发行的费用，但是不利于和承销商建立持久牢固的关系。承销商的作用除了销售股票之外，还为股票的信誉提供担保，这是公司愿意和承销商建立良好关系的基本原因。

(3)准备招股说明书

招股说明书(prospectus)简称招股书，是股份有限公司发行股票时，针对发行中的有关事项向公众做出披露，并向非特定投资人提出购买或销售股票的要约邀请性文件。

(4)发行定价

发行定价是一级市场中的关键环节。如果定价太高，会使得股票的发行数量减少，进而使发行公司筹集不到所需资金，股票承销商也会因此遭受损失。如果定价太低，虽然股票承销商的工作容易，但发行公司则会蒙受损失，对于再发行的股票，价格过低还会使老股东的利益受损。

2. 认购与销售阶段

发行公司着手完成准备工作之后，便可按照预定的方案发售股票了。对承销商来说，就是执行承销合同批发认购股票，然后出售给投资者。具体方式有以下几种：

(1)包销(firm underwriting)。包销是指承销商以低于发行定价的价格把公司发行的股票全部买进，再转卖给投资者，这样承销商便承担了在销售过程中股票价格下跌的全部风险。承销商得到的买卖差价(spread)是对承销商提供咨询服务及承担包销风险的报偿，也称为承销折扣(underwriting discount)。

(2)代销(best-effort underwriting)。代销又称为“尽力销售”，指承销商承诺尽可能多地销售股票，但不保证能完成预定的销售额，没有出售的股票可退给发行公司。这样，承销商就不用承担风险。

(3)备用包销(standby underwriting)。这是通过认股权来发行股票，并不需要证券公司(投资银行)的承销服务，但发行公司可以与证券公司(投资银行)签订备用的包销合同，该合同要求证券公司(投资银行)作为备用认购者买下不能售出的剩余股票，而发行公司为此支付备用费(standby fee)。但应当注意的是，在现有股东决定是否购买新股或出售他们的认股权的备用期间，备用认购者不能认购新股，以保证现有股东的优先认股权。

(二)股票的二级市场

股票的二级市场是股票的流通市场，是已经发行的股票进行买卖交易的场所。二级市场在于为股票提供流动性。保持股票的流动性，使股票持有者随时可以卖掉手中的股票得以变现。也正是因为为股票的变现提供了途径，所以二级市场同时可以为股票定价，来向股票持有者表明股票的市场价格。

二级市场通常可分为有组织的证券交易所和场外交易市场，但是也出现了具有混合特征的第三市场(the third market)和第四市场(the fourth market)。

1. 证券交易所

证券交易所(stock exchange)是由证券管理部门批准的，为证券的集中交易提供固定的场所和相关的设施，并且制定各项规则来形成公正合理的价格和有条不紊秩序的法人组织。

世界各国证券交易所的组织形式可以分为公司制证券交易所和会员制证券交易所两类。

公司制证券交易所是以股份有限公司形式组织并以营利为目的的社团法人。会员制证券交易所是由会员自愿组成的、不以营利为目的的社团法人。由于公司制证券交易所这类组织形式具有有利的条件和价值，世界上越来越多的证券交易所实行公司制证券交易所的形式。

2. 证券交易所的上市制度

股票上市是指已经发行的股票经证券交易所批准后，在交易所公开挂牌交易的法律行为。股票上市是证券交易所接纳某种股票在证券交易所市场上挂牌交易。股票上市以后可以扩大公司知名度，有利于公司进一步融资。对投资者来说，股票上市使得股票的买卖方便快捷，成交价格也较为合理，行情和公司信息也较容易获得。申请上市的股票必须满足证券交易所的一些条件，方可挂牌上市。各国对股票上市的条件和具体标准各有不同，即使是同一个国家，不同的证券交易所的上市标准也不尽相同。股票上市后，如果不能满足证券交易所关于股票上市的条件时，它的上市资格可以被取消。交易所停止股票的上市交易，称为终止上市或者摘牌。

3. 场外交易市场

场外交易市场是在证券交易所大厅外进行各种证券交易活动的总称，它又可以进一步划分为三种类型：店头市场、第三市场和第四市场。其中，店头市场又称柜台市场，是投资者在证券交易所以外某一固定场所进行未上市股票或不足一个成交单位的证券交易所形成的市场。第三市场是已在证券交易所上市的证券在证券交易所之外进行交易时所形成的市场。第四市场是大户通过电话、电脑等现代通信手段直接进行证券买卖所形成的市场。

三、债券市场

债券市场(bond market)是发行和买卖债券的场所，是资本市场的重要组成部分。一个统一、成熟的债券市场可以为全社会的投资者和筹资者提供低风险的投融资工具；债券的收益率曲线是社会经济中一切金融商品收益水平的基准，因此债券市场也是传导中央银行货币政策的重要载体。

(一)债券的一级市场

1. 债券发行条件

债券的发行条件影响着发行者筹资的成败和筹资成本的高低，关系着投资者投资收益的多少。债券的发行条件受多种因素的构成和决定。(1)债券发行额。债券发行额必须按照发行者所需的筹措资金的数量，结合发行者的规模、效益与信誉，以及债券的种类，发行方式和市场的承受能力等因素全面地衡定。(2)偿还期。从发行到兑付的期间称为偿还期。债券期限分为长期、中期、短期三种。(3)票面利率。票面利率为年利息额对票面金额的比率，大多数债券是固定利率的债券，在债券有效期内不变。(4)价格。发行价格是指债券从发行人到投资者手中的初始价格。发行公司必须根据债券的票面利率和市场收益率来确定是平价、溢价还是折价发行。

2. 债券评级

进行债券信用评级的最主要原因：方便投资者进行债券投资决策。投资者购买债券是要承担一定风险的。如果发行者到期不能偿还本息，投资者就会蒙受损失，这种风险称为信用风险。债券的信用风险因发行后偿还能力不同而有所差异，对广大投资者尤其是中小投资者来说，事先了解债券的信用等级是非常重要的。由于受到时间、知识和信息的限制，无法对众多债券进行分析和选择，因此需要专业机构对准备发行的债券还本付息的可靠程度，进行客观、公正和权威的评定，也就是进行债券信用评级，以方便投资者决策。债券信用评级的另一个重要原因，是减少信誉高的发行人的筹资成本。一般来说，资信等级越高的债券，越容易得到投资者的信任，能够以较低的利率出售；而资信等级低的债券，风险较大，只能以较高的利率发行。影响债券信用评级的因素有公司对债务的偿还能力、公司杠杆率、资金流动比率、盈利能力比率、现金债务比率、公司的基本信用分析等。

目前，国际上公认的最具权威性的专业信用评级机构只有三家，分别是美国标准普尔公司、穆迪投资者服务公司和惠誉国际信用评级有限公司。我国规模较大的全国性评级机构有大公国际、中诚信、联合和上海新世纪四家。

债券评级一般分为三级九等，即：

AAA 级：偿还债务的能力极强，基本不受不利经济环境的影响，违约风险极低。

AA 级：偿还债务的能力很强，受不利经济环境的影响不大，违约风险很低。

A 级：偿还债务能力较强，较易受不利经济环境的影响，违约风险较低。

BBB 级：偿还债务能力一般，受不利经济环境影响较大，违约风险一般。

BB 级：偿还债务能力较弱，受不利经济环境影响很大，有较高违约风险。

B 级：偿还债务的能力较大地依赖于良好的经济环境，违约风险很高。

CCC 级：偿还债务的能力极度依赖于良好的经济环境，违约风险极高。

CC级：在破产或重组时可获得保护较小，基本不能保证偿还债务。

C级：不能偿还债务。

延伸阅读

中国国债市场运行状况

从国债交易的组织形式来看，中国的国债市场交易分为交易所交易、银行间债券市场交易和柜台交易。交易所国债交易也叫场内交易，顾名思义，它就是指在上海证券交易所和深圳证券交易所买卖国债，在开市的时间里，投资者都可以在交易所买卖国债。银行间债券交易和柜台交易都是场外交易。银行间债券交易是只有金融机构参与其中的国债交易市场，它们并不在上海证券交易所和深圳证券交易所交易。最初，这一市场与其名称是完全对应的，只有商业银行才能参与。但现在，虽然还被冠之以“银行间”的名称，但自2000年起，证券公司、基金管理公司和保险公司等，只要满足一定的条件也可以进入这一市场参与国债交易。因此，“银行间”一词现在并无特指的对象了，对一般的个人投资者而言，交易所国债交易因其是标准化的交易，每笔交易都有最低的交易数额的要求，因而难以进行交易所的场内国债交易；而银行间国债交易完全排斥了个人投资者进行国债交易的机会。因此，如果你有打算卖出手持的国债，国债的柜台交易就为你提供了这样的便利。柜台国债交易（以下称柜台交易）是在商业银行或证券经营机构的营业网点进行国债买卖，并办理托管与结算的交易行为。由于银行和证券公司的营业网点较多，你只需找一个离你的住处较近的具有柜台交易资格的储蓄所或证券公司营业部，就可以从事国债的柜台交易了。

资料来源：彭兴韵. 金融学原理[M]. 北京：生活·读书·新知三联书店，2008：200-201.

3. 债券的偿还

债券是一种债权凭证，除永久性债券外，其他所有的债券到期必须偿还本金。按照偿还方式的不同，债券的偿还可分为期满偿还、期中偿还、延期偿还三种。按偿还时的金额比例又可分为全额偿还和部分偿还，而部分偿还还可按偿还时间分为定时偿还和随时任意偿还。而在期中偿还时还可以采用抽签偿还和买入注销偿还两种方式。

(1)期满偿还。期满偿还就是按发行所规定的还本时间在债券到期时一次全部偿还债券本金。我国目前所发行的国库券、企业债券都是采用这种偿还方式。债券在期满时偿还本金是由债券的内在属性所决定的,是买方和卖方在一般情况下不言自明的约定,如果债券的发行人在发行债券时考虑到不一定能在债券到期时一次偿还本金,就必须在发行时事先予以说明,且订好特殊的还本条款。

(2)期中偿还。期中偿还就是在债券到期之前部分或全部偿还本金的偿还方式。在采取期中偿还时,部分偿还就是经过一段时间后将发行额按一定比例偿还给投资者。一般是每半年或一年偿还一批,其目的是减轻债券发行人一次偿还的负担。部分偿还按时间划分又可分为定时偿还和随时偿还。定时偿还是在债券到期前分次在规定的日期按一定的比例偿还本金。定时偿还的偿还日期、方式、比例都是在债券发行时就已确定并在债券的发行条件中加以注明。随时偿还是一种由发行者任意决定偿还时间和金额的偿还方式。这种偿还方式完全凭发行者的意愿,有时会损害投资者的利益,在实际中并不常用。

(3)延期偿还。债券的延期偿还是在债券发行时就设置了延期偿还条款,赋予债券的投资者在债券到期后继续按原定利率持有债券直至一个指定日期或几个指定日期中一个日期的权利。这一条款对债券的发行人和购买者都有利,它在筹资人需要继续发债和投资人愿意继续购买债券时省去发行新债的麻烦,债券的持有人也可据此灵活地调整资产组合。

(二)债券的二级市场

债券的二级市场与股票二级市场相似,也分为证券交易所、场外交易市场及第三市场和第四市场四个层次。证券交易所是债券二级市场中的重要组成部分,在证券交易所申请上市的债券主要是公司债券,但国债享有上市豁免权,一般不用申请便可以上市。然而,上市债券与非上市债券相比,它们在债券总量中占比重很小,大多数债券的交易是在场外市场进行的,场外交易市场是债券二级市场的主要形态。

关于债券二级市场的交易机制,与股票并无差别,只是由于债券的风险小于股票,其交易价格的变动幅度也较小。

四、投资基金市场

证券投资基金(securities investment funds)(简称“基金”)是集中众多投资者的资金,统一交给专家投资于股票和债券等证券,为众多投资人谋利的一种投资工具。它体现了一种信托关系，是一种间接的投资工具。作为一种利益共享、风险共担的集合投资方式，基金独特的性质和特征使其在资本市场中发挥着重要的作用，并已成为个人投资者分散投资风险的最佳选择，极大地推动了资本市场的发展。

(一)投资基金的概念和种类

根据不同的划分标准，投资基金有不同的分类：

1. 根据组织形式不同，可以分为公司型基金和契约型基金。

(1)公司型基金(corporate type funds)是依照公司法成立的、以盈利为目的的股份有限公司形式的基金，其特点是基金本身是股份制的投资公司，基金公司通过发行股票来筹集资金，投资者通过购买基金公司的股票而成为股东，享有基金收益的索取权。

(2)契约型基金(contractual type funds)是依照一定的信托契约组织起来的基金，其中作为委托人的基金管理公司通过发行受益凭证来筹措资金，并将其交由受托人(基金保管公司)保管，本身则负责基金的投资营运，而投资者则是受益人，凭借基金受益凭证索要投资收益。契约型基金也有开放式和封闭式之分，其分类与公司型相同。我国目前的基金种类均为契约型基金。

2. 根据交易方式不同，可以分为开放型基金和封闭型基金。

开放型基金(open-end funds)是指基金可无限地向投资者追加发行股份，并随时准备赎回发行在外的基金股份，因此其股份总数是不固定的，这种基金就是一般所称的投资基金或共同基金。

封闭型基金(close-end funds)是基金股份总数固定，且规定封闭的期限，在封闭期限内投资者不能向基金管理公司提出赎回的要求，只能在二级市场上寻求挂牌转让，其中以柜台交易居多。

3. 根据投资目标不同，可分为收入型基金、成长型基金和平衡型基金。

收入型基金(income funds)是以获得最大的当期收入为标的的投资基金，其特点是损失本金的风险小，但长期成长的潜力也相应较小，比较适合于较为保守的投资者。收入型基金又可分为固定收入型(fixed-income)和权益收入型(equity-income)两种，前者主要投资于债券和优先股股票；后者主要投资于普通股。

成长型基金(growth funds)以资本长期增值为投资目标，其投资对象主要是市场中有较大升值潜力的小公司股票和一些新兴行业的股票。为达成最大限度的增值目标，成长型基金通常很少分红，而是经常将投资所得的股息、红利和盈利进行再投资，以实现资本增值。成长型基金一般是将股票作为投资的主要目标。

平衡型基金(balanced funds)是以净资产稳定和可观的收入以及适度的成长为目标的投资基金，其特点是具有双重的投资目标，谋求收入和成长的平衡，因而风险适中，成长潜力也不是很大。

4. 根据地域不同，可分为国内基金、国家基金、区域基金和国际基金。

国内基金(domestic funds)是指把资金只投资于国内有价证券，并且投资者多为本国公民的一种投资基金。

国家基金(national funds)是指资本来源于国外，并投资于某一特定国家的投资基金，例如中国基金、日本基金、韩国基金等。国家基金大多数规定了还款的时间，并设定一个发行总额限制，属于封闭型基金。

区域基金(regional funds)是指投资于全球或一个国家(或地区)某一特定区域的证券投资基金。这种基金的风险较国内基金和国家基金小。

国际基金(international funds)也称为全球基金，它不限制国家和地区，将资金分散地投资于世界各主要资本市场上，从而能最大限度地分散风险。

(二)投资基金市场的参与者

投资基金市场的参与者主要有投资基金管理人、投资基金托管人、投资基金投资人、投资基金市场的服务机构四大类。

1. 投资基金管理人。根据《中华人民共和国证券投资基金法》(简称《证券投资基金法》)规定，投资基金管理人由依法设立的基金管理公司担任。设立基金管理公司，必须具备有关法律规定的条件，并经国务院证券监督管理机构批准。

2. 投资基金托管人，又称投资基金保管人，是投资基金的名义持有人与保管人。《证券投资基金法》规定，投资基金托管人由依法设立并取得基金托管资格的商业银行担任。申请取得基金托管资格，须具备相关条件，并经国务院证券监督管理机构和国务院银行业监督管理机构核准。

3. 投资基金投资人，也就是证券投资基金的实际持有人，它是指投资购买并实际持有基金份额的自然人和法人。在权益关系上，基金持有人是基金资产的所有者，对基金资产享有资产所有权、收益分配权和剩余资产分配权等法定权益。

4. 投资基金市场的服务机构主要分为三类：

(1)代销业务机构。能够从事开放式基金代销业务的机构必须具备下列条件：有专门管理开放式基金认购、申购和赎回业务的部门，有足够熟悉开放式基金业务的专业人员，有便利、有效的商业网络，有安全有效的技术设施等。

(2)代办注册登记业务机构。代办开放式基金注册登记业务的机构可以接受以下委托业务：建立并管理投资人基金份额账户，负责基金份额注册登记，基金交易确认，代理发放红利，建立并保管基金投资人名册等。

(3)其他服务机构。包括：基金投资提供咨询服务的基金投资咨询公司，为基金出具会计、审计和验资报告的会计师事务所、审计师事务所和基金验资机构，为基金出具律师意见的律师事务所，为封闭式基金提供交易场所和登记服务的证券交易所、登记公司等。

(三)投资基金的发行

投资基金的发行即投资基金的募集。在得到主管机关批准后，投资基金的发起人便可以进行基金的发行工作。基金招募说明书和基金的发行方式是基金发行工作的主要内容。

1. 基金招募说明书

申请发行基金，基金管理公司必须向证券主管机关提交发行申请表和公司发行基金券的决议；基金招募说明书或者基金发行公开说明书；基金管理公司与基金保管人签订委托保管协议书，基金管理公司与证券承销机构签订基金承销合同。基金招募说明书既是投资基金设立申请时必须向政府主管机关呈递的重要文件，也是投资基金组织向社会公众公开发行基金时所提供的该基金的各项资料以及该基金发行的细则。

2. 基金的发行方式

基金的发行方式分为私募和公募两种。私募由基金发起人与投资人接洽，让投资者认购基金，基金发起人承担全部募集基金的工作。公募是由基金发起人委托证券机构承担发售任务，向公众推销。公募的做法又有承销法和集团承销法两种方式。

(四)投资基金的市场价格

1. 封闭式基金市场价格的确定

封闭式基金上市后，其市场价格的确定主要受以下因素的影响：一是基金份额的资产净值。这是封闭式基金交易价格的波动中心。二是基金的供求关系。由于封闭式基金是有规模限制的，因此，当它供不应求时，其市场价格可能高于基金份额的资产净值，形成溢价；反之，当它供过于求时，其市场价格可能低于基金份额的资产净值，形成折价。三是其他因素。如国家的优惠政策、人为炒作、国外经验和惯例等因素，也有可能导致封闭式基金价格的上下波动。

2. 开放式基金市场价格的确定

(1)卖出价或申购价(offer price),由以下公式确定:

卖出价=基金份额资产净值+交易费+申购费

(2)买入价或赎回价(bid price)的确定有以下三种方式:

买入价=基金份额的净资产值,即基金管理公司用单位资产净值赎回基金份额;

买入价=基金份额的净资产值-交易费;

买入价=基金份额的净资产值-赎回费。

具体采取哪种方法来计算基金单位的净资产值和价格,基金管理公司通常会在基金招募说明书或基金交易合同中加以明确。

(五)投资基金的运作与投资

基金的募集申请。基金的发起需要得到中国证监会的核准,要向中国证监会上报一系列的法律文件,包括申请报告、基金合同草案、基金托管协议草案、基金招募说明书草案及相关证明文件等。

基金募集。证监会核准基金的募集申请后,基金管理公司要通过自己的销售渠道向投资者发售基金,或者委托具有代销资格的代销机构销售。

投资管理。投资管理是基金管理和运作中最重要的环节,决定着基金的经营业绩。基金管理公司要按照基金合同和招募说明书的规定,按照一定的投资范围和投资比例,遵循其投资决策程序将资金投入股票、债券、货币市场工具等投资标的。

为了保证投资者能够按照基金合同约定的时间和方式查阅相关信息,基金要对相关信息公开披露,如:基金招募说明书、基金合同、托管协议;募集情况;基金净值;基金申购、赎回价格等,还要按期公布季度报告、半年度报告、年度报告。相关信息还需由会计师事务所和律师事务所出具意见。

基金的费用。基金的费用是为了支持基金的运作而产生的,由基金合同进行规定,主要包括支付给基金管理人的基金管理费、支付给基金托管人的基金托管费、基金合同生效后的信息披露费、基金合同生效后的会计师费和律师费等。

基金的收益分配。基金收益包括投资标的产生的股息、红利、利息、证券买卖价差和其他收入。当符合基金合同约定的收益分配条件时,基金管理人会进行收益分配,分配方式包括现金分红及红利再投资等。

五、对冲基金市场

（一）对冲基金概念

对冲基金(hedge fund)(也称为避险基金或套利基金)意思是“风险对冲的基金”。对冲基金的英文 hedge fund 一词是由“从输赢两方面对同一个人下注”这句话衍生而来的，其本意是指通过向对手双向下注，将可能发生的投机风险降到最低程度。对冲基金也因此而得名。对冲(hedging)的本意是冲抵风险，是一种在资本市场上降低风险的行为或策略。例如，某公司购买了一份外汇期权，旨在对冲即期汇率波动可能带来的经营风险。但经过几十年的演变，现代对冲基金原有的风险对冲本意正在逐渐淡化，甚至连 hedge fund 的称谓也已徒有虚名了，以至于现时人们对对冲基金这一概念的理解也五花八门。现在意义的对冲基金，实际是一种以有限合伙或有限责任公司形式为主、以套利为目的进行各种金融产品交易的机构投资者。其特征主要表现为：

1. 投资活动的复杂性。近年来结构日趋复杂、花样不断翻新的各类金融衍生产品如期货、期权、掉期等逐渐成为对冲基金的主要操作工具。这些衍生产品本来是为了对冲风险而设计的，但是因为其低成本、高风险、高回报的特性，成为许多现代对冲基金进行投机行为的得力工具。对冲基金将这些金融工具配以复杂的组合设计，更大大增加了投资活动的复杂程度。

2. 筹资方式的私募性。对冲基金实质上仍是一种证券投资基金，只不过它的组织安排较为特殊，一般采取合伙人制的组织形式，主要以私募方式向投资人募集基金份额。

3. 投资效应的高杠杆性。典型的对冲基金往往利用银行信用，以极高的杠杆借贷(leverage)在其原始基金量的基础上几倍甚至几十倍地扩大投资规模，从而达到最大限度地获取回报的目的。

4. 市场操作的隐蔽性。对冲基金具有私募性，基金管理人在与合伙人的协议中要求有极大的操作自由度；对冲基金是金融自由化的产物，许多对冲基金都在一些避税港注册，从而使对冲基金基本上无须向监管当局报告它的投资活动，也不公布投资策略和投资目标，既可以规避信息披露的严格要求，又可以避开高税收和金融监管。

根据中国证券投资基金业协会副会长洪磊提供的数据，截至 2015 年 4 月底，我国正在运作的对冲基金品种共6714支，资产规模达到8731.5亿元。①

（二）对冲基金的交易模式

对冲基金的交易模式可以归纳为四大类型，分别为：股指期货对冲、商品期货对冲、统计对冲和期权对冲。②

1. 股指期货对冲

股指期货（stock index futures）对冲是指利用股指期货市场存在的不合理价格，同时参与股指期货与股票现货市场交易，或者同时进行不同期限、不同（但相近）类别股票指数合约交易，以赚取差价的行为。股指期货套利分为期现对冲、跨期对冲、跨市对冲和跨品种对冲几种。

2. 商品期货对冲

商品期货（commodity futures）对冲策略，是在买入或卖出某种期货合约的同时，卖出或买入相关的另一种合约，并在某个时间同时将两种合约平仓。在交易形式上它与套期保值类似，但套期保值是在现货市场买入（或卖出）实货、同时在期货市场上卖出（或买入）期货合约；而套利却只在期货市场上买卖合约，并不涉及现货交易。商品期货套利主要有期现对冲、跨期对冲、跨市场套利和跨品种套利四种。

3. 统计对冲

统计对冲（statistical hedge）是利用证券价格的历史统计规律进行套利，是一种风险套利，其风险在于这种历史统计规律在未来一段时间内是否继续存在。

统计对冲的主要思路是先找出相关性最好的若干对投资品种（股票或者期货等），再找出每一对投资品种的长期均衡关系（协整关系），当某一对品种的价差（协整方程的残差）偏离到一定程度时开始建仓——买进被相对低估的品种、卖空被相对高估的品种，等到价差回归均衡时获利了结即可。统计对冲的主要内容包括股票配对交易、股指对冲、融券对冲和外汇对冲交易。

4. 期权对冲

期权（option）又称选择权，是在期货的基础上产生的一种衍生性金融工具。从其本质上讲，期权实质上是在金融领域将权利和义务分开进行定价，使得权利的受让人在规定时间内对于是否进行交易行使其权利，而义务方必须履行。在期权的交易时，购买期权的一方称为买方，而出售期权的一方则称为

① 据中国经济网2015年5月17日。

② 参见丁鹏.量化投资——策略与技术[M].北京：电子工业出版社，2012：202-205.

卖方;买方即权利的受让人,而卖方则是必须履行买方行使权利的义务人。

对冲基金投资效应的高杠杆性、投资活动的复杂性、筹资方式的私募性、操作的隐蔽性和灵活性,使得对冲基金市场结构日趋复杂、花样不断翻新,特别是投资者基于最新的投资理论和极其复杂的金融市场操作技巧,充分利用各种金融衍生产品的杠杆效用,承担高风险、追求高收益,给市场监管带来越来越大的难度。1992 年的欧洲货币体系汇率机制危机、1994 年的国际债券市场风波、1997 年的亚洲金融危机、1998 年的长期资本管理公司破产被收购,特别是 2008 年爆发的美国次贷危机等一连串的事件,引起了世界各国对对冲基金市场发展的担忧,近年来要求国际组织和监管部门对对冲基金加以约束的呼声越来越高。但从整体上看,各国对对冲基金的监管,仍然没有触及对冲基金的经理人激励有余而约束不足、暗箱操作、监管者严重缺位等问题,对冲基金市场的发展前景有待观望。

延伸阅读

著名的对冲基金

在众多的对冲基金中,最著名的莫过于乔治·索罗斯的量子基金和朱里安·罗伯逊的老虎基金,它们都曾创造过高达 40%至 50%的复合年度收益率。但是,采取高风险的投资,在为对冲基金带来高收益的同时,也为对冲基金带来不可预估的损失。

量子基金

1969 年量子基金的前身是双鹰基金,由乔治·索罗斯创立,注册资本为 400 万美元。总部设立在纽约,但其出资人皆为非美国国籍的境外投资者,其目的是为了避开美国证券交易委员会的监管。1973 年该基金改名为索罗斯基金,资本额跃升到 1200 万美元。索罗斯基金旗下有五个风格各异的对冲基金,而量子基金是最大的一个,也是全球最大的规模对冲基金之一。1979 年索罗斯再次把旗下的公司改名,正式命名为量子公司。之所谓取量子这个词语是源于海森堡的量子力学的测不准原理,此定律与索罗斯的金融市场观相吻合。测不准定律认为:在量子力学中,要准确描述原子粒子的运动是不可能的。而索罗斯认为:市场总是处在不确定和不停的波动状态,但通过明显的贴现,与不可预料因素下赌,赚钱是可能的。

量子基金投资于商品、外汇、股票和债券,并大量运用金融衍生产品和杠杆融资，从事全方位的国际性金融操作。凭借索罗斯出色的分析能力和胆识，量子基金在世界金融市场中逐渐成长壮大。由于索罗斯多次准确地预见到某个行业和公司的非同寻常的成长潜力，从而在这些股票的上升过程中获得超额收益。即使是在市场下滑的熊市中，索罗斯也以其精湛的卖空技巧而大赚其钱。至1997年末，量子基金已增值为资产总值近60亿美元。在1969年注入量子基金的1美元在1996年底已增值至3万美元，即增长了3万倍。

老虎基金

1980年，著名经纪人朱里安·罗伯逊集资800万美元创立了自己的公司——老虎基金管理公司。1993年，老虎基金管理公司旗下的对冲基金——老虎基金攻击英镑、里拉成功，并在此次行动中获得巨大的收益，老虎基金从此声名鹊起，被众多投资者所追捧，老虎基金的资本此后迅速膨胀，最终成为美国最为显赫的对冲基金。

20世纪90年代中期后，老虎基金管理公司的业绩节节攀升，在股、汇市投资中同时取得不菲的业绩，公司的最高赢利（扣除管理费）达到32%，在1998年的夏天，其总资产达到230亿美元的高峰，一度成为美国最大的对冲基金。

1998年的下半年，老虎基金在一系列的投资中失误，从此走下坡路。1998年，俄罗斯金融危机后，日元对美元的汇价一度跌至147∶1，出于预期该比价将跌至150日元以下，朱利安·罗伯逊命令旗下的老虎基金、美洲豹基金大量卖空日元，但日元却在日本经济没有任何好转的情况下，在两个月内急升到115日元，罗伯逊损失惨重。在有统计的单日（1998年10月7日）最大损失中，老虎基金便亏损了20亿美元，1998年的9月份及10月份，老虎基金在日元的投机上累计亏损近50亿美元。

1999年，罗伯逊重仓美国航空集团和废料管理公司的股票，可是两个商业巨头的股价却持续下跌，因此老虎基金再次被重创。

从1998年12月开始，近20亿美元的短期资金从美洲豹基金撤出，到1999年10月，总共有50亿美元的资金从老虎基金管理公司撤走，投资者的撤资使基金经理无法专注于长期投资，从而影响了长期投资者的信心。因此，1999年10月6日，罗伯逊要求从2000年3月31日开始，旗下的“老虎”“美洲狮”“美洲豹”三支基金的赎回期改为半年一次，但到2000年3月31日，罗伯逊在老虎基金从230亿美元的巅峰跌落到65亿美元的情况下，不得已宣布将结束旗下六支对冲基金的全部业务。

老虎基金倒闭后对65亿美元的资产进行清盘，其中80%归还投资者，朱利安·罗伯逊个人留下15亿美元继续投资。

资料来源：MBA智库百科，MBAlib.com(引用日期：2016年12月27日)

第四节 金融衍生品市场

一、金融衍生品的概念与特征

(一)金融衍生品的概念

金融衍生品(derivative financial instruments)，又称为金融衍生产品，是与原生性金融产品相对应的一个概念，是指其价值依赖于原生性金融产品的一类金融产品。金融衍生品的价格往往由原生金融产品预期价格的变化决定。这些相关的原生金融产品，一般指股票、债券、银行定期存单、货币等。

作为金融衍生品的基础变量种类较多，主要是各类资产价格、价格指数、利率、汇率、费率、通货膨胀率以及信用等级等等。近年来，某些自然现象(如气温、降雪量、霜冻、飓风)甚至人类行为(如选举、温室气体排放)也逐渐成为金融衍生品的基础变量。

为了更好地确认衍生品，各国及国际权威机构给衍生品下了比较明确的定义。1998年，美国财务会计准则委员会(FASB)发布的第133号会计准则——《衍生品与避险业务会计准则》，是首个具有重要影响的文件，该准则将金融衍生品划分为独立衍生品和嵌入式衍生品两大类，并给出了较为明确的识别标准和计量依据，尤其是所谓公允价值的应用，对后来各类机构制定衍生品计量标准具有重大影响。2001年，国际会计准则委员会发布的第39号会计准则——《金融工具：确认和计量》和2006年2月我国财政部颁布的《企业会计准则第22号——金融工具确认和计量》均基本沿用了FASB第133号会计准则中衍生品的定义。

1. 独立衍生品。根据我国《企业会计准则第22号——金融工具确认和计量》的规定，衍生品包括远期合同、期货合同、互换和期权，以及具有远期合同、期货合同、互换和期权中一种或一种以上特征的工具，具有下列特征：

(1)其价值随特定利率、金融工具价格、商品价格、汇率、价格指数、费率指数、信用等级、信用指数或其他类似变量的变动而变动，变量为非金融变量的，该变量与合同的任一方不存在特定的关系。

(2)不要求初始净投资,或与对市场情况变化有类似反应的其他类型合同相比,要求很少的初始净投资。

(3)在未来某一日期结算。

2. 嵌入式衍生品。这是指嵌入到非衍生品(即主合同)中,使混合工具的全部或部分现金流量随特定利率、金融工具价格、商品价格、汇率、价格指数、费率指数、信用等级、信用指数或其他类似变量的变动而变动的衍生品。嵌入式衍生品与主合同构成混合工具,如可转换公司债券等。

(二)金融衍生品的基本特征

由金融衍生品的定义可以看出,它们具有下列四个显著的特性:

1. 跨期性。金融衍生品是交易双方通过对利率、汇率、股价等要素变动趋势的预测,约定在未来的某一期限按一定的条件进行交易或选择是否交易的合约。不论是哪一种金融衍生品,都会影响着交易者在未来一段时间内或未来某时点上的现金流,跨期交易的特点比较突出。这就要交易双方对利率、汇率、股价等价格因素的未来变动趋势进行判断,而判断的准确与否直接决定了交易者交易的盈亏。

2. 杠杆性。金融衍生品的交易一般只要支付少数的保证金或者权利金便可以签订远期大额合约或者互换不同的金融工具。比如,若期货交易保证金为合约金额的 5%,则期货交易者可以控制 20 倍于所交易金额的合约资产,达到以小博大的效果。在收益可能成倍放大的同时,交易者所担负的风险与损失也会成倍地扩大,基础工具价格的轻微浮动也许就会带来交易者的大盈大亏。金融衍生品的杠杆效应在一定程度上决定了它的高投机性和高风险性。

3. 联动性。是指金融衍生品的价值和基础产品或基础变量密切联系、规则变化。通常,金融衍生品和基础变量相联系的支付特征由衍生品合约规定,其联动关系既可是简单的线性关系,也可表达成非线性函数或分段函数。

4. 不确定性或高风险性。金融衍生品的交易效果取决于交易者对基础工具(变量)未来价格(数值)的估计与判断的准确程度。基础工具价格的变化决定了金融衍生品交易盈亏的不稳定性,这是金融衍生品高风险性的重要原因。基础金融工具价格的不确定性仅仅是金融衍生品风险性的一个方面,在国际证监会组织于 1994 年 7 月公布的一份报告(IOSCOPD35)中,认为金融衍生品还伴随着下面几种风险:

(1)交易中对方违约,没有履行承诺所导致损失的信用风险。

(2)因资产或者指数价格不利波动可能带来损失的市场风险。

(3)因市场缺少交易对手而导致投资者不能平仓或者变现带来的流动性风险。

(4)因交易对手无法按时付款或交割可能带来的结算风险。

(5)因交易或管理人员的人为错误或系统故障、控制失灵而造成的操作风险。

(6)因合约不符合所在国法律,无法履行或合约条款遗漏及模糊导致的法律风险。

表 5.2 主要金融衍生品的性质及其分类

金融衍生品	性质及分类	
金融远期	最早出现的一类金融衍生品,合约的双方约定在未来某一确定日期,按确定的价格买卖一定数量的某种金融资产	
金融期货	交易双方在集中性的交易场所,以公开竞价的方式所进行的标准化金融期货合约的交易	
金融期权	看涨期权	买方有权在某一确定时间或确定的时间之内,以确定的价格购买相关资产
	看跌期权	买方有权在某一确定时间或确定的时间之内,以确定的价格出售相关资产
金融互换	货币互换	是两个或两个以上的交易者按事先商定的条件,在约定的时间内交换一系列现金流的交易形式
	利率互换	
	交叉互换	
信用衍生品	一种信用风险从其他风险类型中分离出来,并从一方转让给另一方的金融合约。信用违约互换(CDS)是最常用的一种信用衍生产品。合约规定,信用风险保护买方向信用风险保护卖方定期支付固定的费用或者一次性支付保险费,当信用事件发生时,卖方向买方赔偿因信用事件所导致的基础资产面值的损失部分	

二、金融衍生品的分类

金融衍生品可按基础工具的种类、风险—收益特性及自身交易方法的不同而有不同的分类。

(一)按产品形态分类

据产品形态,金融衍生品可分为独立衍生品和嵌入式衍生品。

1. 独立衍生品(independent derivative)。这是指本身即为独立存在的金融合约,例如期权合约、期货合约或互换交易合约等。

2. 嵌入式衍生品(embedded derivatives)。这是指嵌入到非衍生合同(以下简称“主合同”)中的衍生金融工具,该衍生品使主合同的部分或全部现金流量将按照特定利率、金融工具价格、汇率、价格或利率指数、信用等级或信用指数,或类似变量的变动而发生调整,例如目前公司债券条款中包含的赎回条款、返售条款、转股条款、重设条款等等。

(二)按照交易场所分类

金融衍生品按交易场所可以分为两类。

1. 交易所交易的衍生品。这是指在有组织的交易所上市交易的衍生品,例如在股票交易所交易的股票期权产品,在期货交易所和专门的期权交易所交易的各类期货合约、期权合约等。

2. OTC交易的衍生品。这是指通过各类通讯形式,不通过集中的交易所,实施分散的、一对一交易的衍生品,比如金融机构之间、金融机构和大规模的交易者之间进行的各种互换交易与信用衍生品交易。从最近几年来的发展看,这种衍生品的交易量每年递增,已经超过了交易所市场的交易额,市场流动性也得到了提高,还形成了专业化的交易商。

(三)按照基础工具种类分类

金融衍生品根据基础工具,可以划分为股权类产品的衍生品、货币衍生品、利率衍生品、信用衍生品及其他衍生品。

1. 股权类产品的衍生品。这是指以股票或股票指数为基础工具的金融衍生品,主要包含股票期货、股票期权、股票指数期货、股票指数期权以及上述合约的混合交易合约。

2. 货币衍生品。这是指以各类货币作为基础工具的金融衍生品,主要包括远期外汇合约、货币期货、货币期权、货币互换以及上述合约的混合交易合约。

3. 利率衍生品。这是指以利率或利率的载体为基础工具的金融衍生品,主要包括远期利率协议、利率期货、利率期权、利率互换以及上述合约的混合交易合约。

4. 信用衍生品。这是指以基础产品所蕴含的信用风险或违约风险为基础变量的金融衍生品,用于转移和防范信用风险,是20世纪90年代以后发展最为快速的一类衍生产品,主要包括信用互换、信用联结票据等等。

5. 其他衍生品。除上面四类金融衍生品之外,还有相当多数量金融衍生品是在非金融变量的基础上开发的，例如用于管理气温变化风险的天气期货、管理政治风险的政治期货、管理巨灾风险的巨灾衍生产品等。

（四）按照金融衍生品自身交易的方法及特点分类

金融衍生品从其自身交易的方法和特点可分为金融远期合约、金融期货、金融期权、金融互换和结构化金融衍生品。

1. 金融远期合约。金融远期合约是指交易双方在场外市场上通过协商，按照约定价格（称为“远期价格”）在约定的未来日期（交割日）买卖某种标的金融资产（或金融变量）的合约。金融远期合约规定了未来交割的资产、交割的日期、交割的价格和数量，合约条款据双方需要商议确定。金融远期合约主要包括远期利率协议、远期外汇合约和远期股票合约。

2. 金融期货合约。金融期货是以金融工具（或金融变量）为基础工具的期货交易。主要包括货币期货、利率期货、股票指数期货和股票期货 4 种。最近，很多交易所又陆续推出更多新型的期货品种，例如房地产价格指数期货、通货膨胀指数期货等。

3. 金融期权合约。这是指合约买方向卖方支付一定的费用（称为“期权费”或“期权价格”），在约定日期内（或约定日期）享有按事先确定的价格向合约卖方买卖某种金融工具的权利的契约。包括现货期权和期货期权两大类。除交易所交易的标准化期权、权证之外，还存在大量场外交易的期权，这些新型期权通常被称为奇异型期权。

4. 金融互换合约。这是指两个或两个以上的当事人按共同协定的条件，在约定的期限内定期交换现金流的金融交易。可分为货币互换、利率互换、股权互换、信用违约互换等类别。

5. 结构化金融衍生品。前述 4 种常见的金融衍生品通常也被称为构建模块工具，它们是最简单与最基础的金融衍生品，并利用其结构化的特性，通过相互结合或者与基础金融工具相结合，能开发设计出很多拥有复杂特性的金融衍生产品，后者通常被称为结构化金融衍生品，或简称为结构化产品。例如，在股票交易所交易的各类结构化票据、目前我国各家商业银行推广的挂钩不同标的资产的理财产品等都是其典型代表。

三、金融衍生品的产生与发展

从 20 世纪 60 年代开始，尤其是进入 70 年代以后，随着布雷顿森林体系的解体和世界性石油危机的发生，利率和汇率都出现了剧烈波动。宏观经济环境的变化，使金融机构的原有经营模式和业务种类失去市场，同时又给它们创造了开发新业务的机会和巨大的发展空间。与此同时,计算机与通讯技术的发展以及金融理论的突破性进展,促使金融机构的创新能力迅猛发展,而创新成本却日益减少。在强大的外部需求的召唤下,在美好的盈利前景吸引下,金融机构通过大量的创新活动,冲破来自内外部的各种制约,导致全球金融领域发生了一场至今仍在继续的广泛而深刻的变革:形形色色的新业务、新市场、新机构风起云涌,不仅改变了金融总量和结构,而且还对金融体制发起了猛烈的冲击,对货币政策和宏观调控提出了严峻挑战,导致国际金融市场动荡不定,国际金融新秩序有待形成。

(一)金融衍生品产生的最基本原因是避险

20 世纪 70 年代以来,随着美元的持续贬值,布雷顿森林体系的崩溃,国际货币制度由固定汇率制走向浮动汇率制。1973 年和 1978 年两次石油危机使得西方国家经济陷于滞胀,为应对通货膨胀,美国不得不运用利率工具,这又使得金融市场的利率波动剧烈。利率的升降带来了证券价格的反方向变化,并直接影响了投资者的收益。面对利市、汇市、债市、股市发生的从未有过的波动,市场风险的急剧扩大,迫使商业银行、投资机构、企业寻找可以规避市场风险、进行套期保值的金融工具,金融期货、期权等金融衍生品便由此而生。

(二)金融自由化进一步推动了金融衍生品的发展

所谓金融自由化,是指政府或者有关监管机构对限制金融体系的现行法令、规则、条例及行政管制予以取消或放松,以形成一个较宽松、自由、更符合市场运行机制的新的金融体制。金融自由化的主要内容包括:

1. 取消对存款利率的最高限额,逐步实现利率自由化。如美国《1980 年银行法》废除了 Q 条例,规定从 1980 年 3 月起分 6 年逐步取消对定期存款和储蓄存款的最高利率限制。

2. 打破金融机构经营范围的地域和业务种类限制,允许各金融机构业务交叉、互相自由渗透,鼓励银行综合化发展。

3. 放松外汇管制。

4. 开放各类金融市场,放宽对资本流动的限制。

其他还包含放松对本国居民和外国居民在投资方面的许多限制,减轻金融创新产品的税负以及促进金融创新等。金融自由化一方面使得利率、汇率、股价的波动更加频繁、剧烈,使得投资者迫切需要可以回避市场风险的工具;另一方面,金融自由化加速了金融竞争。由于允许各金融机构业务交叉、相互渗透,多元化的金融机构出现,直接或迂回地夺走了银行业很大一块阵地;再加上银行业本身业务向多功能、综合化的方向发展,同业竞争激烈,存贷利差趋于缩小，使银行业不得不寻找新的收益来源，改变以存、贷款业务为主的传统经营方式，把金融衍生品视作未来新的增长点。

（三）金融机构的利润驱动是金融衍生品产生和迅速发展的又一重要原因

金融机构通过金融衍生品的设计开发以及担任中介，明显地推动了金融衍生品的发展。金融中介机构积极参与金融衍生品的发展主要有两方面原因：一是在金融机构进行资产负债管理的背景下，金融衍生品业务属于表外业务，既不影响资产负债表状况，又能带来手续费等项收入。1988 年国际清算银行（BIS）制定的《巴塞尔协议》规定：开展国际业务的银行必须将其资本对加权风险资产的比率维持在 8%以上，其中核心资本至少为总资本的 50%。这一要求促进各国银行加大拓展表外业务的力量，相继开发了既能增加收益、又不增大资产规模的金融衍生品，如期权、互换、远期利率协议等。二是金融机构可根据自身在金融衍生品方面的优势，直接进行自营交易，扩大利润来源。为此，金融衍生品市场吸引了众多的金融机构。但是，由于越来越多的金融机构特别是商业银行的介入，引起了监管机构的特别关注，目前新的《巴塞尔协议Ⅱ》对国际性商业银行从事金融衍生品业务也规定了资本金要求。

（四）新技术革命为金融衍生品的产生与发展提供了物质基础与手段

金融衍生产品价格波动与基础资产之间的密切关系、价格计算以及交易策略的高度复杂性对计算机、网络技术、通讯技术提出了非常严格的要求。相关领域科技发展的日新月异，极大地方便了衍生产品市场的各类参与者，市场规模和交易效率都有了明显的提高。

金融衍生品极强的派生能力和高度的杠杆性使其发展速度十分惊人，据国际结算银行场外衍生工具统计报告（BIS，2020. 6），截至 2020 年 6 月底，场外衍生品的总市值为 15.5 万亿美元。这个总市值衍生品合约（正值和负值之和）从 2019 年年底的 11.6 万亿美元飙升至 15.5 万亿美元，6 个月内增长 33%。同样，信贷敞口总额（调整法律上可强制执行的双边净结算协议但不包括抵押品的市场总值在 2020 年上半年也大幅增加，从 2019 年年底的 2.4 万亿美元增至 3.2 万亿美元，这是自 2009 年以来最大的增幅。到 2020 年 6 月底，所有场外衍生品的名义金额总计增加到 607 万亿美元，仅比 2019 年 12 月底高出 9%。这一增长主要反映了利率衍生品的增长，其名义金额从 2019 年年底的 449 万亿美元增至 495 万亿美元，主要归因于季节性变化。在同一期间，其他合同的名义金额保持相对不变。利率衍生工具的总市值（40%）增长最大，以美元计价的合约为首。特别是以美元计价的合约上涨了 86%，达到 3 万亿美元，这是 2007—2009 年金融危机以来最大的增幅。以欧元计价的合约的市场总值也上升了26%，在2020年6月底达到5万亿美元。其他类型衍生品的市场总值在2020年上半年也有所上升，反映出价格大幅波动和市场波动加剧。商品合约总值上升32%，至2020年6月底为2,600亿元。场外外汇合约和股票挂钩合约的增幅分别为18%和13%，增幅较小，但仍然显著，在2020年6月底，市值分别达到2.6万亿美元和0.7万亿美元。相比之下，到2020年6月底，信贷衍生品的市值下降了10%，至1,990亿美元。中央结算利率，特别是信用违约掉期(CDS)，在近几年基本稳定。

迄今为止，金融衍生品已经形成一个新的金融产品"家庭"，其种类繁多，结构复杂，并且不断有新的成员进入。即使对经验丰富的金融专家来说，也会为其品种之复杂、交易方式之新颖而感到困惑。

延伸阅读

我国的金融衍生品市场

我国金融衍生品市场起步于20世纪90年代初期。1992年6月1日上海外汇调剂中心率先推出外汇期货，标志着我国开始发展金融衍生品。此后，上海和海南的交易所曾经推出过国债和股指期货等。1995年，新中国第一个金融期货品种因发生新中国成立以来罕见的金融地震——"327国债期货事件"而宣告夭折，但也为我国的金融衍生品市场发展积累了宝贵的经验教训。

进入21世纪，随着经济发展，对外开放进程加速，使得工商企业、金融机构等经济主体对金融衍生品产生了极大的需求，为我国金融衍生品的发展提供了客观条件。在沉寂多年以后，中国人民银行于2004年推出了买断式回购，2005年又推出银行间债券远期交易、人民币远期产品、人民币互换和远期结算等，意味着我国的衍生品市场初步建立。与此同时，伴随着股权分置改革而创立的各式权证，使衍生品开始进入普通投资者的视野，权证市场成为仅次于香港的全球第二大市场。2006年9月8日，中国金融期货交易所在上海挂牌成立，拉开了我国金融衍生品市场发展的大幕。随着2008年1月9日黄金期货在上海期货交易所鸣锣上市，期货市场品种体系进一步健全，除石油外，国外成熟市场的主要大宗商品期货品种基本上都在我国上市交易。2010年4月8日，股指期货在中国金融期货交易所正式启动，沪深300股指期货合约于4月16日正式上市交易。2012年2月13日，根据《中国金融期货交易所5年期国债期货仿真交易合约》规则，我国国债仿真交易重新启动，这标志着我国金融期货市场又向前迈进了一大步。

资料来源：编者根据黄正新、李建浔.金融学[M].北京：科学出版社，2014.等相关资料编写。

第五节　互联网金融

一、互联网金融概述

互联网金融(the internet finance)是金融依托于互联网和移动通讯(渠道与技术等)而展开的各种金融交易活动的总称。广义的互联网金融，包括非金融机构的互联网企业从事金融业务和金融机构通过互联网展开业务；狭义的互联网金融，指的是互联网企业开展的基于互联网技术的金融业务。然而互联网金融并不是互联网和金融业之间的简单结合，互联网金融是传统金融行业与互联网精神相结合产生的新兴领域，互联网"开放、平等、协作、分享"的精神向传统金融业态渗透，形成互联网金融行业的独特特色。互联网金融是现代经济进入互联网时代，在金融上所表现出的新特征、新技术、新模式和新现实形式。

互联网最初发端于以美国为代表的西方发达国家，且这些国家普遍使用互联网渠道和技术展开着各种经济和金融交易活动，所以，如果"互联网金融"是一个规范且普遍的国际用语，那么，英文中应有专门的词语予以表述。但从各种相关的英文文献中难以找到"internet finance"一语(更不用说普遍使用此语了)。由此，可以判定"互联网金融"并非国际上带趋势性的普遍现象。在美欧等国，普遍使用的概念是"network finance"或"e-finance"等，这些词语可翻译成"网络金融""电子金融"等。与此对应，借助 network，它们自 20 世纪 90 年代初期就发展了网络银行、网络证券和网络保险等。

与传统金融相比较，互联网金融并不突出金融组织和金融机构，而是基于金融功能更有效地实现而形成的一种新的金融业态，其基础理论仍是金融功能理论。互联网金融的出现和蓬勃发展，一方面使金融功能的实现越来越不依赖于特定的金融组织和金融机构，另一方面又使金融功能的效率在成本大幅降低的同时大大提升。金融功能的内涵得以深化，金融服务的对象大大拓展。

一般认为,信息不对称、市场不确定以及由此引发产生的风险管理之需求,是金融中介存在的重要原因,也是金融中介理论形成的基础。然而,互联网金融所具有的特点正在侵蚀着金融中介赖以存在的基础,从而使金融中介正在经历自资本市场“脱媒”以来的“脱媒”。如果说资本市场是金融第一次“脱媒”的推手,那么互联网金融就是金融第二次“脱媒”的催化剂。正是基于这种理解,互联网金融是一种新的金融业态。它是传统金融的数字化、网络化和信息化,是一种更普惠的大众化金融模式,能够提高金融服务效率,降低金融服务成本。

延伸阅读

互联网金融

如果说2013年是互联网金融元年,那么2014年它们则成了金融业的主角之一,抢尽了传统金融的风头。存钱放“宝宝”里代替了去银行;支付不用刷卡了,改了“扫一扫”;创业不找风投了,改众筹了。

3月5日,“互联网金融”一词首次被写入政府工作报告。政府鼓励支持包容互联网金融的态度非常明显,决策层的重视与肯定为互联网金融在2014年高速发展奠定了基础,大资产管理机构以此为基础发力互联网金融,可以说这是互联网金融领域的头等大事件。2014年,互联网三巨头BAT(百度、阿里、腾讯)并肩同行抢夺银行风头。银行的存款大搬家,流向了通过货币基金为主的互联网“宝宝”,“一分钱即可投资”成为现实,“宝宝”们开启的“新理财模式”让普惠金融真正进入到了百姓生活,也唤醒了互联网用户的理财意识。为了“稳固”自己的用户,不少银行设计了类“宝宝”产品,也算是冲击之后的普惠了。

资料来源:佚名.2014你我身边那些金融事[J].燕赵晚报,2014-12-31.

二、互联网金融模式

互联网金融模式主要有:第三方支付、P2P网络借贷、众筹、大数据金融、信息化金融机构和互联网金融门户等。(见表5.3)

表 5.3　互联网金融模式

第三方支付	银行卡收单	
	预付卡支付	礼品卡、福利卡、公交卡等
	互联网支付	银联、易宝支付、拉卡拉等
	移动支付	
P2P 网络借贷	纯平台模式	
	保证本金(利息)模式	
	信贷资产证券化模式	
	债权转让模式	
众筹	募捐制众筹	
	奖励制众筹	
	借贷制众筹	
	股权制众筹	
大数据金融	平台模式	
	供应链金融模式	
信息化金融机构	传统金融业务电子化模式	
	互联网创新金融服务模式	
	金融电商模式	
互联网金融门户	第三方资讯平台	
	垂直搜索平台	
	在线金融超市	

(一)第三方支付

广义的第三方支付，是指非金融机构作为收、付款人的支付中介所提供的网络支付、预付卡、银行卡收单以及中国人民银行确定的其他支付服务。狭义的第三方支付，是指具备一定实力和信誉保障的非银行机构，借助通信、计算机和信息安全技术，采用与各大银行签约的方式，在用户与银行支付结算系统间建立连接的电子支付模式。按照运营模式又可分为独立的第三方支付模式和有交易平台的担保支付模式。中国人民银行 2010 年颁布的《非金融机构支付服务管理办法》将非金融机构支付服务定义为，在收付款人之间作为中介金融机构提供下列部分或者全部货币资金转移服务：互联网支付、移动支付、预付卡支付的发行和受理、银行卡收单。总的说来，第三方支付通过其支付平台在消费者、银行和商家之间建立连接，起到信用担保和技术保障的作用，实现消费者到商家以及金融机构之间的货币支付、现金流转、资金结算等功能。

第三方支付平台，实际上就是买卖双方交易过程中的“中间件”，提供安全保证和技术支持，是在银行监督下保障交易双方利益的独立机构。作为网络交易的监督人和主要支付渠道，第三方支付平台提供了更丰富的支付手段和可靠服务保证。同时，在一定程度上杜绝了电子交易中的欺诈行为，消除了人们对于网上交易和网上购物的疑虑，也让越来越多的人相信和使用网络交易功能。因此，在今后的网络交易中，应用第三方支付平台技术必将活跃在线交易支付市场，成为推动电子商务发展的关键力量。

第三方支付目前有以下几种类别。

1. 银行卡收单

所谓银行卡收单，是指采用 POS 机为介质，实现签约银行向商户提供的本外币资金结算服务。最终持卡人在银行签约客户处刷卡消费，由银行结算。收单银行结算的过程就是从商户得到交易单据和交易数据，扣除按费率计算出的费用后付款给商户。

银行卡收单主营业务包括三类：(1)零售与联盟服务，主要负责商户收单与处理服务，支票验证、结算和担保服务；(2)金融服务，主要指为金融机构和其他第三方机构提供信用卡、借记卡和零售卡的交易处理服务；(3)国际服务，主要是指在国际市场上提供零售服务与联盟服务以及金融服务。银行卡收单机构的利润，主要来源于特约商户交易手续费的分成、服务费。

2. 预付卡支付

所谓预付卡支付，是指采取磁条、芯片、RFLD 等技术，以卡片、密码等形式的电子支付卡片为媒介，实现将发行机构指定范围内购买产品或服务的预付价值兑现的支付。预付卡包括礼品卡、福利卡、商家会员卡、公交卡等。狭义的预付卡支付是指由专营发卡机构发行、可跨法人使用的预付卡。

预付卡的持卡人需要在使用卡之前，将金额支付到卡片内。当持卡人发生消费行为时，消费金额从卡内的预付金额中扣除。预付卡的这一特点解决了支付过程中找零的麻烦，但由于不能提现，也冻结了持卡人的资金，资金沉淀在预付卡的发行方手中，期间由货币的时间价值所产生的利息归发行方所有，这对持卡人不利。因此，预付卡有逐步被更为方便快捷安全的第三方支付方式取代的趋势。

3. 互联网支付

互联网支付主要分为两类：独立的第三方网关模式和有电子交易平台并具有担保功能的第三方支付模式。

独立的网关模式的第三方支付平台在国外以 CyberSource、WorldPay 为代表，国内以银联、快钱、易宝支付、汇付天下、拉卡拉、首信易支付为代表，网关类支付平台在整个电子商务交易过程中只起到支付通道的作用，不接触商家，因此这类支付平台提供的服务相似度很高，技术壁垒低，容易被复制，行业同质化严重。

有交易平台的担保平台是指由电子交易平台独立或者合作开发，同各大银行建立合作关系，凭借其公司的实力和信誉承担买卖双方中间担保的第三方支付平台，其利用自身的电子商务平台和中介担保支付平台吸引商家开展经营业务。买方选购商品后，使用该平台提供的账户进行货款支付，并由第三方通知卖家货款到达、进行发货；买方检验物品后，就可以通知付款给卖家，第三方再将款项转至卖家账户。有交易平台的担保支付平台由于拥有完整的电子交易平台和大量的网络客户群，其线上业务占据了较大份额。此类支付平台既可以服务于自由电子商务平台，又可以为电子商务平台积累庞大的客户群。并且担保支付平台由于从属于其自有的电商平台，所以大多实行免费政策，为自由电子商务平台积累客户群。其客户群既面向 C2C 和 B2C 市场，也面向中小型商户。这类支付平台拥有广大的客户群，以用户的交易记录为基础建立了信用评价体系，可信度很高。随着 2003 年支付宝担保交易模式的诞生以及淘宝网络购物市场的成熟，网上支付模式开始走进亿万用户的生活。

4. *移动支付*

移动支付是指交易双方为了某种货物或业务实现，通过移动设备，采用无线方式所进行的银行转账、缴费和购物等商业交易活动。通常移动支付所使用的移动终端是手机、PDA、移动 PC 等。

移动支付具有两大特点：一是移动支付通常用于购买商品、服务和转账汇款活动。账户资金来源包括金融机构的存款账户、信用账户、预付卡和移动运营商的账户。根据收、付款人地点不同，其可分为非接触式支付和远程支付。其中，非接触式支付指收、付款人处于同一地点，利用近距离无线通信技术(NFC)、蓝牙、红外线等非接触式射频技术完成支付交易。远程支付指收、付款人分处不同地点，通过电信网络、互联网进行数据交互，完成支付交易。二是发展水平存在较大的差异，并根据实际情况选取了不同技术接口和支付网络，支付网络包括银行间网络、卡组织网络和移动运营商的封闭网络。

(二)P2P 网络借贷

P2P 网络借款(peer to peer lending，P2P 是 peer to peer 的缩写)，即点对点借贷，或称个人对个人信贷，是指基于特定信息中介(这里一般多以独立的第三方网络平台形式存在),以对等主体之间的直接资金借贷为特征的资金融通方式。在P2P借贷模式中,P2P网络借贷平台扮演着中间服务方的角色,是为个人对个人借贷行为创造条件的网络化架构,其主要为P2P网络借贷的双方提供信息流通交互、信息价值认定和其他促成交易完成的服务,但是不作为借贷资金的债权债务方。具体服务形式包括但不限于:借贷信息公布、信用审核、法律手续、投资咨询、逾期贷款追偿以及其他增值服务等。

典型的P2P借贷平台的资金流动过程为:放款者的资金一般先转给平台,平台转给借款者,借款者按照约定的还款期限和方式将资金(本金和利息)转给平台,平台从中扣除一定的服务费、管理费后转给放款者。

P2P的最大特点是通过互联网技术扩大借贷范围,提高审贷效率,降低违约风险,基本是对中小企业的贷款,是一种普惠金融的形式。P2P网络借贷运营有以下模式:

1. 纯平台模式

纯平台模式坚持了P2P平台的中介性质,平台本身没有资金介入借贷双方,而只是向借贷双方提供一个信息交互的平台。在纯平台模式中,贷款违约风险由出借人承担,P2P平台不承担贷款违约责任。纯平台模式是一种直接金融形式,具有金融脱媒的特征。如果P2P平台在借贷实现后,向借款人收取一定比例的费用建立风险备用金,以风险备用金为限向出借人提供本金或本金和利息的保障,而不使用自有资金来赔偿出借人的本金或本金和利息的损失,这样的模式也可以看作纯平台模式,因为平台本身并没有介入到借贷双方的利益之中。我国纯平台模式的典型代表是拍拍贷。

2. 保证本金(利息)模式

保证本金(利息)模式是指P2P平台向出借人提供本金或本金和利息的保证。迫于竞争的压力,除了拍拍贷,几乎所有平台都给出借人提供了本金或本金和利息保证。但大多数平台既没有明确说明保证资金或所建立风险备用基金的来源,以及风险备用基金的使用情况和动态规模,也没有明确说明承担风险的责任主体,以及平台是否仅以风险备用金为限提供保障资金。事实上这类平台是以自有资金承诺保证出借人的本金或本金和利息不遭受损失,扮演了担保机构和中介机构的双重角色,平台的性质已不是单纯的中介机构,而是无证经营的担保机构。

3. 信贷资产证券化模式

信贷资产证券化是指将原本不流通的金融资产转换成为可流通的资本市场证券。一些担保机构和小额贷款公司通过建立自己的P2P平台或者和其他 P2P 平台合作，将自己的担保产品或小额信贷资产通过 P2P 平台销售给平台的投资人，其过程类似于信贷资产证券化。这种模式的信贷业务主要在线下完成，线上主要是销售理财产品。信贷资产证券化模式利用互联网突破了传统金融机构理财产品销售所受到的监管，其实质是在进行监管套利。但是该模式能较好地满足小微企业的借款需求，投资人也比较接受这种有金融机构担保的贷款形式。

4. 债权转让模式

债权转让模式是指通过平台上的专业放贷人介入交易过程，筹资人和投资人不再直接联系完成资本对接，而是由专业放贷人先把相应的借贷资金借给筹资人，再把借款打包为理财产品，以约定的利率水平出售给自己 P2P 平台中的诸多会员（众多投资人）。即通过一边放贷一边转让债权的方式来关联出借人和筹资人，从而完成借贷款项从出借人手中转入筹资人手中。债权转让模式采取平台自助进行期限、金额匹配等方式撮合交易，其所带来的好处是能够迅速、有效地增加平台的借贷规模。

（三）众筹

众筹（crowd funding），即大众筹资或群众筹资，香港译作“群众集资”，台湾译作“群众募资”。是指一种向群众募资，以支持发起的个人或组织的行为。

按照募资的形式不同，众筹可以分为募捐制众筹、奖励制众筹、借贷制众筹和股权制众筹四种模式。募捐制众筹为公益性质的众筹，投资者并不期望得到实际回报。奖励制众筹又叫作商品众筹，它以具体的实物作为投资者的回报，该实物通常就是筹资方用所筹集资金生产的产品。除此之外，一些纪念品、参与性的活动也是该类型众筹给予投资者的报酬。迄今商品众筹的发展最为繁盛，也最能体现出众筹精神。借贷制众筹即 P2P 网络借贷，其发展已远超其他三种形式的众筹。股权制众筹是指筹资者以公司部分股权换取投资者的资金支持，投资者得到的实际上是不确定的现金回报。股权制众筹的金融性质更浓，已经迈入高速发展阶段。

相对于传统的融资方式，众筹更为开放，能否获得资金也不再是由项目的商业价值作为唯一标准。一是低门槛：无论身份、地位、职业、年龄、性别，只要有想法有创造能力都可以发起项目。二是多样性：众筹的方向具有多样性，在国内的众筹网站上的项目类别包括设计、科技、音乐、影视、食品、漫画、出版、游戏、摄影等。三是依靠大众力量：支持者通常是普通的草根民众，而非公司、企业或是风险投资人。四是注重创意：发起人必须先将自己的创意（设计图、成品、策划等）达到可展示的程度，才能通过平台的审核，而不单单是一个概念或者一个点子，要有可操作性。众筹方式为更多小本经营或创业者提供了获得项目启动第一笔资金的可能。

各类众筹平台的具体运作流程大同小异，典型的流程开始于筹资者向众筹平台提供项目相关信息以待审核。对于商品众筹来说，筹资者提交的信息包括但不限于：项目的内容、进度安排、进展情况、对投资者的回报、风险揭示，筹资者的个人履历、技能说明书等。股权众筹所需的资料更为复杂，包括但不限于：完整的商业计划书、企业经营的相关法律文件、财务报表、拟出让的股份数目及价格、退出方式等。如果审核通过，项目进入准备阶段。筹资者在此阶段必须准备宣传文案、美工设计、宣传视频等资料以供宣传。准备完毕后，项目则可上线，发布于众筹网络平台，开始筹资。

(四)大数据金融

大数据金融(big data finance)是指集合海量、非结构化数据，通过互联网、云计算等信息方式对其数据进行专业化的挖掘和分析，并与传统金融业务相结合，创新性开展资金融通的总称。大数据金融通过分析和挖掘客户的交易和消费信息掌握客户的消费习惯，并准确预测客户行为，使金融机构和金融服务平台在营销和风险控制方面有的放矢。

大数据金融模式广泛应用于电商平台，以对平台用户和供应商进行贷款融资，从中获得贷款利息以及流畅的供应链所带来的企业收益。大数据能够通过海量数据的核查和评定，增加风险的可控性和管理力度，及时发现并解决可能出现的风险点，对于风险发生的规律性有精准的把握，将推动金融机构对更深入和透彻的数据的分析需求。

随着信息技术全面发展，金融大数据产业具备了提供信息技术服务之外的金融服务能力时，就产生了大数据金融。大数据金融是技术服务催生出来的金融服务。从行业细分角度，大数据金融业主要有大数据银行金融和大数据证券金融，分别和银行业务、证券业务相关，而保险业天然就和大数据相关。目前，大数据金融的运营模式可以分为以阿里小额信贷为代表的平台模式和以京东为代表的供应链金融模式。

(五)信息化金融机构

信息化金融机构(information financial institutions)，是指通过采用以互联网为代表的信息技术，对传统运营流程进行改造或重构，实现经营、管理全面电子化的银行、证券和保险等金融机构。金融信息化是金融业发展趋势之一，而信息化金融机构则是金融创新的产物。目前金融行业正处于一个由金融机构信息化向信息化金融机构转变的阶段。信息化金融机构有金融服务更加高效便捷、资源整合能力更为强大、金融创新产品更加丰富等几个特点。信息化金融机构的运营模式有传统金融业务电子化模式、基于互联网的创新金融服务模式和金融电商模式三类。

我国的金融电子化建设始于20世纪70年代，相对于其他发达国家来讲起步较晚。但是我国的金融电脑化信息系统发展很快，目前已经逐步形成了一个金融电子信息化服务体系。我国的金融信息化建设取得了很大的进步和成绩，并且我国的信息化的先进技术的应用也达到了国际的先进水平，但是在运行效率、信息综合程度以及信息服务水平方面与发达国家还存在很大的差距。主要表现为：金融信息化的技术标准与业务规范不完善；深度分析不够，跨行业、跨部门金融网络尚未形成；基于信息技术的金融创新能力不足等。

（六）互联网金融门户

互联网金融门户（internet financial portal）是指利用互联网进行金融产品的销售以及为金融产品销售提供第三方服务的平台。

商业银行一边是不断通过投资组合推出理财产品，一边是以自己的商业银行门户平台销售理财产品和代理其他金融产品。就像一个摆放了不同金融产品的超级市场，投资者可以通过云计算平台提供的“搜索＋比价”功能挑选合适的金融产品。商业银行将贷款初审、金融顾问等传统金融服务与大数据、云计算相结合，在实现网上虚拟交易的同时，还可以为客户提供在线金融服务。买卖双方都从门户社区的宽广的、丰富的买方和卖方中获益，买方搜寻的低成本，反过来增强了网站的收益。

互联网金融门户可以分为第三方资讯平台、垂直搜索平台以及在线金融超市三大类。

三、我国互联网金融的发展

2013年以来，我国互联网金融迅猛发展，2013年被称为“互联网金融元年”。我国政府对互联网金融采取了积极态度。2013年8月，互联网金融正式写入国务院的两个重要文件。国务院办公厅《关于金融支持中小企业发展的实施意见》提出：“充分利用互联网等新技术、新工具，不断创新网络金融服务模式。”国务院《关于促进信息消费扩大内需的若干意见》提出“推动互联网金融创新，规范互联网金融服务”。2013年12月，中国支付清算协会成立互联网金融专业委员会，引入自律监管。回顾我国互联网金融的发展，可分为以下三个阶段：

第一个阶段是20世纪90年代中期至2005年。20世纪90年代中期美国等主要发达国家出现了互联网技术的热潮。在这一背景下，我国金融业也开始在资金清算、风险管理等方面应用互联网技术。90年代末期，随着电子商务的出现和网络购物的兴起，中国出现了依托网络的第三方支付平台。虽然2001年互联网泡沫破灭，但互联网技术行业的扩散却仍在继续，商业银行等传统金融机构纷纷开发自身的门户网站并提供转账支付等简单的在线金融服务。总体上看，这一阶段是互联网金融的萌芽期，互联网与金融的结合主要体现为互联网为金融机构提供技术支持，帮助银行“把业务搬到网上”，但还没有出现真正意义的互联网金融业态。

第二个阶段是2005年至2011年年底。这一阶段是中国互联网金融的酝酿和成长期。依托互联网网络借贷开始出现；电子商务的日益普及也推动第三方支付平台迅速发展。然而这一时期互联网金融的发展较为无序和混乱，网络诈骗、网络非法集资等案件频发。这一阶段的标志性事件是中国人民银行于2010年9月颁布实施《非金融机构支付管理办法》，第三方支付这一互联网金融的重要模式进入规范发展的轨道。

第三个阶段是2012年至今。互联网金融模式在2012年开始出现了一系列新变化。平安保险集团率先联手阿里巴巴集团和腾讯，开创了在线保险公司的先河。进入2013年后，互联网金融迅猛发展，第三方支付的规模继续扩大，基于互联网的创新型基金销售平台、P2P网络借贷平台快速发展，众筹融资平台开始起步，第一家专业网络保险公司获批，一些银行、券商也以互联网为依托，对业务模式进行重组改造，加速建设线上创新型平台，互联网金融的发展进入了新的阶段。

本章小结

1. 金融市场是指以金融工具为交易对象而形成的资金供求关系及其机制的总和。按照不同的标准可以将金融市场划分为若干类型。根据金融交易标的物的不同，可以分为货币市场、资本市场、金融衍生品市场、外汇市场和黄金市场。货币市场是短期金融市场。资本市场包括债券、股票和证券投资基金。金融衍生品是在原生性金融工具基础上派生出来的金融工具或金融商品，主要包括金融远期、金融期货、金融期权以及金融互换四种。

2. 完整的金融市场包含金融市场主体、金融市场客体、金融市场中介、金融市场价格四个基本要素。

3. 货币市场是指融资期限不超过一年的资金借贷和短期有价证券的交易市场。在该市场上发行的各类货币信用工具，在货币供应量层次中位于现金和银行存款之后，一般称为“准货币”，所以将交易这类货币信用工具的市场称为货币市场，也称为“短期金融市场”或“短期资金市场”。根据其结构不同，可以分为同业拆借市场、商业票据市场、大额可转让定期存单市场、证券回购市场、短期政府债券市场等若干个子市场。

4. 资本市场是指以期限超过一年的融资工具为媒介进行长期性资金交易活动的市场。资本市场是筹措长期资金的市场，主要包括债券市场、股票市场和基金市场等。

5. 金融衍生产品是与原生性金融产品相对应的一个概念，是指其价值依赖于原生性金融产品的一类金融产品。金融衍生品的价格往往由原生金融产品预期价格的变化决定。这些相关的原生金融产品，一般是指股票、债券、银行定期存单、货币等。

6. 互联网金融是金融依托于互联网和移动通讯(渠道与技术等)而展开的各种金融交易活动的总称。广义的互联网金融，包括非金融机构的互联网企业从事金融业务和金融机构通过互联网展开业务；狭义的互联网金融，指的是互联网企业开展的基于互联网技术的金融业务。互联网金融模式主要有：第三方支付、P2P 网络借贷、众筹、大数据金融、信息化金融机构和互联网金融门户等。

课后练习

一、名词解释

货币市场　同业拆借市场　商业票据　银行票据　汇票
本票　支票　承兑　背书　大额可转让定期存单　债券
股票　基金　独立衍生品　嵌入式衍生品　第三方支付
P2P 网络借贷　众筹　大数据金融

二、多项选择题

1. 货币市场具有(　　)特点。
A. 短期性　B. 流动性　C. 便利性
D. 安全性　E. 灵敏性　F. 重要性

2. (　　)是金融市场最基本的要素，是金融市场形成的基础。
A. 金融市场主体　B. 金融市场客体　C. 金融市场中介

D. 金融市场价格　　　E. 金融市场范围　　　F. 金融市场监管

3. 在证券回购市场上回购的品种有(　　)。

A. 大额可转让定期存单 B. 商业票据　　　C. 国库券

D. 支票　　　E. 政府债券　　　F. 股票

4. 下列市场中，属于货币市场的有(　　)。

A. 国库券市场　　　B. 交易所债券市场　　　C. 回购协议市场

D. 商业票据市场　　　E. 银行承兑汇票市场　　　F. 同业拆借市场

5. 在传统的金融市场中，交易的金融工具有“准货币”特征的市场有(　　)。

A. 同业拆借市场　　　B. 回购协议市场　　　C. 股票市场

D. 债券市场　　　E. 银行承兑汇票市场　　　F. 商业票据市场

三、简答题

1. 简述金融市场的分类及其特点。
2. 简述货币市场的种类及其特点。
3. 简述资本市场的种类及其特点。
4. 简述股票的交易程序。
5. 简述金融衍生品的特点。
6. 对冲基金的交易模式及其原理是什么?
7. 简述我国互联网金融的发展历程。

第六章　微观金融活动中的收益与风险

本章要点

◎货币的时间价值
◎收益与收益率计算
◎信用工具的概念及特征和主要类型
◎利率的本质和分类
◎利率水平的主要影响因素
◎金融风险及其度量
◎风险的控制与管理

本章将接触到微观金融领域中的各种基本概念，还会接触到金融资产的价值评估、金融资产的交易和收益率的计算、融资方案的选择和融资决策、金融风险的规避和管控等内容。

第一节　货币的时间价值

货币时间价值(time value of money)，是指货币随着时间的推移而发生的增值，也称为资金时间价值。货币时间价值原理揭示了资金之间的换算关系，它是财务决策的基本依据。

例如，假定5年期以上的商业贷款利率为5.94%，以个人住房商业贷款50万元(20年)计算，在20年中，贷款者累计需要归还银行85.5万元，也就是要向银行多支付超过贷款本金的35.5万元，这就是资金的时间价值在其中起作用。

在商品经济中有这样一种现象：现在的1元钱和1年以后的1元钱，经济价值是不相等的。即使在不存在通货膨胀的情况下，现在的1元钱比1年以后的1元钱经济价值也要大一些。例如，将现在的1元钱存入银行，假设存款利率为10%,1年后可得到1.10元。这1元钱经过1年时间的投资增加了0.10元,这就是货币的时间价值。在实际生活中,人们习惯使用相对数字来表示货币的时间价值,即用增加价值占投入货币的百分数来表示。例如,前述货币的时间价值为10%。

一、终值、现值与贴现

(一)终值和现值

终值(future value),又称将来值,是现在一定量现金在未来某一时点上的价值,俗称本利和。比如存入银行一笔现金100元,年利率为10%,一年后取出110元,则110元是终值。

现值(present value),指资金折算至基准年的数值,也称折现值。如在上例中,一年以后的110元折合到现在的价值为100元,这100元就是现值。

终值、现值与贴现率三者间的关系如下:

$$现值=终值/(1+贴现率)n$$

式中,n 为期限。

延伸阅读

现值的意义

现值的概念非常有用,用途之一是来确定彩票中奖金额究竟价值多少。例如,某基金会通过广告宣称它有一项彩票的奖金为100万元。但那并不是奖金的真正价值。事实上,该基金会承诺在20年内每年付款50000元。如果贴现率是10%并且第一笔账及时到户,则该奖金的现值只有468246元。

资料来源:编者根据百度百科的材料编写。

终值与现值的计算涉及利息计算方式的选择。目前有两种利息计算方式,即单利和复利。单利方式下,每期都按初始本金计算利息,当期利息不计入下期本金,计算基础不变。复利方式下,以当期末本利和为计息基础计算下期利息,即利上滚利。在现代财务管理中,一般用复利方式计算终值与现值。

在时间价值计算中,经常使用到以下符号:

P——本金,又称现值;

i——利率,指利息与本金之比;

I——利息；

F——本金与利息之和，又称本利和或终值；

n——期数。

（二）单利的终值与现值(simple interest)

1. 单利终值

单利终值的计算可依照如下计算公式：

$$F=P+Pin=P(1+in)$$

【例 6.1】某人现在存入银行 1000 元，利率为 5%，3 年后取出，问：在单利方式下，3 年后取出多少钱？

【解析】 $F=1000\times(1+3\times5\%)=1150$(元)

2. 单利现值

单利的终值和单利的现值互为逆运算。由单利终值计算公式变形可得单利现值的计算公式为：

$$P=F/(1+in)。$$

【例 6.2】假设某人希望在 3 年后的本利和为 1150 元，用以支付一笔款项，已知银行存款利率为 5%，在单利方式计算条件下，此人需存入银行多少钱？

【解析】 $P=1150/(1+3\times5\%)=1000$(元)

3. 结论

(1)单利终值和单利现值之间互为逆运算；

(2)单利终值系数和单利现值系数之间互为倒数。

（三）复利的终值与现值(compound interest)

1. 复利终值

复利终值是指一定的本金按复利计算的方式经过若干期后的本利和。假设某人将 P 元存放于银行，以年利率 i 计算，则：

第一年的本利和为：$F=P+Pi=P(1+i)$

第二年的本利和为：$F=P(1+i)(1+i)=P(1+i)^2$

第三年的本利和为：$F=P(1+i)(1+i)(1+i)=P(1+i)^3$

第 n 年的本利和为：$F=P(1+i)^n$

式中，$(1+i)^n$ 称为复利终值系数，通常用符号 $(F/P,i,n)$ 表示。如 $(F/P,7\%,5)$ 表示利率为 7%，5 期复利终值的系数。

【例 6.3】某人存入银行本金为 2000 元，以年利率 6%计算，5 年后的复利终值是多少？

【解析】 $F=2000\times(F/P,6\%,5)=2000\times1.338=2676$(元)

2. 复利现值

复利现值是复利终值的逆运算,它是指今后某一特定时间收到或付出一笔款项,按复利计算的相当于现在的价值。其计算公式为:

$$P=F(1+i)^{-n}$$

式中,$(1+i)^{-n}$称为复利现值系数,通常用符号$(P/F,i,n)$表示。可以直接查阅"1元复利现值系数表"。

【例6.4】某项投资4年后可得收益40000元,按利率6%计算,其复利现值应为多少?

【解析】 $P=40000\times(P/F,6\%,4)=40000\times0.792=31680$(元)

3. 结论

(1)复利终值和复利现值互为逆运算;

(2)复利终值系数和复利现值系数互为倒数。

二、年金

年金(annuity)是指定期或不定期的时间内一系列的现金流入或现金流出。年金在我们的经济生活中非常普遍,如支付房屋的租金、抵押支付、商品的分期付款、分期付款赊购,分期偿还贷款、发放养老金、提取折旧以及投资款项的利息支付等,都属于年金收付形式。

按付款时间不同,年金可分为四类:

(1)普通年金或后付年金(ordinary annuity):指从第一期起,在一定时期内每期期末等额收付的系列款项,又称为后付年金。

(2)期初年金或预付年金(annuity due):指从第一期起,在一定时期内每期期初等额收付的系列款项,又称先付年金。

(3)递延年金或延期年金(deferred annuity):指第一次收付款发生时间与第一期无关,而是隔若干期(m)后才开始发生的系列等额收付款项。

(4)永续年金(perpetual annuity):指无限期等额收付的特种年金。它是普通年金的特殊形式,即期限趋于无穷的普通年金。

(一)普通年金

1. 普通年金终值

(1)普通年金的终值是指在一定时期内每期期末收付款项的复利终值之和。如图6.1所示。

普通年金终值的计算公式为:

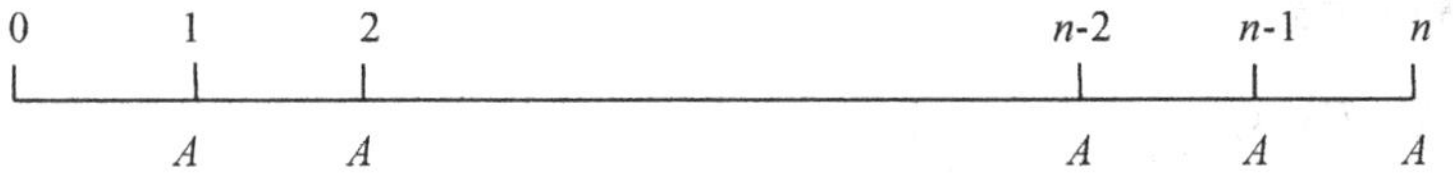

图 6.1　普通年金

$$FVA_n = A(1+i)^0 + A(1+i)^1 + A(1+i)^2 + \cdots + A(1+i)^{n-2} + A(1+i)^{n-1}$$

即
$$FVA_n = A\sum_{i=1}^{n}(1+i)^{i-1}$$

整理得：
$$FVA_n = A[\frac{(1+i)^n - 1}{i}]$$

其中，FVA_n 是年金终值；A 为每次收付款项的金额；i 为利率；t 为每笔收付款项的计息期数；n 为全部年金的计息期数。$[\frac{(1+i)^n-1}{i}]$称为年金终值系数，通常用 $FV/FA,i,n$ 或$(F/A,i,n)$表示$(F/A,i,n)$的值可在年金终值系数表中查询。

【例 6.5】假设某人在 5 年内，每年末投入股市 10 万元，股市的年平均收益率为 10%，那么 5 年后此人可获得的收益是多少？

【解析】5 年后的本利和为：

$$FVA_n = A[\frac{(1+i)^n-1}{i}] = 10\times[\frac{(1+10\%)^5-1}{10\%}]$$
$$= 10\times(F/A,10\%,5) = 61.05(\text{万元})$$

则 5 年后李某可获得收益为 61.05 万元。

(2)普通年金终值的应用——偿债基金

偿债基金指为了在约定的未来某一时点清偿某笔债务或积蓄一定数量的资金而必须分次等额提取的存款准备金。实际上就是在已知 FVA_n，i 和 n 的情况下，求 A。

由 $FVA_n = A[\frac{(1+i)^n-1}{i}]$ 与 $FVA_n = A\sum_{i=1}^{n}(1+i)^{i-1}$ 可得：

$$A = FVA_n[\frac{i}{(1+i)^n-1}] = FVA_n\frac{1}{\sum_{i=1}^{n}(1+i)^{i-1}}$$

式中，$[\frac{i}{(1+i)^n-1}]$为偿债基金系数，即普通年金终值系数的倒数。

【例 6.6】某人以分期偿还方式偿还一笔 20 万元的款项，假设年利率为 6%，并且每年年末等额归还，要求 10 年还清，每年应该支付多少？

【解析】

$$A=FVA_n[\frac{i}{(1+i)^n-1}]=$$

$$200000\div(F/A,6\%,10)=200000\div13.181=15173.36(\text{元})$$

即李某每年需要支付15173.36元。

2. 普通年金现值

(1)普通年金现值指一定时期内每期期末收付款项的复利现值之和。普通年金现值计算公式为：

$$PVA_n = A\cdot(1+i)^{-1}+A\cdot(1+i)^{-2}+\cdots+A\cdot(1+i)^{-(n-2)}$$
$$+A\cdot(1+i)^{-(n-1)}+A\cdot(1+i)^{-n}$$

即 $$PVA_n = A\sum_{i=1}^{n}(1+i)^{-i}$$

整理得 $$PVA_n=A\cdot[\frac{1-(1+i)^{-n}}{i}]$$

PVA_n 为普通年金现值，其他字母同上。$[\frac{1-(1+i)^{-n}}{i}]$ 为年金现值系数，用 $PV/FA,i,n$ 或 $(P/A,i,n)$ 表示 $(P/A,i,n)$ 中的系数从年金现值系数表中查询。

【例6.7】某人从银行获取房贷，按定额本息法还款，每年年末需要支付20000元，年复利利率为8%，10年后支付贷款本息总额的现值为多少？

【解析】

$$PVA_n=A\cdot[\frac{1-(1+i)^{-n}}{i}]=20000\times(\text{P/A},8\%,10)$$
$$=20000\times6.7101=134202(\text{元})$$

(2)普通年金现值的应用——年资本回收额

年资本回收额是指在约定的年限内等额回收的初始投资额或清偿所欠的债务额。即已知 PVA_n，i 和 n，求 A。

由 $PVA_n = A\cdot[\frac{1-(1+i)^{-n}}{i}]$ 与 $PVA_n = A\sum_{i=1}^{n}(1+i)^{-i}$ 得

$$A = PVA_0\cdot\frac{i}{1-(1+i)^{-n}} = PVA_0\cdot\frac{i}{\sum_{i=1}^{n}(1+i)^{-i}}$$

式中，$\frac{i}{1-(1+i)^{-n}}$ 为资本回收系数，相当于年金现值系数的倒数。

【例6.8】某人在2005年借款37910元，假设借款年利率为10%，本息从

2005—2009 年 5 年中的每年年底等额偿还，问每次偿还金额需要多少？

【解析】

$$A = PVA_0 \cdot \frac{i}{1-(1+i)^{-n}}$$

$$=37910 \div (P/A,10\%,5)=37910 \div 3.7908=10000(\text{元})$$

即每次偿还金额为 10000 元。

（二）期初年金

1. 期初年金的终值

期初年金与普通年金的差别在于首付款时间是不同的。如图 6.2 所示。

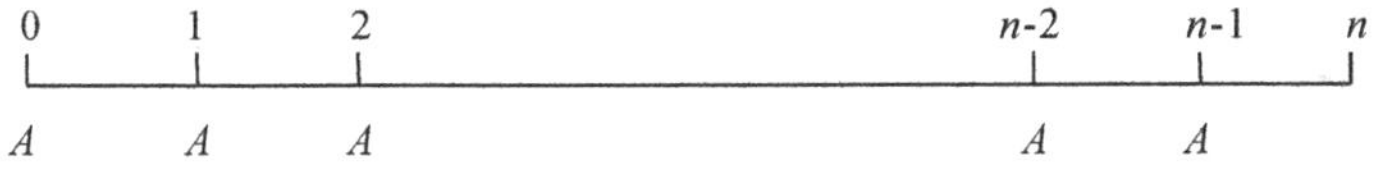

图 6.2　期初年金示意图

由于期初年金的支付发生在期初，与普通年金终值的付款次数相同，但是 n 期期初年金终值比 n 期普通年金的终值多计算了一次利息，所以，在 n 期普通年金终值的基础上乘以 $(1+i)$ 就是期初年金的终值。

$$FVA_n = A \cdot \left[\frac{(1+i)^n-1}{i}\right] \cdot (1+i) = A \cdot \left[\frac{(1+i)^{n+1}-1}{i}\right]$$

式中，$\left[\frac{(1+i)^{n+1}}{i}-1\right]$ 为期初年金终值系数，可记为 $[(F/A,i,n+1)-1]$，该系数可通过年金终值系数表得 $(n+1)$ 期的系数值，然后再减去 1 而得到。

即　　　$$FVA_n = A[(F/A,i,n+1)-1]$$

【例 6.9】 某人每年年初向银行存入 5000 元，连续存入 5 年，假设年利率为 5%，问 5 年到期时的本利和应该是多少？

【解析】

$$FVA_n = A \cdot \left[\frac{(1+i)^n-1}{i}\right] \cdot (1+i)$$

$$=5000 \times 5.5256 \times 1.05 = 29010(\text{元})$$

或　　$$FVA_n = A[(F/A,i,n+1)-1] = 5000 \times [(F/A,5\%,6)-1]$$

$$=5000 \times (6.8019-1) = 29010(\text{元})$$

即 5 年到期时的本利和是 29010 元。

2. 期初年金的现值

期初年金的现值指在一定时期内每期期初等额收付款项的现值之和。期初年金与普通年金的期限相比多折现一期，所以要在普通年金的基础上乘以 $(1+i)$ 可得期初年金的现值。

$$PA_n = A \cdot [\frac{1-(1+i)^{-n}}{i}] \cdot (1+i) = A \cdot [\frac{1-(1+i)^{-(n-1)}}{i}+1]$$

式中，$[\frac{1-(1+i)^{-(n-1)}}{i}+1]$ 为期初年金现值系数，用 $[(P/A,i,n-1)+1]$ 表示，它在普通年金现值系数的基础之上，期数减 1，然后再加 1 而得到。

$$PA_n = A[(P/A,i,n-1)+1]$$

【例 6.10】 某公司租入一套设备，需要每年年初支付租金 4000 元，假设年利率为 8%，那么 5 年后的现值为多少？

【解析】

$$PA_n = A \cdot [\frac{1-(1+i)^{-n}}{i} \cdot (1+i)]$$

$$= 4000 \times 3.9927 \times (1+8\%) = 17248(元)$$

或

$$PA_n = A[(P/A,i,n-1)+1] = 4000 \times [(P/A,8\%,4)+1]$$

$$= 4000 \times 4.3121 = 17248(元)$$

即支付 5 年后的现值为 17248 元。

(三)递延年金

递延年金(deferred annuity)，又称作延期年金。如图 6.3 所示。

图 6.3　递延年金

1. 递延年金终值

递延年金的终值大小，与递延期无关，故计算方法与普通年金终值的相同。

【例 6.11】 某公司投资一个重点项目，要求前 3 期不用支付，从第四期开始连续支付 4 期，每期期末为 1000 元，假设年利率为 10%，那么终值为多少？

【解析】 已知：$m=3, n=4, i=10\%, A=1000$

则　　$V7 = 1000 \times FVIFA(10\%,4) = 1000 \times 4.641 = 4641$ 元

2. 递延年金的现值

有两种计算方法：

第一种方法：

(1)计算 n 期年金现值

则 $$PV_{0n}=A\times PVIFA_{i,n}$$

(2)将 n 期的 V0 看作 m 期的终值，计算 m 期的复利现值，得到递延年金的现值。

即 $$PV_0=PV_{0n}\times PVIF_{i,m}$$

因此：递延年金现值的计算公式是

$$PV_n=A\cdot PVIFA_{i,n}\cdot PVIF_{i,m}$$

第二种方法：

先计算出 $m+n$ 期年金现值，减去前 m 期的年金现值，最后两者之差就是递延年金的现值。

计算公式为：

$$FV_0=A\cdot PVIFA_{i,m+n}-A\cdot PVIFA_{i,m}$$

【例 6.12】某企业采用基建贷款的方式购进一条生产线，假设建设期为 3 年，3 年内不用还本付息，从第 4 年年末开始，需要在 10 内每年能偿还贷款本息为 20 万，银行贷款利率为 6%，那么该企业最多能向银行贷款多少？

【解析】已知：$A=20,i=6\%,m=3,n=10$，代入公式得：

$$\begin{aligned}PV_0&=20\times PVIFA_{6\%,10}\times PVIF_{6\%,3}\\&=20\times 7.36\times 0.84=123.65\text{ 万}\end{aligned}$$

或 $$\begin{aligned}PV_0&=20\times PVIFA_{6\%,10}+3-20\times PVIFA_{6\%,3}\\&=20\times 8.853-20\times 2.673=123.6(\text{万元})\end{aligned}$$

(五)永续年金

因为永续年金(sustainable annuity)是无期限的，所以没有终值。在实际生活中，期限很长的年金在计算时可以作为永续年金来计算。

永续年金的现值计算公式：

$$PV_0=A\sum_{i=1}^{n}(1+i)^{-i}=A\lim_{n\to\infty}\frac{1-(1+i)^{-n}}{i}=\frac{A}{i}$$

【例 6.13】某学校欲建立一项永久性的奖学金，计划每年颁发给学生 10000 元，假设年利率为 10%，那么现在应存入银行多少钱？

【解析】

$$PV_0=10000/10\%=100000\text{ 元}$$

第二节　收益与收益率

收益(profit)是指资产的价值在一定时期的增值，收益率(return rate)是衡量每单位资产创造多少净利润的指标。收益率是资产收益的一种表示方式。资产的收益有不同的表示方式，收益率也由不同的种类构成。

一、收益的表示方式

第一种方式是以金额表示的，称为资产的收益额，通常以资产价值在一定期限内的增值量来表示，该增值量来源于两部分：一是期限内资产的现金净收入；二是期末资产的价值(或市场价格)相对于期初价值(价格)的升值。前者多为利息、红利或股息收益，后者称为资本利得。

第二种方式是以百分比表示的，称为资产的收益率或报酬率，是资产增值量与期初资产价值(价格)的比值。该收益率也包括两部分：一是利息(股息)的收益率，二是资本利得的收益率。显然，以金额表示的收益与期初资产的价值(价格)相关，不利于不同规模资产之间收益的比较，而以百分数表示的收益则是一个相对指标，便于不同规模下资产收益的比较和分析。所以，通常情况下，我们都是用收益率的方式来表示资产的收益。

另外，由于收益率是相对于特定期限的，它的大小要受到计算期限的影响，但是计算期限常常不一定是一年，为了便于比较和分析，对于计算期限短于或长于一年的资产，在计算收益率时一般要将不同期限的收益率转化成年收益率。

因此，如果不作特殊说明的话，资产的收益指的就是资产的年收益率，又称资产的报酬率。

单期收益率的计算方法为：

单期资产的收益率＝资产价值(价格)的增值/期初资产价值(价格)

＝[利息(股息)收益＋资本利得]/期初资产价值(价格)

＝利息(股息)收益率＋资本利得收益率

二、收益率及其计算

债券的投资收益不同于债券利息，债券利息仅指债券票面利率与债券面值的乘积，它只是债券投资收益的一个组成部分。除了债券利息以外，债券的投资收益还包括价差和利息再投资所得的利息收入，其中价差可能为负值。决定债券收益率的主要因素，有债券的票面利率、期限、面值、持有时间、购买价格和出售价格等。

（一）名义收益率

名义收益率（nominal rate of return）又称为票面收益率，是债券票面上规定的固定利率，即票面收益与债券面值的比率。

$$r=\frac{C}{F}$$

式中，r 为名义收益率，C 为年利息，F 为面值。

【例 6.14】 如果某债券的年利息支付为 10 元，面值为 100 元，市场价格为 90 元，求其名义收益率。

【解析】 $r=C/F=10/100=10\%$。

（二）本期收益率

本期收益率（current rate of return）也称当前收益率或直接收益率，是指债券的年实际利息收入与买入债券的实际价格之比率。

本期收益率＝债券年实际收入/债券本期市场价格

其计算公式为：

$$r=\frac{C}{P}$$

式中，r 为本期收益率，C 为债券年实际收入，P 为债券本期市场价格。

【例 6.15】我国某企业计划于年初发行面额为 100 元、期限为 3 年的债券 200 亿元。该债券票面利息为每年 5 元，于每年年末支付，到期还本。该债券发行采用从网上向社会投资者定价发行的方式进行。如果该债券的市场价格是 110 元，则该债券到期后的收益率是多少？

【解析】 本题考查的是本期收益率计算。

本期收益率＝债券年实际收入/债券本期市场价格＝5/110＝4.5%

（三）持有期收益率

持有期收益率（return rate of holding period）是指从购入到卖出这段持有期限里所能得到的收益率。能综合反映债券持有期间的利息收入情况和资本损益水平。

1. 持有时间较短（不超过 1 年）的，直接按债券持有期间的收益额除以买入价计算持有期收益率：

持有期收益率=[债券持有期间的利息收入

+(债券的卖出价-债券的买入价)]/债券的买入价

持有期年均收益率=持有期收益率/持有年限

持有年限=实际持有天数/360

2. 持有的期限较长,应按每年复利一次计算持有期年均收益率(即计算使债券带来的现金净流入量净现值为零的折现率,也称为内部收益率)。

第三节 金融风险及其度量

一、金融风险的概念

金融风险(financial risk)指的是与金融有关的风险,如金融市场风险、金融产品风险、金融机构风险等。高负债的行业特点决定了金融业具有容易失败的特性,这是狭义上的金融风险。广义上的金融风险,则是泛指一切融资领域(包括金融机构融资和金融市场融资)中的风险集聚。现在,更多的是从广义角度使用这一概念。

风险因素、风险事故和损失的可能性,是构成风险的三个基本要素。

风险因素是指有关主体从事了一件冒险、可能蒙受损失的事情,是引起风险事故发生或增加风险事故发生机会的因素。

风险事故是导致损失发生的偶然事件,是造成损失发生的直接原因。

损失的可能性,是指这种损失是非故意的、非预期的和非计划的,损失的结果也是不确定的。

判断金融部门是否出现风险,是由以下指标来衡量的:(1)短期债务与外汇储备比例失调;(2)巨额经常项目逆差;(3)预算赤字过大;(4)资本流入的组成中,短期资本比例过高;(5)汇率定值过高;(6)货币供应量迅速增加;(7)通货膨胀率持续、显著高于历史平均水平;(8)M_2 对官方储备比率变动异常;(9)高利率等等。

相比于一般经济风险,金融风险具有如下特征:

1. 潜在性、累积性和不确定性。金融风险的风险因素是有关主体(政府、法人和自然人)从事了金融活动;金融风险的风险事故是某些因素发生了意外的变动;金融风险中损失的可能性是经济损失的可能性。因此,金融机构和其融资者间存在着极大的信息不对称,而微观金融主体对金融资产价格变化的信息又是极不完全的，因此金融风险具有很大的潜在性，并在各金融机构中不断累积。影响金融风险的因素具有极大的不确定性，往往难以事前完全把握。

2. 突发性、加速性和高杠杆性。由于微观金融主体的投机化行为偏好，金融风险具有加速累积的特点，金融泡沫越吹越大。而一旦风险累积超过一定的临界值，随着某一具体金融事件的发生，社会个体的“信用幻觉”被打破，潜在风险遂突发为现实风险。个体的投机化行为模式再一次起到加速器的作用，金融——经济危机最终形成。加之金融企业负债率偏高，财务杠杆大，导致负外部性大，另外，金融工具创新、衍生金融工具等也伴随高度金融风险。

3. 扩散性、传染性和极大的危害性。在一个统一的金融市场上，金融机构承担着中介机构的职能，割裂了原始借贷的对应关系。各种金融资产、各类金融机构密切联系，相互交织成一个复杂的体系，金融资产价格波动固然相互影响传递，不同种类的金融机构运营出现纰漏引发的局部挤兑风潮往往会扩散到整个金融体系中去。处于中介网络的任何一方出现风险，都有可能对其他方面产生影响，甚至发生行业的、区域的金融风险，导致金融危机。另外，由于国际金融交往日益密切，一国的金融风险往往会通过各种渠道实现跨国“传染”，一旦一国风险突发酿成金融危机，很快就会传染给其他国家，于是形成所谓的“多米诺骨牌”效应。这一特征在全球金融一体化成为趋势的今天显得尤其突出。

在一国由金融压抑状态转向金融自由状态时，金融风险问题会显得十分突出。对金融自由化会引发金融风险的普遍忧虑，起始于1985年卡格斯·迪亚斯-亚历杭德罗(Carlos Diaz Alejandro)的著名论文《送走了金融压制，迎来了金融危机》。作者认为，金融自由化在各方面都不同程度地激化了金融固有的风险。

(1)长期以来，利率自由化被当做金融自由化的核心内容。尤其在计量研究中，利率自由化变量常常作为金融自由化的替代变量，但利率自由化也使利率风险突出了。

第一，阶段性风险。一旦放开利率管制，长期受到压抑的利率水平会显著升高，危及宏观金融稳定；自由化又使利率水平变动不羁，长期在管制状态环境生存的商业银行，一时间来不及发展金融工具来规避利率风险。利率水平的骤然升高和不规则的波动，从两个方面加剧了银行的风险，其影响之大，常常直接导致银行危机的发生。

第二，恒久性风险，即通常所说的利率风险。利率风险源自市场利率变动的不确定性，具有长期性和非系统性；只要利率管制放开，这样的风险必然不请自至。

(2)金融自由化的另一项主要措施是放松金融机构业务范围的限制，使金融业由分业经营走向混业经营。最常见的混业经营是银行业与证券业的融合，更扩大一点的还可以把保险业和实业也包括进来。

(3)金融自由化放宽了金融机构开业的限制。准入的限制使银行的执照对其持有者来说具有很高的价值。因此，为了保住这种宝贵的执照，银行关注稳健经营。当自由化改革导致银行竞争加剧并减少了收益时，特许权价值被侵蚀了，这就会削弱银行管理风险的自我激励，并有可能加大风险。

(4)发展中国家甚至有些发达国家，由于长期实行政府对银行信贷业务的行政干预，形成大量不良贷款，但在政府的保护措施下，对银行流动性的威胁只是潜在的。一旦实行银行私有化，潜在的金融风险很容易转化为现实的金融风波，乃至金融危机。

(5)20 世纪 90 年代以来的金融危机大多与国际资本在各国资本市场之间的移动有关。资本自由流动所带来的冲击在发达国家与发展中国家之间并不是均匀分配的。在发达的金融体系中，有各种各样的手段来“中和”冲击，而且其巨大的经济实力也经得住冲击。至于发展中国家，由于金融体系的成熟程度低，金融调控经验和心理承受能力低，资本自由流动的不利后果必然表现得更为充分。

二、金融风险的类型

巴塞尔银行有效监管的核心原则，将金融风险分为包括信用风险、市场风险、流动性风险、操作风险和法律风险等八种风险类型。如表 8.1 所示。

表 8.1　金融风险的类型

信用风险	因为交易对方不守信用而产生的风险	
市场风险	因金融市场价格发生意外变动而蒙受的经济损失	汇率风险
		利率风险
		投资风险
流动性风险	金融机构(特别是商业银行)所掌握的现金资产不足以满足即时支付的需要而产生的风险	
操作风险	由金融机构内部因素变化所导致的操作风险	

续表

法律风险与合规风险	金融机构与雇员或客户签署的合同等文件违反有关法律或法规，或有关条款在法律上不具备可实施性造成的风险	
国家风险	与国际经济金融交易伴生的风险	主权风险
		转移风险
		经济风险
		政治风险
		社会风险
声誉风险	金融机构因受公众的负面评价而出现客户、股东、业务机遇丧失、业务成本提高等而蒙受相应的经济损失	
系统风险	金融机构从事金融活动或交易所在的整个系统（机构系统或市场系统）因外部性因素的冲击或内部性因素的牵连而发生剧烈波动、危机或瘫痪，从而蒙受经济损失	

（一）信用风险

信用风险（credit risks）是由于交易对方不守信用而蒙受经济损失的可能性。可以从广义和狭义两个角度来界定信用风险。

广义的信用风险是指交易对方全面背信弃义、违反约定而产生的风险。

狭义的信用风险是指交易对方在货币资金借贷中还款违约而产生的风险。

信用风险的风险因素是有关主体贷出货币资金成为债权人。信用风险的风险事故是有关债务人不能如期、足额还本付息。

债权人在信用风险上的损失是可以用货币计量的经济损失。这种经济损失首先是债权人的“收益性”损失，由直接财务损失和间接财务损失两部分构成。直接财务损失就是未收回的本金和利息的损失；间接财务损失就是机会收益损失。债权人的经济损失还表现在“流动性”的损失上。

（二）市场风险

市场风险（market risks）是有关主体在金融市场上从事金融产品、金融衍生产品交易时，因金融市场价格发生意外变动而蒙受经济损失的可能性。

市场风险的风险因素是有关主体在金融市场上从事货币资金借贷、金融产品或金融衍生品交易。市场风险的风险事故是金融市场价格发生意外变动。

市场风险包括汇率风险、利率风险和投资风险三种类型。

1. 汇率风险

汇率风险是指有关主体在不同币别货币的相互兑换或折算中，因汇率在一定时间内发生意外变动而蒙受经济损失的可能性。其中又包括交易风险、折算风险和经济风险三种情况。

(1)交易风险，是指有关主体在因实质性经济交易而引致的不同货币的相互兑换中，因汇率在一定时间内发生意外变动而蒙受实际经济损失的可能性。

(2)折算风险，又称会计风险，是指有关主体(主要是跨国公司)在因合并财务报表而引致的在不同货币的相互折算中，因汇率在一定时间内发生意外变动而蒙受账面经济损失的可能性。

(3)经济风险，是指有关企业在长期从事年复一年、循环往复的国际经营活动中，如果未来的现金流入和现金流出在币种上不相匹配，则必然会发生不同货币之间的相互兑换或折算。当汇率发生始料未及的变动时，这些企业就会蒙受以本币计量的未来现金收入流减少或现金支出流增多的经济损失。

2. 利率风险

利率风险(interest rate risks)是指有关主体在货币资金借贷中，因利率在借贷有效期内发生意外变动而蒙受经济损失的可能性。

(1)借方的利率风险。借方的利率风险有三种情形。一是以固定利率条件借入长期资金后利率下降，借方蒙受相对于下降后的利率水平而多付利息的经济损失；二是以浮动利率条件借入长期资金后利率上升，借方蒙受相对于期初的利率水平而多付利息的经济损失；三是连续不断地借入短期资金，而利率不断上升，借方蒙受不断多付利息的经济损失。反之，贷方也有相对应的三种情形。

(2)借贷双方组合体(如商业银行)的利率风险主要有：利率不匹配的组合利率风险以及期限不匹配的组合利率风险这两种情形。

3. 投资风险

投资风险(investment risks)是指有关主体在股票市场、金融衍生品市场进行投资时，因股票价格、金融衍生产品价格发生意外变动而蒙受经济损失的可能性。其中，从股票投资来看，如果在投资期内股票价格下降，则投资者蒙受相应的资本损失。从金融期货投资来看，如果做金融期货多头后金融期货价格下降，或做金融期货空头后金融期货价格上升，则投资者蒙受相应的资本损失。金融期权的投资风险，则可以分别从金融期权的买方和卖方两个角度来把握。

(三)流动性风险

流动性风险(liquidity risks)是指将金融机构(特别是商业银行)所掌握的现金资产，以合理价格变现资产所获得的资金，或以合理成本所筹集的资金不足以满足即时支付的需要，从而蒙受经济损失的可能性。

流动性风险表现为流动性短缺，主要现象是金融机构所持有的现金资产不足，其他资产不能在不蒙受损失的情况下迅速变现，不能以合理成本迅速借入资金等。

(四)操作风险

巴塞尔银行监管委员会的“巴塞尔新资本协议”，将操作风险(operational risk)定义为：“由不完善或有问题的内部程序、人员及系统或外部事件所造成直接或间接损失的风险，包括法律风险，但不包括策略风险和声誉风险。”由此，操作风险又有狭义的操作风险与广义的操作风险、操作性杠杆风险与操作性失误风险的区别。

1. 狭义的操作风险与广义的操作风险。狭义的操作风险是指金融机构的运营部门在运营过程中，因内部控制缺失或疏忽、系统的错误等，而蒙受经济损失的可能性。广义的操作风险是指金融机构信用风险和市场风险以外的所有风险。

2. 操作性杠杆风险与操作性失误风险。操作性杠杆风险主要是指由金融机构外部因素发生变化所导致的操作风险。操作性失误风险主要是指由金融机构内部因素变化所导致的操作风险。这些内部因素主要包括处理流程、信息系统、人事等方面的失误。

(五)法律风险与合规风险

法律风险(legal risks)是指金融机构与雇员或客户签署的合同等文件违反有关法律或法规，或有关条款在法律上不具备可实施性，或其未能适当地对客户履行法律或法规上的职责，因而蒙受经济损失的可能性。

(六)国家风险

国家风险(country risks)是与国际经济金融交易伴生的风险，有狭义和广义两种理解。从狭义来看，国家风险是指一国居民在与他国居民进行经济金融交易中，因他国经济、政治或社会等政策性或环境性因素发生意外变动，而使自己不能如期、足额收回有关资金，从而蒙受经济损失的可能性。从广义来看，国家风险是指一国居民在与他国居民进行经济金融交易中，因他国各种政策性或环境性因素发生意外变动，而使自己蒙受各种损失的可能性。

国家风险包括以下五种类型。

1. 主权风险

主权风险是指如果与一国居民发生经济金融交易的他国居民为政府或货币当局，政府或货币当局为债务人，不能如期足额清偿债务，而使该国居民蒙受经济损失的可能性。

2. 转移风险

转移风险是指如果与一国居民发生经济金融交易的他国居民为民间主体，国家通过外汇管制、罚没或国有化等政策法规限制民间主体的资金转移，使之不能正常履行其商业义务，从而使该国居民蒙受经济损失的可能性。

3. 经济风险

经济风险是指他国因经济状况、国际收支状况、国际储备状况、外债状况等经济因素恶化，出现外汇短缺，而实行外汇管制，限制对外支付等从而使投资者蒙受损失的可能性。

4. 政治风险

政治风险是指他国因政权更迭、政局动荡、战争等政治因素恶化，而拒绝或无力对外支付等从而使投资者蒙受损失的可能性。

5. 社会风险

社会风险是指他国因社会矛盾、民族矛盾、宗教矛盾等社会环境恶化，而不能正常实施经济政策，导致无力或拒绝对外支付等从而使投资者蒙受损失的可能性。

(七)声誉风险

声誉风险(reputation risks)是指金融机构因受公众的负面评价，而出现客户流失、股东流失、业务机遇丧失、业务成本提高等情况，从而蒙受相应经济损失的可能性。

(八)系统风险

系统风险(system risks)是指金融机构从事金融活动或交易所在的整个系统(机构系统或市场系统)因外部性因素的冲击或内部性因素的牵连而发生剧烈波动、危机或瘫痪，使单个金融机构不能幸免，从而蒙受经济损失的可能性。

三、金融风险的度量

(一)用价差率衡量风险

价差率(price difference ratio)是用来测算单个证券投资风险的基本方法之一,其计算公式为:

价差率=2×(最高价－最低价)/(最高价＋最低价)×100%

用价差率衡量证券的波动幅度以及风险,随着价差率的增大,股票的风险也相应地增大。反之,价差率越低,股票的风险也将越小。除此之外,我们也可根据具体情况的需要,采取不同的期限如年、月、周等来计算价差率。

(二)灵敏度分析

灵敏度(sensitivity)指收益的方差与产生这一方差的某一随机变量(利率、汇率等)的方差之比。我们用 V 表示收益,X 表示影响收益的市场随机变量,S 则表示收益 V 对 X 的灵敏度,计算公式为:

$$S=\frac{\Delta V}{\Delta \chi}$$

或者以两方差的百分比的比值表示为:

$$S=\frac{\Delta V/V}{\Delta \chi/\chi}$$

【例 6.19】某一公司的债券价格对利率的敏感度为 5,也就是说 1%的利率方差,将产生 5%的债券收益方差。若债券价值为 10000,则其价值变动的方差为 500。

第四节　金融风险的控制与管理

由于金融活动的杠杆效应和金融风波的快速传递,金融风险已经成为影响国家安全的一个重要因素。随着我国加入 WTO 和我国金融体制改革的不断深入以及金融业务领域的日益拓展,金融业面临的竞争与挑战及经营者管理中的风险因素日益增多,金融风险也日益受到人们越来越多的关注,如何规避和防范金融风险已成为当务之急。研究当前金融风险的成因及防范和化解对策,对提高央行的监管水平,维护金融稳定具有重大的意义。

一、内部控制及其要素

(一)内部控制的含义

中国银监会在2004年12月25日颁布的《商业银行内部控制评价试行办法》中,将内部控制定义为:商业银行内部控制体系是商业银行为实现经营管理目标,通过制定并实施系统化的政策、程序和方案,对风险进行有效识别、评估、控制、监测和改进的动态过程和机制。

(二)内部控制的要素

内部控制是一个系统工程,只有内部控制的各构成因素有机结合在一起,才能形成完整的内部控制机制。中国银监会发布的《商业银行内部控制评价试行办法》规定,商业银行的内部控制,应当包括内部控制环境、风险识别与评估、内部控制措施、监督评价与纠正、信息交流与反馈五大要素。

1. 内部控制环境

商业银行内部控制环境是指对内部控制系统的建立和内部控制执行过程有重大影响的各种因素的总称。内部环境是商业银行实施内部控制的基础,一般包括治理结构、机构设置及权责分配、内部审计、人力资源政策、企业文化等。内部控制环境还包括外部环境,即政府部门、中央银行、社会监督部门,国内外经济形势、法律环境、社会公众要求和自然灾害等对商业银行内部控制制度的制定和执行的影响。

2. 风险识别与评估

识别和分析风险是风险管理决策的基础。风险评估包括对风险点进行选择、识别、分析和评估的全过程。一是列出重要风险要素和风险控制点。商业银行首先要清楚在其经营管理过程中会出现的风险,风险要素和风险点的罗列要细致、全面,既要考虑内部风险,又要考虑外部因素引起的风险;既要考虑静态风险,又要考虑动态风险;既要考虑操作风险,又要考虑体制和政策风险。二是对风险进行分析和评估。要事先对风险点进行评估,识别风险产生的原因及表现形式;识别每一重要业务活动目标所面临的风险;估计风险的概率、频率、重要性、可能性;风险所造成的危害。能够在开展业务之前,测定出风险指标,并能够在业务发生后对风险进行跟踪监测。

3. 内部控制措施

内部控制措施是指确保内控管理方针得以实现的一系列制度规定和操作流程。包括高层检查、直接管理、信息加工、实物控制、工作指标和职责分离等。内部控制措施要与风险评估过程联系起来,要针对每一项重要业务活动,要保证管理指令的执行。

4. 监督评价与纠正

为保证内部控制的有效性、充分性和可行性，必须考虑对内部控制制度进行持续性评价和单项制度的分别评价。主要内容包括：组织体系是否健全，决策系统、执行系统、监督系统和支持保障系统作用发挥如何；领导层对内部控制的认识如何；是否有相应的管理制度和操作规程，这些制度和规程是否完善；是否具有明确的岗位责任制；授权、分工协作和相互制约机制是否健全；指标制定是否合理、完成情况如何，是否具有完善的奖惩机制；员工对制度精神是否充分理解，执行情况如何；岗位轮换和员工培训情况如何；计算机、人事管理、信息管理、安全保卫等支持保障系统是否有效；内部稽核体系是否健全，独立性和权威性如何，稽核力度和覆盖面是否足够等。

5. 信息交流与反馈

商业银行必须及时获取内外部信息，包括反映经营管理状况、法律法规执行情况、财务报表资料等内部信息，以及其他外部信息，并使这些信息充分交流，如内部部门之间、总行与分支行之间、分支行之间的相互交流，银行与客户、政府部门、中央银行之间的交流等。通过信息的获取和交流，来完善和实现自身的目标，采取必要的控制活动和措施，及时解决存在的问题。

二、国际内部控制体系

在国际上内部控制主要分为美国模式和英国模式两大模式。美国和加拿大的内部控制模式很接近；英国和中国香港的内部控制一脉相承，欧盟成员国的内部控制要求则与英国非常相似。

(一)美国的 COSO 框架

1985 年，由美国注册会计师协会(AICPA)、美国会计协会(AAA)、财务经理人协会(FEI)、内部审计师协会(IIA)及美国管理会计师协会(IMA)联合创建了反虚假财务报告委员会(通常称为 Treadway 委员会)，旨在探讨财务报告中的舞弊产生的原因，并寻找解决之道。

两年后，基于该委员会的建议，其赞助机构成立了 COSO(Committee of Sponsoring Organizations of the Treadway Commission 简称 COSO)委员会，专门研究内部控制问题。

1992 年 9 月，COSO 委员会发布《内部控制整合框架》(COSO-IC)，简称《COSO 报告》，1994 年进行了增补。这些成果马上得到了美国审计署(GAO)的认可，美国注册会计师协会(AICPA)也全面接受其内容并于 1995 年发布了《审计准则公告第78号》。由于COSO报告提出的内部控制理论和体系集内部控制理论和实践发展之大成，成为现代内部控制最具有权威性的框架，因此在业内备受推崇。

COSO委员会提出，内部控制是由企业董事会、经理阶层和其他员工实施的，为营运的效率效果、财务报告的可靠性、相关法令的遵循性等目标的达成而提供合理保证的过程。其构成要素应该来源于管理阶层经营企业的方式，并与管理的过程相结合，具体包括：控制环境、风险评估、控制活动、信息与沟通和监督五大要素。

2004年9月，COSO正式发布了《企业风险管理——整合框架》文件，标志着拓展并内含内部控制体系的全面风险管理模式的问世。文件认为，全面风险管理是三个维度的立体系统。这三个维度是：

1. 企业目标，包括战略目标、经营目标、报告目标和合规目标四个目标。

2. 风险管理的要素，包括内部环境、目标设定、事件识别、风险评估、风险对策、控制活动、信息与沟通、监控八个要素。

3. 企业层级，包括整个企业、各职能部门、各条业务线及下属子公司。全面风险管理的八个要素都为实现目标服务，八个要素的管理活动在每个层级上展开。

（二）《巴塞尔协议》

《巴塞尔协议》是国际上规范银行内部控制、提高银行经营效率的核心体系。成立于1975年的巴塞尔银行监管委员会，是制定国际银行业监管原则的重要国际组织，其颁布的各项监管原则统称为《巴塞尔协议》。

在1986年3月的《银行表外风险管理》中，巴塞尔委员会指出：无论银行从事何种业务，都面临着因未能实施适当的内部控制制度而造成损失的风险。适当的内部控制制度包括双人控制、职责分离、风险限制等原则，以及审计、风险控制和信息管理系统。《巴塞尔协议》中特别强调三个支柱：最低资本规定、监管当局的监督检查、市场纪律。1997年9月，巴塞尔委员会公布了《有效银行监管的核心原则》，并汇总了以往公布的各项监管文件，形成了巴塞尔委员会文献汇编。巴塞尔银行监管委员会提出的《新资本协议》于2005年推行，取代了《1988年资本协议》。该协议已经被许多非成员国家自觉采用，从而对加强国际银行体系的安全与文件发挥了相当大的作用。

巴塞尔银行监管委员会在英国的Cadbury、美国的COSO报告、加拿大COCO报告、实践经验的基础上，于1998年9月发布了《银行组织内部控制系统框架》。《银行组织内部控制系统框架》系统地提出了评价商业银行内部控制体系的13项指导原则，形成商业银行内部控制研究的历史性突破。

《巴塞尔协议》认同和发展了COSO内部控制框架。银行组织内部控制系统框架包括五大要素，即管理层的督促与控制、风险识别与评价、控制活动与职责分离、信息与交流、监督评审活动与缺陷的纠正，此五要素与COSO的五要素相对应。

2004年6月，巴塞尔银行监管委员会公布的"巴塞尔协议Ⅱ"，融入了全面风险管理的理念和要求，标志着商业银行的风险管理出现了显著的变化，即由以前单纯的信用风险管理模式转向信用风险、市场风险和操作风险管理并举，信贷资产管理与非信贷资产管理并举，组织流程再造与技术手段创新并举的全面风险管理模式。

（三）加拿大的《COCO控制指南》

加拿大特许会计师协会（CICA）负责的控制规范委员会（Criteria of Control Board，简写为COCO）专门对控制系统的设计、评估和报告进行研究和发布"控制指南"（简称"COCO指南"），将"内部控制"的概念扩展到"控制"，其定义为"是一个企业中的要素集合体，包括资源、系统、过程、文化、结构和任务等，这些要素结合在一起，支持达成该企业的目标"。COCO对控制性质的理解明确了以下几点：控制需要企业内所有成员的参与，包括董事会、管理层和所有其他员工；控制对达成企业目标只能提供合理的保证，而不是绝对的保证，这是因为控制本身存在内在的缺陷，如存在人为的错误或成本、效益约束等；控制的终极目的是为了创造财富，而不只是单纯地控制成本。有效的控制需要保持独立和整体、稳定和适应变化之间的平衡。

《COCO指南》认为控制的基本要素包括：目标、承诺、能力、学习和监督，这四个基本要素通过"行动"联结成一个循环。COCO从四个基本要素出发，制定出了有效控制的20个规范标准。

COCO对控制的评估着眼更多的是企业未来，而不是对过去的评价。例如评估未来持续成功的机会；审查与未来业绩表现、机遇和风险相关的信息；评价需要特殊关注和监督的控制要素信息；战略审查、项目批准和准备如何应付突发事件等。COCO还特别强调企业制订战略计划和明确管理层执行战略计划的能力，它在2000年4月发布的"董事指南——应对董事会的风险"中，指明战略计划审查是董事会的责任。

（四）英国的《Turnbull指南》

英国的内部控制框架起始于市场，而不是由政府或监管者制定的《联合规则》。最初的《Cadbury准则》是在1992年发布的。2003年伦敦联合交易所发布了《联合规则》，其在C. 2中提出的内部控制要求，与最初的《Cadbury准则》是一致的；而且，董事会审查的范围已经扩展到了财务控制以外。

1999年9月发布的《Turnbull报告》，即《内部控制——董事关于“联合规则”的指南》，又称《Turnbull指南》，把风险管理、内部控制和商业目标联系起来，指出：风险管理是企业每个人的责任；董事会应当在获得信息和作出承诺的基础上仔细检查公司制度的有效性，并在遇到风险时作出快速反应；强调了内部审计的职能，以确保公司经营目标的实现。2005年《Turnbull指南》做了一些局部修改。

与COSO框架相比，英国内部控制的目标是保障股东投资与公司资产的安全，更倾向于保护股东利益，更强调风险。内部控制系统包括：①控制环境；②控制活动；③信息与沟通过程；④监督内部控制系统持续有效性的过程。

三、金融风险的管理

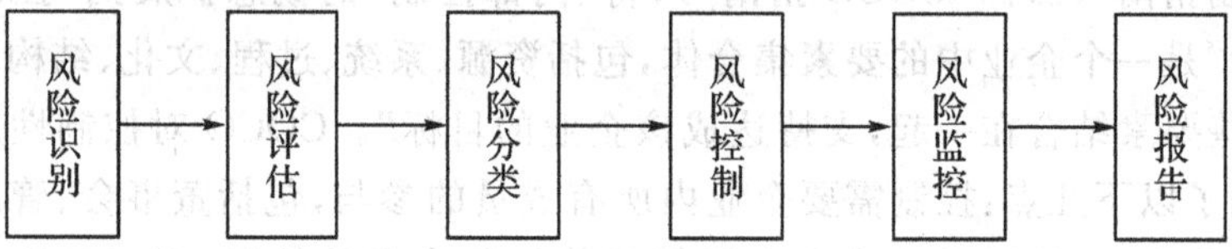

图6.4　金融风险的管理流程

（一）金融风险管理的流程

1. 风险识别

风险识别就是要辨明所面临的风险在质上属于何种类型。用于风险识别的方法主要是“筛选—监测—诊断法”和风险树搜寻法等。

2. 风险评估

风险评估就是采用有关定量分析的方法，对风险进行量化，度量和评价所面临的风险在量上的大小。风险评估的内容包括估计经济损失发生的频率和测量经济损失的严重程度。

3. 风险分类

风险分类就是根据风险识别和评估的结果，按照所面临的每种风险发生的频率和严重性，将其分别归入不同的“风险级别”。

4. 风险控制

风险控制就是根据风险分类的结果、风险策略和对收益与成本的权衡，针对确需管理的风险，在诸多的风险管理的政策措施中做出选择，并具体实施与之相应的管理方法。

5. 风险监控

风险监控就是按照风险政策和程序，对风险控制的运作进行监督和控制，具体包括对风险政策的建议、对是否超过经济技术限额的监督、对违反风险政策的调查、对风险政策是否适时适当的观测和确认等。

6. 风险报告

风险报告就是定期通过管理信息系统，将风险及其管理情况报告给董事会、股东和监管当局。

(二)信用风险的管理

信用风险的管理包括机制管理和过程管理，而过程管理又分为事前管理、事中管理和事后管理。

1. 机制管理

机制管理就是建立起针对信用风险的管理机制。对商业银行而言，信用风险的管理机制主要有：(1)审贷分离机制；(2)授权管理机制；(3)额度管理机制。

2. 过程管理

过程管理就是针对信用由提供到收回的全过程，在不同的阶段采取不同的管理方法，包括事前管理、事中管理和事后管理。

事前管理是商业银行在贷款的审查与决策阶段的管理。审查的核心是借款人的信用状况；决策的核心是贷与不贷，以什么利率水平贷。而分析借款人信用的方法主要有：

(1)直接利用社会上独立评级机构对借款人的信用评级的结果。

(2)“5C”“3C”分析。

“5C”分析是分析借款人的偿还能力(capacity)、资本(capital)、品格(character)、担保品(collateral)和经营环境(conditions)。

“3C”分析是分析借款人的现金流(cash)、管理(control)和事业的连续性(continuity)。

事中管理是商业银行在贷款发放与回收阶段的管理。事中管理的主要方法包括：建立针对借款人的信用恶化预警机制；建立不良贷款的分析审查机制；监控、监测借款人的资金用途和使用状况；为借款人提供理财服务：提前转让债权；争取政府支持；帮助借款人开辟市场；追加贷款；贷款展期；债转股；控制借款人存款账户；行使代位权；制定清收贷款计划和方案；申请支付令；行使抵押权或质押权；追索保证人；向法院起诉；使用信用衍生工具等。在事中管理阶段，商业银行要进行贷款风险分类，分为正常、关注、次级、可疑和损失五个等级。

事后管理是商业银行贷款完全回收以后的管理。商业银行回顾与反思贷款过程中的经验教训，固化经验，融入制度，形成长效机制；填补和加强制度中的空白点和薄弱环节。如此循环往复，螺旋式上升，不断提高信用风险的管理水平。

(三)市场风险的管理

市场风险的管理包括利率风险的管理、汇率风险的管理和投资风险的管理，其中，投资风险管理又包括股票投资和金融衍生品投资风险的管理。

1. 利率风险的管理

利率风险管理的办法有：(1)选择有利的利率；(2)调整借贷期限；(3)缺口管理；(4)久期管理；(5)利用衍生品交易等。

2. 汇率风险的管理

汇率风险的管理方法主要有：

(1)选择有利的货币，即基于对汇率未来走势的预测，外币债权人或债务人选择有利于自己的硬币、软币或软硬货币组合；

(2)提前或推迟收付外币，即当预测到汇率正朝着不利于或有利于自己的方向变动时，外币债权人提前或推迟收入外币，外币债务人提前或推迟偿付外币；

(3)进行结构性套期保值，即对方向相反的风险敞口进行货币的匹配和对冲，如针对交易风险将同种货币的收入和支出相抵，针对折算风险将同种货币的资产和负债相抵，针对经济风险在收入的货币和支出的货币之间建立长期的匹配关系；

(4)做远期外汇交易，提前锁定外币兑换为本币的收入或本币兑换为外币的成本；

(5)做货币衍生品交易，如通过做货币期货交易或货币期权交易进行套期保值，通过做货币互换交易把不利于自己的软币或硬币转换为对自己有利的硬币或软币。

3. 股票投资风险的管理

股票投资风险的管理方法有：(1)根据对股票价格未来走势的预测，买入价格即将上涨的股票或卖出即将下跌的股票；(2)根据风险分散原理，按照行业分散、地区分散、市场分散、币种分散等因素，进行股票的分散投资，建立起相应的投资组合，并根据行业、地区与市场发展的动态和不同货币的汇率走势，不断调整投资组合；(3)根据风险分散原理，在存在知识与经验、时间或资金等投资瓶颈的情况下，不进行个股投资，而是购买股票型投资基金；(4)同样根据风险分散原理，做股指期货交易或股指期权交易，作为个股投资的替代，以规避个股投资相对集中的风险。

4. 金融衍生品投资风险的管理

金融衍生品投资风险的管理方法有：(1)加强制度建设，即建立科学合理的内控制度，在金融衍生品投资中，通过前台后台、职员的合理分工和分离，清楚划分和界定不同层次人员的权力责任，达到相互制约和牵制的效果；(2)进行限额管理，即建立风险资本限额、交易限额和止损限额等系列的限额管理制度，从而把相应的投资风险控制在可接受的水平即风险容忍度上；(3)进行风险敞口的对冲与套期保值。

(四)操作风险的管理

操作风险的管理方式如下。

1. 制度管理。即建立和不断完善内部控制制度，不给由人的因素而产生的操作风险提供机遇和环境。

2. 信息系统管理。基于信息系统对操作风险进行管理和对由信息系统产生的操作风险进行管理。

3. 流程管理。设计和采用科学的操作风险管理流程，不断优化和严格执行业务流程。

4. 职员管理。即对由内部欺诈、失职违规、知识技能匮乏和核心职员流失等内部职员因素所带来的操作风险进行管理。

5. 风险转移。充分利用保险和业务外包等机制和手段，将自己所承担的操作风险转移给第三方操作。风险保险主要有特定风险保险和一篮子风险保险两种类型。

(五)流动性风险的管理

流动性风险管理的主要着眼点是：

1. 保持资产的流动性，如建立现金资产的一级准备和短期证券的二级准备；提高存量资产的流动性，将抵押贷款、应收信用卡账款等资产证券化，出售固定资产再回租等。

2. 保持负债的流动性，如增加大额存单、债券、拆借、回购、转贴现、再贴现等主动型负债，创新存款品种，通过开展其他业务带动存款等。

3. 进行资产和负债流动性的综合管理，实现资产与负债在期限或流动性上的匹配。

延伸阅读

金融风险管理的国际规则:“巴塞尔协议Ⅱ”与“巴塞尔协议Ⅲ”

(一)“巴塞尔协议Ⅱ”

“巴塞尔协议Ⅱ”的核心在于全面提高商业银行的风险管理水平,准确识别、计量和控制风险。

1.“巴塞尔协议Ⅱ”的目标:五大目标

(1)把评估资本充足率的工作与银行面对的主要风险更紧密地联系在一起,促进银行经营的安全稳健性。

(2)在充分强调银行自己的内部风险评估体系的基础上,促进各国银行的公平竞争。

(3)激励银行提高风险计量与管理水平。

(4)资本更为敏感地反映银行头寸和业务的风险度。

(5)重点放在国际活跃银行,基本原则适用于所有银行。

2.“巴塞尔协议Ⅱ”的内容:三大支柱

(1)最低资本要求。最低资本充足率要达到8%,并将最低资本要求由涵盖信用风险拓展到全面涵盖信用风险、市场风险和操作风险。对信用风险的计量提出了标准法和内部评级法;对市场风险的计量提出了标准法和内部模型法;对操作风险的计量提出了基本指标法、内部测量法和标准法。

(2)监管方式与监管重点。明确和强化了各国金融监管当局的三大职责:全面监管银行资本充足状况;培育银行的内部信用评估体系;加快制度化进程。监管方法是现场检查与非现场检查并用。

(3)市场约束。从公众公司的角度看待银行,对银行提出信息披露要求,信息披露的内容包括资本结构、资本充足率、信用风险、市场风险和操作风险等,使市场参与者更好地了解银行的财务状况和风险管理状况,从而能对银行施以更为有效的外部监督。对市场风险的计量提出了标准法和内部模型法;对操作风险的计量提出了基本指标法、内部测量法和标准法。

(二)“巴塞尔协议Ⅲ”

“巴塞尔协议Ⅲ”对“巴塞尔协议Ⅱ”的发展和完善主要体现在以下方面:

第一,重新界定监管资本。协议Ⅲ将原来的核心资本和附属资本重新界定，并区分为核心一级资本(主要包括普通股及留存收益)、其他一级资本和二级资本；限定一级资本只包括普通股和永久优先股。核心资本要求被大大提升，原来的附属资本概念被弱化。

第二，强调对资本的计量。在计量资本充足率中，分子是资本，分母是风险资产。“巴塞尔协议Ⅱ”强调对分母——风险资产的计量，而“巴塞尔协议Ⅲ”则更加强调对分子——资本的计量，直接表现就是诸多条款的核心要求为增加资本。

第三，提高资本充足率。“巴塞尔协议Ⅲ”规定，全球各商业银行5年内必须将一级资本充足率的下限由4%提高到6%，在过渡期中，2013年升至4.5%，2014年升至5.5%，2015年升至6%；要求普通股最低比例由2%提升至4.5%，在过渡期中，2013年升至3.5%，2014年升至4%，2015年升至4.5%；另外，“巴塞尔协议Ⅲ”维持目前资本充足率8%不变。

第四，设立“资本防护缓冲资金”。“巴塞尔协议Ⅲ”规定，建立2.5%的资本留存缓冲和0～2.5%的逆周期资本缓冲。要求资本充足率加资本缓冲比率在2019年以前从现在的8%逐步升至10.5%，普通股最低比例加资本留存缓冲比率在2019年以前由现在的3.5%逐步升至7%。

第五，引入杠杆率监管标准。“巴塞尔协议Ⅲ”引入基于规模、与具体资产风险无关的杠杆率监管指标，作为资本充足率的补充。

第六，增加流动性要求。“巴塞尔协议Ⅲ”引入流动性覆盖比率(LCR)和净稳定融资比率(CNSPR)，以强化对银行流动性的监管。

第七，安排充裕的过渡期。根据“巴塞尔协议Ⅲ”，所有成员国执行期将从2013年1月1日开始，且须在该日期前将“巴塞尔协议Ⅲ”规则转化为国家法规。“巴塞尔协议Ⅲ”的各项要求将于不同的过渡期分阶段执行。各项要求最终达成一致的落实期限虽然有所不同，但最晚至2019年1月1日。其中，资本留存缓冲的过渡期最长，将从2016年1月1日至2018年底逐步实施，于2019年1月1日实现。

“巴塞尔协议Ⅲ”突出体现了风险敏感性的资本要求与非风险敏感性的杠杆率要求相结合，资本监管与流动性监管相结合，微观审慎监管与宏观审慎监管相结合，其目的在于确保银行经营的稳健性，进而保障整个金融体系的安全。

资料来源：索晓辉. 金融专业知识与实务(中)[M]. 北京：清华大学出版社，2016：209-210.

四、我国的金融风险管理

(一)我国金融风险管理的演进

在20世纪80年代中期以后,我国就已经开始对金融风险管理进行研究,一些旅美学者将这一理念引入国内,引起国内学界的注意。实践中开始关注和研究金融风险管理问题,则来源于人民币汇率的几次贬值所带来的汇率风险,当时的主要举措是中国银行为客户推出了代做不同外币之间的远期交易的中间业务。

进入20世纪90年代中期以后,伴随我国经济金融改革的全面深化,各种金融风险逐步全面显现和突出,在金融机构和一般企业层面逐步建立和强化了金融风险管理意识,开始着手构建金融风险管理的基本框架;从国家层面开始制订和出台有关金融风险监管的法规,要求金融机构和企业加强风险管理,导入内部控制的理念,建立内部控制制度,建立资本充足率管理机制。

进入21世纪以来,我国不同层面、不同部门共同跟踪国际上金融风险管理的最新进展,共同推进金融风险的定性分析和定量分析,按照“巴塞尔新资本协议”的要求导入银行业和国有大中型企业全面风险管理体系的建设,按照全面风险管理理念推出新的风险监管法规。

(二)我国金融风险管理的主要举措

1. 在金融风险管理的制度层面

我国做出了在金融机构和一般企业建立科学的公司治理结构的制度安排;在金融机构和一般企业组织结构的再造中要求有机融入风险管理组织体系的构建;做出了在金融机构和一般企业建立内部控制制度的制度安排。

2. 在金融风险管理的技术层面

(1)在信用风险管理上,借鉴西方商业银行的科学做法,结合我国实际,推出了贷款的五级分类和相应的不良资产管理机制;建立了综合授信制度;建立了贷前、贷中和贷后管理的信用风险管理流程;建立了审贷分离的内部控制机制;进行了国有商业银行不良资产的剥离和集中处置。

(2)在市场风险管理上,对突出的汇率风险和投资风险加强了管理,通过创新,推出了远期外汇交易、掉期和互换交易,以及股指期货交易;金融监管当局对金融机构的市场风险敞口提出了若干指标、比例性要求。

(3)在操作风险管理上,集中推出了系统的内部控制措施。

(4)在其他风险管理上,从应急到系统思考,目前已经推出了对合规风险的管理要求,更加关注国家风险管理技术的研究和应用。

3. 在金融风险的量化管理层面

注重引进西方国家先进的风险量化模型，并对引进的模型予以本土化，同时也注重独立开发适合我国国情的风险量化模型；在《巴塞尔协议Ⅱ》公布以后，我国积极研究和推进有关信用风险、市场风险和操作风险量化模型在我国的应用。

4. 在金融风险的监管层面

从中央银行到各金融监管机构，都非常注重制定和实施有关风险监管的法规和政策，从早期的重点关注违规监管到现在的重点关注风险监管，从要求和督促内部控制制度建设到更加具体全面的分类风险监管。

本章小结

1. 货币时间价值是指货币随着时间的推移而发生的增值，也称为资金时间价值。货币时间价值原理揭示了资金之间的换算关系，它是财务决策的基本依据。

2. 终值是现在一定量资金折算到在未来某一时点所对应的金额，俗称本利和，通常记作 F；现值，是指未来某一时点上的一定量资金折算现在所对应的金额，也称折现值，通常记作 P。终值和现值的计算由于计息方式的不同，分为单利的终值和现值与复利的终值和现值。

3. 年金是指定期或不定期的时间内一系列的现金流入或现金流出。年金在我们的经济生活中非常普遍，如支付房屋的租金、抵押支付、商品的分期付款、分期付款赊购，分期偿还贷款、发放养老金、提取折旧以及投资款项的利息支付等，都属于年金收付形式。年金主要有四种类型：普通年金、期初年金、递延年金和永续年金。

4. 收益是指资产的价值在一定时期的增值，收益率是衡量每单位资产创造多少净利润的指标。收益率是资产收益的一种表示方式。收益率一般有名义（票面）收益率、本期收益率和持有收益率。

5. 金融风险是指在资金融通过程中由于各种不确定因素的影响，使资金经营者的实际收益与预期收益之间发生某些偏差，从而使金融活动参与者蒙受损失或失去获得收益的机会与可能。根据《巴塞尔协议》银行有效监管的核心原则规定，金融风险分为包括信用风险、市场风险、流动性风险、操作风险和法律风险等八种风险类型，金融风险管理的流程是风险识别、风险评估、风险分类、风险控制、风险管理和风险报告。

课后练习

一、名词解释

货币的时间价值　单利　复利　年金　收益　收益率

信用风险　流动性风险　系统风险

二、多项选择题

1. 下列做法中，属于金融风险管理流程环节的有(　　)。

A. 风险识别　B. 风险评估　C. 风险转移

D. 风险控制　E. 风险监控　F. 风险处理

2. 在信用风险管理中，需要构建的管理机制包括(　　)。

A. 审贷分离机制　B. 集中分散机制　C. 授权管理机制

D. 额度管理机制　E. 程序控制机制　F. 贷后问责机制

3. 汇率风险的管理办法有(　　)。

A. 选择有利的货币　B. 提前或推迟收付外币

C. 进行结构性套期保值

D. 做远期外汇交易，做货币衍生品交易

E. 进行利率衍生品交易

F. 进行货币期货交易

4. 我国某商业银行在某发达国家新设一家分行，获准开办所有的金融业务。该发达国家有发达的金融市场，能够进行所有的传统金融交易和现代金融衍生品交易。该分行为了控制在当地贷款中的信用风险，可以采取的方法是(　　)。

A. 进行持续期管理

B. 对借款人进行信用的5C和3C分析

C. 建立审贷分离机制　D. 保持负债的流动性

E. 进行缺口管理　F. 对职员定期轮岗

三、计算题

1. 如果某投资者年初投入1000元进行投资，年利率为8%，按复利每季度计息一次，则第一年末该投资的终值为(　　)元。

A. 1026.93　　B. 1080.00　　C. 1082.43　　D. 1360.49

2. 面额 1000 元的两年期零息债券，购买价格为 950 元，如果按半年复利计算，那么债券的到期收益率是(　　)。

A. 2.58%　　B. 2.73%　　C. 5%　　D. 5.26%

3. 一笔按 10%利率为期三年的投资，在三年内分别支付本金和付息，其中第一年支付 450 元，第二年 600 元，第三年 650 元，则该笔投资的到期值为(　　)元。

A. 1754.4　　B. 1554.5　　C. 1854.5　　D. 1954.5

四、简答题

1. 简述金融风险的控制与管理。
2. 简述金融风险的管理流程。
3. 我国有哪些金融风险管理的主要措施？

第七章　金融资产的交易与融资决策

本章要点

◎金融资产的价值评估

◎原生金融资产与衍生金融资产的交易

◎融资方案的选择及其金融决策

本章涉及的内容主要与微观金融主体在金融市场中的交易活动有关，包括债券、股票等金融资产的定价，原生金融资产与衍生金融资产的交易原则与交易方法，还要接触到融资策略的选择方法与金融决策等内容。

第一节　金融资产的价值评估

一、金融资产的概念

金融资产(financial assets)是一种代表未来收益或资产合法要求权的所有权凭证或债权凭证。例如，持有商业票据者，表示他拥有索取与该商业票据价值相等的货币的权利；持有股票者，表示他拥有索取与投入资本份额相应的红利的权利；持有债券者，表示有一定额度的债款索取权。金融资产分为所有权凭证和债权凭证。股票是所有权凭证，票据、债券、存款凭证均属债权凭证。

金融资产有两类，与实物资产密切联系的股票、债券等(发行股票的企业购置了性能好、能产生大量现金流的实物资产)，称为原生金融资产(underlying financial products)；与实物资产间接联系的期货、股票指数期权等，称为衍生金融资产(derivative financial products)。衍生金融资产是依附于原生金融资产而产生的，其价值变化取决于原生金融资产的价值变化。举例说，股票指数期权的变动依赖于股票价格的变动，是由股票这种原生金融资产衍生出的。

金融资产与金融工具、金融产品、有价证券，其实是同一类东西。票据、股票、债券、期货、存款凭证、保单等，在资产的定性和分类中，它们是持有者的投资对象，所以叫做金融资产；因为它们是在金融市场可以买卖的产品，所以叫做金融产品；因为它们有不同的功能，能达到如融资、避险等目的，所以叫做金融工具；它们是可以证明产权和债权债务关系的法律凭证，所以又称为有价证券。

二、金融资产价值评估的基本原理

金融资产的价值评估是投资分析和财务管理的基本手段或方法。投资分析和财务管理关注的焦点是价值，目标是实现资本的增值，这就需要通过价值评估来确定资本在不同时点的价值，从而判断是否实现了资本的增值。价值评估是货币时间价值在投资分析和财务管理中应用的延伸，同时价值评估还要考虑资本成本，以及如何在风险和收益之间进行权衡。

（一）价值评估的作用

价值评估是对企业全部或部分价值进行估价的过程，在以下三个方面得到了广泛的应用：

1. 证券投资。价值评估是证券市场价值投资者进行投资决策的基本方法，用于寻找低估或高估的资产以及分析寻找上市公司价值的驱动因素。

2. 并购分析。价值评估在并购活动中起着核心作用。收购方在收购前首先要使用价值评估方法估计目标公司的合理价格，包括合并对公司价值的影响，尤其是并购可能带来的协同效应。同样，在接受或放弃某个报价之前，目标公司也要使用价值评估方法对自身有一个合理的定价。

3. 企业管理。企业经营管理的目标应该是使企业的价值最大化，因此，企业的管理者需要使用价值评估方法了解企业价值的实现情况和影响企业价值的基本要素，并进行基于价值的管理。企业的发展战略、项目选择、财务决策等都应该围绕企业价值最大化目标而展开。

（二）价值评估的常用方法

价值评估的常用方法包括账面价值法、现金流贴现法和相对估价法。在实际使用时，分析人员常常以其中一种方法为主，选择其他方法进行检验，或者同时选择多种方法并赋予其不同的权重。

1. 账面价值法。账面价值法是一种最简单的估值方法，它是指以资产负债表上列出的公司净资产金额作为股权价值的估计值。账面价值法的一个延伸是清算价值法。在该方法下，以公司的清算值，即公司破产时出售资产、清偿债务后可分配给股东的剩余资产来估计股权的价值。账面价值法有诸多缺陷，但它常被用于与现有股价的比较。

2. 现金流量贴现法。现金流量贴现法是用资产可产生的未来现金流的贴现值来评估资产的价值。现金流量贴现法的基础是现值原理，即任何资产的价值都等于其未来期望现金流的现值。计算公式为：

$$V=\sum_{i-1}^{n}\frac{CF_t}{(1+r)^t}$$

式中，V 为资产（企业）的评估值，n 为资产（企业）的寿命，CF_t 为资产（企业）在 t 时刻产生的现金流，r 为反映预期现金流的折现率。

该方法有两个基本的输入变量：现金流和折现率。因此在使用该方法前，首先要对现金流量做出合理的预测。在评估中要全面考虑影响企业未来获利能力的各种因素，客观、公正地对资产（企业）未来的现金流量做出合理预测。其次是选择合适的折现率。折现率的选择主要是根据评估人员对企业未来风险的判断。由于企业经营的不确定性是客观存在的，因此对企业未来收益风险的判断至关重要，当企业未来收益的风险较高时，折现率也应较高，当未来收益的风险较低时，折现率也应较低。

值得注意的是，对于濒临破产的公司，现金流贴现法并不适用，此时应使用清算价值法或其他方法。

3. 相对估价法。相对估价法是依据可比公司的价值来确定目标公司的价值。这种方法选择一些共同的财务指标，例如净利润、净资产、销售收入等作为价值的决定因素，然后分析可比公司股价与这些指标之间的关系，最后将该关系运用于目标公司进行价值评估。相对估价法的前提是市场上存在一批与目标公司具有可比性的公司，而且这些公司当前的股价是合理的。

（三）价值评估的程序

一般地，价值评估要经过四个步骤：

1. 确定价值评估目的；

2. 收集相关的评估信息；

3. 选择价值评估的方法；

4. 进行价值评估。

三、债券定价

有价证券交易价格主要依据货币的时间价值，即未来收益的现值确定。

利率与证券的价格成反比关系，这一关系适用于所有的债券。

（一）影响债券价格的因素

1. 债券价格的内部影响因素

（1）期限。一般地，债券期限越长，其价格变动的可能性越大。

（2）票面利率。债券的票面利率越低，债券价格的波动性越大。

（3）提前赎回条款。提前赎回条款是债券发行人所拥有的一种选择权，它允许发行人在证券发行一段时间后，按约定的赎回价格在证券到期前部分或全部偿还债务。这种规定在财务上对发行人有利：在市场利率下降时，发行人可以发行利率较低的债券取代先前发行的利率较高的债券，从而减少融资成本。但由于再投资利率较低，对投资人而言是不利的。

（4）税收待遇。一般而言，免税债券的到期收益比类似的应税债券的到期收益率低。

（5）流动性。流动性是指债券可以迅速出手而不会发生实际价格损失的特性。一般地，流动性较好的债券具有较高的内在价值。

（6）信用风险。信用风险也称违约风险，是指债券发行人按期履行合约规定的义务，足额支付利息和本金的可靠程度。一般而言，除政府债券外，一般债券都有信用风险。信用风险越大，债券的内在价值越低。

2. 债券价格的外部影响因素

（1）基础利率。通常基础利率是指无风险利率。一般用同期限的政府债券的到期收益率来代表。

（2）市场利率。在市场利率整体上升时，债券的收益率水平要相应下降，从而提升债券的内在价值。

（3）通货膨胀。通货膨胀可能会使投资人从债券投资中实现的收益不足以补偿由于通货膨胀而造成的购买力损失。

（二）债券的定价方法

1. 发行价格

债券的发行价格通常根据票面金额决定，特殊情况下采取折价或溢价的方式发行。

（1）在市场利率（或债券预期收益率）高于债券收益率（息票利率）时，债券的市场价格（购买价）小于债券面值，即债券为折价发行。

（2）在市场利率（或债券预期收益率）低于债券收益率（息票利率）时，债券的市场价格（购买价）大于债券面值，即债券为溢价发行。

（3）在市场利率（或债券预期收益率）等于债券收益率（息票利率）时，债券的市场价格(购买价)等于债券面值,即债券为等价发行。

2. 流通转让价格

债券的流通转让价格依不同的经济环境决定,但有一个基本的“理论价格”决定公式,它由债券的票面金额、票面利率和实际持有期限三个因素决定。

(1)到期一次还本付息债券定价

计算公式为:

$$P_0=\frac{F}{(1+r)^n}$$

式中,P_O 为债券交易价格,r 为市场利率,n 为偿还期限,F 为期值或到期日本金与利息之和。

(2)分期付息到期还本债券定价

按年收益率每年付息一次的债券定价公式如下:

$$P_0=\sum_{t=1}^{n}\frac{C_t}{(1+r)^t}+\frac{F}{(1+r)^n},$$

式中,F 为债券面额,即 n 年到期所归还的本金,C_t 为第 t 时期债券收益或息票利率,r 为市场利率或债券预期收益率,n 为偿还期限。

(3)永久债券定价

如果债券期限为永久性的,其价格确定与股票价格计算相同。

(4)全价与净价

在债券报价的时候,由于息票的支付会导致债券价格跳跃式波动,所以,为了避免债券价格跳跃式的波动,一般债券报价时会扣除应计利息。扣除应计利息的债券报价称为净价或者干净价格,包含应计利息的价格为全价或者肮脏价格。投资者实际收付的价格为全价。

净价=全价-应计利息

四、股票定价

(一)影响股票价格的因素

1. 影响普通股价值的内部因素

(1)净资产规模。净资产是公司总资产减去总负债后的净值,是全体股东的权益,是决定普通股价值的重要基础。

(2)业绩水平。公司业绩的好坏集中体现为公司盈利能力的强弱。一般而言,普通股的价值与公司盈利能力的强弱是呈正向关系的。但普通股价格水平的升降并不必然与公司盈利能力的强弱呈对应关系,即公司业绩好,其股票价格并不必然要上涨；反之，业绩差，股价却可能会大涨。但从长期来讲，普通股价格的涨跌与公司业绩的好坏总体是正相关的。

（3）股利政策。一般而言，股利与股价呈正相关。在价值投资环境中，股利高，股价通常会涨。

（4）股份分割。股份分割又称拆股，是将现有股份一股拆细为若干股。股份分割通常会刺激股价上涨。从内在价值而言，股份分割并没有直接给投资人带来价值上的增量，只是股份多了，但同时每股的价格也相应下降了。

（5）股份回购。股份回购是指公司按一定的程序购回流通在外的本公司股份的行为。通常，股份回购发生在经济不景气、股市行情低迷的时期。上市公司回购股份，往往表明股价已严重低于其内在价值。

（6）增发新股。上市公司因业务发展需要增加资本而发行新股，在没有产生相应效益前将降低每股净资产，因而可能会使股价下跌。但对于那些业绩稳定、财务结构健全、具有发展潜力的公司而言，增发新股意味着将增强公司的盈利能力，股价往往会上涨。

（7）资产重组。上市公司通过购买、出售资产等方式进行的资产重组会使公司的主营业务、资产、收入发生重大变化，从而影响股票的内在价值和市场价格。

2. 影响普通股价值的外部因素

（1）宏观经济景气和相关政策。一般而言，在经济繁荣时，股价往往会因上市公司的业绩较好而上涨。在国家的财政货币政策宽松的情况下，股价会因流动性好而上涨。

（2）产业发展状况和趋势。处于国家鼓励发展的产业中的上市公司的股价往往会上升，而国家抑制其发展的产业中的上市公司的股价通常会下跌。

（3）市场的整体情绪。投资人对股票走势的心理预期会对股价走势产生重要的影响。市场中的散户投资人往往有从众心理，其操作对股市产生助涨助跌的作用。

（二）股票的定价方法

股票的价格是由它的预期收入和当时的市场利率两个因素决定的。即：

股票价格＝预期股息收入/市场利率

股票价格分为静态价格与动态价格。

1. 股票静态价格的确定

（1）股票一般都是永久性投资，没有偿还期限。价格主要取决于收益与利率两个因素，与股票收益成正比，与市场利率成反比。用公式表示为：

$$P_0=\frac{Y}{r}$$

式中，Y为股票固定收益，通常指每股税后净收益，r为市场利率，P_0为股票交易价格。

当该种股票市价$<P_0$时，投资者可以买进或继续持有该种股票。

当该种股票市价$>P_0$时，投资者可以卖出该种股票。

当该种股票市价$=P_0$时，投资者可以继续持有或抛出该种股票。

(2)股票的静态价格亦可通过市盈率推算得出，即：

股票发行价格＝预计每股税后盈利×市场所在地平均市盈率

＝股票价格/每股税后盈利

2. 股票动态价格的确定

股票交易在二级市场是不断易手的过程，属于动态交易的过程。因此，股票动态价格主要指股票持有期间的价格，其确定方法与分期付息到期还本债券的价格确定基本相同。

第二节　金融资产的交易

一、原生金融资产的交易

(一)证券交易市场

已经发行的原始金融资产的买卖、转让和流通必须经过证券交易市场进行。证券交易市场有场内交易市场和场外交易市场两种形式。

1. 场内交易市场

场内交易市场是指由证券交易所组织的集中交易市场，有固定的交易场所和交易时间，一般是全国最重要、最集中的证券交易市场。证券交易所接受和办理符合有关法律法规的证券上市，投资人则通过证券公司在证券交易所买卖证券。

证券交易所不仅是买卖双方公开交易的场所，而且为投资人提供多种服务。交易所实时向投资人提供在交易所挂牌上市的包括成交价格和数量等交易行情，提供发行证券的公司披露的财务状况。交易所制定各种规则，对参加交易的经纪人和证券自营机构进行严格管理，对证券交易活动进行监督，防止操纵市场、内幕交易、欺诈客户等违法违规行为的发生。交易所还要不断完善各种制度和设施，以保证正常交易活动持续、高效地进行。

2. 场外交易市场

场外交易市场又称柜台市场或店头交易市场，是指在交易所外由证券买卖双方当面议价成交的市场，具有分散性、无形性、开放性、风险性和多样性等特征。它没有固定的交易场所，分散于各地，其交易主要利用电话、互联网等进行，交易的证券以不在交易所上市的证券为主，在某些情况下也对在交易所上市的证券进行场外交易。场外交易市场是任何投资人都能进入的开放式市场，投资人可委托中介机构进行买卖，也可以自己直接进行买卖。整体上讲，很多未在交易所挂牌的证券都是质量较差的证券，因此投资场外交易市场上的证券可能会冒较大的风险，而且由于场外交易的非集中竞价、信息阻塞等原因，可能会增加交易的风险。场外市场交易的证券大大多于在交易所交易的证券，为投资人提供了多样化的投资选择。

（二）证券上市

证券上市是指证券发行人经批准后将其证券在交易所挂牌交易。新发行的证券要进入证券交易所交易必须经过证券上市这一环节。要保证上市证券的质量，必须对证券上市的条件和程序做出严格的规定。

1. 证券上市条件

证券上市条件也称证券上市标准，是指证券交易所对申请上市公司所规定的条件和要求。

（1）股票上市条件

公开发行的股票上市后，其一举一动都和千百万公众投资人的利益密切相关，因此，各国证券交易所都对股票上市做出了严格的规定，如必须有符合要求的业绩记录、最低的股本数量、最低的净资产值、最低的公众持股数量和比例等。在严格的规定下，能够在证券交易所上市的公司实际上只占很小一部分。我国鼓励符合产业政策并符合上市条件的公司股票上市交易。

根据我国《证券法》的有关规定，股份公司申请股票上市必须符合下列条件：股票经国务院证券监督管理机构核准已公开发行；公司股本总额不少于人民币 3000 万元；公开发行的股份达到公司股份总数的 25%以上；公司股本总额超过人民币 4 亿元的，公开发行股份的比例为 10%以上；公司最近三年无重大违法行为，财务会计报告无虚假记载。

为了满足不同规模的公司的上市需要，《证券法》明确证券交易所经中国证监会批准后，可以规定高于上述标准的上市条件。

(2)债券上市条件

由于债券有固定的存续期限,而且发行人必须按照约定的条件还本付息,因此债券的上市条件与股票不同。为了保护投资人的利益,保证债券交易的流动性,根据《证券法》的有关规定,公司向证券交易所申请其债券上市的,应当符合下列条件:公司债券的期限为一年以上;公司债券实际发行额不少于人民币 5000 万元;公司申请债券上市时仍符合法定的公司债券发行条件。

2. 证券上市程序

证券上市程序由各国证券法或者证券交易所作出基本规定。证券交易所按照证券上市程序办理证券上市。

(1)提出证券上市申请

证券发行公司申请证券上市应当以书面申请方式呈报证券交易所。呈报文件除了书面申请外,还应同时提供法律规定的其他书面文件,作为证券上市申请书的附件。

根据我国《证券法》的规定,申请股票上市交易,应当向证券交易所报送下列文件:上市报告书;申请股票上市的股东大会决议;公司章程;公司营业执照;依法经会计师事务所审计的公司最近三年的财务会计报告;法律意见书和上市保荐书;最近一次的招股说明书;证券交易所上市规则规定的其他文件。

申请公司债券上市,应当向证券交易所报送下列文件:上市报告书;申请公司债券上市的董事会决议;公司章程;公司营业执照;公司债券募集办法;公司债券的实际发行数额;证券交易所上市规则规定的其他文件。

(2)审查证券上市申请

交易所在受理证券发行公司的证券上市申请书及附件后,应当依据证券上市审查准则的规定,确认文件的完整性及其真实性,并在一定期限内作出是否准予上市的决定。

(3)订立和核准证券上市合同

根据《证券法》的规定,股份公司上市前,必须与证券交易所签订"上市协议"。上市后,应当按照上市协议的规定享有相应的权利、承担相应的义务。上市协议是规范上市公司和证券交易所关系的基础性文件,其内容主要包括证券交易所为公司证券上市提供交易设施和服务便利、上市公司的日常行为准则、上市费用、暂停上市、恢复上市和终止上市的处理等。

3. 证券上市的暂停、恢复和终止

证券暂停上市、终止上市是《证券法》规定的一项对上市公司的淘汰制度,是防范和化解证券市场风险、抑制过度投机、保护公众投资人利益的重要措施。

(1)证券上市的暂停

证券上市的暂停是指上市证券在遇到特殊情况下被暂时取消上市资格。

我国《证券法》第五十五条规定，上市公司有下列情形之一的，由证券交易所决定暂停其股票上市交易：公司股本总额、股权分布等发生变化不再具备上市条件；公司不按照规定公开其财务状况，或者对财务会计报告作虚假记载，可能误导投资者；公司有重大违法行为；公司最近三年连续亏损；证券交易所上市规则规定的其他情形。

《证券法》第六十条规定，公司债券上市交易后，公司有下列情形之一的，由证券交易所决定暂停其公司债券上市交易：公司有重大违法行为；公司情况发生重大变化不符合公司债券上市条件；发行公司债券所募集的资金不按照核准的用途使用；未按照公司债券募集办法履行义务；公司最近两年连续亏损。

(2)证券上市的恢复

恢复上市是指被实施退市风险警示的上市公司股票在被证券交易所暂停上市期间，公司能够在法定披露期限内披露经审计的暂停上市后首个半年度报告，且经审计的半年度财务会计报告显示实现盈利，公司可以向证券交易所申请恢复上市。证券交易所根据上市规则对公司申请进行审议，决定是否同意公司恢复上市。被实施退市风险警示的公司股票在恢复上市的首日不设涨跌幅报价限制。

股票暂停上市的公司在暂停上市后的首个半年度财务会计报告被注册会计师出具非标准无保留意见的，公司在披露上述半年度报告时，应当披露公司可能终止上市的风险。

(3)证券上市的终止

终止上市是指上市公司被取消上市资格。根据我国《证券法》的有关规定，上市公司有下列情形之一的，由证券交易所决定终止其股票上市交易：公司股本总额、股权分布等发生变化不再具备上市条件，在证券交易所规定的期限内仍不能达到上市条件；公司不按照规定公开其财务状况，或者对财务会计报告作虚假记载，且拒绝纠正；公司最近三年连续亏损，在其后一个年度内未能恢复盈利；公司解散或者被宣告破产；证券交易所上市规则规定的其他情形。

《证券法》第六十一条规定，公司债券上市交易后，公司有重大违法行为或未按照公司债券募集办法履行义务的情形之一经查实后果严重的，或有公司情况发生重大变化不符合公司债券上市条件、发行公司债券所募集的资金不按照核准的用途使用、公司最近两年连续亏损情形之一，在限期内未能消除的，由证券交易所决定终止其公司债券上市交易。

(三)证券交易

证券交易不同于一般的商品交易，它需要有一整套的交易程序和方式，在严密的组织下实施。一般的程序要经过开户、委托、申报、成交、清算与交收等环节。

1. 开户。投资人买卖证券首先要开设证券账户和资金账户。证券账户相当于投资人的证券存折，用于记录投资人所持有的证券种类和数量。申请开户的材料经开户代理机构和证券登记结算机构审核合格后，投资人即可领取证券账户卡。资金账户是投资人在证券公司开设的资金专用账户，用于存放投资人买入股票所需的资金和卖出股票取得的资金等，同时证券公司必须将该部分资金以每个客户名义在商业银行开立对应账户，以便于投资人的股票买卖的清算。资金账户的资金属于客户所有，不属于证券公司的自有资金，在证券公司发生破产或者清算时，不属于其破产财产或清算财产。非因客户自身原因或其他法定情形，不得被强制执行。

2. 委托。投资人不能直接进入证券交易所买卖股票等证券，必须通过证券交易所的会员进行。委托是指投资人决定买卖证券时，以委托单、电话、信函或电子数据等形式向证券公司发出买卖指令，是投资人与证券公司之间的委托代理法律行为。委托的内容包括证券名称、代码、买入或卖出的数量、价格等。随着信息技术的不断发展，为便利交易和降低交易成本，许多证券公司为投资人开办了电话委托、触摸屏委托、电脑终端委托等多种自助委托方式。

3. 申报。证券公司在接受委托后，将客户的买卖委托通过席位向证券交易所的交易主机申报买卖指令，每一笔买卖委托由委托序号(即客户委托时的合同序号，由电脑自动产生)、买卖区分、证券代码、买卖数量和买卖价格等信息组成。证券交易所的交易主机根据输入的申报信息进行竞价处理，按照“价格优先，时间优先”原则自动配对撮合成交。投资人委托的买卖一旦成交，则不得反悔。在未成交以前可以撤单，撤单程序与买卖委托的过程基本相同。

4. 成交。证券如在集合竞价期间，则是集中撮合、一次成交，如在连续竞价期间，竞价交易按价格优先、时间优先原则撮合成交。价格优先的原则为：较高价格买入申报优先于较低价格买入申报，较低价格卖出申报优先于较高价格卖出申报。时间优先的原则为：买卖方向、价格相同的先申报者优先于后申报者。先后顺序按交易主机接受申报的时间确定。买卖申报经交易主机按照成交原则撮合成交后，交易即告成立。

5. 清算。证券交易的清算是指对交易双方应收应付证券和资金的数额进行计算的过程。目前清算实行结算参与人净额结算。每个交易日结束后，登记结算机构以证券公司等结算参与人为单位，对证券公司自营和客户交易的应收或应付证券和资金分别予以轧抵，得出证券公司应收应付资金的净额。净额清算制度相对于逐笔清算制度，可以简化操作程序，提高清算效率。证券公司根据清算结果和客户交易明细，再对客户交易进行清算，得出每个客户应收应付的资金和证券数额。

6. 交收。交收是指证券交易成交后买卖双方通过结算系统实现资金和证券交付的过程。客户在委托买进证券并成交后，必须交纳应付的价款，才能取得所买进的股票。同样，客户在委托卖出证券并成交后，应交纳卖出的证券，才能取得应收的价款。在结算参与人制度下，证券公司等结算参与人先与登记结算机构进行资金和证券的交收，然后再完成与客户的交收。客户只能与证券公司进行交收。目前，我国的证券交收实行银货对付原则(DVP)，亦即一手交钱、一手交货。

(四)证券的信用交易

在常规的现货交易中，交易双方必须实际拥有证券或现金，交易才能成交，交易水平被严格限制在现有的现金与持券规模上，这使得部分投资人的入市愿望受到抑制。于是，信用交易方式也就应运而生了。

信用交易又称“保证金交易”或“垫头交易”，是指客户按照法律规定，在买卖证券时只向证券公司交付一定的保证金，由证券公司提供融资或融券进行交易。信用交易的基本流程：客户在证券公司开立保证金账户，并存入一定数量的保证金，达到信用交易所需要的最低保证金和初始保证金要求后，向证券公司申请融资或融券。证券公司在确认客户达到规定要求后为其融通资金或证券，满足客户的交易要求协助其完成交易。证券公司每日监控客户信用账户中证券市值的变动，以确保该账户的现金和证券满足维持保证金的要求。信用交易分为融资买进(买空)和融券卖出(卖空)两类。

证券融资融券交易是指证券公司与客户之间为证券买卖而进行的融资或融券，是信用交易的主要形式。其最显著的特点是借钱买证券和借证券卖证券。客户通过向证券公司融券，扩大交易筹码，这就是信用交易的财务杠杆效应。融资融券的信用交易是一把双刃剑，一方面，信用交易与现货交易的相互配合可以增加证券的供求弹性，有助于稳定证券价格，完善证券价格形成机制，为客户提供新的盈利模式，规避投资风险；另一方面，信用交易的投机特性，具有助涨助跌效应，加大证券市场波动幅度。

信用交易无论融资买进或融券卖出，都涉及保证金问题。客户缴纳的保证金按缴纳时间不同，分为初始保证金和维持保证金两种。初始保证金是交易前缴纳的保证金，是客户从证券公司融资融券的抵押金。维持保证金是交易后缴纳的，为弥补因证券价格变化造成亏损而追加的保证金。

由于我国证券市场成立时间短，投机盛行，出于控制投机行为和市场风险的考虑，原《证券法》严禁证券公司为客户提供融资融券服务。但市场上"地下"融资及证券公司对客户的融资或"透支"(挪用保证金)的情形仍在一定程度上存在，而且融资融券是证券市场发展应具有的基本功能，同时也是衍生金融资产交易必不可少的基础，因此，2005 年修订的《证券法》修改了关于融资融券的禁止性规定："证券公司为客户买卖证券提供融资融券服务，应当按照国务院的规定并经国务院证券监督管理机构批准。"2006 年 6 月，中国证监会发布《证券公司融资融券试点管理办法》，2010 年 3 月我国融资融券交易试点启动，正式进入市场操作阶段。

延伸阅读

"股神"巴菲特

巴菲特被誉为当代最成功的投资者。从 100 美元起家，42 年通过投资积累了 44 亿美元的财富，创造了史无前例的投资神话。从他 11 岁时购买了平生第一只股票，到 35 岁出任伯克希尔-哈撒韦公司董事长，巴菲特做出了人生中重要的选择，那就是从事股票和企业投资，这也使他成为 20 世纪世界大富豪之一。2008 年，78 岁的巴菲特以 620 亿美元荣登全球富豪榜的首位。

巴菲特曾说过，他最欢迎市场下跌，因为这样可以使他能以新的、令人恐慌的便宜价格捡到更多的股票。巴菲特的几次成功抄底让其他投资者羡慕不已：巴菲特在第一次股市大跌后的成功抄底是在 20 世纪 70 年代，当时他挖到的第一桶金就是"华盛顿邮报"这只股票，投资 1000 万美元，30 多年后的今天，他赚了 712.8 亿美元，收益率高达 128 倍；第二次抄底是在 20 世纪 80 年代，1987 年股灾后，巴菲特在 1988 年开始买入"可口可乐"股票，1989 年进一步增仓，一口气买了 10 亿美元，最终他在"可口可乐"这只股票上赚了 100 亿美元，成为至今为止他最成功的投资；第三次抄底是在 2001 年，2000 年网络股票泡沫破灭后，股市陷入暴跌，巴菲特大举买进"富国银行"等股票，结果在"富国银行"上，他就赚得了 77 亿美元。

从巴菲特的成功抄底来看，他的所有行为都不是短期的投机，而是长期的投资行为，巴菲特简单质朴却又奥妙无穷的投资哲学吸引着众多的投资者。金融界的人士把巴菲特的著作视为圣经，他的许多投资名言也被广为流传：要懂得钱为你工作，而不是你为钱工作；当别人害怕时，你要变得贪婪；只有当投资者对所投资的公司一无所知的时候，才需要分散投资；投资者成功与否，是与他是否真正了解这项投资的程度成正比的；投资者的感情比公司的基本情况对股票价格有更强大的冲击力。

资料来源：CCTV-2 经济半小时，经济信息联播，2009.04.03.

二、衍生金融资产的交易

多数衍生金融资产实行保证金交易，也就是只要支付一定比例的保证金就可以进行全额交易，无需实际上的本金转移，合约的了结一般也采用现金差价结算的方式进行，只有在到期日以实物交割方式履约的合约才需要买方交足货款。因此，这些衍生金融资产交易具有杠杆效应。保证金越低，杠杆效应越大，风险也就越高。

根据产品形态，衍生金融资产可以分为远期、期货、期权和掉期四大类。

（一）远期交易

远期交易（forward transaction）是指买卖双方签订远期合同，规定在未来某一时期进行交易的一种交易方式。远期交易一般有远期外汇交易、远期利率交易、远期证券交易和远期商品交易。

远期外汇交易又称期汇交易，是预约买入与预约卖出的外汇业务，亦即买卖双方先行签订合同，规定买卖外汇的币种、金额、汇率和将来交割的时间，到规定的交割日期，再按照合同规定，卖方交汇，买方付款的外汇业务。

远期证券交易是指双方约定在未来某一时刻（或时间段内）按照现在确定的价格进行某种证券的买卖。

远期交易对象是交易双方私下协商达成的非标准化合约，它主要采用商品交收方式，并且具有很高的信用风险。

原则上，计算远期价格是用交易时的即期价格加上持有成本。根据交易品种的情况，持有成本要考虑的因素包括资金的时间价值、商品仓储、保险和运输等等。

远期价格＝即期或现金价格＋持有成本

（二）期货交易

期货交易（futures trade）是一种集中交易标准化远期合约的交易形式。

也即交易双方在期货交易所，通过买卖期货合约并根据合约规定的条款约定在未来某一特定时间和地点，以某一特定价格买卖某一特定数量和质量的资产的交易行为。期货交易的最终目的并不是资产所有权的转移，而是通过买卖期货合约，规避现货价格风险。

期货交易分为商品期货和金融期货两大类。商品期货是指标的物为实物商品的期货合约，主要包括农副产品、金属产品、能源产品等几大类。金融期货是指标的物为金融工具的期货合约。金融期货(financial futures)作为期货交易中的一种，具有期货交易的一般特点，但与商品期货相比较，其合约标的物不是实物，而是传统的金融工具，如股票、货币、汇率、利率、股票指数等。目前大量交易的品种主要有三大类：利率期货、货币期货、股票指数期货。

利率期货(interest rate futures)是指以债券类证券为标的物的期货合约，它可以规避利率波动所引致的证券价格变动的风险。利率期货一般分为短期利率期货和长期利率期货，前者大多以银行同业拆借市场 3 月期利率为标的物，后者大多以 5 年期以上长期债券为标的物。

货币期货(currency rate futures)又称外汇期货，是以汇率为标的物的期货合约。它是适应各国从事对外贸易和金融业务的需要而产生的，目的是规避汇率风险。目前国际上货币期货交易所涉及的币种主要有美元、欧元、英镑、日元、瑞士法郎、加拿大元、澳大利亚元等。

股票指数期货(stock index futures)是一种以股票价格指数为标的物的金融期货。股票投资人在股市上面临两种风险：一种是股市的整体风险，又称系统性风险，即大多数股票的价格一起波动的风险；另一种是个股风险，又称非系统性风险，即持有单只股票所面临的价格波动风险。按照现代投资组合理论，通过分散化，可以在很大程度上消除非系统性风险，但无法规避整个股市下跌所带来的系统性风险。由于股票价格指数基本上能够代表整个市场股票价格波动的趋势和幅度，因此，通过股票指数期货进行套期保值，可以规避系统风险。股票指数期货的交易对象是衡量各种股票平均价格变动水平的无形的指数。商品期货和其他金融期货合约的价格是以合约自身价值为基础形成的，而股票指数期货合约的价格是股票价格指数点数与人为规定的每点价格的乘积形成的。股票指数期货合约到期后，合约持有人只需交付或收取到期日股票价格指数与合约成交指数差额所对应的现金即可了结交易。

1. 金融期货的价格

由于期货是在场内进行的标准化交易，其盯市制度决定了期货在任何时间点处的理论价值为 0，也即是期货的报价相当于远期合约的协议价格，所以期货的报价在理论上等于标的资产的远期价格。

2. 金融期货的套期保值

(1)套期保值的概念

套期保值(hedge 或 hedging),是指为了规避风险,指定一项或几项以上套期工具,使套期工具的公允价值或现金流量变动,预期抵消被套期项目全部或部分公允价值或现金流量变动风险的一种交易行为。

套期保值的做法是,在现货市场和期货市场对同一种类的商品同时进行数量相等但方向相反的买卖活动,即在买进或卖出现货的同时,在期货市场上卖出或买进同等数量的期货,经过一段时间,当价格变动使现货买卖上出现了盈亏时,可以由期货交易上的亏盈得到抵消或弥补。从而在"现货"与"期货"之间、近期与远期之间建立一种对冲机制,以使风险降低到最低限度。

根据在期货市场上所持有的头寸,套期保值可以分为买入套期保值和卖出套期保值两种。

①买入套期保值

买入套期保值是指套期保值者先在期货市场上买入与其在现货市场上买入的现货数量相等、交割日期相同或相近的期货合约,然后再将其卖出,旨在规避价格上涨的风险。买入套期保值为那些想在将来某时期购买某种资产,而又想避开这中间可能出现的价格上涨的现货商所采用。比如,在股票投资中,基金经理正在公开募集资金,但其预计股市即将上涨,为了控制将来的建仓成本而先行买入股指期货,锁定将来购入股票的价格水平。在基金募集成功而实际建仓时,再将期货头寸实施平仓交易。

②卖出套期保值

卖出套期保值是指套期保值者先在期货市场上卖出与其在现货市场上卖出的现货数量相等、交割日期相同或相近的期货合约,然后再将其买入,旨在规避价格下跌的风险。卖出套期保值能使现货商锁定利润。比如,对于熊市中的股票持有者,为了防止其持有股票的下跌风险,他可在期货市场上卖出股指期货实现套期保值。当股市下跌时,投资者持有的股票将发生损失,但因其在期货市场持有股指期货空头头寸会产生盈利,盈利和损失相互抵消使该投资者持有的股票净价格与股票原有价值接近。

(2)完全套期保值

假设在套期保值的操作过程中,期货头寸盈(亏)与现货头寸亏(盈)幅度是完全相同的,两个市场的盈亏是完全冲抵的,这种套期保值被称为完全套期保值或理想套期保值。完全套期保值类似远期合约,如果投资者希望套保的现货资产的种类和规模能够与市场上交易的期货的标的资产种类以及期货规模相匹配，可以进行类似远期合约的完全套期保值。例如美国公司XYZ想为2014年12月15日要支付的2500万欧元进行套保，已知12月份交割的欧元期货合约规模为125000欧元，则公司可以通过买入200份欧元期货合约进行完全套期保值。

但是在实际运用中，套期保值的效果会受到以下三个因素的影响：①需要避险的资产与期货标的资产不完全一致；②套期保值者不能确切地知道未来拟出售或购买资产的时间，因此不容易找到时间完全匹配的期货；③需要避险的期限与避险工具的期限不一致。

(3)基差风险与套期保值工具的选择

套期保值可以大体抵消现货市场中价格波动的风险，但不能使风险完全消失，主要原因是存在着“基差”(basis)。

所谓基差，是指待保值资产的现货价格与用于保值的期货价格之差，即：

基差＝待保值资产的现货价格－用于保值的期货价格

在期货到期日时，期货价格将收敛到现货价格，因此基差会趋于0，但在到期日之前，基差可正可负。基差变动带来的风险称之为基差风险。当上述原因存在时，即使期货到期，基差也有可能不收敛，这会降低套期保值的效果。为了降低基差风险，我们要选择合适的期货合约，它包括两个方面：①选择合适的标的资产；②选择合约的交割月份。

选择标的资产的标准是标的资产价格与保值资产价格的相关性。相关性越好，则基差风险就越小。因此选择标的资产时，最好选择保值资产本身，若保值资产没有期货合约，则选择与保值资产价格相关性最好的资产的期货合约。

在选择合约的交割月份时，要考虑是否打算实物交割。对于大多数金融期货而言，实物交割的成本并不高，在这种情况下，通常应尽量选择与套期保值到期日相一致的交割月份，从而使基差风险最小。若套期保值者不能确切地知道套期保值的到期日，也应选择交割月份靠后的期货合约。

(4)最优套期保值比率的确定

套期保值比率是指期货合约的头寸规模与套期保值资产规模之间的比率，若h表示套期保值比率，Q_F表示一份期货合约的规模，N表示期货的份数，N_S表示待保值资产的数量，则：

$$h=N\frac{Q_F}{N_S}$$

当套期保值资产价格与标的资产的期货价格相关系数等于1时，为了使套期保值后的风险最小，套期保值比率应等于1。而当相关系数不等于1时，套期保值比率就可能不等于1。

【例7.1】某公司打算运用6个月期的S&P500股价指数期货为其价值500万美元的股票组合套期保值，该股票组合与期货标的股指系数为1.8，当时的期货价格为400。求该公司应卖出的期货合约数量是多少？

【解析】由于一份该期货合约的价值为400×500＝20万美元，因此该公司应卖出的期货合约的数量为：

$$1.8\times\frac{500}{20}=45\text{ 份}$$

(5)滚动套期保值

由于期货合约的有效期通常不超过1年，而套期保值的期限有时又长于1年，在这种情况下，就必须采取滚动的套期保值策略，即建立一个期货头寸，待这个期货合约到期前将其平仓，再建立另一个到期日较晚的期货头寸直至套期保值期限届满。如果交易者通过几次平仓才实现最终的套期保值目的，则交易者将面临几个基差风险。

3. 金融期货的套利

(1)期现套利

期现套利是利用期货价格与标的资产现货价格的差异进行套利的交易，即在现货市场买入(卖出)现货的同时，按同一标的资产，以同样的规模在期货市场上卖出(买入)该资产的某种期货合约，并在未来一段时间后同时平仓的交易。由于金融期货的价格理论上近似远期价格，而远期价格又决定于标的资产的现货价格，因此期货价格与现货价格存在强相关性，当期货价格与现货价格偏离超过理论差距时就会产生套利机会，可以通过期货和现货方向相反、头寸相同的方式进行套利。

例如，股价指数可以近似看作支付连续收益率的资产，股指期货价格与股指现货价格之间必须保持如下关系，否则就存在套利机会：

$$F_t=S_te^{(r-q)(T-t)}$$

如果 $F_t>S_te^{(r-q)(T-t)}$，投资者就可以通过购买股价指数中的成份股票，同时卖出指数期货合约来获得无风险套利利润。

反之，如果 $F_t<S_te^{(r-q)(T-t)}$，投资者就可以通过卖空股价指数中的成分股票，同时买入指数期货合约来获得无风险套利利润。

现实中由于买卖成分股需要花费较长的时间，而市场行情是瞬间万变的，因此在实践中人们大多利用计算机程序进行自动交易。即一旦指数现货与期货的平价关系被打破时，电脑会根据事先设计好的程序进行套利交易。

(2)跨期套利

跨期套利是指在同一期货市场(如股指期货)的不同到期期限的期货合约之间进行的套利交易。具体来说，就是买入(卖出)某一较短期限的金融期货的同时，卖出(买入)另一相同标的资产的较长期限的金融期货，在较短期限的金融期货合约到期时或到期前同时将两个期货对冲平仓的交易。由于期现套利存在较多的限制，如现货市场的卖空限制、现货交易成本较高、期货和现货属于不同的账户和市场、交易时间可能不同步等，因此很多时候无法灵活地实现。而跨期套利在同一市场进行，且期货市场没有卖空限制，因此跨期套利是套利交易中使用较多的策略。跨期套利依赖的指标就是基差，当基于同一标的资产的不同期限的期货合约报价产生的基差差异超出正常范围时，可以通过跨期套利获取无风险利润。

(3)跨市场套利

跨市场套利是指利用同一种期货合约在不同交易所之间的价差而进行的套利交易。具体来说，就是在买入(卖出)某一交易所的某一金融期货合约的同时，按同一数量、同一到期期限卖出(买入)另一交易所的同一金融期货合约，并在未来某一时间同时将两种期货合约对冲平仓的交易。由于股指期货和利率期货在不同市场进行相同产品交易的较少，因此这种套利方式在货币期货中使用较多。

(三)期权交易

期权(option)是适应金融机构和企业等控制风险、锁定成本的需要而出现的一种重要的避险衍生金融工具。它是一种选择权，期权的买方向卖方支付一定数额的权利金(即购买期权的价格)后，就获得这种权利，即拥有在一定时间内以一定的价格(执行价格)出售或购买一定数量的标的物(实物商品、证券或期货合约)的权利。期权的买方只有权利而无义务，其风险是有限的(最大亏损为权利金)，但理论上获利是无限的，而期权的卖方只有义务而无权利，其风险在理论上是无限的，收益是有限的(最大收益是权利金)。买方无须付出保证金，而卖方则必须支付保证金以作为履行义务的财务担保。

延伸阅读

沃伦·巴菲特与乔治·索罗斯的理财理念

沃伦·巴菲特与乔治·索罗斯是两位世界闻名的美国理财大师，在财经界都取得了极大成功，但是他们在理财理念上却存在很大的差异。

沃伦·巴菲特作为一名投资者，其理财理念可以概括为两个词语：绩优、长期。他选择股票的时候非常看重相关企业的综合管理水平，包括营销、财务、生产等，他只选有发展能力的企业，一旦选择了某只股票便会长期持有。

乔治·索罗斯作为一名投机者，其理财理念则是捕捉机会逢低买进、逢高卖出。他非常善于发现机会，一旦他发现某类金融工具的价格偏低，他就会毫不犹豫地大量持有，并以他所认为的高价位卖出，从中获取差价。

资料来源：潘淑娟. 货币银行学[M]. 北京：中国财政经济出版社，2008:86.

按照期权执行时间的不同，期权又可分为欧式期权和美式期权。美式期权的买方可以在期权的有效期内任何时间行使权利或者放弃权利。欧式期权的买方只能在期权合约到期日行使或放弃权利。美式期权大多在场外市场交易，而欧式期权多在场内市场交易。

1. 金融期权的价值结构

期权的价值一般被分为内在价值和时间价值两部分，内在价值体现的是立即执行期权带来的收益，时间价值体现的是期权有效期期间标的资产价格变动带来的收益。

(1)内在价值

期权的内在价值可有可无，根据期权是否存在内在价值可以将期权分为实值期权、平价期权和虚值期权。实值期权指内在价值为正的期权，如标的资产现价高于执行价的看涨期权或者当前标的资产价格低于执行价的看跌期权就是实值期权，而标的资产现价与执行价相等的期权为平价期权，标的资产现价低于执行价的看涨期权或者标的资产现价高于执行价的看跌期权为虚值期权。

(2)时间价值

即期权费减去内在价值后剩余的部分，反映了交易商愿意为标的资产价格波动的不确定性所支付的代价。这部分价值一般为正，但对于接近到期日的期权或者深度实值期权和深度虚值期权其价值可能为0。在相同执行价的情况下，平价期权的时间价值是最大的。

2. 金融期权价值的合理范围

(1)欧式看涨期权价值的合理范围

由于看涨期权赋予的是买入标的资产的权利，因此其价值不会超过标的资产自身的价值，同时由于其时间价值是非负的，因此其价值也不会低于内在价值，故欧式看涨期权的期权费取值的合理范围为：

$$\max[SMt-Xe^{-r(T-t)},0]\leqslant c\leqslant S_t$$

这里 S_t 为标的资产的现价；X 为期权的执行价格；r 为无风险利率；t 为当前时间；T 为当期时间；c 为欧式看涨期权的期权费。由于欧式期权不能提前执行，因此其内在价值通过折现进行了调整。当欧式看涨期权的期权费超过此范围时，可以通过买卖现货资产和看涨期权的组合进行套利(但是这里没有考虑标的资产支付红利、付息或者外币资产的情况)。

(2)欧式看跌期权价值的合理范围

由于看跌期权赋予的是以固定价格 X 卖出标的资产的权利，X 是执行看跌期权带来的最高收益，故看跌期权的价值应低于执行价格，而欧式看跌期权无法提前执行，因此其价值要低于最高收益的折现值；同时看跌期权的时间价值也是非负的，故其期权费也不会低于其内在价值。综合上述分析，欧式看跌期权的期权费取值的合理范围为：

$$\max[Xe^{-r(T-t)}-S_t,0]\leqslant p\leqslant Xe^{-r(T-t)}$$

(3)美式看涨期权价值的合理范围

在标的资产没有红利支付时，美式看涨期权虽然可以提前执行，但提前执行获得的资产不产生红利，而货币可以产生时间价值，因此提前执行美式看涨期权是不合理的，其价值的合理范围与欧式看涨期权相同。不过当标的资产有红利或者利息支付时，美式看涨期权是可能提前执行的。

(4)美式看跌期权价值的合理范围

由于提前执行看跌期权相当于提前卖出资产，获得现金，而现金可以产生无风险收益，因此直观上看，美式看跌期权可能提前执行，故美式看跌期权的价值通常大于欧式看跌期权，而其取值范围也相应扩大为：

$$\max[X-S_t,0]\leqslant p\leqslant X$$

3. 金融期权的套期保值

利用期权进行套期保值主要有两种方式：买入看涨期权和买入看跌期权。

(1)买入看涨期权进行套期保值。例如,假如某投资人因某种原因需要卖出股票,但又担心未来一段时期内股市会上涨,于是可通过买入该股票的看涨期权来进行套期保值。若在期权到期日股价上涨,则该投资者在股票上会发生损失,但由于股价上涨了,该投资者通过执行期权合约会产生盈利;反之,若在期权到期日股价下跌,则该投资者虽在卖出股票上会产生盈利,但因放弃执行期权而发生了期权购买费用。无论股价涨或跌,由于购买了看涨期权,盈亏相抵,投资者卖出股票的价值不至于发生大幅波动。

(2)买入看跌期权进行套期保值。例如,许多投资人为了追求高收益,往往买入高科技股票。但由于担心高科技上市公司业绩可能会出现大幅波动,他们会买入这些股票的看跌期权。如果公司的业绩出现大幅下降,股价就会下跌,股票投资就会出现亏损,但通过实施看跌期权会产生盈利,从而可以弥补股票投资的一部分损失,整体上使高科技公司股票价值不受大的损失。反之,如果公司的业绩出现上升,股价就会上涨,此时因不会实施看跌期权,只产生少部分购买期权的费用,从而使高科技公司股票投资价值少受甚至不受损失。

从上可以看出,利用期权可以对有关的资产进行套期保值,锁住价格变动的风险,同时也可以获取价格有利变动中的收益。而利用期货来对同样的资产进行套期保值,虽也可以锁住价格变动风险,但在该过程中投资者放弃了从价格变动中获利的机会,即用价格有利变动的收益来换取对价格不利变动损失的风险防范。这是期货与期权在套期保值、防范风险方面的本质区别,但作为两种工具,这两者是不能替代的。

4. 金融期权的套利

期权的套利属于工具套利,它是利用期权价格与标的资产(现货、期货或互换)价格之间的差异进行的套利。

(1)看涨期权与看跌期权之间的套利

从看涨和看跌期权合理的价值范围可知,当看涨期权和看跌期权价值在上述价值范围之外时,就会存在套利机会,可以通过买卖标的资产和期权设计套利策略来赚取无风险利润。除此之外,相同标的资产、到期日以及相同执行价格的欧式看涨期权和欧式看跌期权之间还应该满足平价关系:

$$c+Xe^{-r(T-t)}=S_t+p$$

其中,c 为欧式看涨期权价值;p 为欧式看跌期权价值。如果不能满足上述等式,就可以设计套利策略获取无风险利润。

如 $c+Xe^{-r(T-t)}>S_t+p$,则以 1 单位标的资产为例,可以在期初卖出 1 单位看涨期权，同时借入的资金，买入1单位的看跌期权和1单位标的资产，剩余金额$[c+Xe^{-r(T-t)}]-(S_t+p)$即为净获利利润，到期平仓所有头寸即可。

(2)水平价差套利

相同标的资产、相同期限、不同协议价格的看涨期权的价格或看跌期权的价格之间存在一定的不等关系，一旦在市场交易中存在合理的不等关系被打破，则存在套利机会。这种套利称之为水平价差套利，包括蝶式价差套利、盒式价差套利、鹰式价差套利等。

如蝶式价差套利，为简便起见，我们考虑三种协议价格X_1、X_2和X_3，相同标的资产，相同到期日的看涨期权，$X_2=(X_1+X_3)\div 2$，利用套利定价原理，我们可以推导出三者的期权应该满足：$2c_2<c_1+c_3$，当该关系不满足时，可以通过买入执行价格为X_1和X_3的期权，卖出执行价格为X_2的期权进行套利。

(3)垂直价差套利

垂直价差套利是利用相同标的资产、相同协议价格、不同期限的看涨期权或看跌期权价格之间的差异来赚取无风险利润。一般说来，虽然欧式期权只能在有效期结束时执行，但期限较长的期权价格仍应高于期限较短的期权，否则就存在无风险套利机会。典型的如日历价差交易策略，即买入期限较长的期权，同时卖出期限较短的期权进行套利。

(4)波动率交易套利

标的资产的波动率是期权定价中最难以确定的因素，如果我们知道期权的价格，通过期权定价公式反向求解，可以计算出标的资产的一个波动率，称之为期权的隐含波动率。隐含波动率过高则意味着期权相对昂贵，如果过低，期权就会相对便宜。由于波动率具有可预测性，因此可以通过预测波动率与隐含波动率的比较确定期权价值的涨跌，如预测波动率高于隐含波动率，则未来期权价值应该增加，反之应该降低。由于看涨期权和看跌期权价值均与波动率正相关，且相同执行价的看涨、看跌期权的隐含波动率应该相等。因此一般可以通过看涨和看跌期权的组合进行套利，即跨式组合套利。如果预测波动率高于隐含波动率，可通过买入看涨期权和看跌期权套利，即跨式组合多头套利，否则可以通过卖出看涨期权和看跌期权套利，即跨式组合空头套利。

(四)掉期交易

掉期(swap)交易是指交易双方约定在未来某一时期相互交换当事人认为具有等价经济价值的现金流的交易形式。比较常见的掉期交易是货币掉期交易和利率掉期交易。货币掉期交易是指两种货币资金之间的本金交换交易。利率掉期交易是指同种货币资金的不同利率之间的交换交易，一般不伴随本金的交换。掉期交易与期货、期权交易一样，是近年来发展较快的衍生金融产品，成为国际金融机构规避汇率风险和利率风险的重要金融工具。

在国际金融市场一体化的背景下，掉期交易作为一种灵活、有效的避险和资产负债综合管理的衍生工具越来越受到国际金融界的重视，交易量急速增加。近年来，掉期交易形式已逐步扩展到商品、股票等汇率、利率以外的领域。由于掉期交易内容复杂，多采取由交易双方一对一进行直接交易的形式，缺少活跃的交易市场和交易的公开性，具有较大的信用风险和市场风险。因此，从事掉期交易的多是实力雄厚、风险控制能力强的国际性金融机构，掉期交易市场基本上是银行业同业市场。

第三节　融资决策

企业融资是企业作为融资主体根据其生产经营、对外投资和调整资本结构等需要，通过融资渠道和金融市场，运用恰当的融资方式，有效地筹集资金的活动。按是否借助银行等金融机构，企业融资有两种类型：一是企业不借助银行等金融机构，直接通过市场向社会上有资金富余的单位和个人筹资；二是企业向银行等金融机构申请贷款筹资。前者称为直接融资，后者称为间接融资。直接融资的主要形式有股票、债券、商业票据、预付和赊购等，其中股票融资和债券融资是最重要的形式。

一、直接融资

（一）股票融资

股票融资(equity financing)又称股权融资，是指企业出让部分所有权，通过企业新发或增发股票的方式引进股东的融资方式。对股权融资所获得的资金，企业无须还本付息，但所有股东共同分享企业的盈利与增长。按照股东权利和义务的不同，股票可以分为普通股和优先股。

1. 普通股融资

普通股是股份有限公司在筹集资本时向出资人发行的股份凭证，是股份公司资本构成中最基本、最重要的股份。

(1)普通股股东的权利

普通股股东按其所持有股份比例享有以下基本权利：

①决策参与权。普通股股东有权参与股东大会，并有建议权、表决权和选择权，也可委托他人代表其行使股东权利。

②利润分配权。普通股股东有权从公司利润分配中得到股息和红利。普通股的股息是不固定的，由公司盈利状况及其分配政策决定。普通股股东必须在优先股股东取得固定股息之后才有权享受股息分配权。

③优先认股权。公司增发新股时，普通股股东有权优先认股，以保持他们对公司的控制权。

④剩余财产的分配权。普通股股东是公司的最终所有者，当公司破产或清算时，如果公司的资产在偿还欠债后还有剩余，其剩余部分按先优先股股东、后普通股股东的顺序进行分配。

(2)普通股融资优点

①普通股融资没有偿还的问题，筹集的资金属于永久性资本，是公司最稳定的资金来源。

②发行普通股筹集股本资本能提升公司信誉。普通股股本以及由此产生的资本公积金等可以为债务融资提供保障，增强公司的举债能力。

③普通股融资没有固定的股利负担。股利分配往往根据公司盈利状况和长远发展的需要而定。如果是为了公司的长远发展需要，公司即使有利润，也可暂时不分配。

④普通股筹资快。由于普通股的预期收益率高于债券和优先股，因而容易吸收投资。

(3)普通股筹资缺点

①筹资成本较高。由于普通股股东所承担的风险最大，相应地会要求较高的回报，并且股利是从税后利润中支付，不能享受减税优惠。此外，普通股的发行成本也高于其他证券。一般说来，发行证券的费用按从高到低排序，依次是普通股、优先股、公司债券。

②利用普通股融资，增加了新股东，这可能会使公司的控制权或管理权发生变动，同时，新股东对公司已积累的盈余具有分配权，这会降低普通股的每股收益，从而可能影响二级市场的股价波动。

③由于信息不对称，增发新股可能会引起股票价格的波动。

2. 优先股融资

优先股是公司在融资时给予投资人某些优先权的股票。这种优先权主要表现在两个方面：一是有固定的股息，不随公司业绩好坏而波动，并且可以优先于普通股股东领取股息；二是当公司破产或清算时，优先股股东对公司剩余财产有先于普通股股东的要求权。但优先股股东一般不参加公司的红利分配，也无表决权。因此，优先股与普通股相比，虽然收益和决策参与权有限，但风险较小。

(1)优先股融资优点

①优先股是公司的永久性资本。公司不必考虑偿还本金，这极大地减轻了公司的财务负担。

②优先股的股利是相对固定的，支付也有一定的灵活性。当公司业绩不好、无法支付固定的股利时，公司可以拖欠，这极大地保护了普通股股东的权益。

③优先股股东一般没有表决权，发行优先股不会影响现有股东的控制权，不易遭到现有股东的反对，比较容易发行。

④发行优先股，意味着权益资本增加、公司付债能力增强，从而提高了公司的举债能力。

(2)优先股融资缺点

①优先股的融资成本虽然低于普通股，但高于普通债券。优先股的股利不能像举债利息那样作为费用从应税收益中扣除，因此，当公司盈利下降时，优先股的股利可能会成为公司一项较重的财务负担。

②发行优先股有时会影响普通股的利益。由于优先股先于普通股分配股利，对于连续盈利不多的公司来说，为保证优先股的固定股利，普通股股东可能较长时间分配不到股利。

(二)债券融资

债券融资(bond financing)又称债权融资，是指企业通过发行债券的方式进行融资，债券融资所获得的资金，企业需要支付利息，并在债券到期后向债权人偿还本金。债权融资按期限的不同可以分为短期债券融资和长期债券融资。

1. 短期债券融资

短期债券融资是指企业发行一年以内的债券进行融资。其主要用于企业日常周转资金的需要。

2. 长期债权融资

长期债券融资是指企业发行一年以上的债券进行融资。其主要用途是企业相对长期的自己需求，如固定资产投资等。

二、间接融资

(一)短期银行借款

企业短期银行借款包括信用借款、担保借款、抵押借款和贴现借款四类。

1. 信用借款。信用借款又称无担保借款,是指不用保证人担保或没有财产作抵押,仅凭借款人的信用而取得的借款。这种方式只适用于那些信誉好、经济实力强、经济效益高的企业。信用借款一般都由商业银行给予借款人一定的信用额度或双方签订循环贷款协议。

2. 担保借款。担保借款是指要求借款人以第三方的信誉或财产担保作为还款来源保证而发放的借款。

3. 抵押借款。抵押借款是指按《担保法》规定的抵押方式以借款人自己的财产作为抵押物而取得的借款。

4. 贴现借款。贴现借款是指持有银行或商业承兑汇票的企业,以未到期的票据向银行取得的借款。银行要按票据到期值扣除从贴现日到到期日的利息予以贴现。

(二)商业信用

商业信用是指在商品交易中以延期付款或预收货款(延期交货)而形成的借贷关系,是企业间的一种直接信用关系。商业信用是由商品交易中钱与货在时间上的分离而产生的,是企业经常使用的一种融资方式。

商业信用的主要形式有应付账款、应付票据、预收账款等。

1. 应付账款。应付账款,即赊购商品,是指买卖双方发生商品或服务交易,买方收到商品或接受服务后不立即支付现金,可延迟到一定时期以后付款。对于买方来说,延期付款等于向卖方借用资金购买商品或服务,以满足短期资金需要。

2. 应付票据。应付票据是买卖双方按购销合同进行商品或服务交易,延期付款而签发的、反映债权债务关系的一种信用凭证。根据承兑人的不同,应付票据分为商业承兑汇票和银行承兑汇票两种。应付票据的承兑期限由交易双方商定,一般为1~6个月,最长不超过9个月。

3. 预收账款。预收账款是卖方在交付货物前向买方预先收取部分或全部货款的信用形式。对于卖方来讲,预收账款相当于向买方借用资金后用货物抵偿。企业在销售紧俏商品或生产周期长、价值高的商品时,经常采用预收货款的方式。

(三)短期融资的特点

短期银行借款和商业信用等短期融资方式具有如下特点：

1. 融资成本低。一般来说，短期债务的利率或成本比长期债务低，其融资的成本也就较低。

2. 融资速度快。由于短期融资的到期日较短，债权人承担风险相对较低，往往顾虑较少，不需要对融资方进行全面、复杂的财务调查，因此，短期资金更易筹集。

3. 融资弹性好。短期债务的限制条件相对宽松，使融资企业的资金使用更为灵活、更有弹性。

4. 融资风险大。短期融资通常需要在短期内偿还，要求融资方在短期内能够拿出足够的资金偿还债务，这对融资方的资金配置提出了较高的要求。如果融资方在资金到期时不能及时归还款项，就有可能陷入财务危机。

三、融资方案的选择

企业在一定时期采用各种融资方式组合筹资的结果，就形成一定的资本结构。因此，资本结构是指企业各种资本的价值构成及其比例关系，是企业一定时期融资组合的结果。由于短期资金的需求量经常变化，且在整个资金总量中所占比重不稳定，因此，不列入资本结构管理范围，而作为营运资金管理。通常情况下，资本结构是企业采取不同的长期融资方式形成的。

(一)最优融资策略的基本原理

企业的长期资本来源主要有长期负债和所有者权益，因此，企业的资本结构可以用负债比率来反映。在企业的融资决策中，合理地利用债务融资，对企业的资本成本、总体价值会产生积极的影响，是企业融资方案选择的一个核心问题。

1. 合理确定债务资本比例可以降低企业的加权平均资本成本。由于债务利息通常低于股票股利率，而且债务利息在所得税前利润中扣除，企业可减少所得税，从而债务资本成本率比权益资本成本率要低。因此，合理地增加债务融资，可以降低企业的加权平均资本成本。

2. 合理确定债务资本比例可以获得财务杠杆利益。由于债务利息通常是固定的，当息税前利润增加时，单位利润所负担的固定利息会降低，分配给股东的税后利润相应就增加。因此，合理地提高债务资本比例，可以发挥杠杆作用，给企业带来财务杠杆利益。

3. 合理确定债务资本比例可以增加企业价值。由于企业的价值等于其债务资本的市场价值与股权资本的市场价值之和,因此,按资本的市场价值计量反映的资本结构与企业的总价值有密切的内在关系,合理地安排资本结构有利于增加企业的市场价值。

(二)融资策略选择的方法

不同的融资策略会形成不同的资本结构。因此,融资策略要围绕形成最佳的资本结构来选择。所谓最佳资本结构是指企业在适度财务风险的条件下,使其预期的综合资本成本最低,同时使企业价值最大化的资本结构。

1. 综合资本成本比较法

这种方法是通过计算和比较不同资本结构下的综合资本成本,以资本成本最低为标准来确定最优资本结构。

企业融资分为创立初期的初始融资和持续经营过程中的追加融资两种。因此,企业的资本结构决策分为初始融资的资本结构决策和追加融资的资本结构决策。

综合资本成本的计算。企业的综合资本成本是各种融资方式的资本成本的加权平均数,其通常以各种资金占全部资金的比重为权数,对各种资本成本进行加权平均确定。计算公式为:

$$WACC = \sum_{i=1}^{n} w_i k_i$$

式中,$WACC$ 表示加权平均资本成本,w_i 为第 i 种融资方式筹集的资金占全部资金的比重,k_i 为第 i 种融资方式的资本成本,n 为融资方式的种类数量。

2. 初始资本结构决策

在初始融资中,企业对拟定的融资总额,可以采用多种融资方式来筹集,每种融资方式的融资额也可以有不同的安排,由此就形成了不同的融资组合方案。在资本成本比较法下,可先计算各方案的综合资本成本,然后选择综合资本成本最低的资本结构作为最优的资本结构,以此确定最优的融资组合方案。

3. 追加资本结构决策

企业在持续的生产经营过程中,由于扩大经营规模、对外投资等的需要,经常会追加融资。因追加融资以及融资环境的变化,企业原来的最佳资本结构也许就不再是最优的了。因此,最佳资本结构是一个动态的概念。企业必须根据变化对原来的资本结构作动态调整,以保持最佳的资本结构。

企业选择追加融资组合方案的方法有两种:一是直接测算各种备选追加融资方案的边际资本成本,从中比较选择最佳融资组合方案;二是分别将各种备选追加融资方案与原来的最佳资本结构汇总，测算比较各个追加融资方案下汇总资本结构的综合资本成本，从中比较选择最佳融资方案。

（三）每股收益分析方法

每股收益分析法是利用每股收益（EPS）无差异点来分析资本结构和进行融资决策的常用方法，它的核心是确定融资无差异点。所谓融资无差异点是指两种或两种以上融资方案下普通股每股收益相等时的息税前利润点。一般而言，当企业实现的息税前利润足够多时，企业多负债会有助于提高每股收益；反之，则会导致每股收益下降。那么息税前利润多少时负债融资或权益融资有利呢？这可以通过如下步骤来确定。

债务融资方式下的每股收益 EPS_1 计算公式：

$$EPS_1=\frac{(EBIT-I_1)(1-T)-D_1}{N_1}$$

权益融资方式下的每股收益 EPS_2 计算公式：

$$EPS_2=\frac{(EBIT-I_2)(1-T)-D_2}{N_2}$$

式中，$EBIT$ 为融资无差异点，I_1、I_2 分别为两种融资方式下的年利息额，T 为所得税率，D_1、D_2 分别为两种融资方式下的年优先股股息，N_1、N_2 分别为两种融资方式下流通在外的普通股股数。

令 $EPS_2=EPS_1$，就可求得无差异点的息税前利润 $EBIT_0$。即当企业的息税前利润为 $EBIT_0$ 时，债务融资与权益融资对每股收益没有影响。因此，当预计企业的息税前利润小于上述测算的 $EBIT_0$，就应采用权益融资方案。否则，就应采用债务融资方案。

（四）公司价值比较法

公司价值比较法是在充分反映公司风险的前提下，以公司价值的大小为标准，经过测算确定公司最佳资本结构的方法。每股收益分析法的缺陷在于没有考虑风险因素，只有在风险不变的前提下，每股收益的增加才会导致股价上涨，公司价值才会增加。但实际上，风险与收益是同向变动的。因此，最佳资本结构应是使公司价值最大而不一定是使每股收益最大的资本结构。

公司的市场价值（V）等于债券的价值（B）与股票的价值（S）之和，即：

$$V=B+S$$

为简化计，假设债券的市场价值等于其面值，同时公司的净利润全部作为股利发放，在此假定下，股票的市场价值可通过下式计算：

公司股票的市场价值

=(息税前利润－利息)×(1－所得税税率)/普通股成本

=[息税前利润×(1－所得税税率)－利息×(1－所得税税率)]/普通股成本

=[息税前利润×(1－所得税税率)－税后利息]/普通股成本

即：

$$S=[(EBIT-I)(1-T)]/k_s$$

其中：$k_s=r_f+\beta(r_m-r_f)$

式中，$EBIT$ 为息税前利润，I 为年利息额，T 为所得税率，k_s 为权益资本成本(普通股成本)，r_f 为无风险利率，r_m 为所有股票的市场报酬率，β 为公司的贝塔系数。

【例 1】某公司息税前利润为 500 万元，债务资金 200 万元(账面价值)，平均债务税后利息率为 7%，所得税税率为 30%，权益资金 2000 万元，普通股的成本为 15%，则公司价值分析法下，公司此时股票的市场价值为(　　)万元。

A. 2268　　B. 2240　　C. 3200　　D. 2740

【解析】股票的市场价值=[500×(1－30%)－200×7%]/15%=2240(万元)。

正确答案为 B。

运用上述原理就可测算出公司的总价值 V，并以公司价值最大化为标准来确定公司的最佳资本结构，也即确定了最佳的融资方案。

本章小结

1. 金融资产是一种代表未来收益或资产合法要求权的所有权凭证或债权凭证。与实物资产密切联系的股票、债券等称为原生金融资产；与实物资产间接联系的期货、股票指数期权等，称为衍生金融资产。衍生金融资产是依附于原生金融资产而产生的，其价值变化取决于原生金融资产的价值变化。

2. 投资分析和财务管理关注的焦点是资本的增值，金融资产的价值评估是投资分析和财务管理的基本手段或方法。通过价值评估来确定资本在不同时点的价值，从而判断是否实现了资本的增值。

3. 影响债券价格的内部因素是：期限、票面利率、提前赎回条款、税收待遇和信用风险。影响债券价格的外部因素是：基础利率、市场利率和通货膨胀。

4. 影响普通股价值的内部因素是：公司的净资产规模、公司的业绩水平、股利政策、股份分割、股份回购、增发新股和资产重组。影响普通股价值的外部因素是：宏观经济景气和相关政策、产业发展状况和趋势及市场的整体情绪。

5. 原始金融资产的买卖、转让和流通必须经过证券交易市场进行。证券交易市场有场内交易市场和场外交易市场两种形式。证券交易不同于一般的商品交易，它需要有一整套的交易程序和方式，一般要经过开户、委托、申报、成交、清算与交收等环节。

6. 多数衍生金融资产实行保证金交易，也就是只要支付一定比例的保证金就可以进行全额交易，无需实际上的本金转移，合约的了结一般也采用现金差价结算的方式进行，只有在到期日以实物交割方式履约的合约才需要买方交足货款。根据产品形态，衍生金融资产可以分为远期、期货、期权和掉期四大类。

7. 企业融资有两种类型：一是企业不借助银行等金融机构，直接通过市场向社会上有资金盈余的单位和个人筹资，称为直接融资；二是企业向银行等金融机构申请贷款筹资，称为间接融资。直接融资的主要形式有股票、债券、商业票据、预付和赊购等，其中股票融资和债券融资是最重要的形式。

课后练习

一、名词解释

金融资产　　原生金融资产　　衍生金融资产　　债券的溢价发行

股票指数期货　　期货交易　　套期保值　　掉期交易

二、多项选择题

1. 金融资产价值评估的常用方法有(　　)。

A. 账面价值法　　B. 相对价值法　　C. 现金流量贴现法

D. 相对估价法　　E. 市场评估法　　F. 账面计算法

2. 影响债券价格的内部因素有(　　)。

A. 期限　　B. 税收待遇　　C. 流动性

D. 提前赎回条款　　E. 票面利率　　F. 信用风险

3. 影响债券价格的外部因素有(　　)。

A. 基础利率　　B. 价格因素　　C. 通货膨胀

D. 物价水平　　E. 市场利率　　F. 信用风险

4. 以下是影响普通股价值的内部因素(　　)。

A. 业绩水平　　B. 股利政策　　C. 股份分割

D. 股份回购　　E. 增发新股　　F. 资产重组

5. 根据我国《证券法》的有关规定,股份公司申请股票上市必须符合下列条件(　　)。

A. 股票经国务院证券监督管理机构核准已公开发行。

B. 公司股本总额不少于人民币3000万元。

C. 公开发行的股份达到公司股份总数的25%以上。

D. 公司股本总额超过人民币4亿元的,公开发行股份的比例为10%以上。

E. 公司最近三年无重大违法行为,财务会计报告无虚假记载。

F. 公司高管人员无不良信用记录。

6. 根据我国《证券法》的有关规定,上市公司有下列情形之一的,由证券交易所决定终止其股票上市交易(　　)。

A. 公司股本总额、股权分布等发生变化不再具备上市条件,在证券交易所规定的期限内仍不能达到上市条件。

B. 公司高管人员有违法违纪行为。

C. 公司不按照规定公开其财务状况,或者对财务会计报告作虚假记载,且拒绝纠正。

D. 公司最近三年连续亏损,在其后一个年度内未能恢复盈利。

E. 公司资不抵债,严重亏损。

F. 公司解散或者被宣告破产。

7. 企业的短期融资方式具有如下特点(　　)。

A. 融资成本低　　B. 融资速度快　　C. 融资弹性好

D. 融资风险大　　E. 融资成本高　　F. 融资风险小

8. 在企业的融资决策中,合理债务资本比例,利用债务融资,对企业的资本成本、总体价值会产生积极的影响,这是因为(　　)。

A. 合理确定债务资本比例可以降低企业的加权平均资本成本。

B. 合理确定债务资本比例可以促进企业财务状况改善。

C. 合理确定债务资本比例可以增加企业收益。

D. 合理确定债务资本比例可以获得财务杠杆利益。

E. 合理确定债务资本比例可以降低企业流动比率。

F. 合理确定债务资本比例可以增加企业价值。

三、简答题

1. 金融资产评估的主要方式有哪些？主要区别在哪里？

2. 债券、股票定价时应考虑哪些因素？其价值决定的模型是什么？

3. 原生金融资产交易的主要流程有哪些？简述衍生金融资产交易的主要类型及差异点。

4. 直接融资与间接融资的差异在哪里？股票融资和债券融资的主要区别有哪些？

第三篇　宏观金融

第八章　宏观经济的总量平衡与货币均衡

本章要点

◎国民经济运行的三个层次及其经济变量
◎国民收入运行的总供给与总需求平衡
◎货币在国民经济总量平衡中的关系
◎货币需求与货币供给
◎货币供求均衡与总供求均衡
◎通货膨胀和通货紧缩区别与联系

按照学界多数人的观点，金融学大体可以分为宏观金融和微观金融两个部分。从本章开始，本教材将进入宏观金融部分的讨论。而在“宏观经济的总量平衡与货币均衡”这一章里，将重点讨论国民经济运行的基本规律及其循环机理，国民经济的总供给与总需求平衡，货币与国民经济总量平衡的关系，货币供给与货币需求，货币供求均衡与总供求均衡等问题。

实际上，宏观金融学除了具有严谨的理论学科体系之外，还包括大量的应用问题，如货币与信贷的调控、货币与银行的管理，对非银行金融机构如保险、证券、外汇等的监管，金融风险的管控，对外金融的管理、金融法制建设、公民金融意识和道德的培育，以及区域间的各种金融问题。相比较宏观金融学的理论部分而言，其应用部分显得相对滞后，实际工作中也有大量问题有待研究和解决。

第一节 国民经济运行系统

一、国民经济系统及其分类

一个国家的社会经济活动统称为国民经济(national economy)。它是一个规模宏大、结构紧密、目标多元、影响因素复杂的庞大的社会经济系统。为了方便对国民经济进行核算和分析,人们通常把整个国民经济运行系统分解为生产、交换、分配和消费四个经济环节,以及宏观经济、中观经济和微观经济三个经济运行层次。

根据社会生产活动的历史发展顺序,人们将国民经济的构成部门划分为不同的产业,一般而言,将产品取自于自然界的部门划分为第一次产业,包括农业(种植业)、畜牧业、林业和狩猎业等;把对初级产品进行再加工的部门划分为第二次产业,包括采掘业、制造业、建筑业、煤气、电力、供水等工业部门;把为生产和消费提供各种服务的部门划分为第三次产业,包括商业、金融及保险业、运输业、通讯业、服务业等。但是,对于各种具体行业应划归于哪一次产业,各国并不一致。我国一般是把农业划分为第一次产业,把工业与建筑业划分为第二次产业,把除此之外的其他行业都划分为第三次产业。而把第三次产业又分为两个层次:第一个层次是流通部门,主要包括商业、交通运输业、邮电通讯业、饮食业等;第二个层次是为生产和生活服务的部门,主要包括金融、保险、房地产、公用事业等部门。

在计划经济时期还有一种国民经济部门的分类方法,即把农业、工业、建筑业和直接为生产服务的交通运输业、邮电业、商业等从事物质资料生产并创造物质财富的部门称为物质生产部门;把公用事业、通讯、贸易、金融、文教、卫生、生活服务和党政机关等不从事物质资料生产但是为社会提供必需和有益劳动的部门称为非物质生产部门。

二、国民经济运行的三个层次与相应的经济变量

在市场经济条件下的国民经济运行系统中,实际上存在着某些特定的并相互制约的经济关系和信号传递机制,国民经济运行系统大致可以分为三个层次。

第一个层次是宏观经济层次，这个层次的经济变量是制约国民经济总体运行的宏观经济变量，包括国民收入的生产与分配量、货币的供应与需求量、财政收支量等。

第二个层次是中观经济层次，这个层次的经济变量是市场运行变量，包括价格、利率、地租等市场信号。

第三个层次是微观经济层次，这个层次的经济变量是企业微观经营变量，包括企业经营的收支量、投资与消费量等。

三个层次的经济变量之间又存在着一定的传导关系：宏观经济变量的变动，会传导到市场运行变量的变化过程中，使市场运行变量相应发生变化，而市场运行变量的变化，又会对企业微观经营活动发生影响，使企业微观经营变量发生变化；反之，企业微观经营变量的变化，也会反馈到市场运行变量的变化过程中，并通过市场运行变量的变动，传递到宏观经济变量的变化过程中。在这里，宏观经济变量是制约国民经济总体活动的高层次经济变量，市场运行变量是中介经济变量，企业微观经营变量是最基础变量。根据宏观经济变量、市场运行变量、企业微观经营变量的这种内在逻辑关系，国家可以通过对宏观经济变量的调节，来干预国民经济的运行过程，从而达到改变宏观经济总需求与总供给平衡关系的目的。而调节宏观经济变量最有效的手段，则是宏观经济政策。

在 20 世纪 30 年代以前的早期市场经济中，只有私人经济部门（企业和家庭）这唯一的市场主体。政府只承担“守夜人”的职责，不干涉任何社会经济事务，放任市场主体自由竞争。但是，自由放任的市场经济将造成整个经济系统的无序运行，并最终导致了 1929 年至 1933 年的整个资本主义世界经济危机。如何解释长期持续萧条的形成原因并找到解决的办法，成为当时世界经济学面临的一大课题。

英国经济学家约翰·梅纳德·凯恩斯在分析了经济危机产生的原因后认为：生产和就业的水平决定于总需求的水平。总需求是整个经济系统里对商品和服务的需求的总量。价格、工资和利息率的自动调整不会使总需求自动地趋向于充分就业。当总需求不足的时候，政府不加干预就等于听任有效需求不足继续存在，也就是听任失业与危机继续存在。因此，政府必须采取财政政策刺激经济，以弥补私人市场的有效需求不足。

凯恩斯主张，在市场经济条件下，政府可以通过各种宏观经济政策来调节国民经济的各种宏观经济变量，由于宏观经济变量的改变会反映到市场中去，促使市场运行变量发生改变，而通过市场机制的传导作用，改变以后的市场运行变量又会传递给企业和家庭等微观市场主体，调整市场主体的经济行为，从而达到改变国民经济总需求与总供给平衡关系的目的。凯恩斯发现了宏观经济的运行规律，为政府宏观干预经济运行提供了理论依据。

三、几个重要的国民经济总量指标

国民经济是一个庞大的运行系统，如何衡量这个系统的规模和结构呢？需要建立一套核算国民经济总量和结构的指标体系。这些指标主要包括如下：

1. 国内生产总值(GDP)

国内生产总值指一个国家所有常住单位在一定时期内生产活动的最终成果，是反映整个国民经济生产活动最终成果的总量指标。一国常住单位指在一个国家的经济领土范围内具有一定场所、从事一定规模的经济活动并超过一定时期(一般为一年)的经济单位。

2. 国民生产总值(GNP)

国民生产总值指一国所有常住单位在一定时期内收入初次分配的最终成果，等于国内生产总值加上来自国外的劳动者报酬和财产收入减去支付给国外的劳动者报酬和财产收入。

3. 国民生产净值(NNP)

国民生产净值是反映国民生产净产品价值的指标，在数量上等于国民生产总值减去固定资产折旧。

4. 国民收入(NI)

国民收入是一国一年内各种生产要素所得全部的收入，在数量上等于国民生产净值减去政府的间接税，或者等于工资、利润、利息和地租的总和。

5. 个人收入(PI)

个人收入是经过再分配的国民收入，在数量上等于国民收入减去社会保险税、公司未分配利润等，加上政府的养老金、失业救济金等。

6. 个人可支配收入(PDI)

个人可支配收入等于个人收入减去所得税。居民用它进行消费和储蓄。在宏观经济分析中，个人可支配收入等于总产出减去政府的税收再加上政府的转移支付。

四、国民经济运行的总供给与总需求平衡

自从凯恩斯之后，由于政府需要适时干预国民经济运行，于是在现代市场

经济中形成了两大类型的经济主体：一类是私人经济部门，另一类是公共经济部门。私人经济部门是企业和家庭。公共经济部门是政府用纳税人的钱投资、管理并向公众提供公共物品和服务的经济部门。如公共的道路、桥梁、城市基础设施的投资建设部门，公共的电视、广播和信息传播系统，气象服务部门，国家和社会的安全服务部门（军队和警察），环境的监测、保护和治理污染部门，公共资源的保护和开发部门，公共教育和基础科学技术的研究开发部门，公共医疗服务部门等。私人经济部门和公共经济部门，都以各自的方式参与国民经济的运行，影响着国民经济的发展，但它们的行为方式和目的却是不一样的。私人经济部门以实现利润最大化为目标，有强烈的营利动机，经济行为也自然是以有利于自己的方式进行。公共经济部门的经济活动虽然也不能完全忽视收益和成本，但它主要是为了社会目标而存在的，更多考虑的是社会公正和公平。

在市场经济条件下，由于商品表现为使用价值和价值的内在统一，因而社会所生产的全部物质财富和所提供的全部服务也就都同时以使用价值和价值的双重形式而出现。社会在一定时期内所生产的物质财富和所提供的服务（我们将其统称为“社会财富”，并用“国民收入”来代表，下同），从使用价值形态来看，是一个国家或地区的劳动者在一定时期内生产出来的物质资料和所提供的服务的总和，称为社会总产品；从价值形态来看，是一个国家或地区的劳动者，在一定时期内生产出来的物质资料和所提供的服务的价值表现，称为社会总产值。为了便于社会财富的计算，社会总产值通常是用货币来表现的，社会总产品则表现为物质资料和服务本身。

在市场经济条件下，由于社会已不再可能去进行直接的实物分配，即不再从使用价值形态上去分配国民收入，国民收入的分配和再分配过程，都是以国民收入的货币形态为对象进行的，因此，国民收入的分配与再分配的过程，实际上就表现为货币形态的国民收入的运行过程。与此相应地，实物形态的物质资料和服务，则通过流通过程，使国民收入的使用价值得以实现。因此，从整个国民经济的运行过程来看，实物形态（使用价值形态）的国民收入和货币形态（价值形态）的国民收入在运行过程中是分离的。参见图 8-1。

对国民经济运行系统图（图 8-1）分析可知，实物形态的国民收入的运行结果，形成了社会的总供给；货币形态的国民收入的运行结果，则形成了社会的总需求。社会总需求也就是社会的总购买力，构成了整个社会的买方；社会总供给则是社会物质资源和服务的总供应量，构成了整个社会的卖方。在正常情况下，社会总需求与社会总供给应该保持基本平衡，如果社会总需求大于

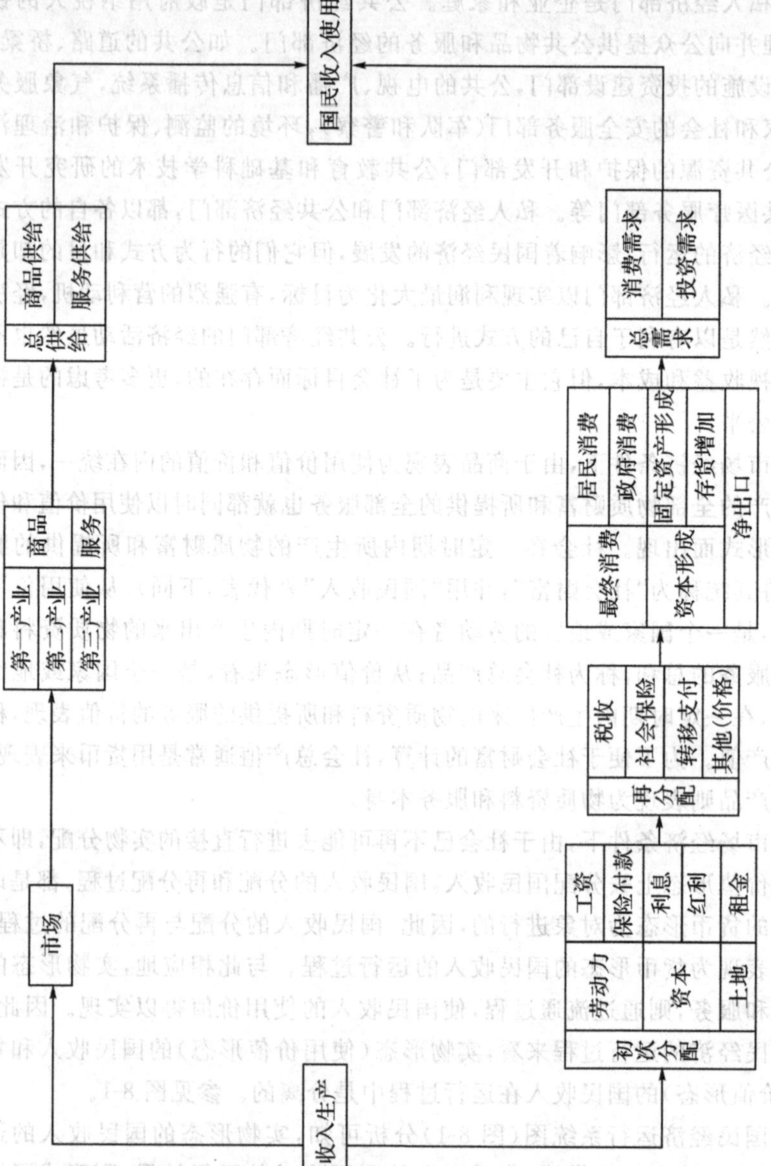

图 8-1 国民经济运行系统

社会总供给，就会引起通货膨胀；如果社会总需求小于社会总供给，则会引起通货紧缩。社会总需求与社会总供给总是要从不平衡走向平衡，从不协调走向协调，在不断地趋向平衡或协调、动态平衡中，经济才能得到长久发展。

对国民经济运行系统图的进一步分析还发现，货币形态的国民收入分配量的变化，可以影响货币形态的国民收入同实物形态的国民收入之间的关系，进而可以对社会总供给与社会总需求发生调节作用。货币形态的国民收入、实物形态的国民收入同总需求、总供给之间的有机内在联系，为国家变更货币形态的国民收入分配量，从而对社会总供给与总需求实施调节作用提供了可能。所以存在这种可能性，是因为国家拥有的货币发行权和国民收入的分配权。

一是国家通过干预社会财富的初次分配，即通过对劳动力、资本和土地价格的干预政策，影响市场对劳动力、资本和土地的价格形成，从而达到干预社会财富初次分配进而间接影响社会总供给与总需求比例关系的目的。

二是国家通过税收、国家预算、社会保险、财政转移支付、国债、财政补贴、折旧政策等手段对社会财富进行再分配，进而达到直接影响社会总供给与总需求比例关系的目的。

三是国家通过控制社会货币供应量，直接调节社会总供给与总需求的比例关系。因为表示社会财富的货币在现阶段是以纸币来充当的，而这种纸币又是由国家强制发行的，国家可以使货币形态的社会财富分配量同实物形态的社会财富供给量相等或不相等。这样，国家就可以通过变动货币形态的社会财富分配量，而使它同实物形态的社会财富供给量之间，形成大于、小于或等于的数量关系，从而达到协调社会总供给与总需求矛盾的目的。

五、货币与国民经济总量平衡的关系

在现代市场经济条件下，社会总需求表现为有现实的货币支付能力的购买需求，总供给是市场上以货币表示价格的一切商品的供给。因此，货币的增减将直接影响到国民经济的总量平衡。一般而言，货币供求状况可能有几种情况。

一是货币供求均衡，社会总供求也处于均衡状态。此时，社会物价稳定，生产发展，资源得到有效利用。这是一种较为理想的状态。这种情况下，中央银行供应多少货币，完全由经济过程中的各种力量决定，中央银行不必从外部施予调节。

二是货币供给不足，客观的货币需求得不到满足，整个经济必然会处于萎缩或萧条状态，资源大量闲置，企业开工不足，社会经济的发展因需求不足而受阻。这种情况下,中央银行应该采取增加货币供应,降低市场利率,刺激社会总需求增加,从而促进生产恢复和发展,促使货币的供求保持其均衡。

三是货币供给量过多,超过货币需求量,整个经济必然会处于过度膨胀的状态,生产发展很快,各种投资急剧增加,市场商品物资供应不足,太多的货币追逐太少的商品,物价上涨。这时中央银行应缩减货币供应量,提高市场利率,抑制社会的总需求的增加,从而使物价趋于稳定,社会的货币供应与货币需求趋于均衡。

四是货币供给与货币需求构成不相适应,一些经济部门由于需求不足,商品积压,一些商品不能顺利实现其价值和使用价值,生产停滞。而另一些经济部门则需求过度,商品供不应求,价格上涨,生产发展速度很慢。这表明整个经济结构失调,发展畸形。这时,中央银行应通过调整货币供给的构成和流向,改变供求结构不相适应的状况,促使供求结构趋于协调,以促进整个经济的协调发展。

货币供应量的增减影响国民经济的总量平衡,是通过对社会总需求的影响进而对社会总供给产生影响的,大致有以下几种情况:

1. 货币供应量增加直接引起商品供给增加。当货币供应量适度增加所引起的社会总需求增加与潜在生产要素(即与现有生产力水平、生产结构和社会经济制度等因素相适应的,短期内可以利用的能源、矿藏以及劳动力资源等)量基本相适应时,社会总需求的增加会导致社会生产的发展和市场商品供给量的增加,因而不会对物价水平产生大的影响。在生产力水平没有较大提高的条件下,生产的发展和实际产出的增加,会导致产品的边际成本上升,从而引起物价的上涨。但是,其上涨的幅度一般很小,属于正常的物价波动。在这种情况下,实际产出对货币的弹性很大,而价格对货币的弹性很小,这说明,货币量的增加所引起商品供给增加,标志着市场货币量适度增加和社会经济效益趋好。

2. 货币供应量增加导致过度需求引发物价大幅上升。当货币供应量增加所引起的社会总需求增加超过了潜在生产要素量时,一方面会促使生产发展,令实际产出增加;另一方面则会引起物价水平大幅上涨。因为适量的货币已经将那些潜在的生产要素动员起来,转化为现实的生产要素并投入到现实生产之中,促使生产规模扩大和实际产出增加;而多余的那一部分货币则形成过度需求,这部分过多的需求超出了社会的总供给水平,必然导致一般物价水平的上升。也就是说,在这种情况之下,实际产出和价格对货币的弹性都比较大。货币量的增加所引起的总有效需求量的增加,一方面在短期内能引起市场商品供给的增加，另一方面也会导致物价水平迅速上升。

3. 货币供应量增加，当潜在的生产要素利用不平衡时，也会引发物价上涨。虽然货币量增加所引起的社会总需求增加与潜在生产要素在量上是适应的，但是因为在比例和结构上与社会需求不相适应，当社会总需求增加以后，一方面只能部分地把潜在生产要素动员起来投入到现实的生产中去扩大生产规模，增加实际产出；另一方面，有一部分潜在生产要素则不能动员起来转化为现实的生产要素，这部分增加的总需求因为与总供给在结构和比例上不匹配而形成过度需求，从而引发物价上涨。也就是说，由于货币量的增加所形成的社会总需求的比例与潜在生产要素的比例不相适应，潜在生产要素没有得到很好利用，也会引发物价上涨，首先是紧缺商品或资源的价格上涨，然后是一般物价水平的上涨，而一般物价水平的上涨又主要由下述两个原因引起：

第一，部分商品价格上涨以后，改变了原来的商品比价关系，商品生产者之间因为相互看齐和互相攀比，从而引起一般物价水平的上涨。

第二，部分商品和资源的价格上涨以后，如果这些价格上涨的商品或资源与生产资料有关，势必将增加生产资料的产品成本，从而引起一系列商品价格上涨；如果价格上涨的商品或资源与生活资料有关，则势必会增加使用这部分生活资料的劳动力的再生产成本，由此，劳动者必然会要求增加名义工资，而工资上升必然会引起产品的生产成本上升，从而引起一系列商品价格上涨。实际上，这两种情况往往是同时出现的。

在此情况下，产量对货币的弹性很小，而物价对货币的弹性很大，如果增加的总需求与潜在生产要素比例和结构上完全不相适应，那么在短期内，产量对货币的弹性会趋近于零，而物价对货币的弹性会接近于1。也就是说，由于比例和结构的不合理，一方面，潜在生产要素没有被动员利用起来；而另一方面，物价水平则随着总需求的增加而迅速上涨，这是货币失衡和经济效益差的突出表现。

第二节　货币需求与货币供给

一、货币需求的概念

所谓货币需求(money demand)，是经济主体(居民、企业和单位等)在特定的利率条件下能够并愿意把货币作为一种资产而持有的行为。经济学意义上的需求指的是有效需求，货币需求作为一种经济需求，是由货币需求能力和货币需求愿望共同决定的有效需求。

人们持有的资产有实物资产，也有金融资产。金融资产又有货币、股票、债券等各种形式。衡量各种资产优缺点的标准主要是盈利性、流动性和安全性。从盈利性看，货币是一种盈利性最低的资产，而股票、债券等有价证券是盈利性较高的资产。但从流动性和安全性来看，货币无疑是流动性最高、最安全的金融资产，而股票、债券等有价证券是流动性较低、风险性较大的金融资产。人们对货币有需求的原因，是货币是最具方便性、灵活性、流动性的资产。人们对货币的偏好又称为货币的流动性偏好。

人们持有的货币是执行流通手段和贮藏手段的。如居民用货币来购买商品或者支付服务费用，购买股票和债券，偿还债务，以及以货币形式保存财富等；企业以货币支付生产费用，支付股票、债券的息金，以货币形式持有资本等。因此，人们在选择资产持有的形式时，一般根据自己的具体情况和偏好，通过对各种资产的盈利性、流动性和安全性的全面衡量和比较，使自己的资产组合保持在最佳状态。

现代经济理论认为，人们持有货币是出于不同的动机，包括交易动机、预防动机和投机动机等。与此相对应，货币需求也可以分为交易性货币需求、预防性货币需求和投机性货币需求等。

交易性货币需求。人们为了完成日常交易而持有货币的动机称为交易动机。基于交易动机而产生的货币需求称为货币的交易需求。在利率水平一定的情况下，货币的交易需求主要由人们的交易水平决定，与收入成比例。收入越高，货币的交易需求就越大；反之，收入越低，货币的交易需求就越小。

预防性货币需求。人们除了为完成当期交易会持有货币之外，为了应付疾病、失业和突发事件等意料不到的情况也会持有货币，这种为了应付意外事故而形成的货币需求称为货币的预防需求。预防性货币需求与利息率有密切的关系，当利率低的时候，人们持有货币的成本低，就会持有较多的货币以预防意外事件的发生；当市场利率足够高时，人们可能试图承担预防性货币减少的风险，将这种货币的一部分变为生息资本，以期获得较高的利息。

凯恩斯认为，交易动机和预防动机主要与货币的交易媒介职能有关，他把这两个动机合二为一，将由于这两种动机产生的货币需求统称为交易性货币需求。

投机性货币需求。人们除了持有货币以外，还可以持有其他形式的资产，如债券、股票和商品等。是持有这些资产还是持有货币，取决于人们对各种资产形式的预期回报率。哪种资产形式的回报率高，人们就会将资产投向哪种资产形式，这种行为称为投机行为。出于投机动机而产生的货币需求称为货币的投机需求。货币的投机需求同利率水平负相关。人们认为持有货币的预期获利将大于投资股票或债券的预期获利时，会选择持有货币以增加获利；反之，当人们认为持有货币的预期获利会小于投资股票或债券的预期获利时，会选择投资股票或债券而放弃持有货币。货币的投机需求并非是为了投机的资产，而是为了降低损失风险而以货币形式保值的资产。因此，货币的投机需求是有机会成本的。

另外，对于非银行金融机构而言，为了进行不可预知的交易，必须保持一定量的流动性。这是因为经济主体对未来的状况不确定，不能准确预知未来需求。出于这种动机的货币需求称为货币的安全需求。收入越高，安全需求的实际范围就越大，即可预见的交易数额越大。另一方面，必须的更新和维修的不确定性也需要货币的安全需求。安全需求在实际计算货币需求量时一般不是独立的，通常都被简化归入交易需求之中。

在一定条件下，一国或一地区的货币需求量取决于以下因素。

1. 收入水平。收入状况是决定货币需求的主要因素之一。这一因素又可以分解为收入水平和收入间隔两个方面。在一般情况下，货币需求量与收入水平成正比，当居民、企业等经济主体的收入增加时，他们对货币的需求也会增加；当其收入减少时，他们对货币的需求也会减少。如果人们取得收入的时间间隔延长，则整个社会的货币需求量就会增大；相反，如果人们取得收入的时间间隔缩短，则整个社会的货币需求量就会减少。

2. 消费倾向。消费倾向是指消费支出在收入中所占的比重，可分为平均消费倾向和边际消费倾向。平均消费倾向是指消费总额在收入总额中的比例，边际消费倾向是指消费增量在收入增量中的比例。假设人们的收入支出除了消费就是储蓄，那么，与消费倾向相对应的就是储蓄倾向。在一般情况下，消费倾向与货币需求变动的方向一致，即消费倾向大，货币需求量也大；反之亦然。

3. 利息率水平。利息率与货币需求呈负相关关系。这是因为：第一，货币市场利息率提高，意味着人们持有货币的机会成本上升，货币需求趋于减少；相反，市场利息率下降，持有货币的机会成本减少，货币需求趋于增加。第二，市场利息率与有价证券的价格呈反向变动，利息率上升，有价证券的价格下跌；利息率下降，有价证券价格上升。人们的持币愿望与利息率成反比，与有价证券的价格成正比，人们的持币愿望决定货币的需求。

4. 信用发达程度。信用发达,信用制度健全,人们在需要货币的时候能很容易地获得现金或贷款,整个社会所必需的货币量就相对减少。

5. 货币流通速度、社会商品可供量、物价水平。若以 M 代表货币需求量,P 代表物价水平,Q 代表社会商品可供量,V 代表货币流通速度,则根据货币流通规律有如下公式:

$$M=PQ/V。$$

因此,物价水平和社会商品可供量与货币需求成正比,货币流通速度与货币需求成反比。

6. 公众的预期和偏好。除了上述决定货币需求的客观因素之外,货币需求在相当程度上还受到人们的主观意志和心理活动的影响。一般地说,人们的心理活动与货币需求有如下关系:当利息率上升幅度较大时,人们往往预期利息率将下降,而有价证券价格将上升,于是人们将减少手持现金,增加有价证券的持有量,以期日后取得资本溢价收益;反之亦然。当预期物价水平上升时,则货币需求减少;预期物价水平下降,则货币需求增加。人们偏好货币,则货币需求增加,人们偏好其他金融资产,则货币需求减少。

二、货币供给的概念

货币供给(money supply)是指某一国或货币区的银行系统向经济体中投入、创造、扩张(或收缩)货币的金融过程。货币供给指一个国家在某一特定时点上由经济主体(居民、企业和单位等)持有的政府和银行系统以外的货币总和。

货币供给的主要内容包括:货币层次的划分;货币创造过程;货币供给的决定因素等。在现代市场经济中,货币流通的范围和形式不断扩大,现金和活期存款被普遍认为是货币,定期存款和某些可以随时转化为现金的信用工具(如公债、人寿保险单、信用卡)也被广泛认为具有货币性质。

相对于货币需求而言,货币供给包括货币供给行为和货币供给量两方面的内容。

货币供给行为,是指银行体系通过自己的业务活动向再生产领域提供货币的全过程,研究的是货币供给的原理和机制。

货币供应量,是指在经济主体(居民、企业和单位等)以及金融机构中的货币总存量,也是某一时点上流通中所存在的货币数量。货币供应量也是金融系统根据货币需求量,通过其资金运用,注入流通中的货币量,它研究金融系统向流通中供应了多少货币,货币流通与商品流通是否相适应等问题。

在货币供给过程中，中央银行起着至关重要的作用，流动中的现金和准备金是中央银行的货币负债，也称之为基础货币或储备货币。基础货币是由中央银行的资产业务创造的，可以由中央银行直接控制，投放的渠道主要包括：对商业银行等金融机构的再贷款；收购金、银、外汇等储备资产投放的货币；购买政府部门的债券；发行央行票据。

三、货币层次

西方学者主张把“流动性”原则作为划分货币层次的主要依据。所谓流动性(mobility)是指某种金融资产转化为现金或现实购买力的能力。“流动性”好的金融资产，价格稳定、还原性强，可随时在金融市场上转让、出售。

根据各种货币形式的流动性不同，各国都将货币具体可划分为若干层次。

(一)国际货币基金组织货币层次划分

一般把货币划分为三个层次：

M_0＝流通于银行体系之外的现金；

M_1＝M_0＋活期存款(包括邮政汇划制度或国库接受的私人活期存款)；

M_2＝M_1＋储蓄存款＋定期存款＋政府债券(国库券)。

(二)我国的货币层次划分

1. 从1994年三季度起，中国人民银行按季度向社会公布货币供应量的统计监测指标。参照国际通用原则并根据我国实际，中国人民银行将我国货币供应量指标分为以下四个层次：

M_0＝流通中的现金；

M_1＝M_0＋企业活期存款＋机关团体部队存款＋农村存款＋个人持有的信用卡类存款；

M_2＝M_1＋城乡居民储蓄存款＋企业存款中具有定期性质的存款＋外币存款＋信托类存款；

M_3＝M_2＋金融债券＋商业票据＋大额可转让存单等。

2. 2001年，中国人民银行修订了货币供应量统计口径，现阶段我国对货币层次划分的定义是：

M_0＝流通中的现金；

M_1＝M_0＋单位活期存款；

M_2＝M_1＋个人储蓄存款＋单位定期存款＋单位其他存款＋证券公司客户保证金；

$M_3=M_2$＋商业票据＋大额可转让定期存单等。

其中：M_1、M_2 称为准货币，M_3 是根据金融工具的不断创新而设置的。

M_1 是通常所说的狭义货币量，流动性较强，反映了经济中的现实购买力；M_2 是广义货币，不仅反映了现实的购买力，还反映了潜在的购买力。若 M_1 增速较快，则消费和终端市场活跃；若 M_2 增速较快，则投资和中间市场活跃。中央银行和各商业银行可以据此判定货币政策。M_2 过高而 M_1 过低，表明投资过热、需求不旺，有危机风险；M_1 过高而 M_2 过低，则表明需求强劲、投资不足，有涨价风险。

常见的货币供给量概念有名义货币供给量和实际货币供给量之分。名义货币供给量是指在一定时点上，不考虑物价因素影响的货币存量。实际货币供给量是指考虑到物价因素影响的一定时点上的货币存量。

四、货币供给量的决定因素

货币供给量决定于基础货币与货币乘数这两个因素的乘积。而二者又受到多种复杂因素的影响。

（一）基础货币

基础货币是具有使货币供给总量倍数扩张或收缩能力的货币。它表现为中央银行的负债，即中央银行投放并直接控制的货币，包括商业银行的准备金和公众持有的通货。

基础货币 B 定义为流通中的通货 C 和银行准备金 R 之和。银行准备金包括银行库存现金和银行在中央银行的存款两部分。所以，基础货币实际上等于公众和银行持有的通货加上银行在中央银行的存款。可以用公式表示为：

$$B=C+R$$

但这个等式只说明了基础货币的用途，而要说明基础货币的构成，则需要借用中央银行的资产负债表。（见表 8.1）

基础货币＝证券＋贴现贷款＋黄金、外汇和特别提款权＋在途资金
＋其他资产－财政存款－外国和其他存款
－其他负债和中央银行资本

上述等式非常清楚地显示了影响基础货币的 8 个因素。前 5 个因素的增加是基础货币增加，后 3 个因素增加则使基础货币减少。

表 8.1　中央银行资产负债表

资　产	负　债
证券(政府证券和银行承兑汇票)	通货
贴现贷款	银行存款
黄金、外汇和特别提债权	财政存放
在途资金	外国和其他存款
其他资产	其他负债和中央银行资本

在现代经济中,一国或一地区的基础货币都来源于货币当局的投放。货币当局投放基础货币的渠道主要有三条:一是直接发行通货;二是变动黄金、外汇储备;三是实施货币政策。具体又有以下主要手段:中央银行在公开市场上买进或卖出有价证券;中央银行收购或售卖黄金、外汇;中央银行对商业银行的再贷款或再贴现;中央银行的应收未收款项;中央银行的其他资产;政府持有的通货;财政部发行通货;政府存款;外国存款;中央银行的其他负债。

基础货币是商业银行及整个银行体系赖以扩张信用的基础。基础货币通过货币乘数的作用改变货币供给量。在货币乘数一定的情况下,基础货币增多,货币供给量增加;基础货币减少,货币供给量减少。

(二)货币乘数

商业银行作为经营货币信用业务的企业,是通过其资产负债业务来实现盈利目标的。为分析方便,我们暂时不考虑现代商业银行的其他业务,仅将吸收存款作为商业银行的主要负债业务,将对外贷款作为其最主要的资产业务。商业银行为了发放贷款,必须要吸收存款,并依据吸收的存款额发放贷款。在通常情况下,商业银行发放贷款都是将贷款额直接转存到借款人的存款账户中,于是,由这笔贷款又形成了一笔新的存款,这笔新增的存款就是所谓的"派生存款"。由于借款人的派生存款常常不会马上用完,还会放在商业银行的存款账户上,派生存款作为商业银行的负债,仍然可以成为商业银行发放贷款的资金。如此周而复始,早先的第一笔存款创造出了多倍的存款,增加了流通中货币的供给量。

但是,商业银行创造派生存款的能力并不是无限制的。制约商业银行创造派生存款能力的基本因素有两个:一是原始存款的规模,二是商业银行上缴中央银行的法定存款准备金率。在这两个基本因素中,原始存款与派生存款成正相关关系,即原始存款规模越大,则创造的派生存款数额也越大,二者成正比。而上缴中央银行的法定存款准备金率则与派生存款成负相关关系,即法定存款准备金率越高，商业银行所创造的派生存款数额也就越少；反之，则派生存款数额越大，二者成反比。以公式表示上述关系即为：

$$存款总额=原始存款/法定存款准备金率$$

假设原始存款为1000元，法定存款准备金率为10%，则商业银行创造的派生存款规模应为：

$$存款总额=\frac{1000}{10\%}=10000(元)$$

$$派生存款=存款总额-原始存款=10000-1000=9000(元)$$

通过存款派生后，商业银行最终的存款总额与原始存款的比值，称为货币乘数(也称货币扩张系数，即存款派生的倍数)。即，

$$货币乘数(存款派生倍数)=1/法定存款准备金率$$

需要说明的是，为了简单起见，我们在上例中忽略了两个因素：一是在银行的存款中，客户会提取部分比例的现金，即提现率(也称现金漏损率)；二是商业银行除了向中央银行上缴存款准备金外，为了随时应付支付的需要，还要按照一定比率保留存款备付金，即超额准备金(其比率称超额准备金率)。而实际经济生活中是存在这两项因素的，因此银行可供发放贷款的资金会比以上结果少一些。

如果将商业银行的原始存款换为中央银行的基础货币，则货币乘数就反映了货币供给总量与基础货币的倍数关系。在基础货币一定的条件下，货币乘数决定了货币供给的总量。货币乘数越大，则货币供给量越多；货币乘数越小，则货币供给量就越少。所以，货币乘数是决定货币供给量的又一个重要的，甚至是关键的因素。但是，与基础货币不同，货币乘数并不是一个外生变量，因为决定货币乘数的大部分因素都不是决定于货币当局的行为，而决定于商业银行及社会大众的行为。

决定货币乘数的因素主要有五个，分别是活期存款的法定准备率、定期存款的法定准备率、定期存款比率、超额准备金率及通货比率。其中，法定准备率完全由中央银行决定，成为中央银行的重要政策工具；超额准备金比率的变动主要决定于商业银行的经营决策行为，商业银行经营决策又受市场利率、商业银行借入资金的难易程度、资金成本的高低、社会大众的资产偏好等因素的影响；定期存款比率和通货比率决定于社会公众的资产选择行为，又具体受收入的变动、其他金融资产的收益率、社会公众的流动性偏好程度等因素的影响。

因此，货币供给量是由中央银行、商业银行及社会公众这三个经济主体的

行为所共同决定的。

延伸阅读

2020年我国的货币供应量

2020年末，广义货币供应量(M2)余额为218.7万亿元，同比增长10.1%，比上年末高1.4个百分点。狭义货币供应量(M1)余额为62.6万亿元，同比增长8.6%，比上年末高4.2个百分点。流通中货币(M0)余额为8.4万亿元，同比增长9.2%，比上年末高3.8个百分点。2020年现金净投放7125亿元，同比多投放3144亿元。初步统计，2020年末社会融资规模存量为284.83万亿元，同比增长13.3%，增速比上年末高2.6个百分点；全年社会融资规模增量为34.86万亿元，比上年多9.19万亿元，主要有以下特点：一是人民币贷款比上年明显增多。二是委托贷款降幅收窄，未贴现的银行承兑汇票全年有所增长。三是企业债券和股票融资明显高于上年。四是政府债券融资比上年明显增多。五是存款类金融机构资产支持证券融资比上年减少，贷款核销比上年增多。

2020年1月，人民银行下调金融机构存款准备金率0.5个百分点(不含财务公司、金融租赁公司和汽车金融公司)，释放长期资金8000多亿元。3月实施普惠金融定向降准，对2019年度普惠金融领域贷款达标的银行给予0.5或1.5个百分点的存款准备金率优惠。在此之外，对此次考核中得到0.5个百分点存款准备金率优惠的股份制商业银行再额外降准1个百分点，共释放长期资金约5500亿元，引导金融机构加大普惠金融领域贷款投放力度。4月宣布下调农村商业银行、农村合作银行、农村信用社、村镇银行和仅在本省级行政区域内经营的城市商业银行存款准备金率1个百分点，于4月15日和5月15日分两次实施到位，共释放长期资金约4000亿元。同时，将金融机构在央行超额存款准备金利率从0.72%下调至0.35%。以上措施增加了金融机构长期稳定资金来源，推动金融机构提高资金使用效率，加大对中小微企业和受新冠肺炎疫情影响较严重行业企业的信贷支持力度。

资料来源：中国人民银行2020年货币政策执行报告.

第三节　货币均衡

一、货币均衡

所谓货币均衡(monetary equilibrium),是指一国或一地区的货币供给量基本符合其在一定时期内所必需的货币量。经济运行表现为商品市场物价稳定、商品供求平衡、金融市场资金供求平衡、经济稳定增长等。一般来说,货币均衡有如下特征。

1. 货币均衡是一个相对概念

货币需求量并不是一个确定的值,而是一个允许上下波动的弹性区间,因为在实际经济生活中,在货币需求量的某个确定数值上下一定幅度内供应货币,并不会引起市场和物价的波动。因而在此区间内供给货币都是符合客观经济需要的。因此,货币均衡是一种状态,是指货币供给与货币需求的基本适应,而不是指货币供给与货币需求的数量上的绝对相等。

2. 货币均衡是一个动态过程

因为社会再生产是一个不断扩大的过程,因而货币供给量与货币需求量也是不断增长的过程,二者不可能时刻同步变化。因此,尽管货币供给量与货币需要量都是存量概念,但货币均衡只能是二者不断扩张的"均衡——不均衡——均衡"的动态均衡。因此,货币均衡并不要求在某一个时点上货币的供给与货币的需求完全相适应,它承认短期内货币供求的不一致状态,但是在长期内货币供求之间应大体上是相互适应的。

3. 货币均衡是实现社会总供求平衡的前提条件

社会总供给是指一定时期内一国或一地区提供的可供销售的生产成果总和,包括投资品供给和消费品的供给;社会总需求是指在同一时期内该国或该地区实际发生的购买力总和,包括投资需求和消费需求。从理论上讲,社会总供给形成了一定时期内对货币的总需求,即:

$$\text{社会总供给}=\text{商品数量}\times\text{单位商品的不变价格}$$
$$=\text{实际货币需要量}\times\text{货币流通速度}$$

货币供应量多次周转形成了一定时期内对投资品和消费品的购买力总额,即:

$$\text{货币供应量}\times\text{货币流通速度}=\text{商品数量}\times\text{单位商品实际价格}$$

因此,货币供求均衡与社会总供求均衡具有内在的统一性。只要货币供求均衡,社会总供求大体上也是均衡的;一旦货币供求失衡,社会总供求必然失衡。因此,货币收入的运动制约或反映着社会生产的全过程,货币收支把整个经济过程有机地联系在一起,一定时期内的国民经济状况必然要通过货币的均衡状况反映出来。货币均衡是经济均衡(即总供求均衡)的前提条件,经济均衡是货币均衡的现象形态。

二、货币非均衡

货币非均衡(monetary disequilibrium)又称为货币失衡,是指在货币流通过程中,货币供给偏离货币需求,从而使二者之间存在不相适应货币流通状态。

货币非均衡主要有两大类型:总量性货币非均衡和结构性货币非均衡。

总量性货币非均衡是指货币供给在总量上偏离货币需求达到一定程度从而使货币运行影响经济状态。其中又分为两种情况:一是货币供应量相对于货币需求量偏小;二是货币供应量相对于货币需求量偏大。在现代信用货币制度下,前一种货币供给不足的情况很少出现,即使出现也容易恢复,经常出现的是后一种货币供给过多引起的货币非均衡。造成货币供应量大于货币需求量的原因很多,例如政府向中央银行透支以减少财政赤字,一味追求经济增长速度而不适当地采取扩张性货币政策刺激经济等,其后果之一就是引发严重的通货膨胀。

结构性货币非均衡是指在货币供给与需求总量大体一致的条件下,货币供给结构与对应的货币需求结构不相适应。这种情况主要发生在发展中国家。结构性货币非均衡往往表现为短缺与滞留并存,经济运行中的部分商品、生产要素供过于求;另一部分又求过于供。其原因在于社会经济结构的不合理。因此,结构性货币非均衡必须通过经济结构调整加以解决,而经济结构的刚性往往又使其成为一个长期的问题。

在现实经济运行中,总量性货币非均衡与结构性货币非均衡往往是两者相互交织、相互联系的,因为“你中有我,我中有你”,以至于难以分辨。由于结构性货币非均衡根源于经济结构,所以,中央银行在宏观调控时往往过多地注意总量性货币非均衡。

三、货币非均衡的调节

当货币供求发生失衡的时候,中央银行和财税部门将通过各种手段进行调节。一般来说，调节货币供求失衡主要有供给型调节、需求型调节、混合型调节和逆向型调节四种方式。

1. 供给型调节

供给型调节是中央银行和中央政府根据客观的货币需求状况，在货币供应量大于或小于货币需求量，或供求结构不相适应时，对货币的供给总量和结构进行调节，使之符合于客观的货币需求量。例如，当货币供给量大于货币需求量而导致货币失衡时，具体的供给型调节会主要采取以下几个方面的措施。

中央银行方面，一是在金融市场上通过公开市场业务卖出有价证券，直接回笼货币；二是提高法定存款准备金率收缩商业银行的贷款扩张能力；三是减少基础货币供给量，包括减少给商业银行的贷款指标，收回已贷出的款项等。

商业银行方面，一是停止对客户发放新贷款；二是到期的贷款不再展期，坚决收回；三是提前收回部分贷款。

国家财政方面，一是减少对有关部门的拨款；二是增发政府债券，直接减少社会各单位和个人手中持有的货币。

国家税收方面，一是增加税种；二是降低征税基数；三是提高税率；四是加强纳税监管。

2. 需求型调节

需求型调节是中央银行和中央政府在既定的货币供给量下，针对货币供求总量和结构失衡的情况，运用利率、信贷等措施，调节社会货币需求的总量和结构，使之与既定的货币供应量相适应，以保持货币供求的均衡。例如，当货币供给量大于货币需求量导致的货币非均衡时，具体的需求型调节会采取以下几个方面的主要措施：

国家财政部门拿出财政资金，国家物资储备部门动用国家储备物资，以增加商品供应量。

中央银行动用黄金储备和外汇储备，商务部门组织国内急需的生产资料进口，以扩大国内市场的商品供应量。

国家发改委可以提高部分商品的价格，以此增加货币需要量来吸收过度的货币供给量。

3. 混合型调节

混合型调节是指中央银行针对货币供求总量和结构失衡的状况，既调节货币供给量，也调节货币需求量，既搞供应型调节，也搞需求型调节，以尽快达到货币供求均衡，避免给经济带来太大的波动。

4. 逆向型调节

逆向型调节是指中央银行针对货币供给量大于货币需求量的失衡状况，不是收缩货币供给量，而是反其道而行之，在调整货币供给结构的前提下适当增加货币供应量，使社会上尚未充分利用的生产要素潜力释放出来，增加经济运行中某些供不应求的短缺产品的供给，从而扩大社会需求量，促使货币供求恢复均衡，实现经济运行由失衡到均衡的调整。

四、货币均衡与社会总供求平衡

在社会再生产过程中，一定量的货币供给总是表现为各种经济主体（居民、企业和单位等）对社会总产品的需求；货币需求总是表现为各经济主体为顺利实现社会总产品流转过程的需求。因此，分析货币均衡与社会总供求均衡之间的关系，就要分析货币供给与社会总需求，以及货币需求与社会总供给之间的关系。

按照国民收入的价值形态，社会总需求可以分解为四种需求形态：一是消费需求；二是投资需求；三是政府需求；四是出口需求。不管是哪种需求形态，都要表现为一定量的货币。也就是说，货币是社会总需求的载体和实现手段，离开了货币在量和结构上的表达，也就无法表示社会总需求。而因为货币供给总是通过银行体系的金融活动创造出来的，因此，货币供给与社会总需求之间存在这样的逻辑关系：银行金融活动调节货币供给的规模与结构，货币供给又直接影响社会总需求的水平与结构。

按照国民收入的使用价值形态，社会总供给也可以分解为四种供给形态：一是消费品供给，二是投资品供给（或称为储蓄），三是税收，四是进口商品。在商品货币经济条件下，要实现实物形态的消费品、投资品、税收、进口的顺利流转，离不开货币。从宏观角度看，经济体系中到底需要多少货币，从根本上说，取决于有多少实际资源需要货币实现其流转并完成生产、交换、分配和消费相互联系的再生产过程。也就是说社会总供给决定货币需求。

当社会总供给与社会总需求平衡时，应该满足以下条件：

消费品供给＋投资品供给＋税收＋进口商品
＝消费需求＋投资需求＋政府需求＋出口需求

要实现社会总供给与总需求平衡，不仅要求二者在规模上相当，在结构上也应存在一定的对应关系。也就是说，实物形态的社会总供给要能够实现自己的价格，不仅在总量上，而且在结构上，都要满足社会总需求的要求，这就是市场上的实物商品对货币的需求。因此，在商品货币经济时代，社会总供求是否均衡，与货币供求是否均衡有直接的因果关系。

以上分析可以得出以下结论：

1. 社会总供给决定货币需求。这个货币需求就是一国或一地区在一定时期国民经济均衡发展对货币的必要需求量。

2. 货币需求决定货币供给。而货币供给作为一国或一地区中央银行调节宏观经济运行的手段时，与需求在规模上总存在一定差距。

3. 货币供给形成社会总需求。货币供给过程，就是货币经银行体系进入社会再生产领域的过程。这个过程表现为经济主体对消费品、投资品、政府支出、出口商品的需求。

4. 社会总供求的平衡是货币供求均衡的前提和基础。社会总需求的偏大或偏小，都会对社会总供给产生巨大的影响。总需求不足，会造成社会总供给不能充分实现，甚至引发通货紧缩；总需求过多，在拉动总供给增加的同时，一定条件下则会引发通货膨胀。

5. 从形式上看，货币均衡不过是货币领域内因货币供给与货币需求相互平衡而导致的一种货币流通状态，但从根本上说，则是社会总供求平衡的一种反映。

6. 货币均衡的两个基本标志是：商品市场上的物价稳定和金融市场上的利率稳定。

五、通货膨胀与通货紧缩

如上所述，当货币均衡与社会总供求平衡出现问题时，就有可能引发通货膨胀与通货紧缩。

(一)通货膨胀

在信用货币制度下，流通中的货币数量超过经济实际需要而引起的货币贬值和物价水平全面而持续上涨的现象称为通货膨胀(inflation)。

通货膨胀是纸币流通条件下特有的经济现象。在金属货币流通条件下，由于金属货币自身有价值，能够通过贮藏手段自发调节流通中的货币量，使之与商品流通的需要量相适应，因此，不会产生通货膨胀。只有在纸币流通条件下，由于纸币自身没有价值，不能通过贮藏手段自发调节流通中的货币量，从而会使货币发行量超过流通中的货币必要量。当货币供给大于货币实际需求时，现实购买力大于产出供给，就会导致货币贬值，引起在一段时间内物价持续而普遍地上涨。通货膨胀的实质，是社会总需求大于社会总供给。

货币发行过多是导致通货膨胀的主要原因，表现为纸币贬值和物价上涨，二者是通货膨胀同一过程的两个方面。表现在货币方面，就是纸币贬值；表现在商品方面，就是物价上涨。

通货膨胀与物价上涨又是两个既有联系又有区别的概念。通货膨胀必然表现为物价上涨，但物价上涨不一定是通货膨胀。如果投入流通中的纸币长期过多，物价就会全面而持续上涨。但引起个别物价上涨的原因并不一定是纸币的过多发行，诸如供求关系、商品本身价值的变化、生产的周期性波动等，也可能造成物价上涨。但是，物价上涨却意味着纸币贬值。所以，一般把消费品物价上升的指数称为通货膨胀率。在通货膨胀中，纸币的发行速度与物价上涨的速度并不是平行发展的。一般情况下，在通货膨胀的初期，物价上升速度慢于货币发行速度；随着通货膨胀的发展，物价上升的速度会逐渐加快；到通货膨胀后期，物价上升的速度会超过货币发行速度。

按通货膨胀的程度来划分，可以将通货膨胀分为爬行式通货膨胀、温和式通货膨胀、奔腾式通货膨胀和恶性通货膨胀几种类型(见表 8.2)。

从形成原因来划分，又可以将通货膨胀分为以下几种类型。

一是需求拉上型通货膨胀。这是指在社会消费支出与投资支出剧增的情况下，由于种种因素的影响，商品和劳务供给的增加受到限制，或是未能随有效需求的增加而同步增加，从而引起一般物价水平上涨引起的通货膨胀。

二是成本推进型通货膨胀。这是指由于企业所使用的生产要素，如土地、劳动力、资本等价格的上涨，导致后续产品价格上涨引起的通货膨胀。

三是混合型通货膨胀。这是指由需求拉动和成本推动共同作用引起的通货膨胀。在实际经济生活中，单纯的需求拉动或成本推动是较少的，更多地表现为两者结合而形成的通货膨胀。

四是结构型通货膨胀。这是指由于国民经济结构失调，产业结构与需求结构不相适应引起的通货膨胀。

表 8.2 通货膨胀的类型

划分方式	类别及其性质	
按通货膨胀的程度划分	爬行式通货膨胀	价格总水平上涨的年率不超过 2%～3%，并且在经济生活中没有形成通货膨胀的预期
	温和式通货膨胀	价格总水平上涨比爬行式高，但又不是很快，具体的百分比没有一个统一的说法
	奔腾式通货膨胀	物价总水平上涨率在两位数以上，且发展速度很快
	恶性通货膨胀	或称超级通货膨胀，是指物价上升特别猛烈，且呈加速趋势。当局如不采取断然措施，货币制度将完全崩溃
按通货膨胀的成因划分	需求拉上型通货膨胀	
	成本推进型通货膨胀	
	混合型通货膨胀	
	结构型通货膨胀	

延伸阅读

通货膨胀

有人根据 33 年来的 CPI 的涨幅，推算出人民币 33 年来贬值逾 6 倍，也就是说，如果在 1978 年改革开放之初时，拥有 100 万元，如果放到 2011 年，就只值当年的 15 万元了。

有人可能要说，那么我们不存钱就行了！事实上并不是这样。在中国人的传统观念里，储蓄是勤俭持家的美德，中国人有存钱的习惯。另外，我们国家的社会状况，逼迫我们必须要存钱，因为住房需要钱、子女教育需要钱、未来的医疗需要钱、未来的养老需要钱。受制于教育、医疗和养老考量，穷人才是存款的主力军，尽管赔钱，我们还是要往银行存钱，积攒起来以备后用！他们不能也不敢消费掉，更不能也不敢转化为投资，尤其是广大农民，因为这些钱是为养老、保命所攒，或是随时应急所需的，不到万不得已不能动用。从某种意义上讲，负利率作为一种财富再分配工具，它会进一步掠夺社会弱势群体原本可怜的一点财富。而且，往银行存钱的一般都是穷人，因为只有穷人才对未来的生活费用更担心！然而，最喜欢存钱的中国人越存越穷！

什么是通货膨胀？在经济学上，通货膨胀意指整体物价水平持续性上升。说白了就是钱不值钱了。

什么是负利率？即物价指数(CPI)快速攀升，导致银行存款利率实际为负。就是在通货膨胀情况下，银行存款的名义利率(常指一年期定期存款的利率)小于同期 CPI 的上涨幅度。这时居民的银行存款随着时间的推移，购买力逐渐降低，看起来就好像在“缩水”一样，故被形象地称为负利率。

资料来源：中国社会科学院重点课题成果《国际化战略中的人民币区域化报告》.第一金融网 http://www.afinance.cn.

通货膨胀的治理。通货膨胀作为纸币流通条件下的特有经济现象，其危害是显而易见的。因此，反通货膨胀问题已成为世界各国所要认真考虑的头等大事。从世界各国看，治理通货膨胀的对策主要有：

一是实行紧缩性的财政、货币政策。在财政政策方面，主要措施是增加税收，削减政府预算和转移支出，发行公债，其目的是减少需求，弥补通货膨胀的缺口。在货币政策方面，主要措施是出售政府债券，提高存款准备金率，提高利率，规定基础货币指标，其目的是影响流通中的货币量，进而控制需求，抑制通货膨胀。

二是收入政策。收入政策就是为了降低一般物价水平的上涨幅度而采取的强制性或非强制性的限制工资与价格的政策。包括：工资管制，即强制推行对全社会职工工资增长总额和幅度进行控制的措施，在通货膨胀十分严重的时期，甚至采取冻结工资的办法。确定工资、物价指导线，即政府规定在一定年份内允许工资总收入增加的一个目标值。物价管制，即通过立法程序，规定物价上涨率的限度，或将物价冻结在一定的水平上。

三是供给政策。在抑制总需求的同时增加供给，运用刺激生产的方法解决通货膨胀，主要措施包括减税、削减政府开支和社会福利开支、稳定币值、减少政府对企业活动的限制等。

四是外汇政策。中央银行控制和调节外汇行市，以稳定汇率；实行外汇管制，控制资本的出入；保持合理的外汇储备，以维持国际清偿能力；控制外汇市场的交易，以维护外汇市场的稳定。

此外，还有强制性的行政干预、币制改革等，也被一些经济集权而又不发达的国家用作反通货膨胀的措施。

延伸阅读

通货膨胀与纸币流通

在金属货币制度条件下,由于金属货币具有内在价值,可以发挥如同“蓄水池”一般的储藏手段的职能。当流通中的金属货币过多时,多余的金属货币会自发地退出流通领域转为储藏。相反,一旦流通中的金属货币不足时,这一部分储藏的金属货币就会自动进入流通领域,从而自动调节流通的金属货币量,因此在金属货币制度条件下,一般不会发生通货膨胀。

但是在纸币流通条件下,一方面,纸币流通从技术层面提供了纸币无限供给的可能性,并且可以借助于国家权力和无限法偿使之强制进入流通;另一方面,由于纸币本身只是国家强制发行的价值符号,本身并没有价值,进入流通的多余纸币不会以储藏方式自动退出流通,从而产生了纸币供给量的无限性和货币容纳量的有限性之间的矛盾。这一矛盾的结果就是,流通领域的过多纸币只能靠降低单位纸币所代表的价值量来与社会经济生活中的客观需求量相适应,从而引发纸币贬值、物价上涨,形成通货膨胀。因此,纸币流通是产生通货膨胀的前提条件,但并不能说,纸币流通必然产生通货膨胀。

资料来源:战玉锋.金融学理论与实务[M].北京:北京大学出版社,2011:291.

(二)通货紧缩

通货紧缩(deflation)是与通货膨胀相对立的一种经济现象,它是指一般物价的持续下跌。通常用消费物价指数(CPI)作为衡量指标。应该指出的是,单个货物或劳务价格的下跌并不形成通货紧缩,只有一般价格水平的持续下跌才称为通货紧缩,且持续时间通常为两年以上。

从通货紧缩的含义可以看出,通货紧缩的基本标志应当是一般物价水平的持续下降,但由于物价水平的持续下降有一定时限(一年或半年以上),且通货紧缩还有轻度、中度和严重的程度之分,因此,通货紧缩的标志可以从以下三个方面把握:

标志一:价格总水平持续下降。这是通货紧缩的基本标志。

标志二:货币供应量持续下降。

1. 货币供应量增长率长期滞后于经济增长率,这是通货紧缩的标志;

2. 货币供应的流动性持续下降,这属于结构性的通货紧缩;

3. 货币(现金和存款货币)的流通速度持续下降,从而引起货币流量逐年萎缩,同样是一种通货紧缩的表现形式。

标志三:经济增长率持续下降。

一般而言,治理通货紧缩的对策主要有:实行宽松的货币政策,增加流通中的货币量,还可以通过投资的“乘数效应”带动私人投资的增加;实行宽松的财政政策,扩大财政支出,直接增加总需求;进行结构性调整。对由于某些行业的产品或某个层次的商品生产绝对过剩而引发的通货紧缩,一般采用结构性调整的手段,即减少过剩部门或行业的产量,鼓励新兴部门或行业发展;政府通过各种宣传手段,改变社会预期,增加公众对未来经济发展趋势的信心;建立健全社会保障体系,适当改善国民收入的分配格局,提高中下层居民的收入水平和消费水平,以增加消费需求。

(三)通货膨胀与通货紧缩的区别和联系

通货膨胀与通货紧缩有如下区别:

1. 含义和本质不同。通货膨胀是指纸币的发行量超过流通中所需要的数量,从而引起纸币贬值、物价持续普遍上涨的经济现象,其实质是社会总需求大于总供给;通货紧缩是指在经济相对萎缩时期,物价总水平较长时间内持续下降,货币不断升值的经济现象,其实质是社会总供给持续大于社会总需求。

2. 表现形式不同。通货膨胀最直接的表现是纸币贬值,物价上涨,购买力降低;通货紧缩往往伴随着生产下降、市场萎缩、企业利润率降低、生产投资减少,以及失业增加、收入下降、经济增长乏力等现象。主要表现为物价低迷,大多数商品和劳务价格下跌。

3. 形成原因不同。通货膨胀的成因主要是社会总需求大于社会总供给,货币的发行量超过了流通中实际需要的货币量;通货紧缩的成因主要是社会总需求小于社会总供给,长期的产业结构不合理,形成买方市场及出口困难。

4. 危害性不同。通货膨胀直接使纸币贬值,如果居民的收入没有变化,生活水平就会下降,造成社会经济生活秩序混乱,不利于经济的发展。不过在一定时期内,适度的通货膨胀又可以刺激消费,扩大内需,推动经济发展。通货紧缩导致物价下降,在一定程度上对居民生活有好处,但从长远看,会严重影响投资者的信心和居民的消费心理,导致恶性的价格竞争,对经济的长远发展和人民的长远利益不利。

5. 治理措施不同。治理通货膨胀最根本的措施是发展生产,增加有效供给,同时控制货币供应量,实行适度从紧的货币政策和财政政策等。治理通货紧缩要调整优化产业结构，综合运用投资、消费、出口等措施拉动经济增长，实行积极的财政政策、稳健的货币政策、正确的消费政策，坚持扩大内需的方针。

通货膨胀与通货紧缩的联系如下。

二者都是由社会总需求与社会总供给不平衡造成的，亦即流通中实际需要的货币量与发行量不平衡造成的。

二者都会使价格信号失真，影响正常的经济生活和社会经济秩序，因此都必须采取有效的措施予以抑制。

本章小结

1. 在国民经济运行系统存在着某些特定的并相互制约的经济变量和信号传递机制，国家通过对宏观经济变量的调节，可以干预国民经济的运行过程，从而达到改变宏观经济总需求与总供给平衡关系的目的。调节宏观经济变量最有效的手段是宏观经济政策。

2. 货币需求是经济主体（居民、企业和单位等）在特定的利率条件下能够并愿意把货币作为一种资产而持有的行为。

3. 货币供给指一个国家在某一特定时点上由经济主体（居民、企业和单位等）持有的政府和银行系统以外的货币总和。

4. 当一国或一地区的货币供给量基本符合其在一定时期内所必需的货币量时，我们称之为货币均衡，反之则是货币非均衡。

5. 在社会再生产过程中，一定量的货币供给总是表现为各种经济主体（居民、企业和单位等）对社会总产品的需求；货币需求总是表现为各经济主体为顺利实现社会总产品流转过程的需求。因此，货币的增减将直接影响到国民经济的总量平衡。当货币均衡与社会总供求平衡出现问题时，就有可能引发通货膨胀与通货紧缩。

课后练习

一、名词解释

名义货币供给量　　实际货币供给量　　国内生产总值
国民生产总值　　国民生产净值　　国民收入　　个人可支配收入
货币均衡　　通货膨胀　　通货紧缩

二、多项选择题

1. 在一定条件下，一国或一地区的货币需求量取决于以下因素（　　）。
A. 收入水平　B. 物价水平　C. 利率水平
D. 信用发达程度　E. 货币流通速度　F. 社会商品可供量
2. 狭义货币 M_1 包括（　　）。
A. 居民储蓄存款　B. 单位定期存款　C. 活期存款
D. 银行票据　E. 流通中的现金　F. 外币存款
3. 关于货币层次划分的界定，正确的有（　　）。
A. M_0＝活期存款货币　B. M_0＝流通中现金
C. $M_1=M_0$＋单位活期存款　D. $M_2=M_1$＋单位定期存款
E. $M_0=M_1$－单位活期存款　F. $M_0=M_2-M_1$
4. 下列情况中，可能会导致成本推进型通货膨胀的有（　　）。
A. 垄断性大公司为获取垄断利润，人为地提高产品价格。
B. 劳动力不能及时在不同部门间转移。
C. 有组织的工会会迫使工资的增长超过劳动生产率的增长率。
D. 资源在各部门之间的配置严重失衡。
E. 汇率变动引起进出口产品和原材料成本上升。
F. 土地价格不断攀升，房价持续上涨。
5. 在治理通货膨胀时，可以采用的紧缩性货币政策措施主要有（　　）。
A. 提高法定存款准备金率　B. 提高再贴现率
C. 公开市场卖出业务　D. 减少储备存款
E. 提高外汇率　F. 直接提高利率

三、简答题

1. 简述国民经济运行的三个层次及其经济变量。
2. 简述货币在国民经济总量平衡中的关系。
3. 国家是通过什么手段来干预宏观经济运行的？
4. 简述货币供给量的决定因素。
5. 简述通货膨胀与通货紧缩的区别与联系。

第九章　货币政策

本章要点

◎货币政策

◎货币政策的目标

◎货币政策工具

◎货币政策的传导机制

本章关于货币政策的讨论，集中在货币政策工具、货币政策的操作指标、货币政策的中介指标和货币政策的最终目标等方面，最后讨论货币政策对经济的影响机制。

第一节　货币政策及其目标

货币政策(monetary policy)是指一国中央银行为了达到一定的宏观经济目标而采取的各项管理和调节货币流通的方针和措施的总称。中央银行以国家货币政策制定者和执行者的身份，通过金融手段对全国的货币、信用活动进行有目的、有目标的调节和控制，以此来影响全社会的总需求和总供给，进而影响整个宏观经济运行，促进整个国民经济健康发展，实现其预期的货币政策目标。实施货币政策的各种措施和手段叫做货币政策工具，它是决策者直接操控的经济变量，而货币政策的最终目标才是决策者最终关心的经济变量。但是，政策实施与政策效果之间总是存在着相当的时滞，例如物价水平和产出水平的变化，总是要在政策实施以后的一段时间才能观察到，因此，从政策工具到最终目标，中间还需要有操作指标和中介指标。

一、货币政策概述

(一)货币政策的定义

西方国家对货币政策的一般表述为：中央银行在追求可维持的实际产出增长、高就业和物价稳定时所采取的用以影响货币和其他金融环境的措施。通俗地说，货币政策是指中央银行为实现既定的经济目标，运用各种货币政策工具，控制、调节货币供给或信用量所采取的方针、政策和措施的总称。

广义的货币政策包括政府、中央银行和其他有关部门所有有关货币方面的规定和所采取的影响货币供给数量的一切措施。

狭义的货币政策主要是研究货币的发行与调控，货币量与产出、收入、价格、国际收支等宏观经济变量的相互联系与相互影响，并围绕这些经济联系与影响制定一系列的政策措施。

货币政策具有以下基本特征：

1. 货币政策是宏观经济政策；

2. 货币政策是调节社会总需求的政策；

3. 货币政策主要是间接调控政策；

4. 货币政策是长期连续的经济政策。

(二)货币政策的类型

实施一定货币政策的根本目的，在于通过对社会货币供应量的控制来调节社会总需求水平，以达到社会总供给和总需求之间的协调与平衡。货币政策主要有五种类型：

1. 扩张性货币政策(又称为宽松的货币政策)。扩张性的货币政策是指在社会有效需求不足，社会总需求严重落后于总供给状态下，中央银行通过增加货币供应量，使利率下降，从而增加投资，扩大社会总需求，以刺激经济增长的一种货币政策。主要措施包括：降低法定准备金率；降低再贴现利率；公开市场业务操作，通过多购进证券，增加货币供应；“道义劝告”。

2. 紧缩性货币政策。紧缩性货币政策是指在社会总需求严重膨胀的经济状况下，中央银行通过紧缩货币供应量，使利率升高，从而抑制投资，压缩社会总需求，限制经济增长的一种货币政策。主要措施与扩张型货币政策所采用的措施正好相反。

3. 中性货币政策(又称为稳健的货币政策)。是在社会总供给和总需求基本平衡、经济运行较为稳定的情况下，中央银行采取的货币供给与经济发展相适应的一种政策，其主要目标是在保持经济稳定增长的前提下抑制通货膨胀，避免经济的大起大落和保持物价的稳定。

4. 非调节性货币政策。中央银行并不是根据不同时期国家的经济目标和经济状况，不断地调节货币需求，而是把货币供应量固定在预定水平上。

5. 调节性货币政策。中央银行根据不同时期国家的经济目标和经济状况，不断地调节货币供应量。具体内容是当超额准备金的需求和货币的需求增长时，中央银行增加准备金供给。

（三）货币政策与金融政策

金融业不仅涉及银行，还包括证券、保险、信托、租赁等领域。所以在我国，金融政策是比货币政策更为宽泛的概念，不仅包括货币政策、信贷政策、外汇政策，还包括证券市场和保险市场等运行和发展相联系的所有政策与法规，以及各种金融市场的监管政策与协调政策等。因此，货币政策可以说是金融政策中的居于核心地位的部分。货币政策与金融政策主要有以下两点不同之处。

1. 调节对象不同。货币政策是以货币需求总量为调节对象，而金融政策是以整体金融活动为调节对象。

2. 调节手段不同。货币政策的调节手段主要有两类：一是数量调节，如运用法定准备金政策和公开市场业务来进行货币供给量的调节；二是价格调节，如运用利率、汇率等手段直接或间接影响市场参与者的行为。而金融政策不但包含了货币政策的调节手段，还包括以政府直接干预为主要表现形式的行政调节、法规调整和制度变革等多种手段。

（四）货币政策的内容

货币政策一旦实施，必然涉及货币政策如何发生作用，如何有效地按正确的政策方向运行，以及货币政策能否有效地影响到宏观经济运行中总需求和总供给的平衡问题。因此，货币政策的主要内容包括以下五个基本要素：货币政策目标、货币政策手段（货币政策工具）、货币政策操作目标、货币政策的中介目标和货币政策实施效果。货币政策对宏观经济运行发生作用，就是通过这些要素的逐级传递关系来实现的。这些基本要素紧密联系，构成一国货币政策的有机整体。在制定和实施货币政策时，必须对这一有机整体进行统筹考虑。

1. 货币政策最终目标。货币政策最终目标是货币政策制定者所期望达到的货币政策最终实施结果。

2. 货币政策手段。有了最终目标，还要解决采取什么手段去实现目标。货币政策手段称之为货币政策操作工具。当前我国的货币政策操作工具，主要包括公开市场业务、改变存款准备金率、中央银行贷款、利率政策和常备借贷便利等。

3. 货币政策操作目标。由于货币政策操作工具的变动，使得商业银行的存款准备金和同业拆放利率发生变化。而商业银行的存款准备金与同业拆放利率又是直接作用于货币供应量和市场利率的，因而它们被称为操作目标。它们是介于货币政策工具与货币政策最终目标之间，离货币政策工具较近而离货币政策最终目标较远的中介目标。我国货币政策操作目标主要是商业银行在中央银行的准备金存款和基础货币。

4. 货币政策中介目标。货币政策中介目标是既联系货币政策最终目标，又联系货币政策工具变量的中介性目标，又称为政策目标。它接近最终目标，又具有最终目标所不具备的短期可测量性质。当前我国的货币政策中介目标，主要有长期利率、货币供应量、贷款规模。

5. 货币政策实施效果。

我国货币政策各要素之间的传递关系如图 9.1 所示。

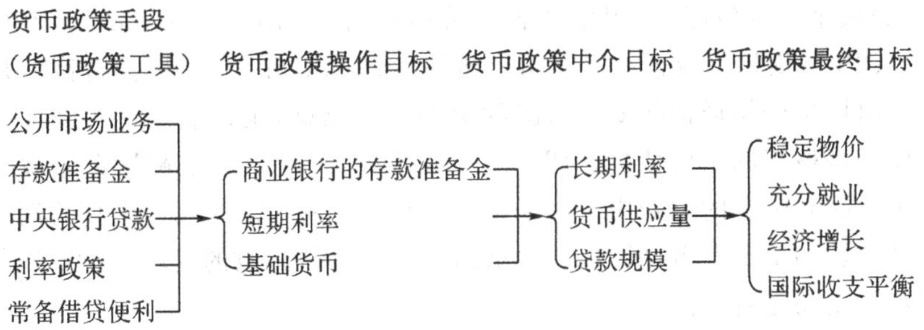

图 9.1　货币政策各要素之间的传递关系

二、货币政策目标

货币政策目标包括最终目标、操作目标和中介目标。

（一）货币政策的最终目标

货币政策最终目标是指货币政策实施所要最终达到的宏观经济目标。货币政策是国家管理宏观经济的重要政策之一，因此其最终目标与国家所要达到的宏观经济政策目标是一致的。当前我国的货币政策最终目标有四个：稳定物价、充分就业、经济增长和国际收支平衡。

1. 稳定物价

无论是物价水平持续上升的通货膨胀，还是物价水平持续下跌的通货紧缩，都会对经济造成很大的负面影响。因此，各国中央银行无不将物价水平的稳定当作货币政策的首要目标。而物价稳定的实质是币值的稳定。稳定物价是一个相对概念，就是要控制通货膨胀或通货紧缩，使一般物价水平在短期内不发生急剧的波动。衡量物价是否稳定，各国通常用三个指标来反映。

(1)从国民收入角度，使用国内生产总值平减指数(GDP implicit deflator)：名义的GDP和实际的GDP的比率，反映最终产品和劳务的价格变化情况。

(2)从消费者角度，使用消费者物价指数(consumer price index, CPI)来反映。CPI是反映与居民生活有关的产品及劳务价格统计出来的物价变动指标，通常作为观察通货膨胀水平的重要指标。我国称之为居民消费价格指数。居民消费价格指数可按城乡分别编制城市居民消费价格指数和农村居民消费价格指数，也可按全社会编制全国居民消费价格总指数。消费者物价指数追踪一定时期的生活成本以计算通货膨胀。如果消费者物价指数升幅过大，表明通货膨胀已经成为经济不稳定因素。

(3)从生产者角度，使用生产者物价指数(producer price index, PPI)来反映。PPI是衡量工业企业产品出厂价格变动趋势和变动程度的指数，是反映某一时期生产领域价格变动情况的重要经济指标，也是制定有关经济政策和国民经济核算的重要依据。PPI与CPI不同，主要目的是衡量企业购买的一篮子物品和劳务的总费用。由于企业最终要把它们的费用以更高的消费价格的形式转移给消费者，所以，通常认为生产者物价指数的变动对预测消费物价指数的变动是有用的。

需要注意的是，除了通货膨胀以外，还有一些属于正常范围内的因素。这个限度的确定，各个国家不尽相同，主要取决于各国经济发展情况。另外，传统习惯也有很大影响。

2. 充分就业

所谓充分就业，就是要保持一个较高的、稳定的水平。在充分就业的情况下，凡是有能力并自愿参加工作者，都能在较合理的条件下随时找到适当的工作。因为较高的失业率不但会造成社会经济资源的极大浪费，而且很容易导致社会和政治危机，因此各国政府一般都将充分就业作为优先考虑的政策目标。

充分就业是针对所有可利用资源的利用程度而言的。但要测定各种经济资源的利用程度非常困难，一般以劳动力的就业程度为基准，即以失业率指标来衡量劳动力的就业程度。失业，理论上讲，表示了生产资源的一种浪费，失业率越高，对社会经济增长越是不利，因此，各国都力图把失业率降到最低的水平，以实现其经济增长的目标。

充分就业目标不意味着失业率等于零。经济学认为，从提高效率的角度看，保持一定的失业水平是适当的，美国多数学者认为4%的失业率即为充分就业，而一些较为保守的学者则认为，应将失业率压低到2%～3%。

3. 经济增长

所谓经济增长就是指国民生产总值的增长必须保持合理的、较高的速度。各国衡量经济增长的指标一般采用人均实际国民生产总值的年增长率，即用人均名义国民生产总值年增长率剔除物价上涨率后的人均实际国民生产总值年增长率来衡量。政府一般对计划期的实际GNP增长幅度定出指标，用百分比表示，中央银行即以此作为货币政策的目标。

由于经济的合理增长需要人力、财力、物力等多种因素的配合，最重要的是要增加各种经济资源的供给并且实现资源的最佳配置。中央银行作为国民经济中的货币主管部门，直接影响到其中的财力部分，对资本的供给与配置产生巨大作用。因此，中央银行以经济增长为目标，指的是中央银行在接受既定目标的前提下，通过其所能操纵的工具对资源的运用加以组合和协调。一般地说，中央银行可以用增加货币供给或降低实际利率水平的办法来促进投资增加；或者通过控制通货膨胀率，以消除其所产生的不确定性和预期效应对投资的影响。

4. 国际收支平衡

国际收支是指一国在一定时期（通常为一年）内对其他国家或地区之间由于政治、经济、文化往来所引起的全部货币收支。国际收支平衡是指一国对其他国家的全部货币收入和货币支出持平、略有顺差或略有逆差。一般情况下，考察国际收支平衡不是考察整个国际收支的总体，而是考察其中的部分项目。通常所说的国际收支平衡是指除了外汇储备项目以外的其他项目的收支是否平衡。

所谓平衡国际收支目标，简言之，就是采取各种措施纠正国际收支差额，使其趋于平衡。因为一国国际收支出现失衡，无论是顺差或逆差，都会对本国经济造成不利影响，长时期的巨额逆差会使本国外汇储备急剧下降，并承受沉重的债务和利息负担；而长时期的巨额顺差，又会造成本国资源使用上的浪费，使一部分外汇闲置，特别是如果因大量购进外汇而增发本国货币，则可能引起或加剧国内通货膨胀。当然，相比之下，逆差的危害尤甚，因此各国调节国际收支失衡一般着力于减少以至消除逆差。

5. 货币政策最终目标之间的矛盾

从表面上看，上述四项货币政策最终目标是一致的，但是实际上，目标之间存在着许多矛盾。可以说，货币政策的四项最终目标要同时实现是非常困难甚至是不可能的，往往以某项货币政策工具来实现某一货币政策目标，则经常会干扰其他货币政策目标的正常运转。所以，中央银行不得不对这些目标进行权衡，并要确定牺牲某个目标而实现另一个目标限度。

货币政策目标之间的冲突主要表现在：

(1)物价稳定目标与充分就业目标的矛盾。失业人数过多，需要采取扩大信用的办法，增加投资，刺激需求，从而增加就业人数。但是，信用扩大了，货币供应量增加了，需求增长了，又容易导致物价上涨，加剧通货膨胀。换句话说，要降低失业率，就要忍受较高的通货膨胀；要使物价稳定，就要忍受较高的失业率，稳定物价和充分就业二者不可兼得。

(2)稳定物价目标与国际收支平衡目标的矛盾。通货膨胀、国内物价上涨，表明本国货币对内贬值，在本国买商品贵，在一定时期内买外国货便宜，从而导致本国出口减少，进口增加，造成国际收支恶化。假如外国发生通货膨胀而本国物价稳定，则导致出口增加，进口减少，国际收支会发生大量顺差。只有在全世界都保持大致相同的物价水平，而且贸易形态不发生大的变动的情况下，物价稳定和国际收支平衡才能同时存在。这实际上是不可能的。

(3)稳定物价目标与经济增长目标的矛盾。在货币政策的四项最终目标中，核心是如何处理经济增长同稳定货币之间的关系。失业率的高低，外汇收入的多少，决定于经济增长的状况，从根本上说，只有经济增长了，商品丰富了，稳定货币从而稳定物价才有物质基础。但是，经济增长速度加快，必然要扩大货币供应量，这不仅会带来物价上涨，而且久而久之，会形成低经济增长率和高通货膨胀率并存的"滞胀"局面。因此，许多市场经济国家中央银行不得不把控制货币供应量、稳定物价作为首要目标。

货币政策各项最终目标之间的冲突，大大增加了货币政策调节的复杂性。在特定的时期、特定的经济条件下，究竟以哪个或哪几个目标为主，这需要进行政策效果的比较和衡量，对货币当局来说，要尽量趋利避害，或者两利相权取其重，两弊相权取其轻。

延伸阅读

关于我国货币政策最终目标的选择

根据《中华人民共和国中国人民银行法》规定，我国的中央银行——中国人民银行的货币政策目标为“保持货币币值的稳定，并以此促进经济增长”。这就明确了“稳定”与“增长”之间的主次关系。但是，在许多情况下，尤其是经济发展的非正常时期，两者的矛盾往往显得较为突出。因此，我国理论界对于中国货币政策确定什么样的目标问题，一直存在着争论。主要观点有以下几种：

1. 单一目标论。其中又可分成两种截然对立的意见。一种从稳定物价乃至经济正常运行和发展的基本前提出发，强调物价稳定是货币政策的唯一目标；另一种从货币是再生产的第一推动力出发，主张用最大限度的经济稳定增长保障经济起飞作为货币政策的目标，并在经济发展的基础上稳定物价，即强调经济增长应该摆在首位。

2. 双重目标论。这种观点认为，中央银行的货币政策目标不应该是单一的，而应当同时兼顾发展经济和稳定物价的要求。强调它们两者的关系是：就稳定货币而言，应该是一种积极的、能动的稳定，即在经济发展中求稳定；就经济增长而言，应该是持续、稳定、协调的发展，即在稳定中求发展。不兼顾，则两者的要求均不能实现。

3. 多重目标论。这种观点认为，鉴于货币政策涉及面广，随着经济体制改革的进一步深化和对外开放的加快，就业和国际收支问题对宏观经济的影响越来越重要。因此，我国的货币政策目标必须包括充分就业、国际收支均衡和经济增长、稳定物价等方面，即目标不应是双重的，而应该是多重的。

2002 年中共十六大以后，我国的货币政策目标吸纳了多重目标论观点，采用的是经济增长、充分就业、稳定物价、国际收支平衡，这也是世界各国普遍采用的观点，只是在先后顺序方面有所不同。

资料来源：编者根据五星文库的资料整理编写。

(二)货币政策的操作目标

中央银行通常采用的操作目标主要有：商业银行的存款准备金、短期利率、基础货币等。

1. 商业银行的存款准备金

中央银行以存款准备金(deposit reserve)作为货币政策的操作目标，其主要原因是，无论中央银行运用何种政策工具，都会先行改变商业银行的准备金，然后对中间目标和最终目标产生影响。

因此可以说，变动准备金是货币政策传导的必经之路，由于商业银行准备金越少，银行贷款与投资的能力就越大，从而派生存款和货币供应量也就越多。因此，银行准备金减少被认为是货币市场银根放松，准备金增多则意味着市场银根紧缩。

作为内生变量，准备金与需求负值相关。借贷需求上升，银行体系便减少准备金以扩张信贷；反之则增加准备金而缩减信贷。作为政策变量，准备金与需求正值相关。中央银行要抑制需求，一定会设法减少商业银行的准备金。因而准备金作为金融指标也有误导中央银行的缺点。

2. 短期利率

短期利率(short-term interest rate)通常指市场利率，即能够反映市场资金供求状况、变动灵活的利率。它是影响社会的货币需求与货币供给、银行信贷总量的一个重要指标，也是中央银行用以控制货币供应量、调节市场货币供求、实现货币政策目标的一个重要的政策性指标。作为操作目标，中央银行通常只能选用其中一种利率。

3. 基础货币

基础货币(base currency)是中央银行经常使用的一个操作指标，也常被称为"强力货币"或"高能货币"。从基础货币的计量范围来看，它是商业银行准备金和流通中通货的总和，包括商业银行在中央银行的存款、银行库存现金、向中央银行借款、社会公众持有的现金等。通货与准备金之间的转换不改变基础货币总量，基础货币的变化来自那些提高或降低基础货币的因素。

(三)货币政策的中介目标

中央银行操作货币政策工具后，并不能直接达到最终目标，只是改变了商业银行的准备金、流通中的现金或短期利率等。此外，中央银行从启用货币政策工具到货币政策最终目标的实现，中间会经过一个相当长的时间滞后，如果等到货币政策的最终目标发生变化后再来调整货币政策工具，就很有可能已经时过境迁，达不到有效地调控经济的目的。为了保证货币政策工具操作方向的正确性，中央银行必须借助一些既联系货币政策最终目标，又联系货币政策工具变量的中介性目标，去判断货币政策最终目标可能达到的程度，以便及时调整货币政策工具的作用力度。货币政策工具并不能直接作用于货币政策最终目标，它必须通过能够作用于最终目标的中间金融变量，才能对最终目标发生影响。货币政策的中介目标是货币政策工具和货币政策的最终目标之间的中介或桥梁，在货币政策的传导中起着承上启下的作用。

可以作为货币政策中介目标的金融目标主要有：长期利率、货币供应量和贷款规模。

1. 长期利率

长期利率(long term interest rate)能够成为中央银行货币政策的中间目标，是因为以下原因：

(1)利率是反映市场银根松紧的指示器。利率水平趋高被认为是银根紧缩，利率水平趋低则被认为是银根松弛。利率不但能够反映货币与信用的供给状态，而且能够表现供给与需求的相对变化。

(2)利率属于中央银行影响可及的范围，中央银行能够运用政策工具设法提高或降低利率。

(3)利率数据易于获得并能够经常汇集。

但是市场利率作为中介指标也有缺点，主要是货币供应量的变动除了受到基础货币影响外，还受到现金漏损率、商业银行超额储备比率以及政府行为的影响，而后三者是中央银行不易控制的。这在一定程度上影响了利率作为中介指标的质量。

2. 货币供应量

以弗里德曼为代表的现代货币数量论者认为，应以货币供应量(money supply)或其变动率为主要中介目标。其主要理由：

(1)货币供应量的变动能直接影响经济活动。

(2)货币供应量及其增减变动能够为中央银行所直接控制。

(3)货币供应量与货币政策联系最为直接。货币供应量增加，表示货币政策松弛，反之则表示货币政策紧缩。

(4)货币供应量作为中介指标不易将政策性效果与非政策性效果相混淆，因而具有准确性的优点。

但以货币供应量为中介指标也有几个问题需要考虑：

一是中央银行对货币供应量的控制能力。货币供应量的变动主要取决于基础货币的改变，但还要受其他种种非政策性因素的影响，如现金漏损率、商业银行超额准备比率、定期存款比率等，非中央银行所能完全控制。

二是货币供应量传导的时滞问题。中央银行通过变动准备金以期达到一定的货币量变动率，但期间却存在着较长的时滞。

三是货币供应量与最终目标的关系。对此有些学者尚持怀疑态度。但从衡量的结果来看，货币供应量仍不失为一个性能较为良好的指标。

3. 贷款规模

以贷款规模(volume of credit)作为中间目标,有以下优点:

(1)与最终目标有密切相关性。流通中现金与存款货币均由贷款引起,中央银行控制了贷款规模,也就控制了货币供应量。

(2)准确性较强,内生变数,贷款规模与需求有正值相关;作为政策变数,贷款规模与需求也是正值相关。

(3)数据容易获得,因而也具有可测性。

延伸阅读

中国人民银行货币政策委员会

根据《中华人民共和国中国人民银行法》和国务院颁布的《中国人民银行货币政策委员会条例》,经国务院批准,1997年7月,我国成立了中国人民银行货币政策委员会。

货币政策委员会的职责是,在综合分析宏观经济形势的基础上,依据国家宏观经济调控目标,讨论货币政策的制定和调整、一定时期内的货币政策控制目标、货币政策工具的运用、有关货币政策的重要措施、货币政策与其他宏观经济政策的协调等涉及货币政策等重大事项,并提出建议。由此可见,货币政策委员会在国家宏观调控、货币政策制定和调整中发挥着重要作用。

货币政策委员会的人员组成是:中国人民银行行长、中国人民银行副行长、国家发展与改革委员会、财政部、国家外汇管理局、中国证券监督管理委员会等部门的领导和金融专家共11人组成。货币政策委员会组成单位的调整,由国务院决定。其中,中国人民银行行长、国家外汇管理局局长、中国证券监督管理委员会主席为货币政策委员会的当然委员。货币政策委员会其他委员人选,由中国人民银行提名或者中国人民银行商有关部门提名,报请国务院任命。

货币政策委员会设主席一人,副主席一人。主席由中国人民银行行长担任,副主席由主席指定。

货币政策委员会委员应当具备下列条件:年龄一般在65周岁以下,具有中华人民共和国国籍;公正廉洁,忠于职守,无违法、违纪记录;具有宏观经济、货币、银行等方面的专业知识和实践经验,熟悉有关法律、法规和政策。货币政策委员会中的金融专家,除应当符合上述规定的条件外,还应当具有高级专业技术职称，从事金融研究工作10年以上；非国家公务员，并且不在任何营利性机构任职。

货币政策委员会实行例会制度，在每季度的第一个月份中旬召开例会。货币政策委员会主席或者1/3以上委员联名，可以提议召开临时会议。

货币政策委员会会议应当以会议纪要的形式记录各种意见，货币政策委员会委员提出的货币政策议案，经出席会议的2/3以上委员表决通过，形成货币政策委员会建议书。中国人民银行报请国务院批准有关年度货币供应量、利率、汇率或者其他货币政策重要事项的决定方案时，应当将货币政策委员会建议书或会议纪要作为附件一并报送。中国人民银行报送国务院备案的有关货币政策其他事项的决定，应当将货币政策委员会建议书或者会议纪要一并备案。

资料来源：中国人民银行官方网站

第二节　货币政策工具

货币政策工具(monetary policy tools)是指中央银行直接控制的、能够通过金融途径影响经济单位的经济活动、进而调节社会总需求，为实现一定的货币政策目标而采取的各种经济手段。中央银行通过运用这些政策工具，对基础货币、银行储备、货币供应量、利率以及金融机构的信贷活动等产生直接或间接的影响，从而有利于货币政策目标的实现。

根据资金流向进行分类，可以将货币政策工具分为总量货币政策工具(一般性货币政策工具)和结构性货币政策工具(选择性货币政策工具)。一般性货币政策工具是指西方国家中央银行多年来采用的三大政策工具，即公开市场业务、法定存款准备金率和再贴现利率，这三大传统的政策工具有时也称为“三大法宝”，主要用于调节货币总量。

除一般性政策工具外，中央银行的货币政策工具还有选择性的货币政策工具及其他货币政策工具。选择性货币政策工具是指中央银行针对个别部门、个别企业或某些特定用途的信贷所采用的货币政策工具。与一般性货币政策工具不同，选择性货币政策工具对货币政策与国家经济运行的影响不是全局性的而是局部性的，但也可以作用于货币政策的总体目标。比如有价证券市场信用控制、不动产信用控制和消费者信用控制。选择性的货币政策工具和其他货币政策工具种类很多。各国中央银行一般根据本国的实际情况和货币政策的目标加以选择和运用。

当前我国中央银行的货币政策工具主要有:公开市场业务、法定存款准备金、再贴现、中央银行再贷款、利率政策、常备借贷便利等。(见表9.1)

表9.1 现阶段我国中央银行的货币政策工具

<table>
<tr><td rowspan="11">我国中央银行的货币政策工具</td><td rowspan="4">一般性货币政策工具</td><td>公开市场业务</td></tr>
<tr><td>法定存款准备金</td></tr>
<tr><td>再贴现政策</td></tr>
<tr><td>利率政策</td></tr>
<tr><td rowspan="2">具有中国特色的货币政策工具</td><td>中央银行再贷款</td></tr>
<tr><td>金融机构存贷款基准利率</td></tr>
<tr><td rowspan="5">选择性货币政策工具</td><td>短期流动性调节</td></tr>
<tr><td>常备借贷便利</td></tr>
<tr><td>中期借贷便利</td></tr>
<tr><td>抵押补充贷款</td></tr>
<tr><td>定向调整存款准备金率</td></tr>
</table>

一、公开市场业务

公开市场业务(open market operations)是指中央银行在金融市场上卖出或买进有价证券,吞吐基础货币,用以改变商业银行等金融机构的可用资金,进而影响货币供给量和利率,实现货币政策目标的一种政策工具。

1. 公开市场业务的作用机理

中央银行公开市场业务买卖的证券主要是政府公债和国库券。根据对经济形势的判断,当中央银行认为应该放松银根,增加货币供给时,就在金融市场上买进有价证券,扩大基础货币供应,直接增加金融机构可用资金的数量,增强其贷放能力;相反,当中央银行认为需要收紧银根,减少货币供给时,就会在金融市场上卖出有价证券,回笼一部分基础货币,减少金融机构可用资金的数量,降低其贷放能力。

2. 公开市场业务发挥作用的前提条件

中央银行的公开市场业务要想正常发挥作用,需要具备一定的前提条件:第一,中央银行必须拥有一定数量、不同品种的有价证券,拥有调控整个金融市场的资金实力。第二,必须建有一个统一、规范、交易品种齐全的全国性的金融市场。第三,必须具有一个规范、发达的信用制度,流通领域广泛使用票据,存款准备金政策准确、适度。

我国的公开市场业务包括人民币操作和外汇操作两部分。外汇公开市场业务于1994年3月启动;人民币公开市场业务则于1998年5月26日开始,建立公开市场业务一级交易商制度,选择了一批能够承担大额债券交易的商业银行作为公开市场业务的交易对象。近年来,公开市场业务一级交易商制度不断完善,先后建立了一级交易商考评调整机制、信息报告制度等相关管理制度,一级交易商的机构类别也从商业银行扩展至证券公司等其他金融机构。1999年以来,公开市场业务已成为中国人民银行货币政策日常操作的重要工具,对于调控货币供应量、调节商业银行流动性水平、引导货币市场利率走势发挥了积极的作用。

从交易品种看,中国人民银行公开市场业务债券交易主要包括回购交易、现券交易和发行中央银行票据。其中回购交易分为正回购和逆回购两种,正回购为中国人民银行向一级交易商卖出有价证券,并约定在未来特定日期买回有价证券的交易行为,正回购为央行从市场收回流动性的操作,正回购到期则为央行向市场投放流动性的操作;逆回购为中国人民银行向一级交易商购买有价证券,并约定在未来特定日期将有价证券卖给一级交易商的交易行为,逆回购为央行向市场上投放流动性的操作,逆回购到期则为央行从市场收回流动性的操作。现券交易分为现券买断和现券卖断两种,前者为中央银行直接从二级市场买入债券,一次性地投放基础货币;后者为央行直接卖出持有债券,一次性地回笼基础货币。中央银行票据即中国人民银行发行的短期债券,央行通过发行央行票据可以回笼基础货币,央行票据到期则体现为投放基础货币。

二、法定存款准备金

存款准备金是指金融机构为保证客户提取存款和资金清算需要而准备的资金,中央银行规定金融机构必须向中央银行缴纳的存款准备金叫法定存款准备金(legal deposit reserve),金融机构按规定向中央银行缴纳的法定存款准备金占其存款总额的比例就是法定存款准备金率。金融机构自身决定的并且存放在中央银行、超出法定存款准备金的部分叫超额存款准备金,主要用于支付清算、头寸调拨或作为资产运用的备用资金,以抵御未知风险。

法定存款准备金的作用机理是:中央银行通过调高或调低法定存款准备金率,影响商业银行的存款派生能力,从而达到调节市场货币供给量的目的。

具体来说，当中央银行调低法定存款准备金率时，商业银行需要上缴中央银行的法定准备金数量减少，可自主运用的超额准备金增加，商业银行可用资金增加，在其他情况不变的条件下，商业银行增加贷款或投资，引起存款的数倍扩张，市场中货币供给量增加。相反，当中央银行提高法定存款准备金率时，商业银行需要上缴中央银行的法定准备金数量增加，可自主运用的超额准备金减少，商业银行可用资金减少，在其他情况不变的条件下，商业银行减少贷款或投资，引起存款的数倍紧缩，市场中货币供给量减少。

存款准备金制度是在中央银行体制下建立起来的，在世界上美国最早以法律形式规定商业银行向中央银行缴存存款准备金。存款准备金制度的初始作用是保证存款的支付和清算，之后才逐渐演变成为货币政策工具，中央银行通过调整存款准备金率，影响金融机构的信贷资金供应能力，从而间接调控货币供应量。

1998年，中国人民银行对存款准备金制度进行改革，决定从1998年3月21日起，将原各金融机构在人民银行的“准备金存款”和“备付金存款”两个账户合并，称为“准备金存款”账户。

三、再贴现

再贴现(rediscount)是指商业银行等金融机构为了取得资金，将已贴现的未到期票据以再贴现方式向中央银行进行转让的票据行为。中央银行的再贴现政策主要包括两方面的内容：一是再贴现利率的确定与调整；二是再贴现资格的规定与调整。中央银行通过适时调整再贴现总量及利率，明确再贴现票据选择，达到吞吐基础货币和实施金融宏观调控的目的，同时发挥调整信贷结构的功能。

1. 调整再贴现利率的作用机理

中央银行调整再贴现利率主要着眼于短期的供求均衡。中央银行通常会根据市场的资金供求状况，随时调整再贴现利率，用以影响商业银行借入资金的成本，进而影响商业银行向社会提供的信用量，以达到调节货币供给量的目的。具体来说，如果中央银行提高再贴现利率，会使商业银行从中央银行融资的成本上升，这会产生两方面的效果：第一，降低商业银行向中央银行的借款意愿，减少中央银行基础货币的投放。第二，反映中央银行的紧缩政策意向，产生一种告示效果，商业银行会相应提高对客户的贴现利率和放款利率，减少企业的资金需求。两方面的共同作用是使市场上的货币供给量减少，利率提高，达到紧缩效果。中央银行降低再贴现利率的作用过程与上述相反。

2. 规定与调整再贴现资格的作用机理

中央银行规定与调整再贴现的资格是指中央银行规定或调整何种票据及哪些金融机构具有向中央银行申请再贴现的资格。中央银行对此进行规定与调整，能够改变或引导资金流向，可以发挥抑制或扶持作用，主要着眼于长期的结构调整。如中央银行为调整信贷结构、贯彻产业政策，可以对不同的票据品种、不同的申请机构采取不同的政策。

自 1986 年中国人民银行在上海等中心城市开始试办再贴现业务以来，再贴现业务经历了试点、推广到规范发展的过程。再贴现作为中央银行的重要货币政策工具，在完善货币政策传导机制、促进信贷结构调整、引导扩大中小企业融资、推动票据市场发展等方面发挥了重要作用。

1995 年末，人民银行规范再贴现业务操作，开始把再贴现作为货币政策工具体系的组成部分，并注重通过再贴现传递货币政策信号。中国人民银行初步建立了较为完整的再贴现操作体系，并根据金融宏观调控和结构调整的需要，不定期公布再贴现优先支持的行业、企业和产品目录。

1998 年以来，为适应金融宏观调控由直接调控转向间接调控，加强再贴现传导货币政策的效果、规范票据市场的发展，中国人民银行出台了一系列完善商业汇票和再贴现管理的政策。改革再贴现、贴现利率生成机制，使再贴现利率成为中央银行独立的基准利率，为再贴现率发挥传导货币政策的信号作用创造了条件。适应金融体系多元化和信贷结构调整的需要，扩大再贴现的对象和范围，把再贴现作为缓解部分中小金融机构短期流动性不足的政策措施，提出对资信情况良好的企业签发的商业承兑汇票可以办理再贴现。将再贴现最长期限由 4 个月延长至 6 个月。

2008 年以来，为有效发挥再贴现促进结构调整、引导资金流向的作用，中国人民银行进一步完善再贴现管理：适当增加再贴现授权窗口，以便于金融机构尤其是地方中小金融机构法人申请办理再贴现；适当扩大再贴现的对象和机构范围，城乡信用社、存款类外资金融机构法人、存款类新型农村金融机构，以及企业集团财务公司等非银行金融机构均可申请再贴现；推广使用商业承兑汇票，促进商业信用票据化；通过票据选择明确再贴现支持的重点，对涉农票据、县域企业和金融机构及中小金融机构签发、承兑、持有的票据优先办理再贴现；进一步明确再贴现可采取回购和买断两种方式，提高业务效率。

四、利率政策

利率政策(interest rate policy)是我国货币政策的重要组成部分,也是货币政策实施的主要手段之一。中国人民银行根据货币政策实施的需要,适时地运用利率工具,对利率水平和利率结构进行调整,进而影响社会资金供求状况,实现货币政策的既定目标。

目前,中国人民银行采用的利率工具主要有:1. 调整中央银行基准利率,包括:再贷款利率,指中国人民银行向金融机构发放再贷款所采用的利率;再贴现利率,指金融机构将所持有的已贴现票据向中国人民银行办理再贴现所采用的利率;存款准备金利率,指中国人民银行对金融机构交存的法定存款准备金支付的利率;超额存款准备金利率,指中央银行对金融机构交存的准备金中超过法定存款准备金水平的部分支付的利率。2. 调整金融机构法定存贷款利率。3. 制定金融机构存贷款利率的浮动范围。4. 制定相关政策对各类利率结构和档次进行调整等。

近年来,中国人民银行加强了对利率工具的运用。利率调整逐年频繁,利率调控方式更为灵活,调控机制日趋完善。随着利率市场化改革的逐步推进,作为货币政策主要手段之一的利率政策将逐步从对利率的直接调控向间接调控转化。利率作为重要的经济杠杆,在国家宏观调控体系中将发挥更加重要的作用。

五、中央银行再贷款

中央银行再贷款(central bank reloan)指中央银行对金融机构的贷款,简称再贷款,是中央银行调控基础货币的渠道之一。中央银行通过适时调整再贷款的总量及利率,吞吐基础货币,促进实现货币信贷总量调控目标,合理引导资金流向和信贷投向。

自 1984 年中国人民银行专门行使中央银行职能以来,再贷款一直是我国中央银行的重要货币政策工具。近年来,适应金融宏观调控方式由直接调控转向间接调控,再贷款所占基础货币的比重逐步下降,结构和投向发生重要变化。新增再贷款主要用于促进信贷结构调整,引导扩大县域和"三农"信贷投放。

延伸阅读

格林斯潘的“货币政策”魔术

格林斯潘任美联储主席时，不仅在美国家喻户晓，而且以其前任从未有过的权威性和影响力左右着美国经济乃至世界经济的发展轨迹。

格林斯潘自1987年出任美联储主席以来，一直就是世界经济大舞台上的一颗巨星。尽管美联储从1913年成立之日起就在美国经济中发挥着举足轻重的作用，但在格林斯潘上任之前，这个机构无论在国内还是在世界范围内从未有过如此大的影响，且这种影响随着每一次金融危机的到来而日益增长。他在任期间，美国经济有着历史上最长时期的连续增长。

格林斯潘的效应见诸新闻媒介的报道，如1999年5月4日《纽约时报》的“有了格林斯潘，谁还需要黄金”，1999年5月7日《金融时报》的“格林斯潘一番话，下午股票大跌价”，1998年7月27日《欧洲人报》的“格林斯潘一开口，整个世界都打颤”，等等。人们对他的评论是尊重性的，如格林斯潘的“奇迹般疗效”，格林斯潘的“金口玉言”“高级牧师——格林斯潘”“我们信仰格林斯潘”。一位记者干脆大胆地断言：“格林斯潘仅次于上帝！”格林斯潘用什么魔术来对经济和社会产生这么大影响呢？

格林斯潘玩的主要是货币政策的魔术。美联储的具体做法是调节联邦基金利率，并通过调节货币量来达到这一目的。20世纪90年代，克林顿政府上台时美国经济处于衰退之中，美联储通过扩张性的货币政策，降低利率、增加货币量、增加投资和刺激消费，使美国的边际消费倾向从长期以来的0.676左右上升到0.68，这微小的0.004对经济的影响不可低估。到了20世纪90年代末，美国经济有过热迹象时，美联储又提高利率，以防止可能出现通货膨胀加速现象，进入21世纪，美国经济又有衰退的迹象，美联储又降息。正是通过交替地运用扩张性和紧缩性的货币政策来调节经济，使经济处于低通货膨胀的持续增长之中。

货币政策是一种间接的手段，从运用政策工具到影响各种利率，再到真正影响经济，要有一个过程和时滞。也就是说，货币政策并不是立竿见影的，这就要求中央银行能正确地预测未来的经济趋势，及时采用相应的货币政策，要具有调控的前瞻性和微调性。美联储有一批智慧超群而大权在握的专家，密切关注美国经济的动向，进行经济预测，对经济发展起到了积极的作用。而无论在这一权力中心的内部还是外部，格林斯潘都独占鳌头，最具威力。

资料来源：宋纬.金融学概论[M].北京：中国人民大学出版社，2007：294-295.

六、2013年以来我国货币政策工具的发展

2013年以来，为应对经济下行压力的挑战，中国人民银行除了主要采用存款准备金、公开市场业务、利率以及再贴现等各国传统的货币政策工具和金融机构存贷款基准利率、再贷款政策等具有中国特色的货币政策工具外，还进行了一系列货币政策工具创新，包括短期流动性调节(SLO)、常备借贷便利(SLF)、抵押补充贷款(PSL)和中期借贷便利(MLF)等，丰富并优化了中央银行的货币政策工具箱，提高了中央银行的流动性管理能力，促进了金融稳定和经济发展。

1. 短期流动性调节(short-term liquidity operations，简称SLO)

根据货币调控需要，近年来中国人民银行不断开展公开市场业务工具创新。2013年1月，为应对近年来银行体系短期流动性供求的波动性加大以及由此带来的市场短期资金缺口问题，立足现有货币政策操作框架并借鉴国际经验，中国人民银行创设了“短期流动性调节工具”，作为公开市场常规操作的必要补充，配合常备借贷便利，在银行体系流动性出现临时性波动时相机使用。这一工具的及时创设，既有利于央行有效调节市场短期资金供给，熨平突发性、临时性因素导致的市场资金供求大幅波动，促进金融市场平稳运行，也有助于稳定市场预期和有效防范金融风险。

短期流动性调节是公开市场常规操作的补充工具，原则上在公开市场常规操作的间歇期使用，以7天期内短期回购为主，遇节假日可适当延长操作期限，采用市场化利率招标方式开展操作。中国人民银行根据货币调控需要，综合考虑银行体系流动性供求状况、货币市场利率水平等因素，灵活决定该工具的操作时机、操作规模及期限品种等。该工具的操作对象为公开市场业务一级交易商中具有系统重要性影响、资产状况良好、政策传导能力强的部分金融机构。从实际操作来看，可以认为SLO是一种超短期的逆回购。根据中国人民银行公布的历次《短期流动性调节工具(SLO)交易公告》可以发现，到目前为止，绝大部分SLO操作的方向都是投放流动性的。

2. 常备借贷便利(standing lending facility，简称SLF)

从国际经验看，中央银行通常综合运用常备借贷便利和公开市场业务管理流动性。常备借贷便利的主要特点：一是由金融机构主动发起，金融机构可

根据自身流动性需求申请常备借贷便利；二是常备借贷便利是中央银行与金融机构“一对一”交易，针对性强。三是常备借贷便利的交易对手覆盖面广，通常覆盖存款金融机构。

全球大多数中央银行具备借贷便利类的货币政策工具，但名称各异，如美联储叫贴现窗口（discount window）、欧央行叫边际贷款便利（marginal lending facility）、英格兰银行叫操作性常备便利（operational standing facility）、日本银行叫补充贷款便利（complementary lending facility）等。

中国人民银行于2013年初创设了常备借贷便利。常备借贷便利是中国人民银行正常的流动性供给渠道，主要功能是满足金融机构期限较长的大额流动性需求，对象主要为政策性银行和全国性商业银行，期限为1～3个月，利率水平根据货币政策调控、引导市场利率的需要等综合确定。常备借贷便利以抵押方式发放，合格抵押品包括高信用评级的债券类资产及优质信贷资产等。常备借贷便利的初期使用对象为政策性银行和全国性商业银行，2015年初又扩展到相当一部分的中小金融机构，在操作上由金融机构根据自身流动性需求，主动提出对常备借贷便利的申请。

常备借贷便利与全面降准政策比较，因为后者投放了大量的长期限资金，这些资金流入融资平台，会有一部分流向产能过剩领域，不利于经济长远发展。由于常备借贷便利需要金融机构提供高质量的抵押品，并由金融机构主动申请，也有学者将它视作一类特殊的再贷款形式。

3. 中期借贷便利（medium-term lending facility，简称MLF）

中期借贷便利创设于2014年9月，是中央银行提供中期基础货币的货币政策工具，对象是符合宏观审慎管理要求的商业银行、政策性银行，通过招标的方式开展。中期借贷便利采取质押方式发放，金融机构提供国债、央行票据、政策性金融债、高等级信用债等优质债券作为合格质押品。中期借贷便利期限为3个月或6个月，其利率发挥中期政策利率的作用，通过调节向金融机构中期融资的成本来对金融机构的资产负债表和市场预期产生影响，引导其向符合国家政策导向的实体经济部门提供低成本资金，降低社会融资成本。

中期借贷便利与常备借贷便利相比区别不大，只是前者期限更长一些，作为中期流动性管理工具，更能稳定市场的预期。它的出现既可以满足稳定利率的要求，又不直接向市场投放基础货币，在外汇占款渠道投放基础货币出现阶段性放缓的情况下，起到了主动补充流动性缺口的作用。

4. 抵押补充贷款（pledged supplemental lending，简称PSL）

2014年4月，中国人民银行创设抵押补充贷款为开发性金融支持“棚改”

提供长期稳定、成本适当的资金来源。抵押补充贷款的主要功能是支持国民经济重点领域、薄弱环节和社会事业发展而对金融机构提供的期限较长的大额融资。抵押补充贷款采取质押方式发放，合格抵押品包括高等级债券资产和优质信贷资产。抵押补充贷款是中央银行长期基础货币的投放工具，其初衷是为开发性金融（国家开发银行）支持“棚户区改造”重点项目提供长期稳定、成本适当的资金来源。抵押补充贷款采取质押方式发放，合格抵押品包括高等级债券资产和优质信贷资产。

实际操作中，国家开发银行获得抵押补充贷款时的抵押物为“棚改”项目贷款，期限为 3 年，贷款利率低于同期市场利率，还款来源是国开行未来在银行间债市发行的住宅金融专项债券。此外，央行还对其他若干家股份制银行和大型城商行投放抵押补充贷款，旨在为支持国民经济重点领域、薄弱环节和社会事业发展而对金融机构提供期限较长的大额融资。

5. *定向调整存款准备金率*（directional adjustment deposit quasi principal）

定向调整存款准备金率的政策主要从 2014 年开始使用，但早在 2010 年，央行和银监会就出台了《关于鼓励县域法人金融机构将新增存款一定比例用于当地贷款的考核办法（试行）》的通知，规定对一定比例存款投放当地且考核达标的县域法人金融机构，存款准备金率按低于同类金融机构正常标准 1% 执行，实质上相当于定向降低部分县域金融机构的存款准备金率。此后，自 2014 年起，央行已 7 次使用定向降准政策，引导流动性向县域、“三农”、小微企业、消费领域扩张。

延伸阅读

国际金融危机以来的美联储货币政策回顾

美国联邦储备委员会 2015 年 12 月 16 日宣布，将联邦基金利率上调 25 个基点至 0.25% 的水平，宣告结束历时七年的零利率政策。

此举意味着美联储调整货币政策工具，从倚重量化宽松等非常规货币政策转向使用利率等常规调节手段，货币环境或将从极度宽松向适度中性逐渐回归。

2008 年国际金融危机以来，美联储的货币政策经历了以下变化：

尽管美国次级住房抵押贷款危机从 2007 年春季就开始显现，但直到当年 8 月蔓延至债券市场、股票市场和其他信贷市场后，美联储才紧急干预，于当年9月18日降息50个基点至4.75%,开始降息周期。

从2007年底至2008年9月美国投行雷曼兄弟倒闭,美联储七次降息,累计下调超过3个百分点,但仍不足以应对严峻的金融和经济形势。雷曼兄弟倒闭引发全球金融市场急剧下跌和流动性收紧,美国次贷危机迅速演变为席卷全球的、自20世纪30年代大萧条以来最严重的国际金融危机。

在2008年9月货币政策会议之后的几个月,美联储内部一直在努力洞悉这场危机冲击美国经济的严重程度,就是否执行更大力度的宽松货币政策展开争论。

2008年12月16日,美联储宣布将联邦基金利率降至0~0.25%的超低水平,正式步入零利率时代。这时,美联储已经认识到,这不是一场普通的金融危机,之前采取的刺激措施远远不够。

由于已不存在降息空间,美联储随后采取了购买债券等一系列非常规货币政策工具,以压低长期利率和刺激经济,同时承诺将短期利率维持在超低水平,开启了史无前例的量化宽松政策。

2008年底至2014年10月,美联储先后出台三轮量化宽松政策,总共购买资产约3.9万亿美元。美联储持有的资产规模占国内生产总值的比例从2007年底的约6.1%大幅升至2014年底的25.3%,资产负债表扩张到前所未有的水平。

经济学家普遍认为,美联储2008年11月至2010年3月执行的第一轮量化宽松政策,为应对金融危机、挽救美国金融体系和帮助美国走出经济衰退发挥了至关重要的作用。但他们对后两轮量化宽松政策的效果莫衷一是。支持者认为,量化宽松通过改善金融状况和降低融资成本促进了美国经济复苏,避免了通缩风险;反对者则担心量化宽松提升了美国通胀压力、加大了金融稳定风险。

总体来看,量化宽松为稳定美国经济复苏发挥了作用,但并不是治疗美国经济的万灵药。在注入数万亿美元流动性后,过去几年美国年均经济增速仅保持在2%左右,并未出现经济学家期待的深度衰退后的大幅反弹,也远低于危机前3%的历史平均水平。

随着经济逐步复苏和就业市场改善,加上长期维持低利率政策影响金融稳定,美联储开始酝酿如何退出量化宽松政策。2013年5月,时任美联储主席伯南克首次释放了将缩减资产购买规模的信号,引起全球金融市场大幅震荡。当年12月,美联储正式宣布从2014年1月开始削减资产购买规模,开启了退出量化宽松政策的序幕。

2014年2月，耶伦接替伯南克就任新一届美联储主席后，基本沿袭了伯南克制定的每次货币政策例会缩减月度资产购买规模100亿美元的计划，连续八次缩减购债后，2014年10月底宣布结束第三轮量化宽松政策，符合市场普遍预期。

结束量化宽松政策后，美联储的货币政策重点转向何时启动加息。2015年年初以来，美联储官员在公开演讲和媒体采访中一直强调2015年是加息之年，并与市场就加息时机反复沟通。此前不少市场人士预期美联储今年9月加息，但受全球经济增长放缓、金融市场动荡和低通胀等因素影响，美联储按兵不动。

美联储为启动加息设置了两个条件，一是就业市场进一步改善；二是有理由相信中期通胀水平将回到2%的目标。由于10月份以来的经济数据印证了美联储对就业市场进一步改善的预期，增强了美联储对通胀达标的信心，而且，在海外经济放缓的背景下美国经济内生增长动力仍然强劲，美联储加息时机日趋成熟。

12月16日，全球金融市场的猜测终于有了确切回应。耶伦在宣布加息后的新闻发布会上强调，后续加息节奏将视未来经济数据而定，其步伐将是谨慎和渐进的，但对于如何收缩庞大的资产负债表尚无定论。

伯南克日前接受美国媒体采访时表示，这是一项里程碑式的决定，过去七年对美联储而言实际上是一个存在很大不确定性和令人不安的时期。

未来几年，美联储能否逐步平稳收紧货币政策，使其回归常态，将继续牵动世界经济和全球金融市场的神经。

资料来源：2015年12月17日新华网，新华社记者高攀、郑启航.

第三节　货币政策的传导机制与时滞

一、货币政策的传导机制

一定的货币政策工具，如何引起社会经济生活的某些变化，并最终实现预期的货币政策目标，就是所谓的货币政策的传导机制（conduction mechanism）。有关传导机制的理论甚多，需要专门研究。这里以凯恩斯学派的传导机制理论和货币学派的传导机制理论为例，介绍他们的分析思路。

(一)凯恩斯学派的传导机制理论

凯恩斯学派的货币政策传导机制理论，其最初思路可以归结为：通过货币供给 M 的增减影响利率 r，利率的变化则通过资本边际效益的影响，使投资 I 以乘数方式增减，而投资的增减进而影响总支出 E 和总收入 Y，用符号可表示为：

$$M \to r \to I \to E \to Y$$

对这个传导机制的分析，凯恩斯学派称之为局部均衡分析——只显示了货币市场对商品市场的初始影响。考虑到货币市场与商品市场之间循环往复的作业，遂有进一步的一般均衡分析：

假定货币增加，当产出水平不变时，利率会相应下降；下降的利率刺激投资，并引起总支出增加，总需求的增加推动产出上升。这与原来的分析是一样的。

但产出的上升，提出了大于原来的货币需求；如果没有新的货币供给投入经济生活，货币供求的对比就会使下降的利率回升。这是商品市场对货币市场的作用。

利率的回升，又会使总需求减少，产量下降；产量下降，货币需求下降，利率又会回落。这是往复不断的过程。

最终会逼近一个均衡点，这个点同时满足了货币市场供求和商品市场供求两方面的均衡要求。在这个点上，可能利率较原来的均衡水平低，而产出量较原来的均衡水平高。

(二)货币学派的传导机制理论

与凯恩斯学派不同，货币学派认为，利率在货币传导机制中不起重要作用。他们更强调货币供给量在整个传导机制上的直接效果。货币学派论证的传导机制可表示为：

$$M \to E \to I \to Y$$

其中，$M \to E$ 表明货币供给量的变化直接影响支出。这是因为：

货币需求有其内在的稳定性。至于货币供给，货币主义把它视为外生变量。

当作为外生变量的货币供给改变，比如货币供给增加时，由于货币需求并不改变，公众手持的货币量会超过他们所愿意持有的货币量，从而必然增加支出。

上面的 $E \to I$ 是指变化了的支出用于投资的过程，货币主义者认为，这将是资产结构的调整过程：超过意愿持有的货币，或用于购买金融资产，或用于购买非金融资产，直至人力资本的投资。

不同取向的投资会相应引起不同资产相对收益率的变动，如投资于金融资产偏多，金融资产市值上涨，从而会刺激非金融资产，如产业投资；产业投资增加，既可能促使产出增加，也会促使产品价格上涨，如此等等。

这就引起资产结构的调整，而在这一调整过程中，不同资产收益率的比值又会趋于相对稳定的状态。

由于 M 作用于支出，导致资产结构调整，并最终引起 Y 的变动——货币学派对这一过程的评价是：货币供给的变化短期内对实际产量和物价水平这两方面均可发生影响；就长期来说，只会影响物价水平。这反映了货币学派不赞同国家干预的态度。

比较有名的货币政策传导机制理论有托宾的 q 理论、信贷传导机制理论、财富传导机制理论等。

二、货币政策的时滞

任何政策从制定到取得主要的或全部的效果，都必须经过一段时间，这段时间叫做时滞（time lag）。如果收效太慢或难以确定何时收效，则政策本身是否成立也就成了问题。

货币政策时滞（time lag of monetary policy）又称货币政策时差，是指货币政策影响重要经济变量所需要的时间。货币政策的最终目标是对经济增长、充分就业、物价稳定及国际收支平衡发生影响。但是，货币政策并不直接作用于产量、物价、就业等变量。它必须通过其他中间变量（中介变量），才能对最终目标发生影响。货币政策时滞，可分为内部时滞和外部时滞。内部时滞是指中央银行从认识到政策行动的必要性，到研究政策措施并且政策措施开始生效所花费的时间。外部时滞是指已经生效的政策措施通过各种传递渠道，在产量、物价、就业等目标变量上产生反映的时间。内部时滞与外部时滞的划分，是以中央银行为边界的。

内部时滞是中央银行内部政策认识、决定、贯彻的时间；外部时滞是货币对经济起作用的时间。研究货币政策时滞，重要的是研究外部时滞。内部时滞是中央银行内部的事，它主要决定于中央银行内部的工作效率，大体可以由中央银行自己把握；而外部时滞，涉及的是中央银行与商业银行、金融市场、企业、居民个人、政府、商品市场等一系列因素间的相互关系。它大部分不由中央银行直接把握。通常讲的货币政策时滞是指外部时滞。

货币政策时滞产生，有其客观必然性，这就是客观存在的货币政策传递机制。从货币政策的传递过程看，它大体经过以下几个环节：

第一个环节，是从中央银行至各金融机构和金融市场。在这一环节，中央银行主要通过各种货币政策工具，直接或间接地调节各金融机构的超额准备金量和金融市场融资条件（包括利率），以控制各金融机构的贷款能力和金融市场的资金融通。

第二个环节，是从各金融机构和金融市场至企业和个人的投资与消费。在这一环节，各金融机构和企业、个人，迫于中央银行的货币政策压力，调整自己的政策行为，从而使社会的投资和消费发生变动。

第三个环节，是从企业和个人的投资和消费至产量、物价、就业的变动。在这一环节中，随着投资、消费的变动，产量、物价、就业也发生着变动。由于货币政策从实施到在产量、物价、就业上发生变动要经过三个环节，而经过每个环节都要花费一定的时间，因而经过三个环节所花费的总时间，为货币政策外部时滞（或时差）。

由于中国国情不同，与国外相比，我国货币政策内部时滞期较长。因为中国货币政策的内部认识和决定环节，不仅包括中央银行，而且包括国务院。根据现行体制，中国中央银行系国务院组成部门。中国人民银行作为国务院的职能部门代表国务院行使中央银行职能。中央银行行长由国务院总理任命。中央银行有关货币政策的重大决策，须报国务院批准。这样，货币政策的内部时滞自然包括国务院对政策调整必要性的认识过程和研究、决策过程。

时滞是影响货币政策效应的重要因素。如果货币政策可能产生的大部分效应较快地有所表现，那么货币当局就可根据期初的预测值，考察政策生效的状况，并对政策的取向和力度作必要的调整，从而使政策能够更好地实现预期的目标。假定政策的大部分效应要在较长的时间，比如两年后产生，而在这两年内，经济形势会发生许多变化，那就很难证明货币政策的预期效应是否实现。

三、货币政策有效性及其理论

所谓货币政策的有效性（effectiveness of monetary policy），是指在特定的金融环境和制度条件下，货币当局运用特定的政策工具与政策手段，通过特定的传导机制能够稳定地影响实际产出，从而达到当局预定的政策目标。货币政策的制定、执行以及效果的评价，是一个动态、复杂的过程。货币政策有效性会受到货币政策的“时滞”、社会公众和企业等微观主体的理性预期行为、社会政治团体的利益、金融自由化和金融创新等因素的影响。而中介目标的选择、货币政策的传导机制、货币政策与财政政策的协调以及汇率制度等，也会影响到原本正确的政策发挥效力。

目前，针对我国货币政策有效性的研究不仅涉及货币政策有效性的评估，而且还涉及对中介目标的选择、货币政策的传导机制、货币政策与财政政策的协调以及汇率制度等对货币政策执行效果的影响等，研究还在不断深入。这些研究让我们对货币政策有效性的影响因素及评价等问题有了多角度的认识，大大丰富了我国货币政策的理论与实践。但是也必须清楚地看到，目前由于货币供应量作为货币政策中介目标还有很多缺点，而我国利率又没有市场化，加之传导机制的不完善和货币政策与财政政策、汇率政策的协调性不够，导致近年来货币政策对经济的调控存在诸多问题，并一直困扰着我国货币政策的执行。因此，随着我国金融改革的不断推进、利率市场化的加快和传导机制的完善，我们需要结合现今实践，对我国货币政策有效性问题给予更深入的研究。

四、货币政策与财政政策的配合

货币政策和财政政策是国家实施宏观调控的两大重要政策工具，对国民经济的发展具有重大影响。因此，协调发挥货币政策与财政政策的作用，成为宏观调控的重要选择。

(一)货币政策和财政政策的类型及其对经济的影响

货币政策是指国家通过金融系统调节货币的供应量和需求量，实现宏观经济目标所采取的控制、调节和稳定货币的措施的总和。

财政政策则主要是通过财政收入和财政支出调节社会总需求和总供给，以实现社会经济目标的具体措施的总称。

货币政策主要有三类：一是紧缩性货币政策，是指中央银行在通货膨胀情况下，采取提高存款准备金率、提高利率、减少信贷规模等方式来减少货币供应量的政策；二是扩张性货币政策（也称为宽松的货币政策），是指中央银行在经济萧条时采取降低存款准备金率、降低利率、扩大信贷规模等手段来增加货币供应量的政策；三是稳健性（中性）货币政策，指中央银行在社会总供给和总需求基本平衡、经济运行较为稳定的情况下采取货币供给与经济发展相适应的一种政策，其主要目标是在保持经济稳定增长的前提下抑制通货膨胀，避免经济的大起大落和保持物价的稳定。

财政政策也可以分为三种类型：一是扩张性财政政策（也称为积极的财政政策），旨在复苏经济，降低失业率，解决社会需求不足；二是紧缩性财政政策

（也称为从紧的财政政策），旨在抑制社会总需求，降低通货膨胀率，实现经济稳定增长；三是介乎扩张性财政政策和紧缩性财政政策之间的中性财政政策，不干扰市场机制的作用，多在经济运行基本上处于稳定状态，又存在结构性矛盾的条件下实行，其核心是松紧适度、着力协调、放眼长远。

（二）货币政策与财政政策配合运用的思路

1. 货币政策与财政政策配合运用的主要模式

财政政策与货币政策如何进行搭配，并没有一个固定不变的模式。常见的配合方式主要有以下几种：

（1）"双扩张"政策，即扩张性财政政策和扩张性货币政策。当社会总需求严重不足，生产资源大量闲置，解决失业和刺激经济增长成为宏观调控的首要目标时，适宜采取以财政政策为主的"双扩张"政策配合模式。

（2）"双紧缩"政策，即紧缩性财政政策和紧缩性货币政策。当社会总需求极度膨胀，社会总供给严重不足和物价大幅度攀升，抑制通货膨胀成为首要调控目标时，适宜采取"双紧缩"政策。

（3）紧缩性财政政策和扩张性货币政策。当政府开支过大，物价基本稳定，经济结构合理，但投资并不十分旺盛，经济也非过度繁荣，促进经济较快增长成为经济运行的主要目标时，适宜采用此政策配合模式。

（4）扩张性财政政策和紧缩性货币政策。当社会运行表现为通货膨胀与经济停滞并存，产业结构和产品结构失衡，治理"滞胀"、刺激经济成长成为政府调节经济的首要目标时，适宜采用此政策配合模式。

除紧缩和扩张这两种情况外，财政政策、货币政策还可以呈现中性状态。若将中性财政政策与货币政策分别与上述松紧状况搭配，又可产生多种不同的配合方式。

2. 注意审时度势相机抉择

财政政策与货币政策及其不同的政策手段如何进行搭配，并没有一个固定不变的模式，这是一个政策运用技巧问题。政府可根据市场供求情况灵活地决定。经济政策配合中的相机抉择就是政府根据市场供求情况、各种调节措施的特点及政策调控目标，机动地决定和选择配合方式。

不同的政策搭配模式各有利弊。如政府采取"双扩张"政策模式（扩张性的货币政策与财政政策），可以在短时期内迅速增加社会总需求，但这种配合如果使用不妥当，则有可能带来经济过热和通货膨胀。适用范围仅限于大部分企业开工不足、劳动力就业不足、市场疲软的通缩情况，必须慎重运用。与"双扩张"政策相反，紧缩性财政政策和紧缩性货币政策相配合则适用于经济过热，发生通货膨胀的情况。“双紧缩”政策如果长期使用，将会带来经济衰退、失业增加与市场供过于求。美国曾在20世纪60年代末70年代初，采取了“双紧”配合的经济政策，其结果是降低了通货膨胀率但又提高了失业率。紧缩性财政政策和扩张性货币政策的配合可以减少财政赤字，刺激投资，带动经济发展。但这种政策配合不当又会使经济陷入滞胀。扩张性财政政策和紧缩性货币政策有助于刺激总需求，同时又抑制通货膨胀。但这种配合在扩大政府支出和减少税收，并未足够地刺激总需求的增加，却使利率上升，国民收入减少，最终导致赤字居高不下。这就要求政府应针对经济运行的具体情况，审时度势，灵活适当地相机抉择。

3. 两大政策的配合运用应服从国家的发展战略

要通过国民经济和社会发展中长期规划对财政和货币政策进行统筹安排，包括两大政策目标的协调。以往我国在货币政策与财政政策协调方面，主要通过关注总需求管理，致力于实行经济总量稳定。我们知道，在凯恩斯主义政策理念影响下，财政与金融的协作问题，主要研究在封闭体系的自由利率条件下，货币政策与财政政策是如何通过有效配合来促进总需求水平的稳定。

对于健全的市场经济国家来说，这样的政策选择是相对有效的。然而对中国这样面临发展与转轨双重任务的经济体来说，则显得过于单一。长远来看，两大政策的协调运用，除了要努力实现社会总供求总量基本平衡之外，还必须关注经济结构的优化、调整以及开放条件下的金融制度优化等层面。经济结构调整一直是中国经济增长面临的根本问题，而由于种种原因，货币政策与财政政策的协调一直没能在此方面发挥作用，所以两大政策有充分的功能可以发掘。比如实体经济结构方面，有产业结构、产品结构、区域结构、城乡结构等领域；而对金融结构方面，则有金融机构、金融产品、金融市场等众多热点。财政政策要在促进经济增长、优化经济结构和调节收入分配方面发挥要功能，货币政策要在保持币值稳定和经济总量平衡方面发挥作用。

4. 要注意两大政策制定部门之间的协调

从我国情况来看，货币政策和财政政策分别是由人民银行和财政部制定的。虽然在历史上，经常由中央确定一段时期内的财政政策和货币政策协调方式，但最高决策层往往只是确定了政策“扩张”或“紧缩”的大方向，在“松”“紧”力度，以及动态协调方面，都缺乏明确的原则。究其原因，就是因为没有真正建立起两大政策部门(财政部和人民银行)的交流通道，无法在日常工作中充分考虑不同政策的衔接和配合。正是由于财政与银行在消费需求与投资需求形成中有不同的作用，这就要求财政政策与货币政策必须配合运用。如果财政政策与货币政策各行其是，就必然会产生碰撞与摩擦，彼此抵消力量，从而减弱宏观调控的效应和力度，也难以实现预期的调控目标。因此，长远来看，我国应该考虑建立持续性的两大政策的磋商机制。

延伸阅读

近年我国货币政策的实施与特点

从2008—2014年的五年中，随着我国宏观经济形势的变化，我国的宏观金融调控也经历了从宽松到趋紧再到稳健的变化过程。

1. 2008年至2010年上半年全球金融危机背景下的金融宏观调控操作

2008年，我国金融宏观调控经历了上半年从紧、下半年宽松的较大变化。年初，国内需求继续保持相对较快增长，贸易顺差维持较高水平，高度关注通货膨胀形势成为金融宏观调控的主要目标。

金融宏观调控的首要任务：一是继续“防止经济增长由偏快转为过热”，二是“防止价格由结构性上涨演变为明显通货膨胀”。

宏观经济政策出现了一个“显著”的变化：在保持政策基本连续性的同时，首次实行稳健的财政政策和从紧的货币政策的政策搭配，并与适当的行政和法律调控手段有机结合，借以实现控制总量与结构优化的双重政策目标。

货币政策的主要操作是：

上半年，为对冲多余流动性，中国人民银行先后5次上调人民币存款准备金率；

下半年全球金融危机爆发，中国人民银行进一步加强对经济金融运行的监测分析，及时调整金融宏观调控措施。4次下调人民币存款准备金率和贷款基准利率，并扩大商业性个人住房贷款利率的下浮幅度。实行积极的财政政策和适度宽松的货币政策，这是10年来货币政策首提“宽松”。

2010年，中国人民银行保持2009年政策连续性，3次上调人民币存款准备金率，主要目的是对冲流动性和抑制通货膨胀预期，向商业银行释放信号，以均衡的信贷投放来支持全年经济的平稳增长，但适度宽松货币政策取向并未改变。

2. 2010年下半年至2014年我国金融宏观调控

从2010年第三季度开始，我国货币政策开始转向。2010年10月20日，中国人民银行上调金融机构人民币存贷款基准利率。这是自2007年12月以后的首次加息。

2011年前三季度,面对通货膨胀压力不断加大的趋势,中国人民银行先后6次上调存款准备金率,3次上调存贷款基准利率,灵活开展公开市场操作,实施差别准备金动态调整。进入10月份以后,暂停发行3年期央票,下调存款准备金率0.5个百分点。总体来看,稳健货币政策实施成效逐步显现。

2012年金融宏观调控目标基本保持了2011年格局,定为“稳增长控物价调结构”。中国人民银行继续实施稳健的货币政策:前几个月,两次下调存款准备金率各0.5个百分点,两次下调贷款基准利率;下半年以来,连续开展逆回购操作。

2013年1月,中国人民银行宣布启用公开市场短期流动性调节工具,作为公开市场常规操作的必要补充,在银行体系流动性出现临时性波动时相机使用。中国人民银行创设“常备借贷便利”,对金融机构开展操作,提供流动性支持。

2014年,继续实施稳健的货币政策,两次实施定向降准,建立引导金融机构提高“三农”和小微企业贷款比例的正向激励机制。

进入2015年,为弥补流动性缺口,保持流动性合理适度,中国人民银行又多次降准与降息。

3. 近年我国宏观金融调控及货币政策的特点

(1)我国已建立了以间接手段为主的宏观金融调控模式;

(2)我国货币政策目标是以防通胀为主的多目标制;

(3)存款准备金调整和公开市场操作成为对日常的流动性对冲管理的重要工具;

(4)丰富了货币政策工具箱,启动宏观审慎政策框架。

资料来源:索晓辉.金融专业知识与实务:中级[M].北京:清华大学出版社,2016:260-261.

本章小结

1. 货币政策是中央银行为了实现其特定的经济目标而采用的各种控制和调节货币供给量或信用量的方针和措施的总称。狭义的货币政策主要是研究货币的发行与调控,货币量与产出、收入、价格、国际收支等宏观经济变量的相互联系与相互影响,并围绕这些经济联系与影响制定一系列的政策措施。

2. 货币政策主要有扩张性货币政策(又称为积极货币政策)、紧缩性货币政策(又称为稳健的货币政策)、非调节性货币政策和调节性货币政策四种类型。货币政策在金融政策中居于核心地位，货币政策与金融政策的区别在于：(1)调节对象不同。货币政策是以货币需求总量为调节对象，而金融政策是以整体金融活动为调节对象。(2)调节手段不同。货币政策的调节手段一是数量调节，如运用法定准备金政策和公开市场业务来进行货币供给量的调节；二是价格调节，如运用利率、汇率等手段直接或间接影响市场参与者的行为。金融政策不但包含了货币政策的调节手段，还包括以政府直接干预为主要表现形式的行政调节、法规调整和制度变革等多种手段。

3. 货币政策有货币政策目标、货币政策工具、货币政策的操作目标、货币政策的中介目标和货币政策实施效果五个基本要素。货币政策目标又包括最终目标、操作目标和中介目标。货币政策最终目标是稳定物价、充分就业、经济增长和国际收支平衡。

4. 货币政策工具分为总量货币政策工具(一般性货币政策工具)和结构性货币政策工具(选择性货币政策工具)。一般性货币政策工具是指西方国家中央银行多年来采用的三大政策工具，即公开市场业务、法定存款准备金率和再贴现利率，这三大政策工具主要用于调节货币总量。当前我国中央银行的货币政策工具主要有：公开市场业务、法定存款准备金、中央银行贷款、利率政策和常备借贷便利等。

5. 货币政策的传导机制理论主要有凯恩斯学派的传导机制理论和货币学派的传导机制理论。凯恩斯学派的货币政策传导机制理论认为，通过货币供给的增减影响利率，利率的变化，影响资本的边际效益，使投资以乘数方式增减，而投资的增减则影响总支出和总收入；货币学派认为，不是利率而是货币供给量在货币传导机制中起重要作用。当货币供给改变时(如增大时)，由于货币需求并不改变，公众手持的货币量会超过他们所愿意持有的货币量，从而必然增加支出。变化了的支出用于投资的过程将是资产结构的调整过程。而在这一调整过程中，不同资产收益率的比值又会趋于相对稳定的状态。货币供给的变化，短期内会对实际产量和物价水平产生影响，但就长期来说，只会影响物价水平。

课后练习

一、名词解释

货币政策　　货币政策最终目标　　法定存款准备金　　再贴现

公开市场操作　　货币政策传导机制　　货币政策时滞

二、多项选择

1. 货币政策的基本特征是(　　)。

A. 货币政策是宏观经济政策。

B. 货币政策是调节货币供应量的政策。

C. 货币政策是调节社会总需求的政策。

D. 货币政策是调节社会总供给的政策。

E. 货币政策主要是间接调控政策。

F. 货币政策是长期连续的经济政策。

2. 选取货币政策操作指标和中介指标应考虑的条件是(　　)。

A. 精确性　　B. 可测性

C. 相关性　　D. 可控性

E. 适应性

3. 公开市场业务由(　　)等组成。

A. 本币公开市场业务　　B. 外汇公开市场业务

C. 国债公开市场业务　　D. 企业债券公开市场业务

E. 中央票据公开市场业务

4. 货币政策时滞中的内部时滞可分为(　　)。

A. 决策时滞　　B. 认识时滞

C. 行动时滞　　D. 作用时滞

E. 控制时滞

5. 下列各项中,属于货币政策操作指标的是(　　)。

A. 货币供应量　　B. 基础货币

C. 短期利率　　D. 超额准备金

E. 税率

6. “从紧”的货币政策是指(　　)。

A. 提高利率　　B. 降低利率

C. 放松信贷　　D. 收紧信贷

E. 增加货币供应量

三、简答题

1. 简述货币政策与金融政策的区别。

2. 简述货币政策最终目标的主要内容及其相互之间存在哪些矛盾。

3. 中央银行的一般性货币政策工具有哪几种？它们分别是如何调控货币供应量的？其各自的优缺点是什么？

4. 简述我国货币政策的主要工具。

第十章　金融监管

本章要点

◎金融监管
◎金融监管的原则和手段
◎金融监管的主要内容
◎我国的金融监管体制

作为现代经济的核心，金融在市场经济中具有重要作用。但是金融运行本身却存在脆弱性，一旦某一环节发生断裂，往往会引发连锁反应，产生金融动荡甚至金融危机。20 世纪 90 年代以来，随着经济全球化、金融自由化的不断发展，金融动荡乃至金融危机频频发生，给世界各国的经济发展带来巨大的负面影响。通过金融监管保证金融业的稳健运行，也因此越来越成为各国经济与社会发展的关键。本章将简要介绍金融监管的相关内容。

第一节　金融监管概述

金融监管(financial regulation)是指政府通过金融监管机构制定市场准入、风险监管和市场退出等标准，对金融交易行为主体的经营行为实施有效约束，确保金融机构和金融体系安全稳健运行的行为，其本质上是一种具有特定内涵和特征的政府规制。

狭义的金融监管是指中央银行或其他金融监管当局依据国家法律规定对整个金融业(包括金融机构和金融业务)实施的监督管理。广义的金融监管还包括金融机构的内部控制和稽核、同业自律性组织的监管、社会中介组织的监管等内容。

一、金融监管体系

(一)金融监管机构

金融监管机构是金融监管的实施者,亦称金融监管的主体。根据监管主体的法律性质不同,大致有政府监管机构和行业自律组织两类。其中政府监管机构又分为两种情况,一种是由官方机构承担监管职责;一种是由民间机构或私人机构接受政府授权从事监管,这类机构实际上带有准官方性质。政府监管机构是凭借国家赋予的行政权力,通过制定法律法规对金融领域实行直接监管,属于正式制度安排。行业自律组织则是金融业自我管理、自我规范、自我约束的民间管理组织,如金融行业公会和各种协会。行业自律属于非正式的制度安排。

从国际范围来看,作为金融监管当局,有的是中央银行,如美国的联邦储备体系;有的是财政部,如奥地利的联邦财政部;有的是专门的监管机构,如德国的联邦银行监管署、法国的银行委员会。中国的金融监管主体是中国银行保险监督管理委员会、中国证券监督管理委员会,分别对银行信托业、商业保险业和证券期货业实施监督管理。

(二)金融监管对象

金融监管对象亦称金融监管的客体。虽然世界各国金融监管的对象不尽相同,但大体上都包括以下几个方面。

1. 金融机构

金融机构有银行金融机构、非银行金融机构、合作金融机构等。银行金融机构一般包括商业银行、政策性银行、外资或合资银行等;非银行金融机构一般有信托投资公司、租赁公司、证券公司、保险公司、企业财务集团公司、邮政储蓄机构、典当行等;合作金融机构一般指各种类型的城乡信用合作社。

2. 金融业务

一切融通资金的业务都是金融监管的对象。银行金融机构和合作金融机构的业务主要是存款、贷款、贴现、转账结算等;非银行金融机构的业务种类繁多,主要有信托、租赁、证券发行、证券买卖、保险、再保险等业务。除了金融机构开办的上述金融业务以外,彩票市场、基金等也是金融监管的对象。

3. 金融工具

金融工具是金融业务的载体,传统的金融工具是用于融资和办理转账结算的各种凭证,如股票、债券、代收款凭证、代付款凭证、汇票、本票、支票、信用卡等。随着金融业务和金融技术的日益更新,金融工具也不断创新,其衍生工具主要有大额可转让定期存单、可转让支付命令账户、可变利率存款单、可变利率抵押贷款、期货、期权、货币互换、利率互换等。

4. 金融市场

金融市场包括货币市场、资本市场、黄金市场、外汇市场等。在金融市场上,银行短期借贷、银行同业拆借、各种可转让票据的流通、证券发行、股票、债券、黄金、外汇等金融资产的买卖等一切资金融通的行为和金融工具的流通,都是监管的客体。

5. 金融风险

金融业是高风险行业,倘若某一家金融机构资不抵债或资金周转不灵,受损失的不仅是该机构本身,还会影响社会上众多存款者的资金安全,甚至危及整个金融体系。因此,防范和化解信用风险、利率风险、汇率风险、流动性风险、操作风险等各种风险,也是金融监管的内容。

二、金融监管的目标

金融监管的目标是金融监管活动所要达到的目的和标准。金融监管目标是国家金融监管指导思想的具体体现,从属于国家金融与货币政策目标。具体来说,金融监管具有以下目标。

(一)一致性目标

金融监管的目标,应是把维护金融体系的安全和稳定作为首要任务,从而为社会经济的发展创造更好的金融环境。促进金融业的合法、稳健运行,防范和化解金融风险,维护金融体现权和金融市场稳定。因此,金融监管的首要目标,是实现金融业经营活动与国家金融货币政策的统一。

(二)安全性目标

金融是现代经济的核心,金融体系的安全与稳定对一国经济的发展具有重要意义。同时,金融机构作为经营货币信用的特殊企业,具有很强的脆弱性。任何一家金融机构出现严重问题,都会引起连锁反应,引发经济、金融秩序出现严重混乱,甚至会导致金融危机或经济危机。因此,金融监管必须确保国家金融体系的正常运行与安全稳定,为经济稳健发展创造良好的金融环境。

(三)公平性目标

金融监管的公平性目标,是出于保护金融业弱势群体的合法利益。存款人、投资者和保险单持有人作为金融业的参与者,在金融活动中其资金规模、经济地位、信息取得等方面处于弱势地位,利益容易受到侵害。因此,金融监管部门需要保护金融消费者(包括存款人、投资者和其他社会公众等)的合法权益，维护公众对金融业的信心，减少金融风险，确保经营的安全。

（四）效率性目标

提高金融体系效率是金融机构和金融市场运作的基本要求，也是金融监管追求的目标。金融业集中垄断程度过高及金融机构间的恶性竞争，都不利于形成安全而富有效率的金融体系。金融监管一方面需要通过各种手段维护公平竞争秩序，约束金融垄断和恶性竞争，促进金融业的健康、有序发展，提高金融业竞争能力，实现公平有效的竞争，来提高金融运行效率；另一方面也要求以最低的监管成本来实现金融监管目标。

总之，保护金融机构的安全、稳健经营，维护金融市场秩序，限制金融领域的不正当竞争，维护金融业的公平、有序竞争，以保护存款人、投资者和社会公众利益，从整体上维护金融体系的安全和金融市场的秩序，促进金融、经济的稳定、健康发展，是现今世界各国实施监管的共同目标。

三、金融监管的原则

1997 年 9 月，世界银行和国际货币基金组织在香港年会上通过了由巴塞尔委员会提出的《有效银行监管核心原则》（以下简称《核心原则》）。《核心原则》是银行监管领域近百年经验和成果的总结，为各国创建有效银行监管体系提供了基本依据。自发布和实施以来，它已成为各国在审慎监管领域共同遵守的准则。

（一）监管主体独立性原则

监管主体的独立性是金融监管机构实施有效金融监管的基本前提。在一个有效的银行监管体系下，参与银行监管的每个机构要有明确的责任和目标，并应享有操作上的自主权和充分的资源。近年来，世界上一些国家不断发生金融危机，这些国家在酝酿金融体制的重大改革时，都十分注重加强监管主体的独立性。

（二）依法监管原则

金融监管必须依据现行的金融法规，保持监管的严肃性、权威性、强制性和一贯性。坚持这一原则要做到：一是金融监管当局及其工作人员执行监管公务时，也就是在办理金融机构的市场准入、性质确定、业务范围核准、经营项目界定、金融新产品审批以及例行检查、违规处理等过程中，应坚持依法办事、严肃执法；二是金融监管工作者自身应遵守各种法规，学法、知法、依法，坚持执法的连续性、一贯性和不可例外性。

（三）外部监管与自我约束相结合原则

外部监管是指外部对金融机构进行风险控制和监管的法律监督机制，包括金融管理当局的监管和社会监督两个方面。但是，外部强制管理不论多缜密严格，也只能是相对的，假如监管对象不配合、不协作，甚至设法逃避应付，则外部监管难以收到预期的效果。因此，要把金融机构自我约束与外部强制监管结合起来。既不能只强调外部监管，也不能将希望全部放在金融机构本身自觉自愿的自我监管上。

（四）安全稳健与风险预防原则

保证金融机构安全稳健经营与发展是金融监管的基本目标。安全稳健与风险预防及风险管理是密切相连的，必须进行风险监测和管理。因此，所有监管技术手段、指标体系都是着眼于金融业安全稳健及风险性预防管理。安全稳健并不是金融业存在发展的最终目的，它的最终目的是满足社会经济的需要，促进社会经济稳健协调地发展。

（五）合理、适度竞争原则

监管的根本宗旨就是通过适度的金融监管，实现适度的金融竞争，形成和保持金融业适度竞争的环境和格局。而检验监管效果的根本标准是：能否促进金融业和社会经济健康发展。如果监管过严或过度，不允许竞争和创新，必然限制金融业的健康发展，削弱金融业的市场竞争力。反之，如果金融监督不到位，金融市场将出现恶性竞争，引起金融经济秩序混乱，加剧金融风险。近年来，各国金融监管当局普遍依据监管适度和适度竞争原则，允许金融业进行有利于金融业发展的公平、适度竞争；允许有利于经济发展的扩大金融消费的金融业务创新，以便扩大金融市场和创造客户需求。

（六）统一性原则

统一性原则是指金融监管要做到使微观金融和宏观金融相统一，以及国内金融和国际金融相统一。

四、金融监管的手段

金融监管的手段即金融监管主体为实现金融监管目标而采用的各种方式、方法和措施。从世界各国的金融监管实践来看，金融监管主体主要是通过法律手段、行政手段和经济手段来对金融活动实施监管。

（一）法律手段

金融法律是使金融机构经营行为一致的规范，为平等竞争提供了良好的环境，减少垄断、欺诈等非公平手段，减少金融机构倒闭对金融体系的冲击，减少经营中的短期行为和投机心理。金融机构必须接受国家金融管理当局的监管，金融监管必须依法进行，这是金融监管的基本点。要保证金融监管的权威性、严肃性、强制性和一贯性，才能保证其有效性。要做到这一点，金融法规的完善和依法监管是绝对不可少的。

（二）经济手段

金融监管的经济手段是指通过经济利益影响金融机构的经营行为。经济手段在监管部门的管理中发挥着重要作用，也是监管当局经常使用的方法。金融机构作为信用中介机构，一个环节的中断就会造成一系列信用关系的中断，对商品交易和经济发展产生很大的消极影响。因此，信用关系的调整一般不宜使用强制性手段，需要有较为缓和的手段给予影响，使其逐步调整和纠偏。当金融监管部门采用经济手段加强监管时，对金融机构是平等的。是否能够及时在变化的金融环境中站稳脚跟并获得利润，要看金融机构的经营是否有效率。经济手段在金融宏观管理中发挥着积极作用，但经济手段也有不足之处，表现为对经济和金融领域的突发性事件不能及时处理，当出现较大的经济金融波动时作用缓慢。

（三）行政手段

金融监管的行政工具是由金融监管部门通过发布文件、临时通知等命令形式，要求所有金融机构必须在文件有效期内无条件执行的管理方式。行政工具具有强制性特征，一旦发布，被监管对象必须遵照执行。行政命令适用的情况包括：目前法律条文中没有明确规定的新现象；短期内出现的法律工具和经济工具难以控制的金融波动；金融监管部门在某一领域内的特殊治理；新的金融业务等出现后，尚未形成明确的法律条文。当金融体系中出现异常情况，经济工具显得乏力、法律工具又缺乏针对性时，采用必要的行政工具可以起到在短期内稳定金融体系的效果。此外，当经济工具不足以约束金融活动时，辅之以必要的行政工具可以强化金融监管。行政工具在金融监管中的作用不能忽视，但它也有很大的局限性，行政工具监管局部性情况较多，过多采用行政工具可能会削弱甚至扭曲市场经济运行的规律。

五、金融监管理论

政府干预还是自由放任，历来是各经济学派争论的主要焦点问题。尽管金融监管本身并不等同于政府干预，但是金融监管理论却受着政府干预理论的强力支持，由此形成了不同流派金融监管理论。

(一)公共利益论

公共利益论又被称为市场调节失败论。该理论产生于20世纪30年代的大萧条以后,是最早用于解释政府监管合理性的监管理论,并由此奠定了金融监管的理论基础。

公共利益论认为,金融体系同样存在着自然垄断、外部效应和信息的不对称等导致市场失灵的因素,监管是政府对公众要求纠正某些社会个体和社会组织的不公正、不公平和无效率或低效率的一种回应。监管被看成政府用来改善资源配置和收入分配的手段。自由的市场机制不能带来资源的最优配置,甚至由于自然垄断、(正或负)外部效应和不对称信息的存在,将导致自由市场的破产。在这种情况下就需要作为社会公共利益代表的政府在不同程度上介入经济过程,通过实施管制以纠正市场缺陷,避免市场破产。监管的目的,是促进市场竞争、防止市场失灵,追求全社会福利最大化。

(二)特殊利益论

特殊利益论又被称为监管捕获理论。该理论将监管者和被监管者的关系形象化,虽然监管的出发点是好的,但随着时间的流逝,被监管者适应和熟悉监管的立法和行政程序后,监管常常为被监管业界的利益服务。甚至有极端的观点认为,政府监管者一开始就被捕获,为被监管者留下了"猫鼠追逐"的余地,从而仅仅保护了主宰监管机关的一个或几个特殊利益集团的利益,对整个社会并无助益。政府在施行管制的过程中被特殊利益集团所"俘虏"了。监管政策最终会被利益集团所左右而为其谋取利益,而不能真正行使公共利益权利。

(三)社会选择论

社会选择论是从公共选择的角度来解释政府管制的,即政府管制作为政府职能的一部分,是否应该管制,对什么进行管制,如何进行管制等,都属于公共选择问题。管制制度作为产品,同样存在着供给和需求的问题;但其作为一种公共产品,则只能由代表社会利益的政府来供给和安排,各种利益主体则是管制制度的需求者。管制者并不只是被动地反映任何利益集团对管制的需求,它应该坚持独立性,努力使自己的目标向促进一般社会福利发展。

延伸阅读

全国金融工作会议:更加注重防控金融风险

2017年7月14日至15日召开的全国金融工作会议,对当前和今后一个时期金融工作做出一系列重大决策部署,明确了"服务实体经济、防控金融风险和深化金融改革"三大任务,提出"回归本源""优化结构""强化监管""市场导向"四项原则,强调要把主动防范化解系统性金融风险放在更加重要的位置,设立国务院金融稳定发展委员会,扩大金融双向开放,加强党对金融工作的领导……

如果说,过去历次全国金融工作会议都将金融发展作为主要任务,这一次,防范风险和加强监管显然占据了更为重要的地位。"风险"和"监管"在新闻消息稿里分别出现了31次和28次。这旗帜鲜明地传递出一个信号,即加强监管,防范金融风险,维护国家金融安全将是今后一个时期我国金融工作的核心指导思想。决定设立国务院金融稳定发展委员会,初衷正在于此。与原有的金融监管协调部际联席会议相比,委员会职能完整,层级更高,能够有效"做实"监管协调机制,补齐监管短板。

无论是在所确定的三大任务中,将服务实体经济排在首位,还是在需要把握的四项重要原则中,首先要求金融要回归本源,都清楚地表明了国家对于金融业的态度——把为实体经济服务作为金融工作的出发点和落脚点。

几组数据可见一斑。与实体投资遇冷形成鲜明对比,金融投资近年来愈发火热,各类资产管理平台在不到5年时间里从不足18万亿元的规模快速扩张到超过100万亿元的水平,相当规模的资金从企业流向了股市和房地产等领域。从金融业在整体经济中的占比看,2001—2005年,中国金融业增加值占GDP的比重平均为4.4%,2016年这一比例上升到8.3%,高于《金融业发展和改革"十二五"规划》中的目标值5%,也高于美国和英国两个金融大国金融业占GDP的比重为7%左右的比例。

过去若干年,我国金融体系中一个最大的痛点就是"脱实向虚"。权威人士表示,近年来,央行"相对宽松"的货币政策,原意是解决实体经济"融资难、融资贵"问题,但流动性一直难以进入实体经济,相当部分资金在虚拟经济中空转,对实体经济造成冲击。

从历史经验看,处理好发展和风险防范的关系,始终是金融业需要面对的课题。一方面,要避免过于注重发展而在一定程度上忽略金融风险的防范;另一方面，也要防止“管得过死”而遏制了金融创新，阻碍金融的发展。

资料来源：作者根据2017年7月25日《凤凰资讯》相关内容改编。

第二节 金融监管的框架和内容

一、金融监管的主要内容

金融监管的内容主要有市场准入、市场运营和市场退出三个方面。

(一)市场准入监管

市场准入是指金融监管部门按照市场运行规则设立或准许某一行业及其所属机构进入市场的一种管制行为。市场准入是金融机构获得许可证的过程，实行市场准入管制是为了防止不合格的金融机构进入金融市场，保持金融市场主体的合规性。市场准入监管的直接表现是对金融机构开业登记、审批的管制。

各国金融监管当局一般都参与金融机构的审批过程。金融机构的设立申请主要包括三个方面：一是要有注册资本(营运资本)，金融监管当局主要监督资本充足率指标；二是要有素质较高的管理人员；三是要有最低限度的认缴资本额。

我国法律明确规定，设立金融机构及分支机构，经营金融业务，必须经监管当局审查批准，同时还要具备以下条件：一是有符合《中华人民共和国公司法》和相关法规规定的章程；二是具有最低限额的注册资本金或营运资金，如我国现行法规规定，全国性商业银行为10亿元人民币，城市商业银行为1亿元人民币，保险公司为2亿元人民币，财务公司为1亿元人民币；三是有具备任职专业知识和业务工作经验的董事、高级管理人员；四是有健全的组织机构和管理制度；五是有符合要求的营业场所、安全防范措施以及与业务有关的其他设施；六是监管当局规定的其他审慎性条件。

(二)市场运营监管

市场运营监管是指金融监管部门运用有关政策、法规对金融机构的经营活动进行监管，它是一种事中监管，其主要目标是保证金融机构经营过程健康有序地运行，控制金融风险。虽然各国金融监管部门并不完全相同，但在监管内容上都体现了保证金融机构经营安全性、流动性、盈利性三个方面。近年来，随着各种金融创新的发展，金融监管的要求越来越高，内容越来越复杂，其方式也在不断完善。

目前，我国对金融机构业务运营监管的内容主要包括：业务经营的合法合规性，资本充足性，资产质量的稳妥可靠性、流动性及盈利性，内部管理水平和内控制度的健全性。如对银行机构的监管一般包括资本充足率监管、流动性监管、业务范围监管、贷款风险控制、外汇风险管理、准备金管理和存款保险管理。

（三）市场退出监管

市场退出监管是指监管当局对金融机构退出金融业、破产倒闭或合（兼）并、变更等的管理。金融机构退出市场，表明该金融机构已经停止经营金融业务，应依法处理其债权债务，分配剩余财产，注销工商登记，其最终结果是取消该金融机构的法人资格。

金融机构市场退出一般是金融机构由于不能偿还到期债务，或者发生了法律法规和公司章程规定的必须退出事由，从而不能继续经营，必须进行拯救或破产清算的过程。

金融机构市场退出按原因和方式不同可以分为两类：主动退出与被动退出。主动退出是指金融机构因分立、合并或者出现公司章程规定的事由需要解散而退出市场；被动退出则是指金融机构由于法定的理由，如由法院宣布破产或因严重违规、资不抵债等原因，监管当局将金融机构依法关闭，取消其经营金融业务的资格，金融机构因此退出市场。各国对金融机构市场退出监管一般通过法律予以明确，并且有相应的技术性规定。

二、银行业监管

（一）市场准入监管

我国《商业银行法》规定，设立银行机构必须具备以下条件：第一，有符合规定的银行章程；第二，有符合规定的注册资本额最低限额；第三，有具备任职专业知识和业务工作经验的董事（行长）和高级管理人员；第四，有健全的组织机构和管理制度；第五，有符合要求的营业场所和与业务有关的其他设施。同时，设立商业银行还应当符合其他审慎性条件。

市场准入监管全面涵盖以下四个环节：

1. 审批注册机构。

2. 审批注册资本。我国规定设立商业银行的注册资本最低限额为10亿元人民币，城市合作商业银行的注册资本最低限额为1亿元人民币，农村合作商业银行的注册资本最低限额为5000万元人民币。

3. 审批高级管理人员的任职资格。金融业专业性强，风险大，因此要求高级管理人员要有较高的理论水平、丰富的从业经验和良好的信誉。确定高级管理人员任职资格的标准主要有必要的学识水平、对金融业务的熟悉程度这两方面。

4. 审批业务范围。

（二）市场运营监管

市场运营监管是指对银行机构日常经营活动进行监督管理，并通过一系列的风险监管核心指标对商业银行运营状况进行评价。

1. 银行业风险监管核心指标

根据我国《商业银行风险监管核心指标（试行）》，将商业银行风险监管核心指标分为风险水平、风险迁徙和风险抵补三个层次。

（1）风险水平类指标

风险水平类指标包括流动性风险指标、信用风险指标、市场风险指标和操作风险指标，以时点数据为基础，属于静态指标。流动性风险指标衡量商业银行流动性状况及其波动性，包括流动性比例、核心负债比例和流动性缺口率，按照本币和外币分别计算。信用风险指标包括不良资产率、单一集团客户授信集中度、全部关联度三类指标。市场风险指标衡量商业银行因汇率和利率变化而面临的风险，包括累计外汇敞口头寸比例和利率风险敏感度。操作风险指标衡量由于内部程序不完善、操作人员差错或舞弊以及外部事件造成的风险，表示为操作风险损失率，即操作造成的损失与前三期净利息收入加上非利息收入平均值之比。

（2）风险迁徙类指标

风险迁徙类指标衡量商业银行风险变化的程度，表示为资产质量从前期到本期变化的比率，属于动态指标。风险迁徙类指标包括正常贷款迁徙率和不良贷款迁徙率。

正常贷款迁徙率为正常贷款中变为不良贷款的金额与正常贷款之比，正常贷款包括正常类和关注类贷款。该项指标为一级指标，包括正常类贷款迁徙率和关注类贷款迁徙率两个二级指标。正常类贷款迁徙率为正常类贷款中变为后四类贷款的金额与正常类贷款之比，关注类贷款迁徙率为关注类贷款中变为不良贷款的金额与关注类贷款之比。

不良贷款迁徙率包括次级类贷款迁徙率和可疑类贷款迁徙率。次级类贷款迁徙率为次级类贷款中变为可疑类贷款和损失类贷款的金额与次级类贷款之比，可疑类贷款迁徙率为可疑类贷款中变为损失类贷款的金额与可疑类贷款之比。

(3)风险抵补类指标

风险抵补类指标衡量商业银行抵补风险损失的能力，包括盈利能力、准备金充足程度和资本充足程度三个方面。

2. 银行业市场运营监管的主要内容

(1)资本充足性

资本充足性的最普遍定义是指资本对风险资产的比例，是衡量银行机构资本安全的尺度。

商业银行资本充足率监管要求包括最低资本要求、储备资本和逆周期资本要求、系统重要性银行附加资本要求以及第二支柱资本要求。商业银行各级资本充足率的最低要求是：核心一级资本充足率不得低于5%、一级资本充足率不得低于6%、资本充足率不得低于8%。

商业银行应当在最低资本要求的基础上计提储备资本，储备资本要求为风险加权资产的2.5%，由核心一级资本来满足。特定情况下，商业银行应当在最低资本要求和储备资本要求之上计提逆周期资本。逆周期资本要求为风险加权资产的0～2.5%，由核心一级资本来满足。除最低资本要求、储备资本和逆周期资本要求外，系统重要性银行还应当计提附加资本，国内系统重要性银行附加资本要求为风险加权资产的1%，由核心一级资本满足。

若国内银行被认定为全球系统重要性银行，所适用的附加资本要求不得低于巴塞尔委员会的统一规定。此外，中国银保监会有权在第二支柱框架下提出更审慎的资本要求，确保资本充分覆盖风险，包括：根据风险判断针对部分资产组合提出的特定资本要求；根据监督检查结果针对单家银行提出的特定资本要求。

(2)资产安全性

国际通行的做法是，根据贷款风险发生的可能性，将贷款划分为五类，即正常贷款、关注贷款、次级贷款、可疑贷款、损失贷款，通常认为后三类贷款为不良贷款。

资产安全性监管的重点是银行机构风险的分布、资产集中程度和关系人贷款。根据我国《商业银行风险监管核心指标(试行)》，衡量资产安全性的指标为信用风险的相关指标，包括不良资产率、单一集团客户授信集中度、全部关联度三类，具体指标如下：

①不良资产率，即不良信用资产与信用资产总额之比，不得高于4%。

②不良贷款率，即不良贷款与贷款总额之比，不得高于5%。

③单一集团客户授信集中度，即对最大一家集团客户授信总额与资本净额之比，不得高于5%。

④单一客户贷款集中度，即最大一家客户贷款总额与资本净额之比，不得高于15%。

⑤全部关联度，即全部关联授信与资本净额之比，不应高于50%。

我国银行业监管机构设置贷款拨备率和拨备覆盖率指标，考核商业银行贷款损失准备的充足性。贷款拨备率为贷款损失准备与各项贷款余额之比，基本标准为2.5%；拨备覆盖率为贷款损失准备与不良贷款余额之比，基本标准为150%。该两项标准中的较高者为商业银行贷款损失准备的监管标准。

(3)流动适度性

银行机构的流动能力分为两部分：一是可用于立即支付的现金头寸，包括库存现金和在中央银行的超额准备金存款，用于随时兑付存款和债权，或临时增加投资；二是在短期内可以兑现或出售的高质量可变现资产，包括国库券、公债和其他流动性有保证的低风险的金融证券，主要应付市场发生不测时的资金需要。

流动性风险指标是衡量商业银行流动性状况及其波动性的指标，根据我国《商业银行风险监管核心指标(试行)》，我国衡量银行机构流动性的指标主要有流动性比例、核心负债比例和流动性缺口率，按照本币和外币分别计算。

①流动性比例，即流动性资产与流动性负债之比，该指标用于衡量商业银行流动性的总体水平，不应低于25%。

②流动负债依存度，即核心负债与总负债之比，不应低于60%。

③流动性缺口率，即流动性缺口与90天内到期表内外流动性资产之比，不应低于－10%。

(4)收益合理性

根据我国《商业银行风险监管核心指标(试行)》，我国关于收益合理性的监管指标主要包括：

①成本收入比，即营业费用与营业收入之比，不应高于35%。

②资产利润率，即净利润与资产平均余额之比，不应低于0.6%。

③资本利润率，即净利润与所有者权益平均余额之比，不应低于11%。

(5)内控有效性

商业银行内部控制体系是商业银行为实现经营管理目标，通过制定并实施系统化的政策、程序和方案，对风险进行有效识别、评估、控制、监测和改进的动态过程和机制。

商业银行内部控制应当贯彻全面、审慎、有效、独立的原则，内部控制的要素包括内部控制环境、风险识别与评估、内部控制措施、信息交流与反馈以及监督评价与纠正。

(6)人事监管

在市场运营监管方面，监管当局除了对银行业运营的经济指标进行监管之外，还要对商业银行的人事方面进行监管，包括禁止银行人员同时在另一家公司任职、兼营银行以外的其他业务，从而利用银行为个人或公司谋利；禁止银行之间建立连锁董事会或类似的关系；赋予金融管理、监督部门任免商业银行主要领导人员的权力。

(三)处理有问题银行及市场退出监管

1. 处理有问题银行

有问题银行是指因经营管理状况的恶化或突发事件的影响，有发生支付危机、倒闭或破产危险的银行机构。

有问题银行的主要表现特征为：内部控制制度失效；资产急剧扩张和质量低下；资产过于集中；财务状况严重恶化；流动性不足；涉嫌犯罪和从事内部交易。

处理有问题银行的主要措施为：(1)督促有问题银行采取有效措施，制订详细的整改计划，以改善内部控制，提高资本比例，增强支付能力；(2)采取必要的管制措施；(3)协调银行同业对有问题银行进行救助；(4)中央银行进行救助；(5)对有问题银行进行重组；(6)接管有问题银行。

2. 处置倒闭银行

银行倒闭是指银行无力偿还所欠债务的情形。处置倒闭银行的主要措施：(1)收购或兼并；(2)依法清算。银行业监管的主要内容参见表10.1。

表10.1　银行业监管的主要内容

市场准入监管	审批注册机构	
	审批注册资本	
	审批高管的任职资格	
	审批业务范围	

续表

市场运营监管	资本充足性	最低资本要求
		储备资本
		逆周期资本要求
		系统重要性银行附加资本要求
		第二支柱资本要求
	资产安全性	不良资产率
		单一集团客户授信集中度
		全部关联度
	流动适度性	流动性比例
		流动负债依存度
		流动性缺口率
	收益合理性	成本收入比
		资产利润率
		资本利润率
	内控有效性	内部控制环境
		风险识别与评估
		内部控制措施
		信息交流与反馈
		监督评价与纠正
	人事监管	禁止任职或兼职的监管
		禁止银行间建立连锁董事会
		商业银行主要领导人任免权
市场退出监管	处理有问题的银行	
	处置倒闭银行	收购或兼并
		依法清算

(四)银行业监管的基本方法

1. 非现场监督

非现场监督是指监管当局针对单个银行在并表的基础上收集、分析银行机构经营稳健性和安全性的一种方式。非现场监督包括审查和分析各种报告和统计报表。这类资料应包括银行机构的管理报告、资产负债表、损益表、现金流量表及各种业务报告和统计报表。

2. 现场检查

现场检查是指通过监管当局的实地作业来评估银行机构经营稳健性和安全性的一种方式。

现场检查内容一般包括合规性和风险性检查这两个大的方面。合规性是指商业银行在业务经营和管理活动中执行中央银行、监管当局和国家制定的政策、法律的情况。

风险性检查一般包括其资本金的真实状况和充足程度，资产质量，负债的来源、结构和质量，资产负债的期限匹配和流动性，管理层的能力和管理水平，银行的盈利水平和质量，风险集中的控制情况，各种交易风险的控制情况，表外风险的控制水平和能力，内部控制的质量和充分性等。

3. 并表监管

并表监管又称合并监管，是指银行监管当局了解银行和集团的整体结构，以及与其他监管银行集团所属公司的监管当局进行协调的能力。包括境内外业务、表内外业务和本外币业务。

具体来讲，包括审查银行组织直接或间接(附属公司或关联银行)从事的各项银行和非银行业务、国内外机构从事的各项本外币业务，以及银行资产负债表内业务和表外业务或有关事项等的各项业务。

4. 监管评级

银行机构评级是用统一的标准来识别和度量风险，是为了实现银行监管目标，进行有效监管的基础。目前，国际上通行的是银行统一评级制度，即“骆驼评级制度”(CAMELS)。检查主要是围绕资本充足性、资产质量、经营管理能力、盈利水平、流动性及市场敏感性进行。

CAMELS，即资本(capital)、资产质量(asset)、管理(Management)、收益(earnings)、流动性(liquidity)、市场敏感性(sensitivity)的简称。

中国银监会发布的《商业银行监管评级内部指引(试行)》，确定了具有中国特色的“CAMELS+”的监管评级体系，即对商业银行的资本充足、资产质量、管理、盈利、流动性和市场风险状况六个单项要素进行评级。综合评级结果共分为六级，对于评级结果为五级和六级的高风险商业银行，中国银监会将给予持续的监管关注，限制其高风险的经营行为，要求其改善经营状况，必要时可采取更换高级管理人员、安排重组或实施接管、甚至予以关闭等监管措施。

三、证券业监管

对证券业的监管，其主要内容包括证券发行监管和证券交易监管两个方面。

1. 对证券发行的监管

证券发行监管是指监管机构对新上市证券的审查、控制和监督行为。为了使证券发行既有利于经济的发展，又能保障投资者和发行人的利益，一般国家对证券发行都采取审核制度。

证券发行的审核制度分为两种：一种是注册制，即所谓的公开原则，证券发行者在公开发行债券或股票前，需向证券监管部门按照法定程序申请注册登记，同时提交相关资料，并对其所提供的资料之真实性和可靠性承担法律责任；一种是核准制，即所谓的实质管理原则，证券监管部门需要对发行人及发行证券的实质内容加以审查，符合既定标准才能批准发行。

我国自 2001 年 3 月开始对证券的发行正式实行核准制。

2. 对证券交易的监管

证券交易一部分是在交易所进行，一部分是在场外进行的，即柜台市场。证券交易监管包括对证券上市的监管、对证券交易所的监管、对柜台市场的监管及对证券公司的监管等方面。

对证券交易活动全过程的监管是证券业监管的主要内容，证券交易监管的主要目标包括：

第一，提供低成本的、安全迅速和适度流动性的交易和清算场所；

第二，消除垄断、操纵、内幕交易及各种欺诈行为，保证投资者的信心和利益；

第三，增强市场透明度，提高交易市场的信息完全性和信息效率；

第四，抑制过度投机，防止市场瓦解，并减少证券市场不稳定所导致的负面外部效应；

第五，构建富有效率的证券市场组织结构，提高证券市场营运效率；

第六，提供有效的价格发现机制；

第七，促进各类交易市场主体间的公平竞争。

中国证监会及其派出机构、证券交易所按照分工协作的原则共同负责证券交易的监管，重点打击内幕交易和市场操纵等违法违规行为。

3. 对上市公司的监管

对上市公司的监管主要包括上市公司信息披露、上市公司治理和并购重组三个方面。

(1)信息披露的监管

规定上市公司及其他信息披露义务人必须依法披露信息,应将公告文稿和相关备查文件报送证券交易所登记,并在中国证券监督管理委员会指定的媒体发布。信息披露文件主要包括招股说明书、募集说明书、上市公告书、定期报告和临时报告等。

上市公司董事、监事、高级管理人员应当对公司信息披露的真实性、准确性、完整性、及时性、公平性负责,但有充分证据表明其已经履行勤勉尽责义务的除外。

上市公司董事长、总经理、董事会秘书,应当对公司临时报告信息披露的真实性、准确性、完整性、及时性、公平性承担主要责任。

上市公司董事长、总经理、财务负责人应对公司财务报告的真实性、准确性、完整性、及时性、公平性承担主要责任。

中国证监会依法对信息披露文件及公告的情况、信息披露事务管理活动进行监督,对上市公司控股股东、实际控制人和信息披露义务人的行为进行监督。

(2)公司治理的监管

规定上市公司应建立能够确保股东充分行使权利的公司治理结构。

上市公司股东大会的规范和控股股东行为的规范,上市公司与关联人之间的关联交易。

上市公司的董事与董事会,包括董事的选聘程序、董事会的构成和职责,董事会议事规则,建立独立董事制度和设立董事会专门委员会。

上市公司的监事与监事会,包括监事会的职责,监事会的构成和议事规则,对董事、监事的绩效评价与激励约束机制。

上市公司经理人员的聘任,对经理人员的激励与约束机制。

规定上市公司应尊重银行及其他债权人、职工、消费者、供应商、社区等利益相关者的合法权利。

(3)并购重组的监管

中国证监会依法对上市公司重大资产重组行为(即上市公司及其控股或者控制的公司在日常经营活动之外购买、出售资产或者通过其他方式进行资产交易达到规定的比例,导致上市公司的主营业务、资产、收入发生重大变化的资产交易行为)进行监督管理。

所谓重大资产重组,只要上市公司及其控股或者控制的公司购买、出售资产，达到下列标准之一的，就构成重大资产重组：

①购买、出售的资产总额占上市公司最近一个会计年度经审计的合并财务会计报告期末资产总额的比例达到50%以上；

②购买、出售的资产在最近一个会计年度所产生的营业收入占上市公司同期经审计的合并财务会计报告营业收入的比例达到50%以上；

③购买、出售的资产净额占上市公司最近一个会计年度经审计的合并财务会计报告期末净资产额的比例达到50%以上，且超过5000万元人民币。

上市公司自控制权发生变更之日起60个月内，向收购人及其关联人购买资产，导致上市公司发生以下根本变化情形之一的，也构成重大资产重组：

①购买的资产总额占上市公司控制权发生变更的前一个会计年度经审计的合并财务会计报告期末资产总额的比例达到100%以上；

②购买的资产在最近一个会计年度所产生的营业收入占上市公司控制权发生变更的前一个会计年度经审计的合并财务会计报告营业收入的比例达到100%以上；

③购买的资产在最近一个会计年度所产生的净利润占上市公司控制权发生变更的前一个会计年度经审计的合并财务会计报告净利润的比例达到100%以上；

④购买的资产净额占上市公司控制权发生变更的前一个会计年度经审计的合并财务会计报告期末净资产额的比例达到100%以上；

⑤为购买资产发行的股份占上市公司首次向收购人及其关联人购买资产的董事会决议前一个交易日的股份的比例达到100%以上；

⑥上市公司向收购人及其关联人购买资产虽未达到本款第(一)至第(五)项标准，但可能导致上市公司主营业务发生根本变化；

⑦中国证监会认定的可能导致上市公司发生根本变化的其他情形。

上市公司的重大资产重组行为，应当按照规定报经中国证监会核准。中国证监会审核上市公司重大资产重组或者发行股份购买资产的申请，可以根据上市公司的规范运作和诚信状况、财务顾问的执业能力和执业质量，结合国家产业政策和重组交易类型，作出差异化的、公开透明的监管制度安排，有条件地减少审核内容和环节。

4. 对证券公司的监管

(1)市场准入监管。对证券公司的资格进行审定和限制，不论是从事证券承销、代理买卖还是自营买卖，都必须先取得相关资格。

(2)证券公司的分类监管。

(3)证券公司业务许可的监管。经国务院证券监督管理机构批准，证券公司可以经营下列部分或者全部业务：①证券经纪；②证券投资咨询；③与证券交易、证券投资活动有关的财务顾问；④证券承销与保荐；⑤证券自营；⑥证券资产管理；⑦其他证券业务。其他证券业务包括外资股业务、融资融券业务、证券公司合格境内机构投资者境外证券投资管理业务等。

(4)证券公司风险控制的监管。

(5)对证券公司高管人员的监管。

(6)证券公司市场退出的监管。

四、保险业监管

对保险业的监管，主要是对偿付能力的监管、公司治理的监管和市场行为的监管三个方面。

(一)偿付能力监管

偿付能力是保险公司的灵魂，也是保险监管最为重要的方面。我国目前对偿付能力的监管标准使用的是最低偿付能力原则，中国银保监会的干预界限是以保险公司的实际偿付能力与此标准的比较来确定的。

1. 最低资本规定。保险公司开业之前对其最低资本加以规定(全国性公司为 5 亿元人民币，区域性公司为 2 亿元人民币)，这是偿付能力监管的基石。在公司成立后，必须将其注册资本的 20%作为法定保证金存入中国银保监会指定银行，专用于公司清算时清偿债务，同时规定财产保险、人身意外伤害险、短期健康保险、再保险业务按当年自留保费收入的 1%提取保险保障基金，直至达到总资产的 6%。保证金和保险保障基金是最基本的风险缓冲基金。

2. 准备金规定。保险公司是典型的负债经营型企业。我国准备金的提取比例由《保险法》统一规定，经营人寿保险业务的保险公司按有效人寿保单的全部净值提取未到期责任准备金；经营非寿险业务的，从当年自留保费中按照相当于当年自留保费的 50%提取未到期责任准备金。

3. 投资监管。保险投资收益是增强保险公司偿付能力的重要途径。

(二)公司治理监管

2006 年《国务院关于保险业改革发展的若干意见》中指出，保险业监管必须深入推进保险公司治理结构监管，规范关联交易，加强信息披露，提高透明度。

我国的保险监管制度规定，设立保险企业必须经主管部门批准，并经工商行政部门注册登记，发给营业执照，方准营业。申请时要提交资本金的证明，以及有关企业的章程、负责人资格、有关条款、费率、营业范围等文件资料。

《保险法》第一百零六条规定，商业保险的主要险种的基本保险条款和费率，由金融监督管理部门制定。

《中华人民共和国公司法》和《保险法》要求，各保险公司都必须建立股东大会、董事会、监事会和经理层的组织架构，形成公司治理结构的基本框架。

（三）市场行为监管

保监会要求各保监局按照《保险法》《保险中介机构管理规定》《关于印发〈中国保险监督管理委员会现场检查工作流程〉的通知》等法律、行政规章，对专业保险中介机构进行现场检查。

各保监局从当地实际情况出发，针对专业保险中介机构的特点，重点关注以下几个方面：

1. 机构设立或变更事项的报批手续是否完备；
2. 资本金、出资额是否真实、足额；
3. 内部控制制度建设是否完善；
4. 规章制度执行情况；
5. 高级管理人员的任职资格和从业人员的持证情况；
6. 监管费是否及时上缴、是否按规定提取营业保证金或办理职业责任保险；
7. 业务经营状况和财务状况；
8. 向保险监管机构上报的各类报告、报表、资料等是否真实、及时。

第三节　金融监管体制

一、国际金融监管的主要模式

由于各国的经济体制和发展水平不同，政治和法律制度存在显著差异，由此形成了世界各国金融监管的不同模式。迄今为止，世界各国的金融监管体制大致有单一监管、多头监管和跨国监管三种不同模式。

（一）单一监管模式

单一监管模式是由单一的中央级机构如中央银行或专门的监管机关对金融业进行监督与管理。这种金融监管体制的最大特点是高度集中，使金融监管集中，金融法规统一，金融机构不容易钻空子；也有助于克服其他体制下的相互扯皮、推卸责任的弊端。但是，这种体制有可能使金融监管部门作风官僚化，容易滋生腐败；同时使金融监管机构任务过重，不利于提高金融监管干部的素质，不利于为金融机构提供更好的服务。

世界上大多数国家实行这种金融监管模式，既包括一部分发达的资本主义国家，如英国、比利时、卢森堡、瑞士等国；又包括大多数发展中国家，如巴西、泰国、印度等国。

（二）多头监管模式

多头监管模式是根据从事金融业务的不同机构主体及其业务范围的不同，由不同的监管机构分别实施监管的模式。根据监管权限在中央和地方的不同划分，又可分为分权多头式和集权多头式两种模式。

1. 分权多头式监管模式

分权多头式监管模式，是在中央和地方设立两级中央银行机构，分别行使金融监管权，中央级机构是最高权力或管理机构；地方机构除执行统一的货币政策外，在业务经营管理上具有较大的独立性。与此同时，在中央和地方又分别由两个或两个以上的机构负责银行体系的监督管理。

这种金融监管体制具有以下优点：适应于地域辽阔、金融机构很多而情况差别又很大的国家；适应于政治经济结构比较分散的联邦制国家；这种体制能较好地提高金融机构监管部门的工作效率；可以防止一国金融权力的过分集中，还可以使金融机构根据自身的不同特点，选择金融监管机构；也可以使金融制度的监管专门化，提高对金融业务机构服务的能力。但是，分权多头监管模式也存在明显不足：监管机构交叉重叠容易造成重复检查和监督；金融法规不统一，使不法的金融机构易钻空子；加剧金融领域的矛盾与混乱；降低货币政策与金融监管的效率。

世界上实行分权多头监管模式的国家不多，主要存在于实行联邦政治体制的国家，如美国、加拿大等。

2. 集权多头式监管模式

这种模式的特点是，监管权力集中于中央，但在中央一级又分别由两个或两个以上的机构分别负责不同金融业务的监督管理。

在集权多头式金融监管模式中，制约金融发展的因素比分权多头监管模式少得多。金融体系的集中统一监管和金融工作的效率是显而易见的。在实行这一监管体制的国家中，人们习惯和赞成各权力机构相互制约与平衡。各金融机构监管部门之间也能协作配合。例如，德国信贷机构联邦监督局同联邦银行之间，日本银行同大藏省银行管理局之间就配合默契，富有成就。但是，这种集权多头式监管模式运行效率的关键在于各金融管理机构之间的合作。在一个不善合作与立法不健全的国家中，这种体制难以有效运行。同时，这种体制也面临着同分权多头式监管模式类似的重复监管等问题。

集权多头式监管模式是以财政部和中央银行为主体开展工作的。实行这一监管模式的国家较多，代表国家有法国、德国、意大利、比利时、日本、新加坡和中国等。

（三）跨国监管模式

跨国监管模式是指在经济合作区域内，对该区域内的金融业实行统一的监督与管理的体制。行使这一职能的机构是跨国中央银行，其代表是跨国的西非货币联盟和中非中央银行。跨国监管模式具有下列优点：一是跨国中央银行的股本为参加该货币联盟的各国所共有，而不是为某一国所独有；二是它为参加该货币联盟的所有国家执行中央银行职能，而不是单独为某一个国家服务；三是它是临近一些国家自然的地区性联合，有利于经济金融合作；四是同某一发达国家有紧密的经济贸易关系，联盟货币与其货币维持共同的平价；五是成员国将金融管理权交给跨国中央银行，既具有节约和有效的优点，又可避免由于缺乏金融人才和经验而带来的损失；六是具有互助合作、稳定金融、稳定经济的突出优点。但是，跨国金融监管模式运行成功的关键在于成员国的合作。一旦成员国之间出现利益冲突，就会给金融业带来混乱。同时，在合作过程中，该国的金融管理政策也可能会失去独立性。

二、金融危机以后发达国家金融监管体制的变化

2008 年美国次贷危机爆发以后，各国对金融监管更加重视，也对自身的金融监管体制进行了全面审视和反思，从而进行了不同程度的改革。

（一）美国

2008 年次贷危机以前，美国实行的是联邦和州政府两级、多个监管机构并存的分权多头式金融监管体制。联邦一级的监管机构主要有美联储（FED）、货币监理署（OCC）、联邦存款保险公司（FDIC）、储贷监理署（OTS）、国家信用社管理局（NCUA）、证券交易委员会（SEC）等；保险业由各州单独监管；50 个州有各自的金融法规和行业监管机构。

次贷危机以后，美国于 2010 年 7 月颁布了《多德—弗兰克华尔街改革和消费者保护法案》，以加强系统性金融风险防范为主线，重塑金融监管架构，突出中央银行系统性风险管理的主体地位，并加强了对金融消费者的保护。

1. 设立金融稳定监督委员会（FSOC），识别和防范系统性风险。金融稳

定监督委员会由10名有投票权成员和5名无投票权成员构成，财政部长任主席。金融稳定监督委员会通过财政部新设的金融研究办公室和各成员机构，获得所有银行控股公司或非银行金融机构的数据和信息，识别系统重要性机构、工具和市场，全面监测源于金融体系内外的、威胁金融稳定的风险，提出应对措施。

2. 明确美联储为系统重要性金融机构的监管主体，提高审慎监管标准。一是扩大美联储的监管范围，二是提高审慎监管标准，三是严控银行高风险业务。限制银行业实体开展证券、衍生品、商品期货等高风险自营业务，商业银行投资对冲基金和私募股权基金的规模不得超过银行一级资本的3%。四是强化金融控股公司监管。

3. 成立消费者金融保护机构，加强消费者金融保护。《根据多德—弗兰克》的授权，在美联储体系下建立消费者金融保护局，对向消费者提供信用卡、按揭贷款等金融产品或服务的银行或非银行金融机构进行监管。此外，消费者金融保护局下设金融知识办公室，加强对公众的金融知识教育，并设立社区热线，处理消费者对金融产品和服务的投诉。

（二）英国

次贷危机爆发前，英国一直由金融服务局（FSA，Financial Service Authority）作为单一监管机构，同英格兰银行、财政部共同承担英国金融体系保护的职责。危机中暴露出来的问题表明，原有的监管体系并未保护英国免受系统性风险的侵害。问题突出表现在原有的监管框架下，没有一个能承担整体金融市场风险评估的监管机构，特别在紧急情况下，各有关部门缺少高效的协调机制，导致难以应对危机。金融危机以后，英国政府对这一金融监管体制进行了改革。

1. 建立新的金融监管体系

根据《2012年金融服务法案》，新的英国金融监管框架为“双峰模式”，下设三个专职机构，即金融政策委员会（FPC）、由原来金融服务局（FSA）拆分的审慎监管局（PRA）和金融行为监管局（FCA）。

金融政策委员会是英格兰银行理事会内设的下属委员会，由11位委员组成。其职能：一是检测英国金融体系的稳定性，识别和评估系统风险；二是对外公布金融稳定情况，发布金融稳定报告（每年两期）；三是适时向PRA和FCA发布指令，保证宏观审慎监管的目标和执行；四是向英格兰银行、财政部、FCA、PRA或其他监管机构提出建议。该机构是从系统角度监测英国金融总体风险累积情况，并赋予相应行动的权利。金融政策委员会对审慎监管局和金融行为监管局具有指令权(有权就特定的宏观审慎监管工具做出决策,要求审慎监管局或金融行为监管局实施)和建议权(有权向审慎监管局和金融行为监管局提出建议,监管机构若不执行,需要做出公开解释)。金融行为监管局负责人作为外部成员列席金融政策委员会会议,但没有表决权。

审慎监管局是英格兰银行的下属机构,其职责是对银行、保险公司和大型投资机构进行微观审慎监管,并负责对整个金融行业的服务行为实施监管。其监管的特点为:通过确定系统性重要机构,实现有重点的监管,并通过预先干预框架,提早识别系统重要性金融机构的风险。

金融行为监督局的监管对象包括英国各类金融机构,其监管目标是保障消费者权益、保护和促进英国金融体系完整性、促进市场有效竞争。其使命是对大公司进行连续评估,对小公司进行监控,以确保企业公平竞争和不损害消费者的利益;对威胁行业诚信的事件作出迅速回应,必要时确保公司对消费者的赔偿。PRA 和 FCA 相互协作并保持信息共享,接受 FPC 的指导。

2. 财政部在监管体系中发挥着重要作用

英国金融监管体系改革虽然强化了英格兰银行的责任和权力,但不等于将金融监管全部权力都交给了央行,英国财政部在金融监管架构中发挥着重要作用。一是尽管英国中央银行具有很强的独立性,但在法律关系上仍然隶属于英国财政部,其行长由财政大臣遴选并提名。二是财政部具有很高的政治地位,在公共资金和公共政策方面具有决定性话语权,英国财政部长地位大体上与副首相相当。例如在动用公共资金进行危机救助方面,财政部是英国法律授权的唯一决策机构。危机时财政部有权向英格兰银行下达指令为单家机构或市场提供流动性支持,英国央行动用公共资金也必须经过财政部同意;再如尽管利率由中央银行制定,但是通货膨胀目标却是由财政部决定;再如英国财政部对金融政策委员会的职责和目标拥有最终解释权,财政部须确保金融政策委员会的政策方向与政府保持一致。

3. 监管机构间协调合作的制度化保证

在英国"双峰监管"模式下,监管机构各自独立,履行职责不同。但是通过制度保障,如相互成为对方机构的成员参与决策过程、规范决策和执行程序等,基本可以做到及时的信息共享和有针对性的信息沟通。对任何一家银行或其他系统重要性金融机构而言,必须获得 PRA 和 FCA 的双重审批才能开展业务。PRA 和 FCA 的首席执行官互为对方董事会成员。

(三)澳大利亚

次贷危机以后,澳大利亚政府也对其金融监管体制进行了改革。围绕金融体系稳定和消费者保护两大目标，建立了以金融监管委员会为基础平台的监管框架，优化监管资源配置并完善监管协调机制，即“双峰监管”模式。

1. 成立金融监管委员会

澳大利亚的金融监管委员会由澳大利亚中央银行、审慎监管局、证券与投资委员会三家金融监管机构和财政部组成，四家成员机构彼此独立。

澳央行侧重于制定实施货币政策，包括利率、汇率政策，履行金融风险处置等职责，澳央行关注金融机构包括支付体系的稳定性，以及机构层面的稳定，如资本平衡表、风险暴露等。澳央行每隔半年就金融稳定形势向财政部作专题报告。

审慎监管局围绕保持金融体系稳定，不但监管银行业机构，而且监管证券、保险、投资、信托等行业的机构，实行统一监管，避免了分业监管存在的弊端。审慎监管局关注金融体系整体稳定，兼顾监管安排对效率的影响。通过对各类金融机构进行质询，形成严格的监管机制。

证券与投资委员会围绕金融消费者保护，对金融市场的机构准入与市场行为等进行监管，包括证券、期货等行业；对养老基金、保险、股票、公司债、衍生品等涉及广大投资者的产品加强规范与指导。

财政部负责提名三家监管机构负责人的候选人，向审慎监管局以及证券和投资委员会提供财政经费。财政部参与微观政策制定，包括对外国投资敏感的金融行业进行审批，对三家监管机构的工作进行评估。

2. 监管协调保障机制

金融监管委员会作为议事协调平台，由澳央行牵头开展工作，央行行长担任金融监管委员会主席。委员会内部向委员会主席即央行行长报告工作，央行行长向财政部报告工作，财政部向议会报告工作。金融监管委员会没有独立司法权力，但通过非法规性文件引导，促使监管机构之间紧密合作。金融监管机构成立之初，就以相互签署谅解备忘录方式建立双边协调机制，作为金融监管委员会运作基础。财政部对监管机构的人事、经费具有重要影响力，对其工作绩效进行评估，对监管机构涉及政府支出的重要方案进行审批，故能对协调监管行为发挥重要的促进作用。

3. 监管协调的具体途径

一是数据共享。金融监管体系实行一元化信息汇集机制。二是人员沟通。除了监管机构负责人参加的金融监管委员会会议，澳央行每隔 6 周与审慎监管局举行司局层面的协调会。两机构的处级（工作组）层面通过电话、邮件等日常联系，并举办半月会。证券与投资管理委员会根据需要参加与央行、审慎监管局局、处层面协调会议。

（四）日本

日本的金融监管是典型的集权多头式监管模式。次贷危机以后日本没有采取大的结构性金融监管架构改革，监管体制呈现出稳定性，但也积极吸取危机教训，进一步完善金融监管体制，特别是加强监管机构和央行在宏观审慎监管中的配合。金融厅和央行在宏观审慎监管中发挥的作用难以用孰大孰小来衡量，但总的看来，金融厅作为政府部门，其作用侧重于实施行政处罚等措施，日本银行的作用侧重于系统性风险识别、监测和提出建议。金融厅和央行既明确分工又加强协调是日本宏观审慎监管体系的重要特点，危机后这种协调进一步加强。一是从法律层面明确了要求向对方提供协助义务的条款。二是共同出席金融危机应对会议，参与国家应对金融危机的决策。三是经常联名发布指导性文件。

纵观各国金融监管体制改革的情况，虽然各自关注的侧重点不同，但是有这样几个共同特点：一是立足本国国情，进一步完善了金融监管制度框架。二是加强宏观审慎监管，提高系统性风险防范能力。三是加强市场行为监管，落实金融消费者保护。这对于立足我国国情，准确把握近年来我国金融体系发展、演变特征和系统性金融风险的变化规律，充分论证、权衡利弊，积极稳妥推进金融监管体制改革不无借鉴意义。

三、我国的金融监管体制

我国当前的金融监管模式属于集权多头式监管模式。

2003 年 12 月 17 日，第十届全国人大常委会第六次会议通过了《银行业监督管理法》，自 2004 年 2 月 1 日起实行，为中国银行监督管理委员会依法履行监管职责，加强对银行业的监管提供了法律保证。银行业监督管理委员会（简称银监会）于 2003 年 3 月设立，并于 2003 年 4 月 28 日起正式履行职责。银监会的成立标志着中国人民银行自新中国成立 50 多年来集货币政策与银行监管于一体时代的结束。银监会监管银行、资产管理公司、信托投资公司及其他存款类金融机构，其主要职能是：

（一）负责制定有关银行业监管的规章制度和办法；

（二）对银行业金融机构实施监管，维护银行业的合法、稳健运行；

（三）审批银行业金融机构及其分支机构的设立、变更、终止及其业务范围；

（四）对银行业金融机构实行现场和非现场监管，依法对违法违规行为进行查处；

（五）审查银行业金融机构高级管理人员任职资格；

（六）负责编制全国银行数据、报表，并按照国家有关规定予以公布；

（七）加强对银行业金融机构风险内控的监管，重视其公司治理机制的建设与完善，促使其有效地防范和化解金融风险。

中国证券监督管理委员会（简称证监会）成立于1992年10月，标志着中国证券市场统一监管体制形成。证监会对证券市场实施监督管理主要履行下列职能：

（一）建立统一的证券期货监管体系，按规定对证券期货监管机构实行垂直管理；

（二）加强对证券期货业的监管，强化对证券期货交易所、上市公司、证券期货经营机构、证券投资基金管理公司、证券期货投资咨询机构和从事证券期货中介业务的其他机构的监管，提高信息披露质量；

（三）加强对证券期货市场金融风险的防范和化解工作；

（四）负责组织拟订有关证券市场的法律、法规草案，研究制定有关证券市场的方针、政策和规章；

（五）制订证券市场发展规划和年度计划；

（六）指导、协调、监督和检查各地区、各有关部门与证券市场有关的事项；

（七）对期货市场试点工作进行指导、规划和协调。

中国保险监督管理委员会（简称保监会）成立于1998年11月。保监会对保险市场实施监督管理，主要履行下列职能：

（一）拟订有关商业保险的政策法规和行业发展规划；

（二）依法对保险企业的经营活动进行监督管理和业务指导，维护保险市场秩序，依法查处保险企业违法违规行为，保护被保险人利益；

（三）培育和发展保险市场，推进保险业改革，完善保险市场体系，促进保险企业公平竞争；

（四）建立保险业风险的评价与预警系统，防范和化解保险业风险，促进保险企业稳健经营与业务的健康发展。

2018年4月8日，中国银行保险监督管理委员会正式挂牌，中国银行业监督管理委员会和中国保险监督管理委员会成为历史。

延伸阅读

我国金融监管的发展历程

改革开放以来,我国金融监管逐步建立和完善,大致经历了以下几个阶段。

第一阶段:1984 年以前

"大一统"的国家金融体系,中国人民银行作为国家银行,实行"统存统贷"的管理方法,银行信贷计划被纳入国家经济计划,为经济建设进行全面的金融监督和服务。1979 年 10 月,开始了恢复金融、重构金融组织体系的工作。

第二阶段:1984—1991 年

确立了中国人民银行的性质与地位,即作为发行的银行、政府的银行、银行的银行,是领导和管理全国金融事业的国家机关,主要用经济办法对各金融机构进行管理。1983 年,中国工商银行从中国人民银行分离出来,中央银行独立出来,形成专门的金融监管机构。

第三阶段:1992—1997 年

1992 年 10 月,中国证监会成立。经国务院授权,中国证监会依法对全国证券期货市场进行集中统一监管,这是监管体制的巨大变化,分业经营、分业管理体制初现雏形。1993 年 12 月,《关于金融体制改革的决定》提出,我国要对银行业、证券业、保险业实行分业管理,确立了我国分业监管体制形成的政策基础。

在银行监管方面,在这一阶段的银行监管仍由中国人民银行承担,从属于货币政策,监管内容主要是信贷规模和利率执行情况,银行监管对象和监管内容在不断扩大。

在证券监管方面,在中央,国务院赋予有关部门部分证券监管的职责,各部门共同管理:

(1)国家计委根据证券委的计划建议编制证券发行计划;

(2)中国人民银行负责审批和归口管理证券机构,报证券委备案;

(3)财政部归口管理注册会计师和会计师事务所,其从事与证券业有关的会计事务的资格由证监会审定;

(4)国家体改委负责拟定股份制试点的法规,组织协调有关试点工作,同企业主管部门负责审批中央企业的试点。

在保险监管方面,保险监管机构由中国人民银行保险处升格为保险司,保险监管体制开始初步形成。全国人大常委会于1995年10月颁布实施了我国第一部《保险法》。

第四阶段:1998—2002年

1998年11月18日,中国保监会成立,负责监管全国商业保险市场。

在银行监管方面,银行监管法制化进程加快,并逐步规范化和系统化,在市场准入监管的同时根据银行属性和业务特征对商业银行的风险状况进行监管。

在证券监管方面,国务院证券监督管理机构依法对全国证券市场实行集中统一监督管理,将证券交易所由地方政府转为中国证监会管理,将原国务院证券委员会的职能、中国人民银行履行的证券业监管职能划入中国证监会。

在保险监管方面,保险监管逐步法制化。2000年颁布的《中华人民共和国保险公司管理条例》规定,中国保监会对保险业的监管遵循市场行为监管与偿付能力监管并重的原则。

第五阶段:2003年至今

在银行监管方面,2003年中国银监会成立,以全新的监管理念、监管工作目标和工作标准为指导,进一步完善了监管法规,从合规监管向风险监管转变,为银行改革树立了监管标杆,并在扩大银行业开放的过程中坚持依法、严格监管。

在证券监管方面,逐步放宽限制、开放市场,放松管制与强化监管并重。合格境外机构投资者(QFII)、合格本地机构投资者(QOII)和人民币合格境外投资者(RQFII)的设定,是在货币没有实现完全可自由兑换、资本项目尚未开放的情况下,有限度地允许境内外投资者跨境投资证券市场的一项过渡性的制度安排。

在保险监管方面,我国已经形成了保险经营主体监管、保险产品监管、偿付能力监管、保险资金运用监管、再保险监管等各方面相对完整的监管制度体系。

资料来源:索晓辉.金融专业知识与实务:中级[M].北京:清华大学出版社,2016:263-264.

本章小结

1. 金融监管是指政府通过金融监管机构制定市场准入、风险监管和市场退出等标准,对金融交易行为主体的经营行为实施有效约束,确保金融机构和金融体系安全稳健运行的行为,其本质上是一种具有特定内涵和特征的政府规制。金融监管体系包括金融监管机构和金融监管对象。金融监管的主要目标是遵循一致性目标、安全性目标、公平性目标和效率性目标

2. 金融监管的主要原则包括金融监管主体独立性原则、依法监管原则、外部监管与自我约束相结合原则、安全稳健与风险预防原则、合理适度竞争原则和统一性原则。

3. 金融监管的主要内容主要包括：对金融机构设立的监管；对金融机构资产负债业务的监管；对金融市场的监管，如市场准入、市场融资、市场利率、市场规则等等；对会计结算的监管；对外汇外债的监管；对黄金生产、进口、加工、销售活动的监管；对证券业的监管；对保险业的监管；对信托业的监管；对投资黄金、典当、融资租赁等活动的监管。其中，对商业银行的监管是监管的重点。对商业银行的监管的内容主要有市场准入、市场运营和市场退出三个方面。银行业、证券业和保险业其监管重点各有不同。

4. 由于各国的经济体制和发展水平不同，政治和法律制度存在显著差异，由此形成了世界各国金融监管的不同模式。迄今为止，世界各国的金融监管体制大致有单一监管、多头监管和跨国监管三种不同模式。我国的金融监管属于集权多头式监管模式。2008 年的美国次贷危机后，各国的金融监管都发生了比较大的变化。

课后练习

一、名词解释

金融监管　　市场准入　　市场退出　　风险迁徙类指标

二、多选题

1. 在贷款五级分类制度下，所谓不良贷款是指(　　)。

A. 关注类　　B. 次级类　　C. 可疑类　　D. 损失类

2. “骆驼评级体系”(CAMEL Rating System)主要考察商业银行的以下指标：(　　)。

A. 资本充足状况　　B. 资产质量　　C. 管理水平

D. 收益状况　　E. 流动性　　F. 资产规模和增长速度

3. 以下关于存款保险制度的说法中不正确的是(　　)。

A. 存款保险机构都是由政府出资组建的。

B. 各国通常不对存款实行全额保险。

C. 所有存款机构的保险费率应该是统一的，即按存款总额的一定比例交纳保险费。

D. 存款保险机构一般没有对投保的存款机构进行监管的义务。

三、简答题

1. 简述金融监管体制的基本构成要素。

2. 银行业监管的主要内容包括哪些？

3. 新旧巴塞尔资本协议有何差异？《新巴塞尔资本协议》的实施可能会带来哪些影响？

第四篇　国际金融

第十一章　外汇与汇率

本章要点

◎外汇和汇率的概念

◎汇率变化的计算方法

◎汇率制度

国际金融一般包括国际收支、国际汇兑、国际结算、国际信用、国际投资和国际货币体系等内容。在国际金融这一篇，我们将主要介绍外汇、汇率的基本概念，汇率变化和交叉汇率的计算方法，以及汇率制度，国际金融及其管理，国际收支及其均衡，国际货币体系和国际金融机构等内容。第十一章的学习，则要求在了解外汇和汇率的基础上，掌握汇率变化和交叉汇率的计算方法，理解汇率制度。

第一节　外汇与汇率

一、外汇的概念

外汇(foreign exchange)是国际汇兑的简称，外汇有动态和静态两种含义。动态的外汇是国与国(或地区)之间通过货币兑换清偿国家间债权、债务关系的金融活动，从这个意义讲，外汇等同于国际结算。静态的外汇是指以外币表示的国际结算的支付手段。国际货币基金组织曾对外汇做过明确的定义："外汇是货币行政当局(中央银行、货币管理机构、外汇平准基金组织及财政部)以银行存款、国库券、长短期政府债券等形式所保有的在国际收支逆差时可以使用的债权。"

随着国际交往的扩大和信用工具的发展，外汇的内涵也日益丰富。《中华人民共和国外汇管理条例》规定，外汇有如下内容：

(1)外国货币，包括纸币和铸币；

(2)外币支付凭证或支付工具，包括票据、银行存款凭证和邮政储蓄凭证等；

(3)外币有价证券，包括公司债券、政府债券、股票等；

(4)欧洲货币单位、特别提款权；

(5)其他外汇资产。

通常静态意义上的外汇是人们所说的外汇。根据国际货币基金组织提供的资料，目前全世界有45个国家和地区的货币是可自由兑换货币(convertible currency)，但主要的可自由兑换货币是美元、英镑、日元、欧元、港币等。

根据外汇的来源和用途不同，可分为贸易外汇和非贸易外汇；根据外汇的可兑换强弱不同，可以分为自由外汇和记账外汇；根据外汇买卖的交割期不同，又可分为即期外汇和远期外汇。

延伸阅读

世界主要国家的货币名称及符号

1973年，国际标准化组织(International Organization for Standardization，ISO)第68届技术委员会在其他国际组织的通力合作下，制定了一项适用于贸易、商业和银行使用的货币和资金代码，即国际标准ISO-4217三字符货币代码，前两个字符代表货币所属国家或地区，第三个字符代表货币单位，世界主要货币名称及符号如表11.1所示。

表11.1　世界主要货币名称及其符号

国家或地区名称	货币名称	货币符号	国家或地区名称	货币名称	货币符号
中国	人民币	CNY	德国	德国马克	DEM
美国	美元	USD	芬兰	芬兰马克	FIM
日本	日元	JPY	马来西亚	马来西亚林吉特	MYR
欧洲货币联盟	欧元	EUR	瑞典	瑞典克朗	SEK
加拿大	加拿大元	CAD	丹麦	丹麦克朗	DKK
新加坡	新加坡元	SGD	法国	法国法郎	FRF
澳大利亚	澳大利亚元	AUD	比利时	比利时法郎	BEF

续表

国家或地区名称	货币名称	货币符号	国家或地区名称	货币名称	货币符号
新西兰	新西兰元	NZD	卢森堡	卢森堡法郎	LUF
韩国	韩国元	KRW	瑞士	瑞士法郎	CHF
中国香港地区	港币	HKD	泰国	泰铢	THB
中国澳门地区	澳门元	MOP	菲律宾	菲律宾比索	PHP
荷兰	荷兰盾	NLG	英国	英镑	GBP
意大利	意大利里拉	ITL	俄罗斯	俄罗斯卢布	SUR

二、汇率的概念

汇率(exchange rate)也就是汇价，指不同国家(或地区)货币之间的比价，它反映了一国(或一地区)货币的对外价值。

两种货币比率的折算，首先要确定一国或地区的货币作为标准，这是汇率标价方法的前提。在国际上，有直接标价法(direct quotation)和间接标价法(indirect quotation)两种常用的汇率标价方法。

1. 直接标价法

直接标价法又称应付标价法(giving quotation)，是指以一单位(或100，10000单位等)的外国货币为标准，折算为若干单位本国货币的表示方法。在直接标价法下，等式左边的外国货币数额固定不变，外汇汇率涨落均以等式右边相对于本国货币的数额的变化来表示。如果需要比原来更多的本国货币才能兑换原定数额的外币，这说明外国货币价值在上升，本国货币对外国货币的比值下降，通常称之为外汇汇率上涨，或本国汇率下跌。如果以比原定数额较少的本国货币就能兑换原定数额的外国货币，这就说明本币币值上升，外币对本币的比值下降，通常称之为外汇汇率下跌，或本币汇率上涨。

目前除美元、英镑、澳元、新西兰元、欧元以外，其他货币的汇率均采用直接标价法表示。我国实行的就是直接标价法，中国人民银行用人民币来表示外币的价格，如1美元=6.4738人民币、100日元=7.88人民币等。

2. 间接标价法

间接标价法又称应收标价法(receiving quotation)，是指以一定单位的本国货币为标准，折算为若干外国货币的表示方法。在间接标价法下，等式左边的本国货币数额固定不变，汇率涨落均以等式右边相对的外国货币数额的变化来表示。如果一定单位的本国货币折算的外国货币增多，即等式右边的外国货币数额增大，说明外汇汇率下降，本币汇率上升。如果外币数额减少，则说明外币币值上升，本国货币币值下降，本币汇率下跌，外汇汇率上升。

例如，英国实行间接标价法，英国银行用外国货币表示英镑的价格。1英镑=1.59美元，1英镑=1.45欧元等。

在同一组货币之间，用直接标价法和间接标价法表示的汇率存在一种倒数关系，即直接标价法的倒数就是间接标价法，反之亦然。两种汇率标价方法对比见表11.2。

表11.2 两种汇率标价方法对比

标价方法	标准货币	标价货币	用途
直接标价法	一定单位的外国货币	相当数量的本国货币	表示外汇汇率
间接标价法	一定单位的本国货币	相当数量的外国货币	表示外汇汇率

根据汇率制定的方法不同，分为基本汇率和套算汇率；根据银行买卖外汇的角度不同，分为买入汇率、卖出汇率、中间汇率和现钞价；根据汇率制定不同，又可以分为固定汇率和浮动汇率。

三、汇率变动的计算方法

货币对外价值的上下波动称为汇率的变动，并表现为货币升值和货币贬值两种形式。计算货币汇率变动，根据汇率标价方法的不同，直接标价法和间接标价法有不同的计算方法。

(一)经济指标变化率的计算公式

一般地，经济指标变化率的计算公式为：

$$变化率=\left|\frac{报告期值-基期值}{基期值}\times 100\%\right| \qquad (1)$$

在计算货币升值率或贬值率时，报告期值和基期值分别代表各期的货币价格(汇率)，则：

1. 当报告期值>基期值，货币升值；

2. 当报告期值<基期值，货币贬值。

(二)直接标价法下的汇率变动计算规则(以美元兑人民币汇率为例)

1. 直接标价法下的本币升值率(外币贬值率)计算规则

假设2016年4月29日(基期)美元兑人民币汇率为6.4738(R_0)，2016年5月29日(报告期)汇率为6.4520(R_1)，即人民币相对美元来说升值，美元相对人民币来说贬值，计算人民币的升值率和美元的贬值率：

(1)计算人民币的升值率

①计算基期和报告期人民币的价格，即 1 元人民币等于多少美元，在采用直接标价法时，本币价格等于汇率的倒数，即：

$$\text{基期价格}=\frac{1}{6.4738}\text{美元；报告期价格}=\frac{1}{6.4520}\text{美元}$$

②套用变化率计算公式(1)有

$$\text{升值率}=\left|\frac{\text{报告期值}-\text{基期值}}{\text{基期值}}\times 100\%\right|=\left|\frac{\frac{1}{6.4520}-\frac{1}{6.4738}}{\frac{1}{6.4738}}\right|\times 100\%$$

$$\text{分数简化后，升值率}=\left|\frac{6.4738-6.4520}{6.4520}\times 100\%\right|=\left|\frac{R_0-R_1}{R_1}\times 100\%\right|$$

因为 $R_0>R_1$

所以 $$\text{升值率}=\left|\frac{R_0-R_1}{R_1}\times 100\%\right|=\frac{R_0-R_1}{R_1}\times 100\% \tag{2}$$

(2)计算美元的贬值率

①计算基期和报告期美元的价格，即 1 美元等于多少人民币，在采用直接标价法时，外币价格等于汇率，即：

$$\text{基期价格}=6.4738\text{；报告期价格}=6.4520$$

②套用变化率计算公式(1)并作如上计算后得到直接标价法下的外币贬值率，

$$\text{贬值率}=\frac{R_0-R_1}{R_0}\times 100\% \tag{3}$$

2. 直接标价法下的本币贬值率(外币升值率)计算规则

假设 2016 年 4 月 29 日(基期)美元兑人民币汇率为 6.4738(R_0)，2016 年 5 月 29 日(报告期)汇率为 6.5102(R_1)，即人民币相对美元来说贬值，美元相对人民币来说升值，计算人民币的贬值率和美元的升值率：

(1)人民币贬值率

①计算基期和报告期人民币的价格，即 1 元人民币等于多少美元，在采用直接标价法时，本币价格等于汇率的倒数，即：

$$\text{基期价格：1 元人民币}=\frac{1}{6.4738}\text{美元；}$$

$$\text{报告期价格：1 元人民币}=\frac{1}{6.5102}\text{美元}$$

②套用变化率计算公式(1)，并入公式(2)的计算后得到直接标价法下的

本币贬值率，

$$贬值率=\frac{R_1-R_0}{R_1}\times 100\% \tag{4}$$

(2)美元升值率

①计算基期和报告期美元的价格，即 1 美元等于多少人民币，在采用直接标价法时，外币价格等于汇率，即：

基期价格：1 美元＝6.4738 元人民币；

报告期价格：1 美元＝6.5102 元人民币

②套用变化率计算公式(1)，并入公式(2)的计算后得到直接标价法下的外币升值率，

$$升值率=\frac{R_1-R_0}{R_0}\times 100\% \tag{5}$$

(三)间接标价法下的汇率变动计算规则(以人民币兑日元汇率为例)

1. 间接标价法下的本币升值率(外币贬值率)计算规则

假设 2016 年 4 月 29 日(基期)人民币兑日元汇率为 16.5172(R_0)，2016 年 5 月 29 日(报告期)汇率为 16.6008(R_1)，即人民币相对日元来说升值，日元相对人民币来说贬值，计算人民币的升值率和日元的贬值率：

(1)人民币升值率

①计算基期和报告期人民币的价格，即 1 元人民币等于多少日元，在采用间接标价法时，本币价格等于汇率，即：

基期价格：1 元人民币＝16.5172 日元；

报告期价格：1 元人民币＝16.6008 日元

②套用变化率计算公式(1)，并入公式(2)的计算后得到间接标价法下的本币升值率：

$$升值率=\frac{R_1-R_0}{R_0}\times 100\% \tag{6}$$

(2)日元贬值率

①计算基期和报告期日元的价格，即 1 日元等于多少人民币，在采用间接标价法时，外币价格等于汇率的倒数，即：

基期价格：1 日元＝$\frac{1}{16.5172}$元人民币；

报告期价格：1 日元＝$\frac{1}{16.6008}$元人民币

②套用变化率计算公式(1)，并入公式(2)的计算后得到间接标价法下的

外币升值率：

$$贬值率=\frac{R_1-R_0}{R_1}\times100\% \tag{7}$$

2. 间接标价法下的本币贬值率(外币升值率)计算规则

假设2016年4月29日(基期)人民币兑日元汇率为16.5172(R_0)，2016年5月29日(报告期)汇率为16.5001(R_1)，即人民币相对日元来说贬值，日元相对人民币来说升值，计算人民币的贬值率和日元的升值率：

(1)人民币贬值率

①计算基期和报告期人民币的价格，即1元人民币等于多少日元，在采用间接标价法时，本币价格等于汇率，即：

基期价格：1元人民币=16.5172日元；

报告期价格：1元人民币=16.5001日元

②套用变化率计算公式，并入公式(2)的计算后得到间接标价法下的本币贬值率：

$$贬值率=\frac{R_0-R_1}{R_0}\times100\% \tag{8}$$

(2)日元升值率

①计算基期和报告期日元的价格，即1日元等于多少人民币，在采用间接标价法时，外币价格等于汇率的倒数，即：

基期价格：1日元$=\frac{1}{16.5172}$元人民币；

报告期价格：1日元$=\frac{1}{16.5001}$元人民币

②套用变化率计算公式，并入公式(2)的计算后得到间接标价法下的外币升值率：

$$升值率=\frac{R_0-R_1}{R_1}\times100\% \tag{9}$$

综上所述，货币升值(贬值)率的计算公式如表11.3所示。

表11.3 货币升值(贬值)率计算一览表

外汇标价方法	本币升值率	外币贬值率	本币贬值率	外币升值率
直接标价法	$\frac{R_0-R_1}{R_1}\times100\%$	$\frac{R_0-R_1}{R_0}\times100\%$	$\frac{R_1-R_0}{R_1}\times100\%$	$\frac{R_1-R_0}{R_0}\times100\%$
间接标价法	$\frac{R_1-R_0}{R_0}\times100\%$	$\frac{R_1-R_0}{R_1}\times100\%$	$\frac{R_0-R_1}{R_0}\times100\%$	$\frac{R_0-R_1}{R_1}\times100\%$

四、交叉汇率的计算方法

在国际市场上，几乎所有的货币兑美元都有一个汇率。一般把一国货币与美元之间的汇率称为基准汇率，比如人民币与美元的汇率。但对于一种非美元货币对另外一种非美元货币的汇率，往往就需要通过这两种货币对美元的汇率来进行套算，这种套算出来的汇率就称为交叉汇率(cross rate)。

交叉汇率又叫做套算汇率，是指在制定出基本汇率后，本币对其他外国货币的汇率，就可以通过基本汇率套算出来。外汇交易中常常环球金汇会涉及到两种非美元货币的交易，而国际金融市场的报价多数是美元对另一种货币的报价，此时，需要进行汇率套算。

下面以直接标价法为例计算交叉汇率。

假设 2016 年 4 月 29 日，人民币兑美元的收盘中间价为 6.4738，即 USD/RMB＝6.4738¥/$。又假定当日日本外汇市场上日元对美元收盘中间价是：YEN/USD＝100.00。则 2016 年 4 月 29 日人民币兑日元的交叉汇率为：

$$\frac{100}{6.4738}\times\frac{¥}{\$}\times\frac{\$}{¥}=15.4469\text{Y}/¥$$

即 2016 年 4 月 29 日 1 元人民币的日元价格是 15.4469 日元。

五、汇率变动的影响因素

货币有两种价值，本身的价值和货币所代表的价值，汇率决定的最终基础就依赖于它们。如果货币价值量波动，其汇率也必然发生变化，这对汇率变动的影响是根本性的。但是，汇率变动是受多因素综合影响的。

1. 国际收支状况

一国(或地区)货币币值的升降深受该国国际收支状况的直接影响。一个国家(或地区)的货币在国际上成为硬货币或强势货币，必然会推动该国(或地区)货币币值的上浮。一般地，一国(或地区)国际收支长期顺差，国际储备不断增加，外汇收入不断增多，对该国(或地区)货币的需求在外汇市场上不断增加。反之，如果一国(或地区)对外债务增加，国际收支长期是逆差的状态，外汇的储备量也不断减少，则该国(或地区)货币价值就会呈现下浮的态势，该国(或地区)的货币也就会成为软货币或弱势货币。但重要的是，互为因果关系也会表现在汇率与国际收入之间，国际收支呈现顺差还是呈现逆差对汇率变动会有极大的影响，而汇率变动也对国际收支造成影响。

2. 经济增长率

首先，经济增长率是一国（或地区）经济发展状况的主要参考依据。较高的经济增长率，说明这个国家（或地区）经济发展快，有较强的经济实力，出口也相对旺盛，这个国家（或地区）的货币价值也比较稳定，在外汇市场上，人民对该国货币也会有充足的信心，其汇率通常也会呈上升的态势。较低的经济增长率，说明这个国家（或地区）经济发展慢，经济实力较弱，出口也相对匮乏，这个国家（或地区）的货币价值也不稳定，在外汇市场上，人民对该国货币也会没有足够的信心，其汇率通常也会呈下降的态势。

其次，一国（或地区）货币币值的下降可能是该国（或地区）经济增产率提高引起的。由于一国（或地区）经济在快速增长时，其国内进口的需求量会增加，若扣除不发生变化，出口也相对疲软，国际收支的经常项目盈余会减少，甚至有时出现逆差，这种情况下该国（或地区）货币的币值就会呈下降的态势。

3. 投机行为

当投机者在外汇市场上预测到某种货币的汇价上涨时，就提前买入该种外汇，在汇价上升之后，再把该种外汇卖出；相反，如果预测某货币的汇价要下跌，就提前卖出，在汇价下跌之后，再把该种外汇买入。他们从这种行为中获取投机收益。市场预期心理与投机因素是密切联系的，所以，从这方面来讲，市场预期心理对汇率的影响也就可以表现为投机因素对汇率的影响。除此之外，投机者在外汇市场上往往故意设置陷阱，兴风作浪，制造谣言，其目的就是使外汇市场发生波动，引起汇率的大起大落，然后从汇率涨跌中谋取利润。

4. 通货膨胀

一般要经过一段时间通货膨胀对汇率的影响才能表现出来。因为两国（或地区）间货币的内部贬值转移要通过一些间接的渠道。在商品的劳务市场上，国际收支的经常项目盈余是通过通货膨胀减弱一国（或地区）劳务和商品出口的能力来影响的，进而影响到汇率。通货膨胀在资本市场上也是首先影响一个国家的实际利率的，进而对国际资本流动产生影响，最后在市场上来影响利率。从现实看，货币汇率长期处于坚挺状态，通货膨胀率较低的国家，如日本、德国等。货币汇率长期处于疲软状态，通胀率较高的国家，如意大利等。

5. 利率水平

投资者的收益水平是由利率的高低决定的。货币利率表现出差异的时候，投资者会将短期资金投放到收益大的国家去，将其从低利率货币转换成高利率的货币，金融市场上不同货币的供求变动必将受此影响，进而影响汇率的变动。通常，随着利率的提高，大量资本会被吸引流入进来，推动本币的汇率值上升，从而引起外汇汇率的相对下跌。利率的降低，会促使大量资本外流，推动本币汇率值下降，从而引起外汇的汇率相对上升。

6. 各国中央银行的直接干预

由于汇率变动对一国（或地区）经济有很大的直接或间接的影响，所以国家为了避免汇率变动对国内经济造成不利的影响，往往对汇率进行干预。中央银行会在外汇市场上进行外汇买卖，创造有利于本国经济发展的外汇环境。一般的外汇干预情况如下：一是在汇率变动剧烈时使它趋于缓和；二是使汇率稳定在某个水平；三是使汇率上浮或下浮到某个水平。

7. 各国的宏观经济政策

一国（或地区）为了实现其经济发展目标，往往要采取一系列的货币政策和财政政策，以及必要的汇率政策。经济增长率、利率、物价上涨率和对外收支情况会受这些政策的影响，最后引起利率的变动。国家货币汇率的上升会受紧缩性的财政政策和货币政策的影响，相反，国家货币汇率下降会受扩张性的财政政策和货币政策的影响。

此外，汇率的变动还受多种因素的影响。比如，一国（或地区）的投资利润率水平，国际政治经济局势的动荡，股票、债券、外币期货等价格的变动，石油、黄金价格的变动，还有一国（或地区）的货币供应量。由于影响汇率的因素很多，也很复杂，它们的作用有时相互抵消，有时相互促进，所以，只有按照实际情况，对有关各项因素进行综合考察，具体分析，才能得出正确的结论。

六、汇率变动对经济的影响

汇率变动对经济生活有着深刻的影响，尤其对经济开放程度较高、外汇管制放松的国家或地区更是如此，而对开放程度较低、外汇管制较严的国家来说，这种影响往往不太明显。汇率对经济活动的影响主要表现在以下方面。

（一）汇率变动对一国（或地区）国际收支的影响

1. 对国际贸易的影响

汇率的变动会引起商品进出口成本的变化，从而对商品进出口产生影响。当一国（或地区）货币对外贬值时，对该国的商品出口来讲，就意味着在出口同样一件商品、换取同等数量的外汇时，出口商所能得到的本国货币增多，出口商便因此可以降低出口商品在国际市场上的售价，从而增强本国商品的国际竞争力，促进商品出口增加。而对该国的商品进口来讲，外汇价格的上涨，会使进口商在进口同样一件商品、购买同样一笔外汇时所需支付的本国货币增加，进口商品在国内市场的售价也不得不提高，从而削弱了进口商品在国内市场上的竞争力，抑制了商品进口。当一国（或地区）货币对外升值时，情况与上面所述相反。

2. 对非贸易收支的影响

一国（或地区）货币汇率下浮或上浮，对该国（或地区）国际收支经常项目中的旅游和其他劳务收支的状况也会产生一些影响。如果一国（或地区）货币汇率下浮，外国货币的购买力相对提高，该国的劳务商品价格相对降低，这对外国游客或客户无疑增加了吸引力，扩大了非贸易收入的来源。如果一国（或地区）货币汇率上浮，外国货币购买力相对下降，该国的劳务商品价格相对提高，就会减少非贸易收入的来源；同时，由于本国货币购买力的相对提高，使外国劳务商品价格相对降低，还会刺激非贸易支出的增加。

3. 对国际资本流动的影响

当一国（或地区）货币汇率存在下浮趋势时，资本所有者担心该国（或地区）货币汇率下跌造成损失，就会将资本调出国外，一旦该国（或地区）货币汇率下跌并终止，上述资本外逃停止；相反该国（或地区）货币汇率具有上升趋势时，资本所有者为了取得货币汇率上浮带来的收益，就会将资本调入该国（或地区），而一旦该国（或地区）货币汇率上升并终止，资本流入就会停止。

4. 对外汇储备的影响

汇率变动对外汇储备影响表现在两个方面：一是汇率变动会引起外汇储备实际价值的变动；二是汇率变动会引起一国（或地区）国际收支的变动，从而引起外汇储备变动。如果储备货币的汇率上升，会增加外汇储备的折算价值；如果储备货币汇率下跌，则会减少外汇储备的折算价值。此外，如果一国（或地区）货币汇率下跌后处于偏低的状态，则有利于出口而抑制该国进口，导致贸易顺差，会增加该国（或地区）外汇储备。由于该国（或地区）存在贸易顺差，其货币有升值的趋势，就会吸引外资流入，又将导致资本项目的顺差，也会增加该国（或地区）外汇储备。相反，若一国（或地区）货币汇率由于上升处于偏高的状态，则会形成贸易项目和资本项目的双逆差，会减少该国（或地区）外汇储备。如20世纪70年代初美元的两次贬值曾使很多以储备美元为主的国家蒙受了巨大损失。而当一个国家所储备的货币对其他货币升值时，该国外汇储备的实际价值便会增加。

（二）汇率变动对一国（或地区）内部经济的影响

1. 对国内物价水平的影响

在货币发行量一定的情况下，当一国（或地区）货币对外贬值时，会刺激商品出口增加和进口减少，从而引起国内商品供应减少，商品价格上涨；而当一国(或地区)货币对外升值时,会刺激国内商品进口增加和出口减少,从而导致国内物价下跌。

2. 对国内利率水平的影响

在货币发行量一定情况下,一国(或地区)货币升值,会使国内利率总水平上升。因为本币汇率上升会对商品出口和资本流入产生不利的影响,而对商品进口和资本流出产生有利的影响,引起本国外汇收入减少、外汇支出增加,从而使国内资金总供给减少,引起国内利率总水平上升。反之,本国货币汇率下跌,有利于增加本国外汇收入,国内资金供应增加,导致国内利率总水平下降。因此,凡是货币汇率高估而有逆差的国家(或地区),其国内利率水平必偏高;凡是货币汇率低估而有顺差的国家,其国内利率水平必偏低。

3. 对国内就业和国民收入的影响

在其他条件不变的情况下,本币贬值,有利于出口而不利于进口,从而有利于本国(或地区)的产业发展,促进国内就业岗位增多和国民收入增加;反之,由于本国(或地区)货币升值,不利于出口而有利于进口,限制了本国经济的发展,必然减少国内就业量和国民收入。因此,在经济进入相对过剩、国内就业压力日益加大的情况下,许多国家(或地区)经常会采用各种措施降低本国(或地区)的货币汇率,以达到增加国民收入和充分就业的目的。

第二节 汇率制度

一、汇率制度概述

汇率制度(exchange rate system)又称为汇率安排,是一国(或地区)货币当局对本国(或地区)货币汇率变动的基本方式所做的一系列制度安排或规定,包括汇率波动幅度的规定、本国(或地区)货币与其他货币的汇率关系的规定、影响和干预汇率变动的方式的规定等。汇率制度的内容如下:

1. 汇率依据的确定,例如,是依据货币本身的价值,还是以法定代表的价值为依据。

2. 汇率的波动界限,例如,是外汇市场供求决定汇率波动,还是波动范围有明确的规定。金本位制下,波动范围由黄金决定,一般表现非常窄;布雷顿森林体系下,评价的上下 1% 为其他货币兑美元的范围。

3. 采取维持汇率的措施,例如,规定各国的外汇管制中有关汇率及其适用范围。

4. 调整汇率方法，例如，采取任其浮动或官方有限干预的方法，或是采取公开法定升值或贬值的方法。

汇率制度分为浮动汇率制与固定汇率制两大类，也称为两极汇率制，另外还有介于两极之间的汇率制，例如：爬行盯住汇率制、可调整的盯住汇率制、中间汇率制，以及有管理的浮动汇率制度等。

在布雷顿森林体系时代，IMF 把汇率制度简单分为盯住汇率制度和其他汇率制度。布雷顿森林体系崩溃以后，IMF 则不断地细化汇率制度分类。IMF 在 1997 年和 1999 年分别对基于官方宣称的汇率制度分类方法进行了修正，1999 年将各国汇率制度分为 8 类：(1)无独立法定货币的汇率安排，主要有美元化汇率和货币联盟汇率；(2)货币局汇率；(3)传统的盯住汇率；(4)有波幅的盯住汇率；(5)爬行盯住汇率；(6)有波幅的爬行盯住汇率；(7)管理浮动汇率；(8)完全浮动汇率。在汇率安排的分类中，通常将一、二类归为固定汇率制度，七、八类归为浮动汇率制度，其余三、四、五、六类归于中间汇率制度。

二、汇率制度的种类

(一)固定汇率制度

固定汇率制度(floating exchange rate system)是把货币的含金量作为制定汇率的基准，根据不同货币的含金量的对比，制定出不同货币的汇率的制度。由于这种汇率一般不轻易变动，具有相对的稳定性，所以称为固定汇率。在金本位制下，汇率受到平价制约，是典型的固定汇率制，它只能在较小范围内上下波动。将汇率固定一般表现为货币的不可兑换，也就是说某种货币不能在国内消费者和企业之间自由兑换成另一种货币。这类似于外汇管制。唯一合法的外汇买卖者是政府。企业或个人只能按照固定价格将外汇出售给政府。政府控制资本流动方在固定汇率制下，要求实现完全的固定汇率。

19 世纪中末期，西方各国确定金本位制度，固定汇率制度在 1973 年之前，是世界各国的主要汇率制度。固定汇率制度曾经历了金本位制度和不兑现的纸币流通制度的变化，所以固定汇率制度又可分两个阶段：

1. 金本位制下的固定汇率制度(1816—1945 年)

金本位制度下的固定汇率制度，其汇率受黄金输送点的限制，如果汇率波动超过了黄金输送点，国际间的结算就会以直接输送黄金来支付，使汇率又恢复正常水平。这是典型的固定汇率制度。

2. 布雷顿森林体系下的固定汇率制度(1945—1973年)

第一次世界大战以后,金本位货币制度崩溃,资本主义国家普遍实行了纸币流通制度。金本位制度下的固定汇率制度转为布雷顿森林体系下的固定汇率制度。布雷顿森林体系下的固定汇率制是纸币本位下以美元为中心,以黄金为基础的固定汇率制。该固定汇率制有以下五个特点,即"一固定""双挂钩""上下限""政府干预"和"允许调整"。

"一固定"是指固定货币平价。"双挂钩"是指美元与黄金挂钩,其他国家货币与美元挂钩,即其他国家货币通过与美元的直接挂钩达到与黄金的间接挂钩。"上下限"是指货币比价确定之后,汇率波动只能在±1%的幅度内进行(1971年12月以后变为±2.25%)。"政府干预"是指汇率波动超过规定的上下限幅度后,有关国家政府有义务在外汇市场上进行干预,以维持汇率的稳定。"允许调整"是指当一国经济状况发生了根本的变化,各国政府已无法通过外汇市场的干预来维持固定平价时,在获得国际货币基金组织同意的情况下,一国可以使其货币法定升、贬值,即调整其货币法定平价。由于具有上述特点,布雷顿森林体系下的固定汇率制是相对稳定的。

3. 两种固定汇率制度的联系与区别

共同点:两种固定汇率制度都是以各国货币的含金量作为汇率的决定基础,汇率的波动都是在以货币含金量为基础的平价上下波动。在金本位制下,黄金通过自由流通执行着世界货币的职能,而且各国纸币的发行量都受到黄金储备量的限制。通过金币的自由铸造与自由销毁,黄金与纸币形成了严格的比例关系。在布雷顿森林体系下,虽然没有金币的流通,黄金也不能自由输出输入,但是协议规定美元与黄金挂钩,各国官方可以按1盎司35美元的价格将自己手中的美元向美国政府兑换黄金,黄金仍处于世界货币的地位,而且与纸币仍然有一个严格的比例关系。

不同点:首先,金本位制下的固定汇率是自发形成的。两国货币之间的中心汇率是按铸币平价决定的,黄金的自由输出输入能自动保证现实汇率的波动不超过黄金输送点范围。而在纸币流通条件下,固定汇率制只是通过国际协议(布雷顿森林协定)人为地建立起来,各国货币当局通过规定虚设的金平价来制定中心汇率,并且现实汇率也是通过外汇干预、外汇管制或国内经济政策等措施被维持在人为规定的狭小范围内波动。其次,在金本位制度下,各国货币的金平价是不会变动的,因此各国之间的汇率能够保持真正的稳定。而在纸币流通条件下,各国货币的金平价则是可以调整的,当一国(或地区)国际收支出现根本性失衡时,金平价可以经由国际货币基金组织的核准而予以变更。因此金本位制度下的固定汇率制是典型的固定汇率制,而纸币流通条件下的固定汇率制,严格来说只能称为可调整的盯住汇率制。

4. 固定汇率制度的利弊

固定汇率制度的优点是汇率稳定性相对较好,或自发地维持、或人为地维持汇率的波动范围,用于国际贸易成本控制和计算,使商品进口出口的价格确定,能比较稳定地进行国际债权债务的清偿,令汇率波动带来的风险相对减少。另外,抑制外汇投机活动稳定的汇率可以起到积极作用。因此固定汇率制度对世界经济发展是起到一定促进作用的。

但是,在固定汇率制度下,当国际收支出现逆差时,不能及时地通过汇率变动使国际收支自动达到平衡,而往往引起该国大量黄金外汇外流,国际储备大大下降。此外,实行固定汇率制度会在国际间传导通货膨胀。因为价格一致是商品交换的普遍规律,当一国发生通货膨胀时,该国货币对内贬值而由于实行固定汇率制度不能及时调整汇率,必然因国内物价上涨引起其他国家向该国大量出口,导致出口国出现贸易顺差,这样出口国货币供给量因外汇收入增加而增加。出口国一方面商品供应减少,另一方面货币供给增加,极容易引发通货膨胀,这种通货膨胀与固定汇率制度密切相关。实行固定汇率制度,法定平价及汇率波动的上下限都是确定的,因此汇率并不能总是正确反映两国货币的实际购买力。通过干预来维持固定汇率制度必然使货币对内价值和对外价值脱节,影响到币值对内和对外的同时均衡。

(二)浮动汇率制度

浮动汇率制度(fixed foreign exchange system)是指一国货币当局不再规定本国货币与外国货币比价和汇率波动的幅度,货币当局也不承担维持汇率波动界限的义务,而听任汇率随外汇市场供求变化自由波动的一种汇率制度。完全任凭市场供求自发地形成汇率,而不采取任何干预措施的国家很少或几乎没有。各国政府往往都要根据本国的具体情况,或明或暗地对外汇市场进行不同程度的干预。

自从以美元为中心的固定汇率制度崩溃后,1973 年,主要西方国家普遍实行了浮动汇率制度。但浮动汇率制度却不是 1973 年以后才出现的新的汇率制度。美国在 1879 年开始正式实行金本位制以前,曾在不太长的时间内,实行过浮动汇率制度。在各国普遍实行金本位制以后,一些银本位国家的汇率仍然经常波动。例如,印度在 1893 年以前一直实行银本位制,印度卢比与金本位制国家货币之间的汇率,就经常随着金银比价的变化而波动。奥匈帝国的货币盾在 1891 年金本位制法案正式通过前,也曾一度处于浮动状态;甚至在1891年以后,仍有一段短暂的浮动时期。俄国在1897年实行金本位制以前,也曾经对卢布实行过浮动。1919年3月至1926年(1924年除外),法国实行法郎完全无管制的浮动汇率制度。在20世纪30年代大危机时期,英国曾于1932年底试行浮动汇率制。美国从1933年4月至1934年1月也实行过浮动汇率制度。即使在以美元为中心的固定汇率制度时期,也照样有许多国家在其中某段时期实行过浮动汇率制度。加拿大1950年9月实行浮动汇率,一直到1962年5月底再恢复为固定汇率,但1970年5月底又实行了浮动汇率。1971年5月,联邦德国与荷兰实行浮动汇率制。1971年8月美国政府停止美元兑换黄金后,大多数西方国家都实行浮动汇率,直到1971年12月"华盛顿协议(*Washington Arseement*)"后,才恢复固定汇率。1973年初,又爆发了一次新的美元危机,各主要金融市场大量抛售美元,抢购马克和日元,金价上涨,外汇市场关闭。同年2月12日,美国政府再次将美元贬值10%,黄金官价从每盎司38美元提高到42.23美元。美元第二次贬值后,西方各国普遍实行浮动汇率制。1976年1月,国际货币基金组织正式承认浮动汇率制度。1978年4月,基金组织理事会通过"关于第二次修改协定条例",正式废止以美元为中心的国际货币体系。至此,浮动汇率制度在世界范围取得了合法的地位。

1. 浮动汇率制度的类型

(1)按政府是否干预来划分

自由浮动或清洁浮动:指汇率完全由外汇市场上的供求状况决定,自由涨落、自由调节,政府不加干预。

管理浮动或肮脏浮动:指一国货币当局为使本国货币对外的汇率不致波动过大,或使汇率向着有利于本国经济发展的方向变动,通过各种方式,或明或暗地对外汇市场进行干预。

联合浮动汇率:是指当一些经济关系密切的国家组成集团,在成员国货币之间进行固定汇率制的同时,对非成员国货币实行共升共降的浮动汇率。比较典型的例子是欧元区。

(2)按浮动程度或浮动方式划分

盯住型或无弹性型:将本币按固定比价同某一种外币或混合货币单位相联系,而本币对其他外币的汇率随盯住货币与其他外币汇率的浮动而浮动。

有限灵活型或有限弹性型:一国(或地区)货币的汇价盯住某一种货币或一组货币浮动,但与盯住货币之间的汇率有较大的波动幅度。

更为灵活型或高度弹性型:即汇率波动不受幅度的限制,以独立自主的原则进行汇率调整。

2. 浮动汇率制度的利弊

浮动汇率制度的优点是，可以防止国际金融市场上大量游资对硬货币的冲击。各国国际收支状况不同，逆差国货币往往趋于疲软，称为软货币；顺差国货币往往趋于坚挺，称为硬货币。在固定汇率制度下，国际金融市场上的游资，为了保持币值或谋求汇率变动收益，纷纷抢购硬货币、抛售软货币，这样使软、硬货币都受到冲击；在浮动汇率制度下，汇率基本上由外汇市场供求关系决定，与固定汇率制度下通过政府干预而形成的汇率相比更符合货币的实际价值，因此哪种货币软与硬不再十分确定，可以减少货币受冲击的可能性。可以防止某些国家的外汇储备和黄金流失。在固定汇率制度下，当一国（或地区）货币在国际市场上被抛售时，因该国有责任维持汇率在规定限度内波动，必须动用外汇黄金储备购买本国货币，干预汇率变动，就造成该国外汇黄金储备大量流失。浮动汇率制度下，各国无义务维持其汇率稳定，因而不会出现由于被迫干预汇率形成的外汇黄金储备大量流失问题。有利于国内经济政策的独立性。例如一国（或地区）通货膨胀率高，导致国际收支逆差，它可以通过本币汇率下浮、外汇汇率上浮来调节，没必要一定采取紧缩性政策措施，这表明实施经济政策的独立性比较强，有利于保持国内经济相对稳定。

浮动汇率制度的缺点是，不利于国际贸易和国际投资，使进出口贸易不易准确核算成本或使成本增加，因此影响长期贸易合同的签订。在浮动汇率制度下，汇率波动幅度大而且频繁，进出口商不仅要考虑商品价格，也要考虑汇率变动风险。由于受汇率变动影响，往往报价不稳定。不仅削弱了商品在国际市场上的竞争力，也容易引起借故拖延付款和要求降价、取消合同订货等，给进出口业务带来不利影响。助长了国际金融市场上的投机活动，使国际金融局势更加动荡。由于汇率波动频繁、幅度较大，投机者便有机可乘，通过一系列外汇交易牟取暴利。若预测失误，投机失败，还会引起银行倒闭，可能导致竞争性货币贬值。各国采取以邻为壑政策，实行贬值，在损害别国利益前提下改善本国国际收支逆差状况，这种做法不利于正常贸易活动，也不利于国际经济合作。

延伸阅读

我国汇率制度的改革历程

改革开放以来，随着我国社会主义市场经济体制的不断完善和对外开放水平的不断扩大，我国的外汇制度也经历了重大改革，大致经历了以下阶段。

1. 计划经济向市场经济转轨时期(1979—1993年)

这一时期又经历了两个阶段。第一阶段是人民币内部结算价与官方汇率并存的阶段(1981—1984年)。改革开放以前，人民币汇率长期低于出口创汇成本，但高于国内外消费物价之比。为了扩大出口，人民币需要贬值，不过人民币贬值对非贸易外汇收入不利。从兼顾贸易和非贸易两方面的需要出发，1979年8月，中央政府决定自1981年1月1日起，在官方汇率之外实行贸易内部结算汇率，它是以全国出口平均换汇成本加一定幅度的利润计算出来的，明显低于官方汇率。

第二阶段是取消内部结算汇率，进入官方汇率与外汇调剂市场汇率并存阶段(1985—1993年)。双重汇率体制，明显调动了出口企业的积极性，国家外汇储备也有所增加。但是这种安排存在明显的问题：第一，从对外关系来看，国际货币基金组织(IMF)将双重汇率看作政府对出口的补贴，发达国家威胁要对我国出口商品征收补贴税。第二，从国内角度来看，双重汇率造成外汇管理工作中的混乱，而且它在外贸部门仍然吃大锅饭的情况下不能有效抑制进口。所以，从1985年1月1日起，取消了内部结算价，人民币又恢复到单一汇价。为了配合外贸改革和推行承包制，我国逐步取消财政补贴，从1988年起增加外汇留成比例，普遍设立外汇调剂中心，放开调剂市场汇率，形成官方汇率和调剂市场汇率并存的局面。

2. 社会主义市场经济时期(1994年至今)

这一时期也分为不同阶段。第一阶段，是汇率并轨与有管理的浮动汇率制阶段(1994—2005年7月)。

1994年1月1日，作为建设社会主义市场经济的改革措施之一，对人民币汇率形成机制进行改革。国家外汇体制改革的总体目标是："改革外汇管理体制，建立以市场供求为基础的、单一的、有管理的浮动汇率制度和统一规范的外汇市场，逐步使人民币成为可兑换的货币。"具体措施如下：

第一，实行以市场供求为基础的、单一的、有管理的浮动汇率制。1994年1月1日，将双重汇率制度改为单一汇率制度，人民币官方汇率与外汇调剂价格正式并轨，我国开始实行以市场供求为基础的、单一的、有管理的浮动汇率制。并将1美元兑换5.8元人民币的官方汇率调整为当时通行的1美元兑换8.7元人民币的市场汇率，一夜之间使人民币贬值33%。新的"受控制的浮动汇率制度"，使人民币在政府规定的较小范围内浮动。

第二，实行银行结售汇制，取消外汇留成和上缴。

第三，建立全国统一的、规范的银行间外汇交易市场，央行通过参与该市场交易管理人民币汇率，人民币对外公布的汇率即为该市场所形成的汇率。

1994年以后，我国实行以市场供求为基础的管理浮动汇率制度，但人民币对美元的名义汇率除了在1994年1月到1995年8月期间小幅度升值外，始终保持相对稳定状态。亚洲金融危机以后，由于人民币与美元脱钩可能导致人民币升值，不利于出口增长，中国政府进一步收窄了人民币汇率的浮动区间。

1996年12月1日，我国实现人民币经常项目可兑换，允许用于贸易的人民币与外币完全可兑换，但对买卖外币进行贷款和投资仍有规定和限制，从而实现了人民币自由兑换的重要一步。

1997—1999年，亚洲金融危机爆发后，我国主动收窄了人民币汇率浮动区间，并因在亚洲危机期间坚守不让人民币贬值的承诺帮助维护亚洲稳定而获得称赞。通过央行频繁干预，人民币兑换美元汇率被固定在1美元兑换8.28元人民币。

1999年，IMF对中国汇率制度的划分也从“管理浮动”转为“盯住单一货币的固定盯住制”。

2001—2005年，我国加入世界贸易组织后，开始逐渐放松资本管制，但国际社会日益施压，促使人民币更快升值以帮助平衡全球贸易。

2004年2月，允许香港银行提供有限的人民币零售银行服务，以促进跨境旅游消费。

第二阶段，逐步完善人民币汇率形成机制阶段(2005年7月至今)。

2005年7月21日，我国对完善人民币汇率形成机制进行改革。人民币汇率不再盯住单一美元，而是选择若干种主要货币组成一个货币篮子，同时参考一篮子货币计算人民币多边汇率指数的变化。实行以市场供求为基础、参考一篮子货币进行调节、有管理的浮动汇率制度。人民币汇率形成机制改革以来，以市场供求为基础，人民币总体小幅升值。2005年7月21日人民币汇率形成机制改革后，中国人民银行于每个工作日闭市后公布当日银行间外汇市场美元等交易货币对人民币汇率的收盘价，作为下一个工作日该货币对人民币交易的中间价。

自2006年1月4日起，中国人民银行授权中国外汇交易中心于每个工作日上午9时15分对外公布当日人民币对美元、欧元、日元和港币汇率中间价，作为当日银行间即期外汇市场(含OTC方式和撮合方式)以及银行柜台交易汇率的中间价。保持人民币汇率在合理均衡水平上的基本稳定，新人民币汇率制度平稳实施充分证明了“以市场供求为基础、参考一篮子货币进行调节、有管理的浮动汇率制度”符合我国汇制改革主动性、可控性、渐进性的要求。人民币汇率将以市场供求为基础，参考一篮子货币，在合理、均衡水平上保持基本稳定。在银行间即期外汇市场上引入询价交易方式，并保留撮合方式，在银行间外汇市场引入做市商制度。

2007年7月，首批人民币计价债券在香港发售。

2008年7月至2010年6月，随着全球金融和经济危机日益恶化，我国事实上将人民币兑换美元汇率固定在1美元兑换6.83元人民币，作为稳定中国经济的紧急措施。

2009年7月21日，人民币汇制改革4周年，人民币兑美元汇率已累计升值21%。

2010年6月19日，中国宣布将重新继续汇率改革，提高人民币汇率弹性，增强人民币交易的灵活性。事实上结束了两年来人民币与美元挂钩的制度，重新采取参考一篮子货币进行调节，实行有管理的浮动汇率制度。

2010年10月1日，开展试点项目，允许指定出口商将部分外币收入留在境外。

2010年11月22日，国内银行间市场开办人民币对俄罗斯卢布交易。

2010年12月15日，莫斯科挂牌人民币对卢布交易，俄罗斯成为人民币在境外挂牌交易的第一个国家。

2011年1月12日，中国银行向美国消费者开放人民币交易。

2011年1月14日，人民银行允许获批境内企业采用人民币进行境外直接投资。

2011年5月7日，82家俄罗斯银行设立人民币账户。

2012年4月14日，人民银行发布公告，将扩大外汇市场人民币兑美元汇率浮动幅度。自2012年4月16日起，银行间即期外汇市场人民币兑美元交易价浮动幅度由千分之五扩大至百分之一，外汇指定银行为客户提供当日美元最高现汇卖出价与最低现汇买入价之差不得超过当日汇率中间价的幅度由1%扩大至2%。

2012年5月29日，经中国人民银行授权，中国外汇交易中心宣布完善银行间外汇市场人民币对日元交易方式，发展人民币对日元直接交易。

2013年4月9日，经中国人民银行授权，中国外汇交易中心宣布完善银行间外汇市场人民币对澳元交易方式，在遵循市场原则的基础上开展人民币对澳元直接交易。

2014年3月17日，银行间即期外汇市场人民币兑美元交易价浮动幅度由1%扩大至2%，外汇指定银行为客户提供当日美元最高现汇卖出价与最低现汇买入价之差不得超过当日汇率中间价的幅度由2%扩大至3%。

2014年3月19日，中国银行完成首笔人民币对新西兰元直接交易。

2014年6月18日，经中国人民银行授权，中国外汇交易中心宣布在银行间外汇市场开展人民币对英镑直接交易。

2014年7月2日，取消银行对客户美元挂牌买卖价差管理，市场供求在汇率形成中发挥更大作用，人民币汇率弹性增强，汇率预期分化，中央银行基本退出常态外汇干预。

2014年9月29日，中国银行间外汇市场开展人民币对欧元直接交易。

2015年1月21日，人民银行与瑞士国家银行签署合作备忘录，将人民币合格境外机构投资者(RQFII)试点地区扩大到瑞士，投资额度为500亿元人民币。

2015年6月27日，人民银行表示将进一步推进利率市场化和人民币汇率形成机制改革，疏通货币政策传导渠道。

2015年8月11日，人民银行发布《中国人民银行关于完善人民币兑美元汇率中间价报价的声明》，自2015年8月11日起，做市商在每日银行间外汇市场开盘前，参考上日银行间外汇市场收盘汇率，综合考虑外汇供求情况以及国际主要货币汇率变化向中国外汇交易中心提供中间价报价。

2015年11月30日，国际货币基金组织(IMF)执董会批准人民币加入特别提款权(SDR)货币篮子，新的货币篮子将于2016年10月1日正式生效。自2016年10月1日起，人民币被认定为可自由使用货币，并将作为第五种货币，与美元、欧元、日元和英镑一道构成SDR货币篮子。SDR的价值将由包括美元、欧元、人民币、日元和英镑在内的篮子货币的加权平均值决定。

人民币汇率制度的选择

在中国经济全面融入世界经济的今天，人民币汇率问题已经成为国际金融领域各方关注的焦点问题之一。从发展历程上看，改革开放以前，我国实行的是高度集中、统一计划管理的外汇制度，这一时期的汇率制度安排完全由政府决定，彻底忽略了市场机制。1979年以后，我国外汇体制中市场化因素的影响逐渐增强，国家根据当时经济形势的需要确定了贸易内部结算价和对外公布汇率的“双重汇率制”。1993年12月29日，中国人民银行发布《关于进一步改革外汇管理体制的公告》，决定自1994年1月1日起实行人民币汇率并轨。1994年4月1日起，中国外汇体制发生了重大变化，主要表现在：全面实行银行结售汇制，取消外汇留成制度等，建立银行间的外汇交易市场等。这一系列改革标志着我国已初步建立了以市场供求为基础的、单一的、有管理的人民币浮动汇率制。1994年中国外汇体制改革后，美元汇率的波动对人民币汇率变动起主要作用。1997年，国际货币基金组织把中国列为实行单一盯住美元的汇率制度的国家。

2005年7月21日，中国人民银行发布公告，中国开始实行以市场供求为基础，参考一篮子货币进行调节的有管理的浮动汇率制度，并使人民币对美元汇率一次性升值2%，从而标志着人民币汇率制度走上了更加灵活、更加市场化的道路。尽管如此，人民币汇率制度的选择问题至今仍然存在，特别是在人民币资本项目可自由兑换步伐加快的背景下，人民币汇率制度应该进一步走向更加灵活的浮动汇率制，还是应该保持适度的稳定甚至向盯住汇率制回归，依然是非常值得深入探讨的问题。

从广义上来说，汇率制度的目标和政府宏观经济政策的目标是一致的，而宏观经济政策的最终目标则是一国经济内外均衡的共同实现，因此，汇率制度选择的理想目标应该是至少从某种程度上促进一国经济内外均衡的最终实现。1997年亚洲金融危机以后一直到2005年的"7·21汇改"，我国实际上一直实行盯住美元的汇率制度，这样的汇率安排在稳定外汇市场、促进贸易发展和吸引外资方面起到了一定的积极作用。但是近年来盯住汇率制对我国经济发展的制约也逐渐显现出来，集中体现在实际汇率低估引致的国际收支顺差激增、货币政策独立性受到影响、外汇市场发展滞后等诸多方面。"7·21汇改"后，现行汇率制度在增强货币政策独立性以及增加汇率调节的主动性和灵活性等方面有了明显的提升，促进了我国当前经济的良性发展，是当前的最优选择。

从属性上来说，我国现行汇率制度实际上是"中心汇率方式"管理浮动和"BBC"制度的结合体，同时兼具"固定"与"浮动"的属性。参照IMF1999年对于汇率制度的最新分类，我国现行的汇率制度在大类上应该是"中间汇率制"。从许多国家的实践来看，随着经济的不断发展和开放程度的不断提高，一些国家的汇率制度从传统的盯住汇率制逐渐向波动区间更大的汇率制度过渡并且最终选择了自由浮动汇率制，另一些国家和地区则形成了货币联盟或采取了货币局制度。

中国汇率制度今后如何改革？首先，对于发展中的中国来讲，不具备实行自由浮动汇率制度的前提条件。其次信用货币条件下一国货币应该有一个锚，这主要是为了降低交易费用。那么如何选择锚呢？我国实行参考一篮子而不是盯住一篮子，这就为我国货币政策自主性提供了运作的空间。我们认为，主要的参考还是在人民币兑美元的基准货币汇率基础上一方面参考外汇市场的价格，另一方面需在贸易基础上选择参考的一篮子货币，但缺陷是不能对一国货币政策进行约束。这样，一国可能追求过高的通货膨胀政策，从而损害经济的长期发展。最后，汇率制度不存在好与坏之分，只存在是否适应一国的经济文化环境的差别。我们更应该结合中国的历史和文化等环境因素来选择汇率制度。

资料来源：编者根据 2015 年 6 月 16 日中国网《我国外汇管理历史沿革是什么？》编写。

本章小结

1. 外汇是国际汇兑的简称，是国际金融领域最常见、最普遍使用的概念。外汇有动态和静态两种含义。动态的外汇是国与国(或地区)之间通过货币兑换清偿国家间债权、债务关系的金融活动。静态的外汇是指以外币表示的国际结算的支付手段。

2. 汇率指不同国家(或地区)货币之间的比价，它反映了一国(或一地区)货币的对外价值。汇率的标价方法有直接标价法和间接标价法两种常用方法。

3. 汇率变动的计算方法根据汇率标价方法的不同而不同，在直接标价法和间接标价法下，计算本币和外币的升值(贬值)率有不同的计算公式。

4. 汇率变动受到多种因素的综合影响，既包括国际收支状况、经济增长率、通货膨胀率、利率水平、投机行为等经济因素，也包括中央银行的直接干预和宏观经济政策等政策因素。

5. 汇率变动会对一国(或地区)国际收支和内部经济造成影响，既会对国际贸易、非贸易收支、国际资本流动和外汇储备造成严重影响，也会对国内物价水平、利率水平、就业和国民收入水平造成严重的影响。

6. 汇率制度是一国(或地区)货币当局对本国(或地区)货币汇率变动的基本方式所做的一系列制度安排或规定。汇率制度分为浮动汇率制与固定汇率制两大类，另外还有介于两者之间的若干中间汇率制度。

课后练习

一、名词解释

外汇　汇率　直接标价法　间接标价法　基准汇率
套算汇率　汇率制度　固定汇率制度　浮动汇率制度

二、多项选择题

1. 外国货币作为外汇的前提是(　　)。

A. 可偿性　　B. 可接受性
C. 可转让性　　D. 可兑换性
E. 一致性

2. 我国规定的外汇包括(　　)。

A. 外国钞票　　B. 外国铸币
C. 外币有价证券　　D. 外币支付凭证
E. 特别提款权

3. 在直接标价法下，本币数额增加表示(　　)。

A. 外币币值不变　　B. 本币升值
C. 外币升值　　D. 本币贬值
E. 外币贬值

4. 在外汇市场上，汇率是经常变动的。影响汇率变动的主要因素有(　　)。

A. 利率差异和经济增长差异　　B. 国际收支和市场预期
C. 各国国内物价上涨率的差异　　D. 各国的宏观经济政策
E. 经营主体不同

三、简答题

1. 请比较外汇、外币和本币的异同。一国居民持有的外汇和外币在本国境内使用有何区别？

2. 简述决定和影响汇率的主要因素。

3. 汇率的波动对一国经济会产生怎么样的影响？

第十二章 国际金融及其管理

本章要点

◎国家收支及其均衡的概念

◎国际收支平衡表

◎国际货币体系

◎国际金融机构

国际金融的研究对象是国际货币金融关系，包括国际货币流通与国际资金融通两个方面，本章将主要讨论国家收支及其均衡的概念，国际收支平衡表及其主要内容，国际收支失衡及其调节，国际货币体系，以及国际金融机构等内容。

第一节 国际收支及其均衡

一、国际收支概述

世界各国在经济、政治和文化方面的交往中，相互之间必然产生债权和债务关系。各国之间的债权与债务到期就要进行结算，从而导致货币的收支。国际收支(balance of payments)反映的就是一个国家(或地区)在一定时期对外货币收支的综合状况。

国际货币基金组织(IMF)将国际收支定义为："在一定时期内，一国居民对其他国家居民所进行的全部经济交易的系统记录。"这个概念的特点是以全部对外经济交易为基础，因此更适合当前国际经济交易的多样性和灵活性的现状。理解国际货币基金组织的国际收支的定义，可以从以下三个方面来把握：

首先，国际收支是一个流量概念。国际收支反映的是一定时期的流量(flow)。所谓一定时期，指的是各类交易的那一段时间内发生。这一段时期可以是一年，也可以是一个月或一个季度等，具体情况可根据分析的需要和可能的资料来源来确定。各国对"一定时期"的理解通常为一年。

其次，国际收支所反映的内容是经济交易。国际收支反映的是货币收支的综合状况。这就意味着所有各类经济交易包括金融资产与商品劳务间的交换、商品劳务相互间的交换、金融资产相互间的交换、单方面商品劳务转移以及单方面金融资产转移最终都必须以货币形式表现出来，而不是以实物形式反映的。它包括货物、服务、收益和单项转移以及对世界其他地区的金融债权和债务交易。

再次，国际收支记录的是一国居民与非居民之间的交易。国际收支反映的是居民(resident)与非居民(non-resident)的交易。判断一项经济交易是否应包括在国际收支范围内，所依据的不是交易双方的国籍，而是依据交易的双方是否分属居民和非居民的范畴。从国际收支的角度来看，公民(citizen)与居民并不是一回事。公民是一个法律的概念，它仅指个人。而居民则以居住地为标准，包括个人、家庭、企业和政府机构。凡在一国居住(指个人、家庭)或注册(指企业)或逗留(指其他)达一年或一年以上者，我们称其为居住、注册、逗留所在国的居民，是原先派出国(地)的非居民。但有两点例外：一是官方外交使节、驻外军事人员永远是派出国的居民、所在国的非居民；二是国际组织，如联合国、世界贸易组织、国际货币基金组织、世界银行等，是任何国家的非居民。

国际收支是一个历史概念，其外延随着国际经济交易的发展而不断丰富。国际收支概念最初起源于17世纪初期。当时国际经济往来的基本形式是货物贸易，位居经济学主流的重商学派(mercantilist)把国际收支简单地解释为一个国家的对外贸易差额，即贸易收支(balance of trade)。这反映了资本主义形成时期货物交易在国际经济往来中占统治地位的状况。在这以后很长一段时期内，国际金融界一直通行这一概念。即使在现代经济条件下，由于货物贸易仍然在国际经济往来中占有重要地位，人们有时还会以贸易收支指代国际收支，因此，狭义的国际收支就仅仅指这种贸易收支。广义的国际收支则是人们对国家贸易和国际其他经济、政治和文化往来的收支这一社会现象的本质反映和概括。

第一次世界大战期间，主要资本主义国家都爆发了国际收支危机。战后大规模的国际短期资本流动和大量的战争赔款，破坏了国际收支的平衡状态。

资本主义各国为了改变国际收支逆差的状况，开始研究和分析国际收支的构成，编制国际收支平衡表，分析影响国际收支的因素，以期掌握国际收支的运行规律。就此，国际联盟的有关机构于1924年汇编公布了各国的国际收支统计，反映各国的国际收支情况，以供研究国际收支状况时参考借鉴。这是国际上第一次编制国际收支平衡表。

第二次世界大战以后，各主要资本主义国家为了全面掌握对外收支状况，分析资金进出的原因和渠道，为制定和改变贸易及外汇政策提供依据，更加注意编制和改进国际收支平衡表。战后国际货币基金组织继国际联盟之后，负责编制国际收支平衡表的统一格式，逐月、逐季、逐年汇总会员国的国际收支统计。

国际收支概念的演变不仅体现在时间上、各国对其关注的程度上，更体现在内容上。第二次世界大战以前，一般西方学者对国际收支的理解仅局限在狭义范围内，即一国的国际经济交往中所产生的借贷关系，到了一定的时期必然要进行货币清算，这样就发生了货币或财富在国家间转移的现象，而这种转移乃是以外汇作为主要计价、支付和清算的手段，因此可以说国际收支实际上是一定时期内外汇收支的综合。这一理解仅指具有外汇收支的交易而言，其中并不包括无外汇收支的交易，如无偿对外援助、其他单方面转移、以货易货的交易等。因此，这种理解不能概括国际收支所应包含的全部含义，但它仍然是分析一国外汇变化的重要依据，也是分析金融市场变化的重要因素之一。

第二次世界大战以后，国际经济发生了深刻的变化。首先是无外汇交易的无偿输出，即以美国对外援助为中心的单方面无偿转移对世界经济影响的重要性大为增加；其次是国家间经济联系加强，国际收支所涉及的范围更加广泛。在这样的背景下，要全面地把握一国的全部对外经济关系，不能仅局限于狭义的外汇收支的概念。于是就有了广义的国际收支的含义，即不仅包括有外汇收支的国际借贷关系，而且还包括一定时期的全部经济交易，如捐赠、无偿援助、海外汇款、年金等。目前对国际收支的评判和分析大部分是依据广义的国际收支概念来进行的。

二、国际收支平衡表及其主要内容

国际收支的变动情况是用国际收支平衡表来表示的。国际收支平衡表是按照复式簿记原理，运用货币计量单位，以简明的表格形式系统地记录一国（或地区）在一定时期内（通常为一年）所发生的全部国际经济交易的报告文件或统计表。它集中反映该国（或地区）国际收支的具体内容和总貌，表明该国

(或地区)在这一时期内外汇收入的来源和外汇支出的用途,是研究该国(或地区)经济实力的主要依据。国际收支平衡表通常包括经常项目、资本与金融项目、储备资产、错误与遗漏四大项目。

(一)经常项目

经常项目(current account)是国际收支平衡表中最基本、最重要的项目,其指本国与外国交往中经常发生的国际经济交易,反映一国(或地区)与外国之间实际资源的转移情况,对其他国际收支项目往往起着影响与制约的作用。在经常项目之下,又分为贸易和劳务收支、收入和转移收支三个子项目。

1. 贸易和劳务收支

贸易收支是经常项目的核心。它包括居民向非居民出口或从非居民那里进口的大多数可移动货物,包括一般商品、用于加工的货物、货物修理(即向非居民提供的或从非居民那里得到的船舶和飞机等运输工具上的货物修理活动)、非货币黄金。

劳务收支也称无形贸易收支。主要包括运输、旅游和其他各类服务(包括运输和旅游项下没有包括的国际服务交易,如通信服务、保险服务、金融服务、专利使用费和特许经营权使用费)等。

2. 收入

收入是反映生产要素流动引起的生产要素报酬的收支。国际间流动的生产要素有劳动与资本两项,因此,收入下设职工报酬与投资收入两项内容。

(1)职工报酬。职工报酬指以现金或实物形式支付给非居民工人(季节工人、边境工人、短期工作工人、使馆工作的当地工作人员)的工资、薪金和其他福利。

(2)投资收入。投资收入包括居民因拥有国外金融资产而得到的收入,包括直接投资、证券投资和其他投资收入三部分。

3. 转移收支

转移收支包括所有非资产转移项目的转移,是商品、劳务或金融资产在居民与非居民之间转移后未得到补偿与回报的部分,因此又称为“无偿转移”或“单方面转移”。根据转移主体不同,转移收支可分为政府转移(如无偿援助、战争赔款、政府向国际组织定期缴纳的费用等)与私人转移(如侨汇、捐赠、继承、赡养费、资助性汇款、退休金等)。

(二)资本与金融项目

资本与金融项目(capital and financial account)由资本项目与金融项目两部分构成。

1. 资本项目

资本项目反映了资产在居民与非居民之间的转移。资产从居民向非居民转移，会增加居民对非居民的债权，或减少居民对非居民的债务；资产从非居民向居民转移，则会增加居民对非居民的债务，或减少居民对非居民的债权。因此，这个项目表明本国（或地区）在一定时期内资产与负债的增减变化。主要包括以下两个方面内容：

(1)资本转移。固定资产所有权的转移，同固定资产的收买或放弃相联系的或以其为条件的资金转移，债权人不索取任何回报而取消的债务。

(2)非生产、非金融资产的收买或放弃。主要包括不是由生产创造出来的有形资产（如土地和地下资产）与无形资产（专利、版权、商标、经销权等）的收买或放弃。对于无形资产，所涵盖交易其实也涉及了经常项目与资本项目两项。经常项目的服务项下记录的是无形资产的运用所引起的收支，资本账户的资本转移项下记录的则是无形资产所有权的买卖所引起的收支。

2. 金融项目

金融项目反映的是居民与非居民之间投资与借贷的增减变化。目前金融项目的划分主要分为直接投资、证券投资、其他投资三种。

(1)直接投资。直接投资反映某一经济体的居民单位（直接投资者）对与另一经济体的居民单位（直接投资企业）的永久性权益，它包括直接投资者和直接投资企业之间的所有交易。

(2)证券投资。证券投资包括股本证券和债务证券的交易。股本证券是股票的投资，债务证券是各种债券的投资。

(3)其他投资。其他投资是指所有直接投资和证券投资未包含的金融交易，包括贸易信贷、贷款、预付款、金融租赁项下的货物、货币和存款等。

（三）储备资产

储备资产(official reserve assets)包括某一经济体的货币当局认为可以用来满足国际收支和在某些情况下满足其他目的的各类资产的交易。涉及的项目包括货币化黄金、在国际货币基金组织的储备头寸、特别提款权、外汇资产以及其他债权。

（四）错误与遗漏项目

编制国际收支平衡表采用的是复式记账法，所以借贷双方必须求得平衡。但实际上，一国（或地区）国际收支平衡表会不可避免地出现借贷双方不平衡的现象，一般认为这种金额差异是由于统计资料有误差和遗漏而形成的。为了使国际收支平衡表的借贷双方实现平衡，便人为地设立了“错误与遗漏”

(errors and omissions)项目。出现错误与遗漏主要有以下原因：

(1)编制国际收支平衡表的原始统计资料在形成过程中，不可避免地会出现某些当事人故意改变、伪造数字的做法，造成了原始资料的失实或不完全。例如走私、资本外逃等。

(2)编制国际收支平衡表的原始统计资料有的来自海关统计，有的来自银行报表，还有的来自官方主管机构的统计报表，这就难免发生统计口径不一致，造成统计上的重复计算和漏算等现象。

(3)还有的原始统计数字本身就是估算的，难免造成与实际情况的不符。

三、国际收支失衡的类型

从世界各国历史来看，一国（或地区）国际收支状况从数量上来讲一般是不平衡的，也就是说，一国（或地区）的国际收支不平衡是常态，而平衡只是特例。国际收支的失衡主要有以下几种类型：

1. 周期性失衡(cyclical disequilibrium)。周期性失衡是由国民经济的循环性波动而引起的国际收支不平衡。在市场经济条件下，由于受商业周期的影响，一国（或地区）的经济会周而复始地处于繁荣、衰退、萧条、复苏的循环波动之中，经济周期的不同阶段对国际收支会产生不同的影响。一般来说，在经济衰退阶段，国民收入减少，总需求下降，物价下跌，会促使出口增长，进口减少，从而出现顺差；而在经济繁荣阶段，国民收入增加，总需求上升，物价上涨，则使进口增长，容易产生国际收支逆差。因此，经济的周期波动会造成一国（或地区）国际收支顺差和国际收支逆差的交替出现。

2. 结构性失衡(structural disequilibrium)。结构性失衡是由于国际经济结构变化引起的一国（或地区）国际收支不平衡。由于各国自然条件禀赋和经济发展阶段不同，如地理环境、自然资源、劳动力和数量质量、技术水平等，各国生产出口相对有利的商品与劳务而形成自己特有的经济结构。通过国际贸易，进而形成一定的国际经济结构。但是，对商品和劳务的国际需求与国际供给不可能总是保持不变，当一国（或地区）经济结构不能适应世界市场供求结构变化时，将引起该国（或地区）国际收支不平衡。比如由于科技落后，制度变迁较慢，不能适应国际经济环境的变化，因此发展中国家面临着不利的贸易条件，主要靠出口初级产品或劳动密集型产品取得出口收入，出口收入很难增加，生产结构的变动慢于需求结构的变动，使国际收支处于失衡状态。

3. 收入性失衡(income disequilibrium)。收入性失衡是国家之间收入增长差异而引起的一国（或地区）国际收支失衡。一般来讲，在其他条件不变的情况下，当经济增长率较高时，国民收入增加，总需求上升，物价上涨，进口增加，出口减少，资本流出增加，从而造成国际收支逆差；反之，当经济增长率较低时，国民收入减少，总需求下降，物价下跌，出口增加，进口减少，资本流出减少，国际收支出现顺差。

4. 货币性失衡(monetary disequilibrium)。货币性失衡是指由于货币领域的相关因素(如货币供应量、利率等)变动所造成的国际收支失衡。在汇率不变的前提下，当一国货币价值和物价水平相对于其他国家发生变动时，会导致国际收支失衡。例如，当一国通货膨胀、物价全面上涨时，其商品的价格水平相对高于其他国家，必然抑制该国的出口，刺激进口，从而令国际收支出现逆差；相反，当通货紧缩时，其商品成本和物价水平相对低于其他国家，则能鼓励出口，抑制进口，从而令国际收支出现顺差。

5. 投机性失衡(speculative disequilibrium)。投机性失衡是受国际游资流动影响而引起的国际收支不平衡。这是 20 世纪 90 年代以后出现的新现象。当前在国际金融市场上存在着巨额游资从事投机活动，一旦一国(或地区)汇率发生剧烈波动，或是该国国内经济出现不稳定迹象，或是金融监管存在漏洞，都可能给投机资本以可乘之机，从而造成这些国家(或地区)金融秩序动荡，国际收支出现失衡。在亚洲金融危机时，印度尼西亚、马来西亚、韩国、泰国和菲律宾私人资本由 1996 年的 938 亿美元净流入转为 1998 年的 246 亿美元净流出。

四、国际收支失衡的调节

国际收支失衡的调节包括自动调节机制和政策调节两个方面。自动调节机制主要包括：价格机制、利率机制、汇率机制和收入机制等市场机制对国际收支状况的自发调节；政策调节则是政府利用包括财政政策、货币政策、信用政策和外贸政策等宏观经济政策对国际收支状况的自主调节。

(一)国际收支失衡的自动调节机制

1. 纸币本位、固定汇率制度下的国际收支自动调节机制

在纸币本位的固定汇率制度下，国际收支自动调节机制如图 12.1 所示。

2. 纸币本位、浮动汇率制度下的国际收支自动调节机制

在纸币本位的浮动汇率制度下，国际收支自动调节机制如图 12.2 所示。

(二)国际收支失衡的政府调节

国际收支失衡的政府调节，主要是政府应用财政政策、货币政策、信用政策和外贸政策对国际收支进行调节。

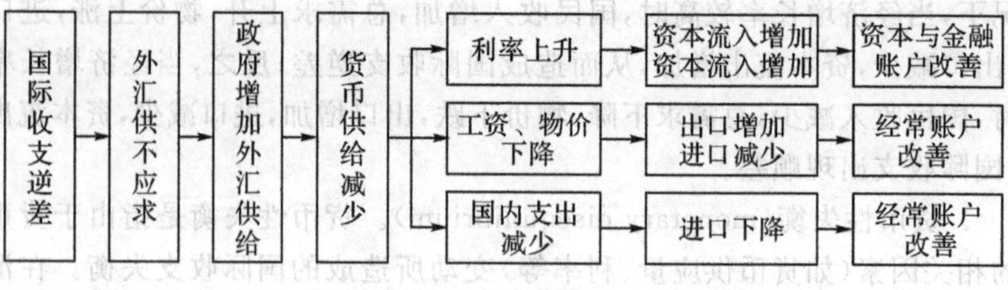

图 12.1　固定汇率制度下的国际收支自动调节机制

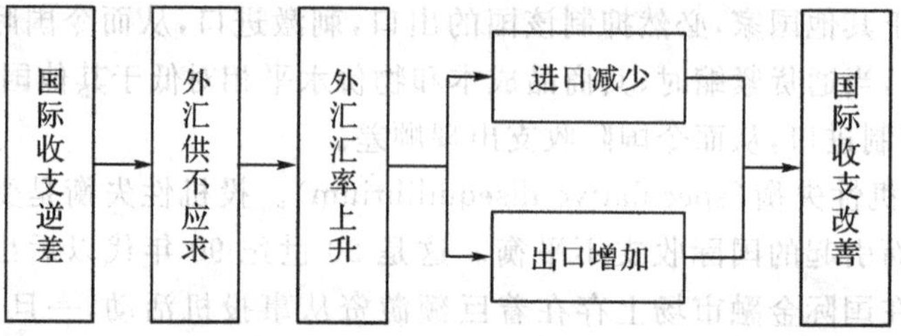

图 12.2　浮动汇率制度下的国际收支自动调节机制

1. 财政政策

政策手段包括税收政策、政府开支政策和公债政策等。当一国(或地区)发生国际收支逆差时,政府可以采取紧缩性的财政政策,具体表现为政府减少公共开支,提高税收,使得投资与消费减少,减少社会总需求,从而改善了贸易收支与国际收支。当一国(或地区)发生国际收支顺差时,政府可以采取扩张性的财政政策,具体表现为政府增加公共开支,减少税收,来刺激消费与投资的增加,增加社会总需求,以改善贸易收支与国际收支。

2. 货币政策

货币政策手段包括公开市场业务、法定存款准备金、贴现政策、建立外汇平准基金、汇率政策等。由于公开市场业务、法定存款准备金和贴现政策在本教材的第七章货币政策中有详细介绍,这里只介绍建立外汇平准基金和汇率政策。

外汇平准基金是各国用来干预外汇市场的储备基金,一般由外汇、黄金和本国货币等构成。由中央银行掌握运用,在外汇市场上进行干预活动。当某一时期外汇汇率持续上升、本币汇率持续下跌,国际收支发生短期性失衡时,中央银行可以运用平准基金在外汇市场买卖外汇以调节外汇供求,影响汇率变化,达到促进出口、增加外汇收入的作用,从而改善国际收支的不平衡现象。

由于外汇平准基金是有一定数额的，因此，当一国（或地区）的国际收支发生根本性或长期性失衡，并使汇率持续升跌时，对平准基金的运用就必须谨慎进行。

汇率政策指一国（或地区）政府利用本国（或地区）货币汇率的升降来控制进出口及资本流动，以达到消除国际收支的不平衡的目的。当一国（或地区）发生国际收支逆差时，可以使本国（或地区）货币贬值，来增加本国（或地区）商品在国际市场上的价格竞争能力，扩大出口，同时进口减少，国际收支逐步趋向平衡。当发生国际收支顺差时，则采用相反的调节方法。

延伸阅读

我国的国际收支不均衡及其调节

自20世纪80年代以来，我国的国际收支除了在80年代中期的三年和1992年出现过逆差以外，其余年份均为顺差；而且在顺差当中，多数年份都是经常项目收支和资本项目收支同时顺差，即“双顺差”。我国的国际收支出现顺差，一方面与我国改革开放的进程相适应；另一方面也在很大程度上是西方发达国家进行产业结构调整、将劳动密集型的制造业通过加工贸易的机制转移到我国的结果。

我国对国际收支顺差采取了一些调节政策和措施。这些政策和措施包括：

1. 逐步放宽和取消经常项目下的外汇管制。1994年实现人民币经常项目有条件可兑换，1996年实现人民币经常项目可兑换。

2. 逐步放宽资本项目下的外汇管制。放宽了企业对外直接投资的外汇管制；推出QDII制度，允许国内机构和居民的部分外汇通过符合条件的机构对外进行证券投资。

3. 降低了对出口的激励范围和力度，改变外贸增长方式，调整外贸出口结构。

4. 优化利用外资结构，限制高耗能、重污染、附加值低的直接投资流入。

5. 对国外投机性的热钱流入采取密切监控的高压政策。

资料来源：索晓辉.金融专业知识与实务：中级[M].北京：清华大学出版社，2016：290.

第二节　国际货币体系

当货币制度问题超过国界的时候，就有了国际货币制度或国际货币体系的问题。国际货币体系(international monetary system)是指规范国与国之间金融关系的有关法则、规定及协议的全部框架。或者说，它是各国政府为适应国际贸易与国际支付的需要，对货币在国际范围内发挥世界货币职能所确定的原则、采取的措施与建立的组织形式的总称。它反映了国与国之间在货币兑换、资金流动与债权债务关系清算中所涉及的规则与秩序，是国际间货币关系的综合体现。

国际货币体系涉及三方面的内容：一是国际本位货币的确定与国际储备货币形成的机制；二是汇率制度的确定；三是国际货币收支平衡的调节机制。建立国际货币体系的目标是保障国家贸易与世界经济稳定、有序地发展，进而使各国的资源得到有效开发利用。国际货币体系的运行可以通过在各国建立合理汇率机制来防止循环的恶性贬值，并能为国际货币收支不平衡的调节提供有力手段与解决途径。

国际货币体系自形成以来，其发展历程先后经历了三个重要的历史时期，即1880年至1914年的金本位时期；1945年至1973年的布雷顿森林体系下的固定汇率时期；1976年《牙买加协议》以来的国际货币多元化及浮动汇率时期。

表 12.1　国际货币体系的沿革

国际货币体系	存在时间	内　容	特　征
国际金本位制	1880—1914年	铸币平价构成各国货币的中心汇率。 市场汇率受外汇市场供求关系的影响而围绕铸币平价上下波动，波动幅度为黄金输送点。	黄金是主要的国际储备资产，无须政府干预。 国际收支不均衡的调节，存在"物价与现金流动机制"的自动调节机制。 汇率波动能够维持在黄金输送点之内，避免了由汇率剧烈波动所引致的风险。

续表

国际货币体系	存在时间	内　容	特　征
布雷顿森林体系	1944—1973年	建立一个永久性的国际金融机构，即国际货币基金组织，目的是为了加强国际货币合作。 实行“双挂钩”的固定汇率制度，即美元按照每盎司黄金35美元的官价与黄金挂钩，其他国家的货币与美元挂钩。人为规定实行可调整的有明确汇率波动幅度限制的固定汇率制度。 取消对经常账户交易的外汇管制，但是对国际资金流动做出了一定的限制。	属于金汇兑本位制，美元因与黄金挂钩而等同于黄金。 实行可调整的固定汇率制度。游戏规则不对称，美国以外的国家需要承担本国货币与美元汇率保持稳定的义务。 国际货币基金组织作为一个新兴机构成为国际货币体系的核心。
牙买加体系	1976年至今	浮动汇率合法化。 黄金非货币化。 扩大特别提款权的作用。 扩大发展中国家的资金融通且增加会员国的基金份额。	国际储备多样化。 汇率制度安排多元化。 黄金非货币化。 通过多种国际收支调节机制解决国际收支困难。

一、国际金本位制

国际金本位制度是以黄金作为国际储备货币或国际本位货币的国际货币制度，这是世界上首次出现的国际货币制度。国际金本位制度大约形成于1880年末，到1914年第一次世界大战爆发时结束。在金本位制度下，黄金具有货币的全部职能，即价值尺度、流通手段、贮藏手段、支付手段和世界货币。英国作为世界上最早发达的资本主义国家，于1821年前后采用了金本位制度。19世纪70年代，欧洲和美洲的一些主要国家先后在国内实行了金本位制，国际金本位制度才大致形成。在金本位制下，每单位的货币价值等同于若干重量的黄金(即货币含金量);当不同国家使用金本位时,国家之间的汇率,由它们各自货币的含金量与金的平价之比来决定。金本位制于19世纪中期开始盛行。在历史上,曾有过三种形式的金本位制:金币本位制、金块本位制、金兑换本位制。其中金币本位制是最典型的形式,就狭义来说,金本位制即指该种货币制度。

由于金币可以自由兑换,各种价值符号(金属辅币和银行券)就能稳定地代表一定的黄金进行流通,从而保持币值的稳定,不致发生通货膨胀;由于自由铸造,金币的面值就可以与其所含的黄金价值保持一致,金币的数量就可以自发地满足流通中的需要;由于黄金自由输出入,就能自动调节国际收支并保证外汇行市的稳定和国际金融市场的统一。所以国际金本位制度是一种比较稳定、健全的货币制度。但是,货币供应受到黄金数量的限制,不能适应经济增长的需要;当一国出现国际收支赤字时,往往可能由于黄金输出,货币紧缩,而引起生产停滞和工人失业。现实中黄金产量的增长远远无法满足世界经济贸易增长对黄金的需求,加上各国经济实力的巨大差距导致黄金储备分布的极端不平衡,于是银行券的发行日益增多,使黄金的兑换日益困难。第一次世界大战爆发之后,各国便终止了黄金的自由输出,并停止了银行券与黄金之间的自由兑换,国际金本位制度宣告解体。

二、布雷顿森林体系

早在第二次世界大战期间,美国就企图取代英国,建立以美元为中心的国际货币体系。二战以后,各国实力对比发生了巨大变化。英国经济在战争中遭到重创,实力大为削弱。相反,美国经济实力却急剧增长,成为世界最大的债权国。

1944年7月,在美国新罕布什尔州的布雷顿森林,召开了有美国、英国、苏联、中国等44个国家参加的联合国与联盟国家国际货币金融会议,通过了《联合国货币金融会议的最后决议书》,以及《国际货币基金组织协定》和《国际复兴开发银行协定》两个附件,总称为"布雷顿森林协定"。建立了金本位制崩溃后的第二个国际货币体系。

布雷顿森林体系主要体现在两个方面:第一,美元与黄金直接挂钩,即以黄金为基础并以美元为最主要的国际储备。第二,其他会员国货币与美元挂钩,即同美元保持固定汇率关系。"布雷顿森林体系"建立了两大国际金融机构即国际货币基金组织(IMF)和世界银行(World Bank)。前者负责向成员国提供短期资金借贷,目的为保障国际货币体系的稳定;后者提供中长期信贷来促进成员国经济复苏。

布雷顿森林体系实际上是一种国际金汇兑本位制，又称美元—黄金本位制。它使美元在战后国际货币体系中处于中心地位，美元成了黄金的“等价物”，各国货币只有通过美元才能同黄金发生关系。它实行的是双挂钩原则，美元按每盎司黄金35美元的官价与黄金挂钩，美国承担用黄金兑换各国官方持有美元的义务；各国货币按固定比价与美元挂钩，各国政府有义务通过干预外汇市场使汇率波动不超过上下各1%的幅度。会员国只有在国际收支根本性不平衡的情况下，才能在与基金组织协商之后改变币制。这也意味着它采取的是可调整的盯住汇率制度。从此，美元就成了国际清算的支付手段和各国的主要储备货币。

以美元为中心的布雷顿森林体系的建立，使国际货币金融关系又有了统一的标准和基础，结束了战前货币金融领域里的混乱局面，并在相对稳定的情况下扩大了世界贸易。美国通过赠与、信贷、购买外国商品和劳务等形式，向世界散发了大量美元，客观上起到了扩大世界购买力的作用。同时，固定汇率制在很大程度上消除了由于汇率波动而引起的动荡，在一定程度上稳定了主要国家的货币汇率，这有利于国际贸易的发展。布雷顿森林体系形成后，国际货币基金组织和世界银行的活动对世界经济的恢复和发展起了一定的积极作用。一方面，基金组织提供的短期贷款暂时缓和了国际收支危机。战后初期，许多国家由于黄金外汇储备枯竭，纷纷实行货币贬值，造成国际收支困难，而基金组织的贷款不同程度地解决了这一难题；另一方面，世界银行提供和组织的长期贷款和投资不同程度地解决了会员国战后恢复和发展经济的资金需要。但是布雷顿森林体系也存在着内在的缺陷。第一，美国可以利用国际货币制度牟取特殊利益。首先表现为美国可以获取铸币税。铸币税是指发行货币获得的净收益，即铸币与纸币面值超过金银条块铸造成本或纸币印刷成本给货币发行者带来的利益；其次，它增强了美国国际金融中心的地位，美国可以利用这种国际金融中心地位获取诸多利益；最后它使美国在一定程度上操纵其他国家的货币政策。第二，国际清偿能力供应与美元信誉二者不可兼得，即所谓的特里芬难题。一方面，货币制度运行需要人们对美元有信心，为保证美元信誉，美国需要维持国际收支平衡；另一方面，货币制度运行需要保证国际清偿能力的供应，为此美元需要大量外流，这意味着美国必须持续存在巨额国际收支逆差，导致人们对美元丧失信心。第三，国际收支调节机制过分依赖于国内政策手段，而限制汇率政策等手段的运用。

到20世纪六七十年代，在日本、西欧崛起的同时，美国经济实力相对削弱，无力承担稳定美元汇率的责任，贸易保护主义抬头，相继两次宣布美元贬值。各国纷纷放弃本国货币与美元的固定汇率，采取浮动汇率制。至此，布雷顿森林体系完全崩溃。但是，由布雷顿森林会议诞生的两个机构（世界银行和国际货币基金组织）目前仍然在世界贸易和金融格局中发挥着非常重要的作用。

三、牙买加体系

1971 年，“尼克松地震”（尼克松在 1971 年 8 月 15 日第一次宣布美元贬值，其幅度为 7.89%）成为促成布雷顿森林体系走向瓦解的最后一根稻草。

布雷顿森林体系崩溃以后，国际金融秩序又复动荡，国际社会及各方人士也纷纷探析能否建立一种新的国际金融体系，提出了许多改革主张，如恢复金本位，恢复美元本位制，实行综合货币本位制及设立最适货币区等，但均未能取得实质性进展。国际货币基金组织于 1972 年 7 月成立一个专门委员会，具体研究国际货币制度的改革问题，由 11 个主要工业国家和 9 个发展中国家共同组成。委员会于 1974 年 6 月提出一份“国际货币体系改革纲要”，对黄金、汇率、储备资产、国际收支调节等问题提出了一些原则性的建议，为以后的货币改革奠定了基础。直至 1976 年 1 月，国际货币基金组织理事会“国际货币制度临时委员会”在牙买加首都金斯敦举行会议，签订达成了《牙买加协议》，同年 4 月，国际货币基金组织理事会通过了《IMF 协定第二修正案》，从而形成了新的国际货币体系，即牙买加体系。

牙买加体系的主要内容是：1. 汇率安排多样化。成员国可以自由选择任何汇率制度，可以采取自由浮动或其他形式的固定汇率制度。但成员国的汇率政策应受 IMF 的监督，并与 IMF 协商。2. 黄金非货币化。废除黄金条款，取消黄金官价，各成员国中央银行可按照市价自由进行黄金交易，取消成员国相互之间以及成员国与 IMF 之间须用黄金清算债权债务的义务。黄金与货币彻底脱钩，IMF 将其持有的黄金总额的 1/6 按市场价出售后建立信托基金，用于对发展中国家的援助。3. 提高特别提款权的国际储备地位。IMF 将以特别提款权为主要储备资产，成员国可用此对他国及基金组织进行借贷。4. 扩大基金组织份额。日本、德国及发展中国家份额增加。5. 增加对发展中国家资金融通的数额。

牙买加体系的优点：1. 国际储备多元化。摆脱了对单一货币的依赖，货币供应和使用更加方便灵活。2. 浮动汇率制在灵敏反应各国经济动态的基础上多种渠道并行，使国际收支的调节更为有效与及时。3. 货币调节机制的多样化，各种调节机制相互补充，避免了布雷顿体系下调节失灵的尴尬。

但牙买加体系仍然存在较大缺点：1. 在多元化国际储备下，缺乏统一的稳定的货币标准，这本身就可能造成国际金融的不稳定。2. 浮动汇率制加剧了国际金融市场和体系的动荡和混乱，套汇、套利等短线投机活动，导致汇率大起大落，变动不定，汇率体系极不稳定。国际货币格局不稳定、管理调节复杂性强、难度高。3. 调解机制的多样化，并不能从根本上改变国际收支失衡的矛盾。亚洲金融危机中国际货币基金组织的几次干预失败就是例证。

牙买加体系是对布雷顿森林体系的一次改革，但其改革仅局限于黄金、汇率、特别提款权等三个方面。许多问题并未因为这次改革而彻底解决。总之，现有的国际货币体系被人们普遍认为是一种过渡性的不健全的体系，需要进行彻底的改革。

四、欧洲货币一体化

（一）欧洲货币一体化的进程

欧洲货币一体化（european monetary integration），是指欧洲经济共同体各成员国在货币金融领域进行合作，协调货币金融关系，最终建立一个统一的货币体系，其实质是这些国家集团为了货币金融领域的多方面合作而组成的货币联盟。货币一体化实现了“三个统一”：

1. 汇率统一，即货币联盟成员国之间实行固定汇率制，对外则实行统一的浮动汇率；

2. 货币统一，即货币联盟发行单一的共同货币；

3. 机构统一，即建立统一的中央货币机关，发行共同的货币，规定有关货币联盟的国家以及保管各成员国的国际储备。

欧洲货币一体化的起源可以追溯到 1950 年欧洲支付同盟的成立。

1978 年，欧共体各国达成一致协议，决定于 1979 年 1 月 1 日建立欧洲货币体系，重新拉开了欧洲货币一体化进程的帷幕。该体系主要包括三个方面的内容：创设欧洲货币单位，建立稳定汇率机制，设立欧洲货币合作基金。

自 20 世纪 80 年代下半期起，欧洲一体化进程明显加快。1990 年，欧洲国家与政府首脑批准了《欧洲联盟条约》草案。《欧洲联盟条约》的通过，为欧洲货币联盟制定了详细的时间表，计划分三个时间段花 10 年的时间完成货币联盟。

（二）欧元的启动

1998 年确认奥地利、比利时、芬兰、法国、德国、爱尔兰、意大利、卢森堡、西班牙、荷兰和葡萄牙11个国家于1999年月1日成为欧元创始国。随后,欧洲中央银行成立,并于1999年1月1日开始制定并执行欧元区11国的统一的货币政策。至此,欧元开始正式启动,欧元的诞生最终实现了欧洲货币一体化。

截至2014年1月1日,拉脱维亚成为第18个使用欧元的欧盟成员国。

在欧洲货币联盟中,英国的地位比较特殊。1960年,英国首次申请加入欧盟前身的欧洲经济共同体(EEC),遭到法国总统戴高乐的否决。1973年,英国首相希斯(Edward Heath)重启加入欧共体的谈判,英国终于成为成员国。但是英国并不是欧元区国家,仍然发行自己独立的货币,这有利于其保持出口竞争力,拥有自主的财政政策,但这使得英国很难真正加入欧洲大陆的事务处理。尤其是在欧债危机的关键时期,由于各种利益分歧明显,英国作为传统强国逐步丧失其在欧盟中的地位与参与权。

早在2013年1月23日,时任英国首相戴维·卡梅伦正式就英国与欧盟关系前景发表讲话。卡梅伦承诺,如果他赢得预定于2015年举行的大选,会在一年内批准所需法律,制定与欧盟关系的新原则,然后就脱欧问题举行全民公投,让人民有机会选择继续留在或者退出欧盟。卡梅伦称,如果欧盟不采取措施解决核心问题,英国将有可能退出该组织。

英国当地时间2016年6月23日,英国就脱离欧盟举行全民公投。24日上午,综合全部计票结果显示,"脱欧"一方支持率为51.89%,赞成"留欧"的投票者占48.11%。全民公投赞成"脱欧"。

第三节 国际金融机构

一、国际货币基金组织

国际货币基金组织(International Monetary Fund,IMF)是根据1944年7月联合国国际货币金融会议(即布雷顿森林会议)通过的《国际货币基金组织协定》建立的政府间的国际金融机构。1945年12月31日正式成立,1947年3月开始办理了第一笔放款业务,同年11月15日成为联合国的一个专门机构。国际货币基金组织的会员国最初为39个,截至2016年年底,已增至188个。

(一)国际货币基金组织的宗旨

根据《国际货币基金组织协定》的规定,其宗旨是:

1. 为促进国际间货币的合作,从而建立一个永久性的国际货币基金管理机构。

2. 为促使国际间的贸易量扩大化以及均衡发展,以此来提高人民的收入水平、稳定并提高就业率,综合开发利用国际货币基金组织中所有成员国的生产性资源,将其作为经济政策当中的重要目标。

3. 保证货币间的汇率稳定和组织中会员国之间正常汇兑关系的稳定,避免由恶性竞争所带来的货币贬值。

4. 协助成员国建立国际收支中的多边支付制度;与此同时,消除阻碍国际间互通有无贸易发展的外汇管理机制。

5. 在一定的安全保障条件下,基金组织会对会员国提供在资金上的帮助。重新全面树立对国际收支平衡失去的信心,尽量避免有损于本国或国际经济繁荣的措施。

(二)国际货币基金组织的组织形式

国际货币基金组织的组织机构由理事会、执行董事会、国际货币与金融委员会、发展委员会组成。

1. 理事会

理事会是国际货币基金组织的最高权力机构,由会员国各选派 1 名理事和 1 名副理事组成。理事通常由各国的财政部长或中央银行行长担任,副理事多为各国外汇管理机构负责人。理事会通常每年召开一次年会。理事会的主要职能是批准接纳新会员,修订协定条款,调整基金份额,决定会员国是否退出 IMF,讨论决定有关国际货币制度等重大问题。

2. 执行董事会

执行董事会是理事会下属的负责处理日常业务的工作机构,由 24 人组成,其中 5 名由基金份额最多的会员国(美、英、德、法、日)指派,另有三个国家(中、俄和沙特阿拉伯)有足够的份额选举自己的执行董事,其余 16 名由其他会员国按地区划分为 16 个选区通过选举产生。执行董事会推选总裁 1 人,总裁是国际货币基金组织的最高行政领导人,并同时兼任执行董事会主席,总管国际货币基金组织的业务工作。国际货币基金组织的历届总裁都是由欧洲国家代表中推荐选举产生的。

3. 国际货币与金融委员会

国际货币与金融委员会是于 1999 年 9 月由临时委员会更名而来的。临时委员会成立于1974年10月，是国际货币基金组织的重要决策机构，由24名执行董事相对应的会员国选派至IMF的理事或同等级别的人员组成。该委员会的主要职责是就一些全球经济的重大问题，如国际货币体系改革和世界开发援助等，向理事会作出报告或提出建议。临时委员会每年举行两次会议，在多数情况下，临时委员会做出的决定就等于理事会的决定。

4. 发展委员会

发展委员会是国际货币基金组织与世界银行关于向发展中国家转移实际资源的部长级委员会，由基金组织理事、世界银行理事、部长级人士及职位与此相当的人士组成。发展委员会一般与国际货币与金融委员会同时、同地举行会议。国际货币基金组织一般事项的表决由简单多数通过，但在重大问题上，则需要获得占总投票80％～85％的多数才能通过。

(三)国际货币基金组织的资金来源

国际货币基金组织的资金主要来源于会员国缴纳的基金份额、借款和信托基金三个方面。

1. 基金份额

会员国缴纳的基金份额是国际货币基金组织最主要的资金来源，它在性质上相当于股份有限公司的股金，会员国一旦缴纳即成为国际货币基金组织的财产。这些基金份额作为会员国的共同国际储备资产，可用来解决其国际收支不平衡时的短期资金需要。

国际货币基金组织初建时，会员国缴纳的基金份额为76亿美元，其中美国为27.5亿美元，占总额的36.2％，是缴纳基金份额最多的国家。国际货币基金组织规定，每5年对基金份额调整一次。截至2016年1月，中国份额占比从2008年的2.94％上升至6.394％，排名从2008年的第八位跃居第三位，仅次于美国和日本，IMF的份额增至4770亿特别提款权(SDR)(约合6597亿美元)。会员国的基金份额大小，不但决定其投票权大小，而且决定其从国际货币基金组织中能分配到的普通提款权和特别提款权的多少，以及从国际货币基金组织借款的最高限额。每个会员国每年能够从国际货币基金组织获得的贷款最高为其基金份额的100％，累计最高为其基金份额的300％。

2. 借款

《国际货币基金协定》条款授权国际货币基金组织在其认为有必要时，可以通过与会员国协商，向会员国借入资金，作为其补充资金。

3. 信托基金

1976年1月，国际货币基金组织决定，将其持有黄金的1/6(2500万盎司)出售,以获得的溢价利润和会员国捐款作为信托基金,向低收入的会员国提供优惠贷款。

(四)国际货币基金组织的主要业务活动

除了对会员国的汇率政策进行监督,与会员国就经济、金融形势进行磋商和协调外,国际货币基金组织的主要业务活动是向会员国提供贷款和各种培训、咨询业务。

1. 融通资金

国际货币基金组织会根据不同的政策给会员国提供相应的贷款。但贷款条件苛刻:一是贷款对象仅限于成员国政府,不向私人企业以及私人组织提供贷款活动;且只与成员国的财政部、中央银行、外汇平准基金组织等官方机构有经济来往。二是贷款只限于解决成员国内由于经常项目收支逆差而产生的国际收支的暂时不平衡。三是贷款数额与成员国所缴纳的基金份额的大小成正比例。四是贷款方式主要是通过借款成员国的本国货币"购买"或"提存"外汇,而不称为"借款";还款时,用黄金或外汇买回本国货币,称"购回"。

国际货币基金组织目前主要有两大类贷款,即针对一般国家的非优惠(普通)贷款和针对低收入国家的优惠贷款。

国际货币基金组织的贷款利息。其中普通贷款和中期贷款的贷款年利率为6.25%,其他贷款一年以内的利率为4.375%。贷款期限每延期增加一年,利率就增加0.5%,最高年利率为6.875%;贷款除了要收利息之外,每笔贷款还要征收0.5%的手续费。

2. 提供培训咨询等服务

国际货币基金组织为各成员国提供培训和有关国际收支、财政、货币、银行、外汇、外贸和统计等诸方面的咨询及技术援助。为了提高会员国专业人员的素质,除了组织培训之外,还编辑出版各类反映世界经济、国际金融专题的刊物、书籍;另外,国际货币基金组织派往各地的人员积极收集和反馈世界各国的经济动向。

延伸阅读

北大教授林毅夫被任命为世界银行首席经济学家兼高级副行长

2003年2月4日,世界银行行长佐利克正式任命北京大学经济学教授林毅夫为世界银行首席经济学家兼负责发展经济学的高级副行长。世界银行的首席经济学家在拟定研究计划及发展方向方面扮演着相当重要的决策角色，林毅夫是第一位非美国或欧洲人士出任此职，也是首位在世界银行和国际货币基金组织获得如此高职位的中国人。

林毅夫1982年毕业于北京大学经济学系，1986年在美国芝加哥大学经济系获博士学位，1987年在美国耶鲁大学经济发展中心进行博士后研究。1987年学成回国后曾担任国务院农村发展研究中心发展研究所副所长、国务院发展研究中心农村部副部长，1994年创立北京大学CCER并担任主任。

佐利克在透露相关任命后指出，林毅夫是一位"很富有经验的经济学家"，在农村发展领域的经验非常丰富，任命他为世行首席经济学家兼负责发展经济学的高级副行长，可带给世界银行这方面的专业知识，还有助于推动世界银行与中国的合作。

资料来源：中国新闻网，2008年2月5日。

二、世界银行集团

世界银行集团(World Bank Group)是世界上最大的国际金融机构，它包括国际复兴开发银行(IBRD)简称世界银行(1945年成立)、国际金融公司(IFC,1956年成立)、国际开发协会(IDA,1960年成立)、多边投资担保机构(MIGA,1988年成立)和国际投资争端解决中心(ICSID,1966年成立)五个机构，主要致力于以贷款和投资的方式向其会员国尤其是发展中国家的经济发展。由于世界银行集团的核心是世界银行，下面只着重介绍世界银行。

世界银行即国际复兴开发银行(International Bank for Reconstruction and Development,IBRD)是根据1944年7月1日布雷顿森林会议通过的《国际复兴开发银行协定》建立的政府间的国际金融机构。1945年12月正式成立，1946年6月开始营业。截至2016年年底，共有会员国188个。世界银行与国际货币基金组织是密切联系和相互配合的两个国际金融机构，凡是参加世界银行的国家，必须参加国际货币基金组织，但参加国际货币基金组织的国家不一定参加世界银行。两者都是联合国的专门机构，每年这两个机构的理事会都联合召开年会。

(一)世界银行的宗旨

根据《国际复兴开发银行协定》第1条规定，世界银行的宗旨是：

1. 为用于生产的投资提供便利，协助会员国的复兴与开发，并且积极鼓励较不发达的国家生产、开发资源。

2. 确保参加私人贷款、私人投资方法的正确性，加快促进私人的对外投资。

3. 用鼓励国际投资的方法来开发成员国的生产资源，促进维持国际贸易的长期平衡稳定发展，最终保证国际收支的平衡。

4. 在提供贷款保证的同时其还应该与其他方面的国际贷款相配合。

协定规定的有关宗旨和任务，概括起来就是担保或者是长期为会员国提供贷款服务，以促进会员国之间资源的有效开发和国民经济的共同发展，维系国际间贸易长期的均衡发展及保证国际收支平衡。

（二）世界银行的组织结构

与国际货币基金组织相似，世界银行的最高权力机构也是理事会，由成员国委派理事和副理事各 1 人组成，每届理事的任期时间为 5 年且可以连任。

世界银行负责组织日常业务的机构是执行董事会，行使由理事会授予的职权。按照世界银行章程规定，执行董事会由 21 名执行董事组成，其中 5 人由持有股金最多的美国、日本、英国、德国和法国委派。另外 16 人由其他会员国的理事按地区分组选举。以后又新增了 3 个席位，中国、俄罗斯、沙特阿拉伯三个国家可单独选派一名执行董事，目前世界银行执行董事人数达到 24 人。

执行董事会主席是世界银行行长，不得由执行董事、副执行董事以及理事、副理事兼任。历任行长都是美国人。

（三）世界银行的资金来源

世界银行的资金来源主要有四个：会员国实际缴纳的股金、借款、利润收入和债权出让。

1. 股金

世界银行成立初期，法定本为 100 亿美元。通过历次增资，到 2008 年财政年度，世界银行的总股本为 415.48 亿美元，约占世界银行总资产的17.8%。2018 年 4 月又增资 130 亿美元。

2. 借款

世界银行资金的 50%以上来源于在国际金融市场上借款。由于世界银行在国际上获得最高信用评级，所以它进入市场的能力强、筹资成本低。借款期限通常为 2～25 年不等，利率一般为 6%～7%，有时也随市场利率波动，高达 9%或低到 4%左右。

3. 债权转让

世界银行与会员国达成贷款协议后，通常会与私人投资者（主要是商业银行)、政府或其他国际组织等商谈，将贷款的债权全部或部分转卖，以提前收回资金，加速其贷款资金的周转。

4. 利润收入

世界银行历年的业务净收益都不对股东分红，它除将一部分净收益以赠款形式拨给国际开发协会，以向贫穷的发展中国家发放贷款外，其余大部分都充作银行本身的储备金，成为其发放贷款的重要资金来源。

(四)世界银行的业务活动

1. 贷款

世界银行的贷款条件也十分严格，一是贷款对象只限于会员国。如果贷款对象不是会员国政府时，此次贷款必须经由会员国政府、中央银行或世界银行认可的机构进行担保方可给予贷款，以保证能够进行本金的偿还与利息及其他费用的支付。二是申请贷款的国家如若不能以合理的条件从其他方面取得贷款时，世界银行才会考虑发放贷款或参加贷款，亦或是提供担保。三是所申请的贷款资金必须用在有助于该国生产发展与经济增长的工程项目上。四是贷款资金必须专款专用，并接受世界银行的监督。五是贷款期限一般为数年，最长可达30年。从1976年7月起，贷款利率实施浮动利率制，贷款利率随着金融市场利率的变化而定期进行调整。与国际资金市场收取承担费相似，世界银行有权对已经确立借款契约而未完全提取的资金部分，按年征收0.75%的手续费。

世界银行的贷款类型分为项目贷款、部门贷款、结构调整贷款、联合贷款和第三窗口贷款等几种类型，其中项目贷款是世界银行贷款业务的重要组成部分。

世界银行的贷款因为贷款条件严格、贷款利率相对较高，所以又被称之为“硬贷款”。

2. 技术援助

世界银行的另一项主要业务活动是向会员国提供技术援助。这种技术援助往往与它的贷款结合起来，帮助借款国进行项目的组织与管理，以提高资金使用效率。同时世界银行成立了经济发展学院，旨在为发展中国家培训高级官员。此外，世行还经常帮助会员国制订经济社会发展计划，并为会员国在经济发展中遇到的某些特殊问题提供解决方案。

3. 投资争端解决

世界银行为保证国际资金可以向发展中的成员国有效投放，在1966年建立了“解决投资争端国际中心”(ICSID)。该组织是世界银行下属的一个非财务机构，需要处理的主要任务是“解决关于各国和其他国家国民之间的投资争端公约”，给缔约国与投资者之间的投资争端提供调停和仲裁的活动，以有利于发展中国家吸收外国直接投资，促进其国民经济的发展。

延伸阅读

IMF 迎来中国副总裁

2011 年 7 月 26 日，国际货币基金组织（IMF）官方网站显示，原总裁特别顾问朱民的头衔被正式更换为副总裁，这是 IMF 增设的第四个副总裁职位。这也是自 1944 年国际货币基金组织成立以来，首次打破管理层“一正三副”的模式。

2011 年 59 岁的朱民，本科就读于复旦大学经济学专业，为美国约翰·霍普金斯大学经济学博士，2003 年至 2009 年，任中国银行副行长；2009 年 10 月，任中国人民银行党委委员、副行长，是一名典型的学者型银行家。2010 年 2 月，他被 IMF 前总裁卡恩任命为总裁特别顾问，开始在 IMF 就职，是 IMF 史上首位中国籍高管。

国际货币基金组织是与世界银行并列的世界两大金融机构之一，其职责是监察货币汇率和各国贸易情况、提供技术和资金协助，确保全球金融制度运作正常，总部设在华盛顿。

IMF 新任总裁拉加德在 12 日的提名声明中说：“朱民拥有政府、国际政策制定和金融市场的丰富经验，高超的管理和沟通技能，以及对基金组织的机制理解，我期待着他的支持。”她说，作为副总裁，朱民将在与基金组织管理层的其他人士共同应对全球经济面临的挑战、加强该组织对亚洲和新兴市场更广泛的了解方面发挥重要作用。任命朱民担任副总裁也被认为是拉加德承诺计划的一部分，即要让新兴市场国家更多地参与进来。

资料来源：2011 年 7 月 28 日浙江在线。

三、国际清算银行

国际清算银行（Bank for International Settlements，BIS），是根据海牙国际协定于 1930 年 5 月由英、法、德、意、比、日等国的中央银行，以及代表美国银行界利益的摩根银行、纽约花旗银行和芝加哥的花旗银行所组成的银团。成立之初仅有 7 个成员国，现已发展至 41 个，遍布世界五大洲。它实际上是第一家国际金融机构，是其成员国中央银行间的商业银行组织，世界其他地区多数国家的中央银行都是其客户，因而被人们称为“中央银行的银行”。

（一）国际清算银行的组织机构

国际清算银行是按照股份制公司的形式而建立的，因此它的组织机构具有一般股份公司组织机构的特点：即包括股东大会、董事会、办事机构。国际清算银行的最高权力机关是股东大会，每年的6月在巴塞尔召开一次股东大会，会议由各成员国中央银行的代表参加；各项决议选票按有关银行认购的股份比例分配，而不是依照选举时所具有的股票数量决定。每年的股东大会就年度决算、资产负债表和损益计算书、利润分配办法和是否接纳新的成员国等重大事项进行决议；不仅如此，在决定修改银行章程、增加或减少银行资本、解散银行等事项时，应召开特别股东大会。除各成员国中央银行行长或代表作为有表决权的股东参加股东大会之外，其他所有与该行业务往来的中央银行代表均被邀请列席。

董事会是国际清算银行经营管理的重要机构，共由13名董事组成。比利时、德国、法国、英国、意大利和美国6个国家的中央银行行长是董事会固定的董事，6国还可以各自任命1名本国工商界和金融界的代表作为董事参会，此外，董事会可以2/3的多数选举出其他董事，但选举人数最多不能超过9人。

董事会设主席1名，副主席若干名，每月召开一次例会，会议内容是审议银行日常业务工作，决议以简单多数票通过，票数相等时由主持会议的主席投票决定。董事会主席、银行行长由1人担任。董事会根据主席建议任命1名总经理和1名副总经理，他们就银行的业务经营向银行负责。国际清算银行下设银行部、货币经济部、法律处、秘书处等办事机构。

（二）国际清算银行的宗旨

国际清算银行的服务宗旨是促进各国中央银行之间的合作，除了为国际金融业务的运作提供额外负担外，还作为国际清算的受托人或代理人。

扩大诸国中央银行之间的相互合作是促进国际金融稳定的重要因素之一，所以随着国际金融市场一体化的迅速推进，此类合作的重要性更显得异常突出，因此国际清算银行便成为了各国中央银行行长会晤的主要场所，接受各中央银行的委托开展各种业务活动。

国际清算银行的服务对象是各国中央银行、国际组织（如国际海事组织、国际电信联盟、世界气象组织、世界卫生组织），不办理私人业务。这和联合国体系内的国际货币金融机构起着补充作用。现如今世界各国的国际储备金大约有1/10都存放在国际清算银行中，各国中央银行在该行存放的外汇储备，可以随时转换货币的类型以及随时提取而无需说明提取理由。这为一些想要改变其外汇储备结构的国家提供了一个便利有效途径。在国际清算银行存放黄金储备不仅是免费的，还可以用作抵押从国际清算银行取得黄金价值 85% 的现汇贷款。

同时，国际清算银行还为各成员国中央银行办理黄金购销业务，并负责保密，因此受到各成员国中央银行的欢迎。除了银行活动外，国际清算银行还作为各个中央银行的俱乐部，是各国中央银行之间进行合作的理事场所，为董事会和其他会议提供了关于国际货币局势信息交流的良好机会。

中国于 1984 年与国际清算银行建立业务联系，此后，每年都会派代表团以客户身份参加该行举办的年会。国际清算银行召开股东大会，邀请中国人民银行列席会议，并以观察员身份参加该行举行的年会，这为中国广泛获取世界经济和国际金融信息，发展与各国中央银行之间的关系提供了一个新的、便利的场所。中国的外汇储备中有一部分是存放于国际清算银行的，这对中国人民银行灵活、迅速、安全地调拨外汇、黄金储备非常有利。1996 年 9 月 9 日，国际清算银行通过决议，决定接纳中国大陆、巴西、印度、韩国、墨西哥、俄罗斯、沙特阿拉伯、新加坡、中国香港的中央银行或货币当局为该行的新成员。

（三）国际清算银行的资金来源

国际清算银行的资金来源主要是：成员国缴纳的股金、借款和吸收存款。

1. 股金

国际清算银行在建立时，法定资本为 5 亿金法郎，1969 年增至 15 亿金法郎(Gold Francs)，之后多次增加资本金的数量。该行 80%的股份为各国中央银行所持有，其余 20%为私人持有。

2. 借款

国际清算银行也向各成员国中央银行借款，补充该行自有资金的不足。

3. 吸收存款

国际清算银行可接受各成员国中央银行的黄金存款和商业银行的存款。

四、区域性金融机构

（一）亚洲开发银行

亚洲开发银行(Asian Development Bank，ADB)是依据联合国亚洲及远东经济委员会会议的协议，于 1966 年 11 月在日本东京举行的第一次亚洲开发银行董事会上正式成立的，同年 12 月开始营业。总部设在菲律宾首都马尼拉。截至 2008 年底，亚洲开发银行全部股本为 548.9 亿美元，实缴资本38.61

亿美元,未清偿债务 634.52 亿美元,未分配收入和准备金 95.32 亿美元。

亚洲开发银行成立之初有 34 个国家或地区参加,1998 年年底增加到 57 个,其中亚太地区有 41 个。其管理机构由理事会、董事会和行长组成。理事会是亚洲开发银行的最高权力机构,由各成员国委派正、副理事各一名组成,负责接纳新成员、变动股本、选举董事和行长、修改章程等。董事会是亚洲开发银行的执行机构。由理事会选出的 12 名董事组成,其中 8 名为亚太区域的代表,4 名为其他区域的代表。除日、美和中国董事外,其他董事均代表几个国家或地区。行长必须是本地区成员国公民,由理事会选举产生,任期 5 年,可以连任。自亚洲开发银行成立以来,行长一直由日本人担任。

亚洲开发银行的服务宗旨是向成员国发放贷款,在投资和技术上提供援助,并同联合国及其专门机构进行合作,协调成员国在经济、贸易、发展方面的相关政策,促进亚洲及太平洋地区经济的繁荣。

中国于 1986 年 2 月恢复在亚洲开发银行的合法席位,1987 年被选为董事国。至 2008 年底,中国在亚洲开发银行认缴股本金 35.29 亿美元,占总股份的 6.43%,为亚洲开发银行第三大认股国,拥有 5.44%的投票权,仅次于日本、美国。

(二)非洲开发银行

非洲开发银行(African Development Bank,AFDB)成立于 1964 年 9 月,1966 年 7 月正式营业,总部设在科特迪瓦共和国的首都阿比让。中国于 1985 年 5 月加入非洲开发银行。

(三)泛美开发银行

泛美开发银行(Inter-American Development Bank,IDB)是以美国和拉丁美洲国家为主,联合一些西方国家和前南斯拉夫建成的区域性国际金融机构。成立于 1959 年 12 月,1960 年 10 月 1 日正式营业,截至 2009 年 1 月底,有成员国 48 个。2009 年 1 月 12 日,中国正式加入泛美开发银行集团。

(四)亚洲基础设施投资银行

亚洲基础设施投资银行(Asian Infrastructure Investment Bank,简称亚投行,AIIB)是中国政府倡议设立的、具有政府间性质的亚洲区域多边开发机构,重点支持基础设施建设,成立宗旨在促进亚洲区域的建设互联互通化和经济一体化的进程,并且加强中国及其他亚洲国家和地区的合作。亚投行法定资本 1000 亿美元。初期投资的重点领域主要包括能源、交通、农村发展、城市发展和物流五大方向。

亚投行总部设在北京。亚投行的治理结构分理事会、董事会、管理层三层。理事会是最高决策机构，每个成员在亚投行有正、副理事各一名。董事会有 12 名董事，其中域内 9 名，域外 3 名。管理层由行长和 5 位副行长组成。

2013 年 10 月 2 日，中国国家主席习近平提出筹建倡议。2014 年 10 月 24 日，包括中国、印度、新加坡等在内 21 个首批意向创始成员国的财长和授权代表在北京签约，共同决定成立亚洲基础设施投资银行。2015 年 4 月 15 日，亚投行意向创始成员国确定为 57 个，其中域内国家 37 个、域外国家 20 个。2015 年 6 月 29 日，《亚洲基础设施投资银行协定》签署仪式在北京举行，亚投行 57 个意向创始成员国财长或授权代表出席了签署仪式。2015 年 12 月 25 日，亚洲基础设施投资银行正式成立。中国财政部部长楼继伟被选举为亚投行首届理事会主席，金立群当选亚投行首任行长。全球迎来首个由中国倡议设立的多边金融机构。2016 年 2 月 5 日，亚洲基础设施投资银行正式宣布任命 5 位副行长。这 5 位副行长分别来自英国、德国、印度、韩国、印尼。

2016 年 5 月 2 日，在德国法兰克福举行的亚洲开发银行（下称亚行）年会期间，亚投行行长金立群与亚行行长中尾武彦共同签署了一项旨在增强两家机构合作关系的谅解备忘录，亚投行正式宣布其首个联合融资项目——投资位于巴基斯坦境内、连接旁遮普省的绍尔果德与哈内瓦尔的 64 公里长的高速公路项目。

亚投行的设立，对促进亚洲国家经济发展与区域经济一体化，以及促进世界经济复苏具有重要意义。

第一，亚投行的设立，可推动亚洲基础设施的投资，推动亚洲的经济增长。亚投行不仅仅是一个“修桥”和“造路”的机构，更能在投融资体制改革方面发挥更大作用。亚投行会帮助亚洲和全球经济持续增长，以及增强全球经济的稳定性。有利于扩大全球投资需求，支持世界经济复苏。有利于通过基础设施项目，推动亚洲地区经济增长，促进私营经济发展并改善就业。

第二，中国提倡筹建亚洲基础设施投资银行，一方面能继续推动国际货币基金组织和世界银行的进一步改革，另一方面也是补充当前亚洲开发银行在亚太地区的投融资与国际援助职能。通过提供平台将本地区高储蓄率国家的存款直接导向基础设施建设，实现本地区内资本的有效配置，并最终促进亚洲地区金融市场的迅速发展。

第三，亚洲基础设施投资银行的建立，将弥补亚洲发展中国家在基础设施投资领域存在的巨大缺口，减少亚洲区域内资金外流，投资于亚洲的“活力与增长”。通过公共部门与私人部门的合作，有效弥补亚洲地区基础设施建设的资金缺口，推进了亚洲区域经济一体化建设。

第四，亚洲基础设施投资银行是继提出建立金砖国家开发银行、上合组织开发银行之后，中国试图主导国际金融体系的又一举措。这也体现出中国尝试在外交战略中发挥资本在国际金融中的力量。更值得期待的是亚洲基础设施投资银行将可能成为人民币国际化的制度保障，方便人民币"出海"。亚投行不仅有利于亚洲地区的基础设施建设和助力经济发展，更加体现了一种大局思维，让新兴市场国家不再受制，也把中国在世界经济舞台的地位再次拉升了一个档次，带动中国产业升级，推动中国金融服务业的改革发展和国际化接轨，这是一个新的起点。

本章小结

1. 国际收支是在一定时期内，一国居民对其他国家居民所进行的全部经济交易的系统记录。反映的是一个国家(或地区)在一定时期对外货币收支的综合状况。

2. 国际收支平衡表是以货币为计量单位，以简明的表格形式系统地记录一国(或地区)在一定时期内(通常为一年)所发生的全部国际经济交易的报告文件或统计表。主要包括经常项目、资本与金融项目、储备资产、错误与遗漏四大项目。

3. 国际收支失衡有周期性、结构性、收入性、货币性、投机性失衡等多种类型。国际收支失衡的调节包括自动调节机制和政策调节两个方面。自动调节机制主要包括：价格机制、利率机制、汇率机制和收入机制等市场机制对国际收支状况的自发调节；政策调节则是政府利用包括财政政策、货币政策、信用政策和外贸政策等宏观经济政策对国际收支状况的自主调节。

4. 国际货币制度是支配各国货币关系的规则以及国际间进行各种交易支付所依据的一套安排和惯例。国际货币制度经历了从国际金本位制到布雷顿森林体系再到牙买加体系的演变过程。

课后练习

一、名词解释

国际收支　　国际收支平衡表　　经常项目　　资本和金融项目

国际货币制度

二、多选题

1. 国际收支的特点包括（　　）。

A. 记录的对外往来账户，是居民与非居民的交易

B. 是一个流量的概念

C. 是事后的概念

D. 包括涉及货币收支的对外往来

E. 包括未涉及货币收支的对外往来

2. 国际收支逆差对经济的负面影响包括（　　）。

A. 外汇储备减少　　B. 影响投资者的信心

C. 国内通货膨胀　　D. 该国货币升值

3. 在国际收支平衡表中，属于中国居民的机构是（　　　）。

A. 在我国建立的外资企业　　B. 我国的国营企业

C. 我国驻外使馆工作的外交人员　　D. IMF 等驻华机构

三、思考题

1. 简述国际收支平衡表的主要内容。

2. 国际收支失衡的主要类型有哪些？应该如何调节？

3. 简述国际货币体系的演变路径。

4. 简述国际主要金融机构有哪些。

参考文献

[1] 钱水土.货币银行学(第二版)[M].北京:机械工业出版社,2014.
[2] 李健.金融学(第二版)[M].北京:高等教育出版社,2014.
[3] 凌江怀.金融学概论(第三版)[M].北京:高等教育出版社,2015.
[4] 赵赴越、陆如川.金融之最[M].北京:中国财政经济出版社,1988.
[5] 姚遂.中国金融史[M].北京:高等教育出版社,2007.
[6] 刘玉平.金融学[M].上海:复旦大学出版社,2007.
[7] 胡庆康.现代货币银行学教程[M].上海:复旦大学出版社,2006.
[8] 卜亚.激励相容:银行业金融创新监管机构构建[M].上海:上海交通大学出版社,2013.
[9] 曹龙骐.金融学[M].北京:高等教育出版社,2013.
[10] 黄达.金融学[M].北京:中国人民大学出版社,2012.
[11] 吴少新.货币金融学[M].北京:中国金融出版社,2011.
[12] 阮加.金融学[M].北京:清华大学出版社,2013.
[13] 荆新等.财务管理学[M].北京:中国人民大学出版社,2009.
[14] 张先治.财务学概论[M].大连:东北财经大学出版社,2006.
[15] 谷祺、刘淑莲.财务管理[M].大连:东北财经大学出版社,2007.
[16] 赵国庆,朱玉林.证券投资学[M].南京:东南大学出版社,2005.
[17] 黄本笑.证券投资学[M].北京:中国人民大学出版社,2004.
[18] 陈高翔.证券投资学[M].北京:中国经济出版社,2005.
[19] 刘志强.现代资产组合理论与资本市场均衡模型[M].北京:经济科学出版社,1998。
[20] 肖翔、刘天喜.企业融资学[M].北京:清华大学出版社,北京交通大学出版社,2007.
[21] 周正庆.证券知识读本[M].北京:中国金融出版社,2006.
[22] 张亦春.企业融资学[M].北京:高等教育出版社,1999.

[23] 盖锐、孙晓娟. 金融学(第二版)[M]. 北京:清华大学出版社,2012.
[24] 魏杰. 大杠杆——宏观经济政策分析[M]. 北京:人民出版社,1988.
[25] 吴国祥. 货币银行学学习辅导[J]. 当代电大,2004(3、6、9).

图书在版编目（CIP）数据

金融学教程 / 章迪诚，陈英主编. —杭州：浙江大学出版社，2018.6（2022.6 重印）
ISBN 978-7-308-18451-9

Ⅰ. ①金… Ⅱ. ①章… ②陈… Ⅲ. ①金融学－高等学校－教材 Ⅳ. ①F830

中国版本图书馆 CIP 数据核字（2018）第 163008 号

金融学教程

主　编　章迪诚　陈　英

责任编辑　李海燕
责任校对　杜希武
封面设计　雷建军
出版发行　浙江大学出版社
（杭州市天目山路 148 号　邮政编码 310007）
（网址：http://www.zjupress.com）
排　　版　杭州好友排版工作室
印　　刷　浙江新华数码印务有限公司
开　　本　710mm×1000mm　1/16
印　　张　25.5
字　　数　462 千
版 印 次　2018 年 6 月第 1 版　2022 年 6 月第 2 次印刷
书　　号　ISBN 978-7-308-18451-9
定　　价　50.00 元
